福祉＋α 5

Welfare Plus Alpha

［監修］橘木俊詔／宮本太郎

福祉と労働・雇用

WELFARE AND EMPLOYMENT

濱口桂一郎［編著］

ミネルヴァ書房

刊行にあたって

現在、国民が何に対してもっとも不安を感じているかといえば、将来の生活に対してであろう。もう少し具体的には、将来の生活費の確保、退職後や老後の年金・介護の問題、現役世代であれば病気や失業したときのこと、さらには家族、地域、社会などにおける絆が弱くなったために、自分一人になったときに助けてくれる人がいるのかといった不安など、枚挙にいとまがない。

本シリーズはこれら国民に蔓延する不安を取り除くために、福祉という視点から議論することを目的としている。ただし福祉という言葉が有する狭い意味に限定せず、福祉をもっと幅の広い視点から考えることにする。なぜ人間が福祉ということを考えるようになったのか、なぜ福祉を必要とする時代となったのか。また、国民に福祉を提供する分野と手段としてどのようなものがあるのか、誰が福祉を提供するのか、その財源と人手を調達するにはどうしたらよいのか。さらには、福祉の提供が少ないとどのような社会になるのか、逆に福祉の提供がありすぎるとどのような弊害があるのか、福祉を効率的、公平に提供する方策のあり方はいかなるものか、といった様々な福祉に関する幅広い課題について論じることとする。

これらの課題はまさに無数にあるが、各巻では一つの課題を選択してそのテーマを徹底的に分析し、かつ議論するものである。監修者は、どのような課題に挑戦するかを選択し、そのテーマに関して一冊の本を編集するのに誰がもっともふさわしいかを指名し、その編者は、特定のテーマに関して一流であることは当然として、歴史、法律、理論、制度、政策といった幅広い視点から適切な分析のできる執筆陣を選んで執筆を依頼するとともに、その本全体の編集責任を負う。

本シリーズのもう一つの特色は、読者対象を必ずしもその分野の専門家や研究者に限定せず、幅広い読者を念頭に置いているということである。すなわち、学生、一般読者、福祉を考えてみたい人、福祉の現場に関わっている人、福祉に関する政策や法律、プロジェクトを考案・作成する機関やＮＰＯに属する人、など幅広い層を想定している。したがって、書き手は福祉のことをほとんど知らない人でも読むことができるよう配慮し、福祉の現状と問題点が明快に理解できるよう書くことを念頭に置いている。そしてそのテーマをもっと深く考えてみたいという人に対しては、これからあたるべき文献なども網羅することによって、さらなる学習への案内となるようにしている。

福祉と関係する学問分野は、社会福祉学、経済学、社会学、法学、政治学、人口論、医学、薬学、農学、工学など多岐にわたる。このシリーズの読者は、これらの専門家によって書かれたわかりやすい分析に接することによって、福祉の全容を理解することが可能になると信じている。そしてそのことから自分の福祉のこと、そして社会における福祉のあり方に関して、自己の考え方を決める際の有効な資料となることを願ってやまない。

2012年10月

橘木俊詔
宮本太郎

はしがき

本書は、『福祉＋α』というシリーズの一巻として『福祉と労働・雇用』と題されている。他の諸巻が福祉・社会保障政策のある分野なりある側面を切り出して論じているのに対し、福祉・社会保障政策と雇用・労働政策という一応別領域に属するものを「と」という接続助詞でつないで、その間の関係を論じている点に特徴があるといえるだろう。

もっとも、福祉・社会保障政策と雇用・労働政策がどこまで別分野なのかということ自体、考え方によって、また時代によって必ずしも答えは一つではない。政府機関でいえば、戦後一九四七年に労働省が新設されるまでは厚生省が両者をともに管轄していた。厚生省が設置される一九三八年以前は内務省の外局である社会局が労働部、保険部、社会部の三部体制でこれら政策を担当していた。これに対応して、学問分野としても「社会政策」という領域が確固として存在し、現在の福祉・社会保障政策と雇用・労働政策を含めた総体を研究していた。この時代は福祉・社会保障政策と雇用・労働政策は別の存在ではなく、むしろ一体をなしていたのである。

これに対し戦後両者の関係は次第に疎遠になってきたようにみえる。「社会政策学会」という名の学会は今日に至るまで存在し続けてきているが、とりわけ高度成長期から安定成長期に至るまでの時期は、労働・雇用問題の研究と福祉・社会保障の研究は別々の問題意識に基づき、別々に行われてきたようである。その背景としては、高度成長期に確立した日本型雇用システムにおいて、大企業の正社員を中心として企業単位の生活保障システムが相当程度に確立し、公的な福祉を一応抜きにしても企業の人事労務管理の範囲内で一通りものごとが完結するようになったことがあろう。福祉・社会保障政策はその外側を主に担当する。その意味では、福祉と労働の幸福な分業体制が存在していたともいえよう。

これを逆にいえば、日本型雇用システムによってカバーされる範囲が徐々に縮小し、企業単位の生活保障からこぼれ落ちる部分が徐々に増大してくるとともに、両者がどのように密接に連携しているのかあるいはいないのかが、次第に大きな問題として浮かびあがってくることになる。今日、「福祉と労働・雇用のはざま」の問題が様々に論じられるようになってきたのは、一つにはこうした日本社会システム全体の大きな転換が背景にあると思われる。

またこれと裏腹であるが、家族を扶養する男性正社員を前提とした労働・雇用の枠組みの中に、家事・育児責任を負った女性労働者が入りこんでくることによって、これまでみえなかった子育て支援の必要性が可視化されてきたり、仕事と家庭の調和といった問題意識が浮かびあがってくる。これもまた「福祉と労働・雇用のはざま」の問題として論じられることになる。

そしてさらに、日本型雇用システムの変容だけではなく、福祉を労働と関連づけようという先進世界共通の問題意識もやはりその背景にある。この点は本シリーズ第二巻の『福祉政治』において、ワークフェアやアクティベーションといった言説戦略として（逆に両者を切断しようとするベーシックインカム言説とともに）紹介されているが、そうした問題意識に立脚した政策論が「福祉と労働・雇用のはざま」に着目するのは不思議ではない。

必ずしもこういった問題意識に基づくものではないが、行政改革の一環として二〇〇一年に旧厚生省と旧労働省が統合され、厚生労働省となったことも、両者の「はざま」が意識化される一つの要因として働いていることは間違いない。

これら問題意識は相互に絡み合いつつ、福祉・社会保障政策と雇用・労働政策の密接な連携を求めていく。本巻では、労働市場のセーフティネット（第1章）、高齢者（第2章）、若年者（第3章）、障害者（第4章）、女性と育児（第5章）、労働時間と家庭生活（第6章）、過労死・過労自殺（第7章）、生活給と児童手当（第8章）、最低賃金と生活保護（第9章）、非正規雇用（第10章）といった各論点ごとに、両政策の視点を十分に踏まえながら、両者の「はざま」をいかに埋めていくかという観点から議論を展開している。

さらに『福祉と労働・雇用』と題する本巻は、そういった観点とはやや異なり、福祉・社会保障政策の現場の担い手である医療従事者の労働問題（第11章）という、もう一つ別の「はざま」の問題をも取りあげている。また、法制上は「労働力」ではないとして、しかし実態はほかならぬ「労働力」として導入されてきた外国人労働者＝住民（第12章）をめぐるこれもまた別の「はざま」の問題にもふれている。

本巻の各章をきっかけにして、こうした「はざま」の領域の政策課題に多くの人々の関心が向けられることを期待したい。

編者　濱口桂一郎

福祉+α《Welfare Plus Alpha》 5 WELFARE AND EMPLOYMENT

目次

総論

福祉と労働・雇用のはざま

濱口桂一郎

本章は「総論」と称しているが、以下の各章で論じられる問題を総括的に論じているわけではない。とくにその前半は、「福祉と労働・雇用」という問題をトータルに理解するための大きな枠組みを、マクロ歴史社会学的な観点から自分なりに描き出してみようとする試論である。後半はそれを前提として、各章で詳しく論じられる各局面ごとの「福祉と労働・雇用のはざま」の問題について、筆者なりの観点からその意味を考え、政策のあり方を位置づけていく。各章の議論と一致する点もあれば対立する側面もあろう。各章の要約版ではないので、その点だけは注意願いたい。

1 労働と福祉の近現代史

(1) 産業社会が生み出した労働問題

労働のあり方で人類の歴史を通観すれば、大きく狩猟・採集社会、農耕・牧畜社会及び産業社会に分けられる。農耕・牧畜社会は氏族社会と封建社会に分けられるが、前者が主として血縁に基づく共同体を基礎構造とするのに対し、後者は土地という生産要素に着目して共同体を形成するところに特徴がある。この封建社会的な共同性が崩壊する中から産業社会が生み出されてきた。

産業社会は人類の歴史上初めて「労働問題」という問題分野を登場させた。それだけでなく、労働問題が「社会問題」と呼ばれるようにさえなった。およそ社会の中には無限に様々な問題がありうることを考えると、この「社会問題」という表現は、産業社会における「労働問題」の重みをよく示している。そして、この「労働問題」自体、人類誕生以来の人間の自然に対する活動としての労働という意味ではなく、産業社会特有の意味をもって用いられている。この「労働」の析出の一つの原因に機械の使用による生産過程の複雑化があることは否定できないが、何よりも労働力が商品として市場で売買されるようになったということが重要である。産業社会二〇〇年余りの歴史は、労働力商品化をどう考えるかを最大の軸として描き出される。

(2) 共同体、権力体、市場

人間と人間の関係を類型化すれば、同じ仲間なのだから協力しようという「協働」関係、いやな目に遭いたくなければこれをしろという「脅迫」関係、いいことをしてほしければこれをしてくれという「交換」関係に分けられる。これらはいずれも人類史のいつどこでも見出せる要素であるが、それらを原理として構築された人間の組織はそれぞれ、「共同体」「権力体」「市場」と呼ぶことができる。

農耕・牧畜社会の主要な人間組織は共同体であり、前期は氏族であったが、後期に当たる封建社会では家族と村落が中心であった。この共同体の二重化は、共同性に対する個別性の契機を強調する素地を創り出す。村落の中で生産労働に従事する家族の長は、自らの家族共同体の権利を断固として貫く必要がある。この家長の権利主張が近代民主主義の源流ともなった。

脅迫だけでは長期的な関係をつくることはできないので、前期農耕・牧畜社会では共同体的性格をもつ権力体として王権が成立し、封建社会では一部の家族が武士団として権力体化していった。武士団が互いに戦争、征服を繰り返し、領邦国家、主権国家へと進化する中で、それが維持可能であるための共同体的性格を支える理念として「ネーション」が発明された。これが近代社会の共同性の一つの軸となる。

共同体の終わるところから始まった交易は、封建社会では商人都市というそれ自体共同体の形を取ったが、産業社会では労働力の商品化をもたらすこととなる。

(3) 労働力の商品化と「社会的」なもの

近代的な労働力商品は奴隷ではなく、自分自身によって労務サービスが売られ、その対価が自分に払われる。しかしその自己労働性を担保していた封建社会由来の労働規制が緩和、廃止されていくとともに、その擬制性が露わになっていった。自己の労働力以外に売るものをもたず、労働力を売ることに失敗すれば生存の危機に曝されるため、彼らは事実上買い手のいうがままに従わなくてはならない。また工場制労働の普及による分業の進展が、ひとまとまりの「仕事」を細分化された「労働」に転化し、労働過程の従属性を増大させた。

こうして市場社会という「悪魔の挽き臼」の中で主体性を剝奪された他人労働に転落した労働者の反発が、近代社会を彩る「社会的」なものを生み出していく。第一はミクロに自己労働を再構築しようとする労働組合の道である。彼らは労務サービス提供の中断という脅迫による生産者カルテル行動をとることでその要求を実現しようとした。

第二は労働力商品化以前の誇り高い自己労働社会をマクロに実現しようとする社会主義の道である。「空想」的、「科学」的な社会主義の悲惨な結果の後に登場した「民主」的社会主義は、他人労働化を所与の前提と受け入れながら、その商品化の弊害を次の社会政策によってできる限り縮小していくことを目標とした。

結局、近代社会における「社会的」なものは第三の社会政策の道という形で確立した。労働者保護法制や社会保障制度、完全雇用政策といった社会政策によって、労働力商品化制限型の市場社会が安定的に形成されたのである。

ここで重要なのは、社会政策の主体たる近代国家とは、中世武士団の進化した主権国家が「ネーション」という想像の共同体を立脚基盤として成立したものだということである。ネーション共同体としてのメンバー保護の要請が、失業と飢えの恐怖に曝される「同胞」に寄せられたことが、社会政策を確立させたのである。それが第一次、第二次と大戦のたびに格段に発展してきたことは偶然ではない。

（4）一九世紀システムから二〇世紀システムへ

市場社会と近代国家の組合せはまず、自己調整的市場と自由主義国家からなる一九世紀システムとして成立した。労働市場には売り手としての労務サービス業者と買い手としての商品製造業者がいて、需給の均衡するところで価格が成立する。社会はすべて売り手と買い手からなり、労務サービスであれ商品であれその生産はすべて市場における価格メカニズムによって、市場内部で調整される。自己調整的市場は市場の内部ですべてを調整するのであるから、国家という権力体による介入は市場ルールの確保を除いて基本的に認めない。これが夜警国家の理念である。

しかし一九世紀は自由主義の時代であっただけではなく、ネーションの時代でもあった。封建時代の村落共同体から投げ出された家族共同体は、ネーションという想像の共同体に自らを投げ入れることでその安定を図ろうとした。そこで、ネーション国家による権力的介入は市場のルール確保を超えて、ネーション国家の細胞たる家族共同体の維持にも向けられる。もっともこの時代には、家族共同体を破壊する恐れのある労働力商品化の個人化の抑止が女子年少者（労働者の妻や子）の労働制限という形で行われるにとどまった。

一方、近代国家も互いに戦争を繰り返し、ネーション共同体はそのメンバーに名誉ある義務として兵士として戦うことを要求した。しかし、メンバーに死をすら要求する共同体は、メンバーからその死に値する待遇を要求される。それは上記社会主義運動とも結びつき、戦時体制下における労働社会政策の大拡張をもたらした。最終的に第二次大戦後に確立したのは成人男子労働者も含めた労働者保護法制、ゆりかごから墓場までの社会保障制度、そしてケインジアン的財政金融政策による完全雇用政策というセットからなる二〇世紀システムであった。

こうして確立したケインジアン福祉国家とは、一九世紀にはいまだ社会の全面を覆うに至らなかったネーション共同体の原理が、様々な社会主義の模索の中を勝ち残った民主的社会主義と結合し、フォーディズムが要請する労使妥協システムをその中に組みこみながらつくりあげられたものである。失業と飢えの恐怖に怯える労働者は豊かさを享受する労働者となり、労働力商品化の害悪はついに解消されたかにみえた。

（5）二〇世紀システムの動揺

空前の繁栄を誇った二〇世紀システムにも衰退の時期がやってきた。まずはテーラー主義（他人労働性の承認）と恒常的賃金上昇の取引によるフォーディズム的労使妥協がほころび始めた。高度経済成長が終わると、労働組合は企業経営への配慮なしに賃上げばかり要求する困った存在という認識が広がっていき、労働組合の社会的正当性を掘り崩していった。これが労働組合を市場原理に対する夾雑物とみ、その無力化を志向するネオリベラリズムに力を与えた。

次にケインジアン福祉国家そのものが批判の矢

面に立たされていった。ケインジアン政策は不況期に財政赤字を出してでも雇用を創り出そうとするものであるが、その結果としてインフレ傾向が恒常化し、不況とインフレが併存するスタグフレーションという現象が発生するようになった。これは健全な市場原理からの逸脱であるとする批判が広がり、ケインジアン政策は世界的に非主流化していった。

さらに福祉の拡充は、一時的、恒常的な労働不能から労働者とその家族を守るという機能を超えて、いわば弱者のふりをして福祉に頼って生きる人々を増やし、社会全体の負担を重くするという批判がわき起こってきた。

こうした流れの中で、一九八〇年代には英米という二大アングロサクソン諸国で、ネオリベラリズムに基づく政策が実施されていくことになる。それは企業経営に対する妨害物とみなした労働運動と対決し、法制や政策を駆使してその抑圧に努めた。また手厚い福祉や社会保障が労働者や国民をダメにしているという信念に基づき、これら既得権をできるだけ縮小しようと試みた。

その時代に、ケインジアン福祉国家を超える「ナンバーワン」としてのパフォーマンスを誇っていたのが、日本であった。日本社会はかなり異なる二〇世紀システムを創り出していたのである。

2 日本型労働―福祉システム

(1)「正社員」体制の原点

欧米社会に遅れながら近代化に参加した日本は、一九世紀末には一九世紀システムを構築し、第二次世界大戦に向かう戦時体制下では、ネーション共同体原理と社会主義が結びついて社会政策の大幅な拡大が進められた。この大きな流れに関する限り、日本は他の先進諸国と何ら変わらない。ワイマール体制、人民戦線、ニューディール、コーポラティズム、国家総動員体制は、いずれも同時代的課題への挑戦の跡である。

この認識を妨げるのが、戦前期日本を強大な国家権力が人民を抑圧していたとする左翼的歴史観である。社会のある部分にそういう側面があったことは否定できない。しかしながら労働社会政策に関する限り、戦前期日本は自由主義的政策が基調をなしていた。労働組合も未発達な中、労働社会政策はもっぱら内務省社会局の進歩的官僚たちによって企画立案されたが、資本家側の激しい抵抗に遭ってなかなか進まなかった。この状況が変化し、労働社会政策が積極的に進められるようになったのは、一九三〇年代半ばの国家主義運動の広がりの中であった。

しかしながら、日本のシステムが他の先進諸国と異なるコースを歩み出す最大の契機も戦時体制にあった。戦時体制はどの国でも、ネーション国家のメンバーとしての労働者、国民の保護が強調される。日本も例外ではない。戦時統制においては、政府の許可なき採用や転職、解雇をすべて禁止し、労働移動を厳しく制限するとともに、中堅規模以上の企業に三年間の技能者養成を義務づけた。皇国勤労観に基づき「勤労者の生活確保に重点を置く」年齢別賃金制を強制し、それまで日給制だった工員にも月給制の導入が指導された。それを支えるべき企業内労使協議機関として全国の企業に産業報国会が設置された。

これら政策の背後にある思想は、「皇国の産業戦士」の生活が保障されなければならないというものであった。保障するのは企業である。つまり、戦時体制下で企業をあたかも国家の一分肢であるかのようにみなす思想が、企業による労働者の生活保障の強制を生み出したのである。実際、成立に至らなかったが「勤労根本法案」では事業主を「経営長」と呼び、勤労者と一体になって国家的使命の遂行に精励せよと求めていた。

(2) 戦後「正社員」体制の確立

　このネーション社会主義的色彩の濃厚な体制が敗戦によって崩壊した後、企業による労働者とその家族の生活保障という思想を受け継ぎさらに強化したのは、戦時中の産業報国会を引き継ぐ形でホワイトカラー、ブルーカラー双方を職場レベルで組織した企業別組合であった。戦後賃金制度の原型となったのは一九四六年のいわゆる電産型賃金体系であるが、これは生計費調査に基づいて本人の年齢と扶養家族数に応じて生活保障給を定め、これに能力給と勤続給を加味した年功賃金制であった。当時、占領軍や国際労働運動の勧告が年功制を痛烈に批判していたにもかかわらず、急進的な労働運動は同一労働同一賃金原則を拒否し、生活給原則を守り抜いたのである。

　その後一九五〇年代から六〇年代にかけて、経営側や政府は職務給への移行や「職種と職業能力に基づく近代的な労働市場」の確立を唱道したが、配置転換を必要とする企業の足元からも支持を得られず、結局「能力主義」という名のシステムが形成された。これは「正社員」と呼ばれる企業のメンバー的性格を有する従業員を、職務遂行能力によって序列化した職能資格に基づいて賃金を決定するものである。職務遂行能力とは具体的な職務から切り離された一般的な潜在能力と位置づけられ、査定による昇給格差を伴いつつ事実上年功的なカーブを描いた。こうした職能給は、ヒト基準の賃金制度であるという点で、欧米諸国の職務給と鋭く対立する。

(3) 福祉国家の必要性低下

　この戦後「正社員」体制は、もともと戦時下に国家の一分肢としての企業に求められた労働者の生活保障を、市場経済下の独立経営体たる企業に求めるものである。それを企業にとって合理的なものとして維持するためには、近代社会政策の根拠であるネーション共同体のメンバーシップに相当する企業共同体のメンバーシップを前提とする必要がある。企業は正社員の雇用を維持し、生活を保障する。その代わりに正社員は職務、時間、場所などに制限なく企業の命令に従って働く。この社会的交換が戦後段階的に確立していき、高度成長終了後の一九七〇年代にほぼマクロ社会的現実となった。

　そのことが逆に、この時代に先進国共通の課題であった福祉国家の確立という目標を二次的なものとしていった。企業がそのメンバーに福祉を提供するのであれば、子どもの教育費も住宅費も、正社員は企業メンバーとして企業に要求すればよいのであって、国に要求する必要はなくなっていった。国が用意すべき社会保障とは、企業が正社員とその家族のために整備しきれない分野、具体的には老後の生活保障たる年金や病気になったときの医療保障が中心で、それすらも企業年金や健康保険組合といった企業福祉が重要な役割を果たしたし、それ以外の社会保障は少なくとも大企業正社員にとってはかなり残余的な性格のものであった。

　これは一九世紀システム的な福祉国家の未発達とは位相が異なる。他の先進諸国においては主として国の社会政策という形で確立していった「社会的」なものが、戦時体制下の経験をくぐることで企業内的な形態で実現していったと捉えることが適切であろう。いわば「社会的」なものが「会社的」な形をとったのである。戦後日本の社会政策学において、労働・雇用問題の研究と福祉・社会保障の研究が分離していった背景にも、企業単位の生活保障システムが確立し、公的な福祉を一応抜きにしても企業の人事労務管理の範囲内で一通りものごとが完結するようになったことがあろう。福祉と労働の幸福な分業の時代である。

（4）「正社員」体制の縮小

一九八〇年代は、世界的にはネオリベラリズム政策をとるアングロサクソン諸国と従来の福祉国家路線を守ろうとするヨーロッパ諸国が対立していた時代であるが、日本の「正社員」体制はいずれよりもパフォーマンスの優れたシステムとして自らを誇っていた。ところが、一九九〇年代になってバブルが崩壊すると、日本型システムを全否定し、アングロサクソン型市場経済を唯一のモデルとする論調が一世を風靡するようになった。

この背景には、八〇年代に全盛を極めた企業中心社会のあり方に対する国民の違和感があったと思われる。八〇年代には体制批判派の中だけで使われていた「企業中心社会」とか「会社人間」という言葉が、九〇年代初頭には経営者の発言や政府の公式文書でも否定的な意味合いで用いられるようになった。それと歩調を合わせて市場志向の言説も拡大してゆき、構造改革と規制緩和が政策のキーワードになっていく。

しかしながらそれは「正社員」体制の否定ではなかった。一九九五年に日本経営者団体連盟（日経連）が公表した『新時代の「日本的経営」』に示されているように、それは企業にとってコアである「正社員」を絞りこみながら、非正規労働者を拡大するという社会戦略であった。それは、企業と正社員双方にとってのこの仕組みのメリットを考えれば無理からぬ選択であったが、矛盾をより拡大して露呈させることにつながったと評することもできる。

（5）日本的フレクシキュリティの崩壊

企業はそのメンバーとして保護する「正社員」以外に、非正規労働者をも利用してきた。しかしながらバブル崩壊までの日本では、その大部分は家計補助的に働くパートの主婦や小遣い稼ぎのためのアルバイト学生であって、企業共同体に属することを望まない人々であった。彼らは自分が働く職場の共同体にではなく、正社員である夫や父親が働く企業共同体に扶養家族として間接的に統合されていた。

筆者はこれを「幸福な日本的フレクシキュリティ」と表現したことがある。いつでも雇止めできる低賃金のパートやアルバイトのフレクシビリティと、彼らをその夫や父親の高賃金と安定雇用によって保護するセキュリティを組み合わせたモデルという意味である。もちろん、それがすべての人々に及んでいたわけではない。シングルマザーたちは、正社員の夫をもたないにもかかわらず自分と子どもたちの生活を支えるために働かねばならず、しかも子どもの世話をするために正社員としての無限定の働き方が困難なため非正規就労を強いられ、ワーキングプアの先行型であった。彼らを支えたのは日本における数少ない社会手当である児童扶養手当であった。

ところが九〇年代以降、本来なら正社員として就職できたはずの若者たちが就職できず、就職氷河期世代とかロストゼネレーションと呼ばれるようになった。彼らは日本社会がパートやアルバイト向けに用意した枠組みの中で自らの生計を立てていくことを余儀なくされたのである。そして二〇〇八年の金融危機によって露呈したのは、企業メンバーシップをもたない非正規労働者が、国の社会保障制度のうえでも周辺的な位置に追いやられているという事実であった。雇用調整助成金によって雇用が守られる正社員にとって残余的な性格の強い雇用保険が、一番必要なはずの非正規労働者に対してかなり閉ざされていたというのは、そのもっとも象徴的な現れであろう。

3 福祉と労働・雇用のはざま

「正社員」体制の下で成り立っていた福祉と労

働の幸福な分業は、「正社員」が徐々に縮小し、企業単位の生活保障からこぼれ落ちる部分が徐々に増大するとともに、否応なく見直しを迫られていく。福祉と労働・雇用のはざまで見落とされてきたものはなにか、そして両者を再びリンクしていくにはどうしたらよいのか、以下では各局面ごとに筆者の考えを述べていく。それらは必ずしも後出の各章で各論者が論ずるところと一致しないので注意願いたい。

(1) 労働市場のセーフティネット

上述のように、二〇〇八年の金融危機により非正規労働者の解雇や雇止めが頻発し、同年末の「年越し派遣村」は世間の注目を集めた。しかしそこで問われるべきだったことは、いざというときの雇用調整要員である彼らが失業したことではなく、失業のリスクの高い彼らにこそもっとも必要であったはずの労働市場のセーフティネット――雇用保険が、逆に彼らに対してかなり閉ざされていたということであった。

もともと雇用保険の前身たる失業保険は非正規労働者を排除していなかった。実は直接雇用フルタイムの有期労働者に関する限り、今日に至るまで適用対象であり続けている。一年以上の雇用見込みを要求されて排除されてきたのは有期のパートタイマーと登録型派遣労働者であった。その背後には、家計補助的であるがゆえに失業からの保護も必要ないという想定があった。確かに、家計補助的ないし小遣い稼ぎ的なパートやアルバイトにとっては、重要なのは正社員である夫や父親の雇用が雇用調整助成金などで維持されることであり、少ない賃金から保険料を徴収されることは希望していなかったであろう。しかしながらその幸福な時代の枠組みに就職氷河期世代の若者がはまりこんだとき、彼らには労働市場のセーフティネットすら用意されていないことが露呈してしまったのである。

同時に露呈したのは、ネーション共同体としての同胞意識に立脚して設けられていたはずの最後のセーフティネットたる公的扶助――生活保護制度もまた、法律上はあらゆる人々に開かれているはずでありながら、実際にはきわめて限定的な運用により、非正規労働者にとってのセーフティネットとしての機能をほとんど果たし得なかったことである。生活保護法は「すべて国民は、この法律の定める要件を満たす限り、この法律による保護を、無差別平等に受けることができる」(第二条)と宣言する一方で、「保護は、生活に困窮する者が、その利用しうる資産、能力その他あらゆるものを、その最低限度の生活の維持のために活用することを要件として行われる」(第四条)と補足性を規定している。これが立法担当者の趣旨に反して、高齢者、障害者、傷病者、母子家庭の母以外の「その他世帯」を事実上排除するような運用の根拠とされてきた。

二〇〇〇年代に入って生活保護政策において稼働世代に対する自立支援が政策課題として浮上するようになったのは、そもそも稼働世代こそが公的扶助受給層の中心であった欧米諸国において一九九〇年代以降、ワークフェアとかアクティベーションと呼ばれる福祉から就労への移行政策が進められたことの輸入という面がある。とはいえ、自立支援をするためにはまず「入れ」なければならないが、今まで「出す」ことを余り考える必要のなかった日本の福祉現場にとって、これは大きな転換を意味した。そして、二〇一〇年代に入ると世論が生活保護受給者の拡大に対して反発を示し始めた。

一方、二〇〇八年の金融危機への対応として、とりわけ労働組合の要求により求職者支援制度などの「第二のセーフティネット」が陸続と設けられた。「第二」とは、雇用保険(第一)と生活保護（第三）の間に位置するという意味である。しかし、それらは労働市場のセーフティネットとしての健全性を保つために訓練受講等の条件を課すという一方の要請と、生活保護との間に切れ目のないセーフティネットを敷くという他方の要請の間で、なおその位置づけは宙づりの状態にある。

労働市場のセーフティネットをめぐる状況は、福祉と労働・雇用のはざまがこれまでいかに空白であったか、そしてそれを埋める作業がいかに困難に逢着するかを、もっともよく物語る領域であるといえよう。

（2）高齢者雇用と老齢年金

労働者が老衰により労務を提供できなくなり、賃金を稼得できなくなるリスクに対して、拠出制の公的年金という形でネーション国家が生活保障を行う仕組みは、ビスマルク時代のドイツに始まり、先進諸国に広がっていった。日本でも一九四一年に労働者年金保険法が制定され（一九四四年に厚生年金保険と改名）、戦後インフレで機能停止した後、制度が再建され、発展してきた。そして今日、先進諸国共通の人口構造の高齢化の中で、年金財政を健全に維持するために支給開始年齢の引きあげが必要となっているという状況においても、両者に変わりはない。しかしながら、日本では「正社員」体制に基づく年功賃金制度との関係で、高齢者雇用と年金に関する議論が複雑化し、錯綜している。

最大の問題は「定年」にある。法的には強制退職年齢という意味でしかないが、日本の「定年」は労働市場からの退出年齢ではない。継続雇用等による六五歳までの雇用が義務づけられている現在では、企業からの退出年齢ですらない。それは、年功賃金制の下でその提供労務に比して賃金が高くなりすぎた高齢労働者の契約を一旦終了させ、改めてその生産性に見合った低い賃金で雇用するための区切りにすぎない。

戦時中に立法されたとき、年金支給開始年齢は企業の定年に合わせて五五歳であった。しかし戦後制度を再建する際、段階的に引きあげていくこととし、一九七四年に（男性のみ）六〇歳となった。これ以後、定年年齢と年金支給開始年齢との「はざま」の期間の生活保障をどうするかが、日本の高齢者雇用問題の中核に位置し続けることとなる。六〇歳までの雇用確保については定年延長が主流であり、一九八〇年代から九〇年代にかけて六〇歳定年が法的に義務づけられていった。しかしながら次の六五歳への年金支給開始年齢引きあげについては、ほとんど再雇用という形での対応となり、「定年」という言葉は空洞化している。

日本の人口高齢化は今後さらに進んでゆく。再雇用という弥縫《びほう》的対応による六五歳支給開始すら、さらなる引きあげは不可避であろう。その中で雇用と年金の「はざま」をつくらないような両システムにまたがる制度設計をしようとするならば、雇用の出口に矛盾を集約することにならざるを得ない年功賃金制度、ひいては「正社員」体制そのものの見直しも不可避となってくると思われる。

（3）若年者雇用と教育訓練

労働者は養成されなければならない。まずは読み書き計算その他の基礎的な能力について、ネーション国家が義務教育等の形で国民を育成する。これは近代社会が共通して発展させてきた仕組みである。それでは、その上に構築されるべき個別の職業能力はどうか。一方の極には、就職する前にその職に必要な技能を学び身につけることを前提とする仕組みがある。他方の極には、就職してから実際に仕事をしながら技能を身につけていく仕組みがある。いうまでもなく、現実に存在するいかなる仕組みもその中間にある。とはいえ、欧米社会と日本の間には無視し得ない偏差がある。

この偏差は若年者雇用にかなり大きな影響を及ぼす。学校教育において職業技能を身につけることが少なく、かつ企業側が就職前に技能を身につけていることを要求するような社会においては、多くの若年者がその「はざま」にこぼれ落ち、失業者として立ち現れることになる。多くの欧米社会はこの傾向があり、それゆえに雇用問題といえばもっぱら若年者が意識されてきた。そして国民に雇用を確保する責務を負う福祉国家は、とりわけ近年の傾向としては、若年者の職業訓練に力を入れ、それにより技能を身につけた者として就職できるようにしていくことを最優先課題としてきている。

一方、学校教育において職業技能を身につけることは同様に少ないが、企業側が就職前に職業技能を身につけていることを何ら要求せず、むしろ就職後に企業内で訓練を受けることができるだけの潜在能力をもっていることを求めるような場合、若年者は教育と雇用の「はざま」にこぼれ落ちる心配がない。諸外国では国家が埋めなければならない「はざま」が、企業内部に埋め込まれているからである。日本の「正社員」体制とはまさにそれを実現するシステムであった。

しかし一九九〇年代以降、本来なら正社員として就職できたはずの若年者がフリーターやニートとしてこぼれ落ちてきたとき、欧米流の職業訓練による技能向上政策は、企業側がそもそもそれを求めない仕組みであるために、その「はざま」から脱出するための政策としてかえって機能が低くなってしまうという逆説が発生する。なまじ若年者に有利な仕組みであるがゆえに、いったん外れるとはるかに不利な仕組みになってしまうのである。

一つの解決策は、就職する前にその職に必要な技能を学び身につける仕組みであろう。とりわけ、欧米で例外的に若年者雇用のパフォーマンスが良好なドイツのデュアル・システムは、高校・大学レベルでパートタイムの学習とパートタイムの現場実習を組み合わせた仕組みである。しかし、それを実現するためには、職業教育とはほとんど無関係に拡大してきた学校教育の世界の大転換が必要となる。

(4) 障害者の福祉と就労

障害者の問題は他分野と異なり、日本的な「正社員」体制による偏差はそれほど顕著にみられない。障害者雇用政策の中心を占める割当雇用制度(雇用率制度)も、基本的にはヨーロッパ諸国と共通の外部労働市場に着目した政策と位置づけられるし、近年障害者差別禁止法制が政策課題となり、その方向への立法が進められてきている点も共通である。

障害者問題における「はざま」は、そうした障害者の雇用促進政策とは別立てに形成されてきた、障害者福祉政策という枠組みの中における福祉的就労政策の間に見出される。これはもともと「授産施設」という形でつくられた。「授産」とは、現在はほとんど障害者専用の用語となっているが、もともと明治初期の士族授産にみられるように自営援助という意味であった。障害者授産施設も、自活するための訓練施設という位置づけであった。それが事実上恒常的な作業施設となり、さらにその外側に小規模作業所と呼ばれる施設がつくられていくことで、雇用労働でない就労のための施設として「はざま」化していったのであろう。

二〇〇五年の障害者自立支援法によりこれらが就労自立支援、就労継続支援というサービスに移行してきたが、なお施設類型によって雇用労働かそうでないかの線引きがされている。これは就労の実態で判断する労働法の考え方と必ずしも整合的ではない。この問題はなお未解決のままというべきであろう。

（5）女性雇用と子育て支援

労働法制が女子年少者の労働制限という形で始まったことにみられるように、近代社会政策は女性雇用に対して懐疑的であった。成人男子を主たる労働力と位置づけ、その妻は夫の稼得してきた賃金に基づいて家庭を切り盛りする「男性稼ぎ手モデル」によって、ネーション国家の細胞としての家族共同体の維持が図られた。もっとも、そのモデルが一般化したのは二〇世紀半ばになってからである。

この方向性が逆転するのは、世界共通に高度成長期以降である。アメリカを先導役として職場における男女平等が追求されるべき理念とされ、国連の女性差別撤廃条約など国際的な動きも伴いつつ、様々な立法や政策によって、女性の職場進出や地位の向上が推進されてきた。

それとともに、男性稼ぎ手モデルの下では女性の役割とされていた家事や育児の負担を、ともに働いて稼ぐ男女間でより平等に分担すべきという新たな理念が徐々に拡大してきた。こうした大きな流れ自体は、日本にも流れ込み、制度や政策面では着実に進められてきた。男女雇用機会均等法や育児・介護休業法はその現れである。

しかしながら日本では、それが「正社員」体制を賞賛する時代精神がもっとも強くなった一九七〇年代後半から九〇年代前半の「企業主義の時代」に行われることとなったため、専業主婦やせいぜいパート主婦の存在を前提に無限定的に働く男性正社員モデルに女性労働を合わせていくことが目指された。その第一次的帰結が男性並みに無限定に働く少数の総合職女性と限定的に働く多くの一般職女性の「職種」分離であり、第二次帰結が後者の非正規労働へのシフトであった。

その中で、法制自体は世界標準に沿って男女平等に規定されながら、育児休業やそれに準じる様々な育児支援のための労働法制はほとんどもっぱら女性用の措置とみなされ、男性正社員が普通に取得するものという意識はなお一般的ではない。それに加えて、男性稼ぎ手モデルを前提として「保育に欠ける児童」のための例外的福祉と位置づけられてきた保育所が、男女がともにフルタイムで働くことを前提とした社会のあり方に対応し切れていない面もある。

（6）労働時間とワーク・ライフ・バランス

上述のように、世界標準の男女平等やワーク・ライフ・バランスを標榜しながら「正社員」体制を維持し続けた結果、育児休業や介護休業のようなイベント的なワーク・ライフ・バランス政策は充実したにもかかわらず、そのイベントが終了した後の日常的な職業生活が無限定的な義務を負う日本的「正社員」の世界であることのギャップが、その意義を減殺する結果となっている。

かつては世界共通に、労働時間規制は女子年少者向けのものであった。やがて二〇世紀前半から中葉にかけて、成人男子に対しても労働時間規制が進められてきた。その点においては、日本の法制もなんら違いはない。

しかしながら、戦後制定された労働基準法は、女子に対しては一日二時間、年間一五〇時間に時間外労働を規制し深夜業を原則禁止しながら、成人男子には労使協定の締結と時間外手当の支給を条件に、無限定の長時間労働を許容した。時間外手当で稼ぎたい男性正社員たちもこの取引を受け入れてきた。そしてそれがまた無限定的に働く男性正社員と専業主婦ないしパート主婦からなる男性稼ぎ手モデルを強固なものとしてきた。

「正社員」体制の最盛期に導入された男女平等法制は、それゆえヨーロッパ型の男女共通に一定の労働時間規制をかけるやり方ではなく、男性正社員の無限定的な働き方に女性を合わせるやり方で行われた。ワーク・ライフ・バランスが声高に叫ばれながらも、一番重要なはずの男女共通の物理的労働時間規制に向けた声はいっこうに上がってくることのない現在の日本の姿は、その延長線上にある。

（7）過労死・過労自殺問題

その代わりに現代日本で物理的労働時間規制の必要性を訴える根拠となっているのは、そのような無限定的な働き方を強いられる中で長時間労働から傷病や時には死を余儀なくされている労働者たちの姿である。重い業務負担から脳・心臓疾患を発症するいわゆる過労死・過労自殺問題は「正社員」体制最盛期の一九八〇年代から注目を集め始め、二〇〇〇年前後に裁判所の判決や労災認定基準などによって確立した。

注目すべきは、ここで初めて一定以上の長時間労働が過労死・過労自殺をもたらすリスクとして公的に認められたことである。労働時間法制においては物理的上限がないまま、時間外手当の支給ばかりが法律問題として論じられる状況の中で、違う角度から物理的労働時間規制の必要性を指し示すものであった。

もっとも、それはなお筆者を含むごく一部の論者の議論にとどまっている。労働者が疲れ切って倒れるまでは長時間労働それ自体を違法といえない現在の法制はなお健在である。

（8）年功賃金と児童手当

賃金はいかなる原理で決定されるべきか。同価値の労務サービスには同一の報酬を、という市場原理からすれば、職務給がその答えとなる。一方で、労働者が扶養すべき家族の数やその年齢は様々であり、彼らの生活を維持すべく一定の所得を保障しなければならない。この二つの間の矛盾をどう解決するべきか。

いやちょっと待て。なぜそれが矛盾なのか？労務サービスの取引は企業と労働者の関係である。労働者とその家族の生活保障は、彼らをネーション共同体のメンバーとして有するネーション国家の責務ではないか。然り、欧米諸国が二〇世紀に確立してきた福祉国家はそのような考え方の上に立脚している。賃金は労務の質と量に応じたその対償であり、それを超える家族の生計費は国の家族手当等で面倒をみるべきものである。

戦時下の日本でも、「皇国の産業戦士」の生活を保障するために、国家の一分肢たる企業が支給する家族手当が導入された。それが、終戦直後の急進的な労働運動によって権利として受け継がれた。労働基準法制定時、原案の「男女同一価値労働同一賃金」を、家族に手当を与える生活賃金の発想と矛盾があるとして「男女同一賃金」に修正させたのは労働側であった。

これに対して同一労働同一賃金原則を唱道していたのは政府と経営側であり、生計費原則との矛盾の解決は国家による児童手当に求められた。ところが、ようやく一九七一年に児童手当法が成立したころには時代の雰囲気はがらりと変わり、日本型雇用システムは望ましいものとみなされるようになっていた。以後の児童手当の歴史は、「企業に家族手当があるのにそんなものいらない」という批判の中で細々と縮んでいくこととなった。まさに「社会的」なものが「会社的」な形をとることによって、「会社的」ならざる「社会的」なものが周縁化されるという事態のもっとも典型的なケースである。

近年、民主党政権下で「子ども手当」として普遍的な制度になったにもかかわらず、それがたちまちに逆転していった経緯を見ると、当該政策を主唱していた政治家たちを含めて、この問題の位相がいかに理解されていなかったのかが改めて浮き彫りになる。

（9）最低賃金と生活保護

ネーション共同体のメンバーに対する生活保障は、しかしながらモラルハザードを避けるために働けるメンバーにはできるだけ働いてもらうという規範と裏腹である。もともと公的扶助制度には就労促進的含意があるが、欧米諸国で九〇年代以来進められているワークフェアやアクティベーションといった政策は、福祉が充実しすぎてそれに依存する者が多くなったという認識に基づき、福祉から就労への移行を積極的に推進しようとするものである。

福祉から就労に移行させるためには、その就労が引き合う――ペイする――ものでなければならない。こうして、「メイク・ワーク・ペイ」が政策課題となり、最低賃金など労働市場の最底辺に位置する人々の労働条件を福祉から脱却するのに十分なほど引きあげることがその重要な柱となる。これに対して前述のように、日本ではそもそも稼働能力のある者を生活保護の対象から事実上排除する扱いをしてきたため、就労をペイさせるという問題意識も希薄であった。

しかしそれ以上に日本の文脈で重要なのは、最低賃金が適用される労働市場の最底辺の人々が、主として日本的フレクシキュリティの下で家計補助的に働く主婦パートや学生アルバイトであり、家族全体の生活水準に直結するものという認識がきわめて薄かったことである。「正社員」の賃金は春闘相場に基づき、大企業から中小企業に向けて低まりつつも、最低賃金からはかなり上の水準――生活できる水準――で推移してきた。そのため、近年毎年のように最低賃金の引きあげが行われているにもかかわらず、単身者向けの生活保護費を全国で完全に上回ることもなおできていない。

その一方で、ワークフェアとは対極に位置する無条件の給付制度たるベーシック・インカム制度に関する議論がわき起こっている。それは一方では、生産性の低い労働者に高い最低賃金を無理に支払わせることによる市場の歪みを回避するという経済合理性に基づく議論であると同時に、純粋にネーション共同体のメンバーシップに基づく生活保障を求める議論でもある。

（10）非正規雇用と社会保障

非正規労働者を正社員の扶養家族として家計補助的に就労する者とみなし、それゆえに社会保障制度から排除してきたのは、前述「労働市場のセーフティネット」における雇用保険制度だけではない。むしろ、雇用保険制度では二〇一〇年改正によって基本的に非正規労働者も適用対象に含まれることとなったが、厚生年金や健康保険においてはいまだに一定時間未満の短時間労働者は適用対象から外されている。

しかしながら、これらの社会保険制度は労働者向けの制度（労使折半拠出）と自営業者向けの制度（本人拠出）が並立する形で存在し、その中で家計補助的ではない非正規労働者がまごうことなく雇用労働者であるにもかかわらず、自営業者向けの制度に追いやられるという形で、さらに矛盾に満ちた姿を示している。正社員よりも低所得であることの多い非正規労働者が正社員よりも多く負担しなければならないという逆説は、日本的フレクシキュリティを前提にした制度設計をそのままにして、家計維持的な非正規労働者を増やしてきたことの必然的な帰結である。

このように、日本において福祉と雇用・労働の「はざま」にこぼれ落ちる人々の問題とは、実は「正社員」体制とそれを前提とした日本的フレクシキュリティが、現実社会の変容に追いついていないことからもたらされている面が大きい。

（11）医療従事者の労働

以下は福祉と雇用・労働の両方に関わる問題と

いっても、以上とはまったく異なる問題領域である。まず、医療に従事する人々の労働問題がある。

二〇一三年二月の最高裁判所の決定で確定した県立奈良病院事件は、医療法で求められている当直だからといって労働基準法上の宿日直—監視断続労働に該当するわけではなく、実質的な労働に従事している限り時間外労働になるというごく当たり前のことを確認した。夜間に何件もの救急外来の対応をしていて監視断続労働になるはずがない。労働法の世界ではあまりにも当然のこの判決が医療界に衝撃をもたらしたという事実の中に、自分たちを労働法の聖域であるかのごとくみなしてきた医師たちの感覚のずれがよく現れている。この「はざま」の大きさには目がくらむ思いがする。

その背景には、医療界で医師が管理者・経営者的立場に立つという感覚が長らく存在してきたことがあろう。近年ようやく、医師の異常な長時間労働が問題として指摘されるようになり、それが医療事故を通じて社会の安全にも関わる問題と意識されるようになってきた。しかし、従来から専門職とはいえ労働者としての意識をもって労働問題に取り組んできた看護職と比べると、まだまだ自分たち自身が労働問題の主役であるという認識は乏しいようにみえる。不満に対して発言の代わりに退出（「立ち去り型サボタージュ」）で進むならば、事態は解決することはないであろう。

(12) 外国人労働者と外国人住民

最後に以上とはまったく異なる角度から雇用・労働と福祉の「はざま」を浮き彫りにする分野に触れておく。外国人の問題である。

近年の日本で外国人問題が登場したのは外国人労働者問題という形をとってであった。正確には、外国人労働への需要を満たすために正面から外国人労働者を導入するのではなく、日系人や研修・技能実習生という形でいわばサイドドアから導入したのである。とはいえ、彼らがもっぱら労働力として日本社会に受け入れられたことは間違いない。多くの低賃金部門において、彼らは不可欠の労働力として組みこまれていった。

ところがいうまでもなく、外国人労働者は生身の体を抱えて日本にやって来、居住するのであって、その観点からは彼らは外国人住民でもある。外国人労働者が外国人住民でもあること、それゆえに労働政策として導入した彼らは地域の福祉・教育政策の対象になることは、導入の先達である欧州諸国がすでにその経験で示していた。

問題は、日本の外国人労働者導入が労働政策ではないという虚構の上につくられ、遂行されてきたことである。このため、実際に外国人住民が多く居住するようになった地域社会は、それに向けた準備をまったくしていないまま、気がつけば「共生」していたのである。

【参考文献】

濱口桂一郎（二〇〇四）『労働法政策』ミネルヴァ書房。
濱口桂一郎（二〇〇九）『新しい労働社会』岩波新書。
濱口桂一郎（二〇一〇）『労働市場のセーフティネット』労働政策研究・研修機構。
濱口桂一郎（二〇一一）『日本の雇用と労働法』日経文庫。
濱口桂一郎（二〇一三）『若者と労働』中公新書ラクレ。

第1章 雇用保険と生活保護の間にある「空白地帯」と就労支援

岩名（宮寺）由佳

本章では、生活困窮者に対する経済的な支援と、生活の自立を目指した就労支援について、近年の動向と論点を整理する。ここでは、「求職者支援制度」と「中間的就労」を取り上げており、主に二つの視点から近年の動向を整理している。第一は、賃金労働者のリスクに対応する多層的なセーフティネットの構築であり、第二は、欧州諸国でみられるワークフェア、あるいはアクティベーションの視点である。

1 二つの視点

本章の視点の一つ目、賃金労働者のリスクに対応する多層的なセーフティネットの構築について、雇用保険制度と生活保護の狭間に新たに設けられた制度としての「求職者支援制度」や「中間的就労」について概説する。それぞれ制度の目的は異なるものの、いずれも、雇用保険と生活保護の狭間に存在する「空白地帯」を埋める新しい施策としての機能を果たすものとして位置づけられている。「空白地帯」対策に関する課題を、「担い手」の観点からも論点を整理したい。

二つ目の視点、欧州諸国でみられるワークフェア、あるいはアクティベーションの考え方は、経済的生活困窮者に対して、単に現金給付を行うのではなく、就労へのインセンティブを付与することで、経済的な自立を支援しようとする考え方である。近年の就労支援の考え方にワークフェア型の考え方が浸透しているが、このことについて詳細な検討は、別の拙稿（宮寺 二〇一二）にて論じているので、ここでは触れない。本章では、ワークフェアの考え方が、「空白地帯」対策に持ち込まれた場合に見落とされがちな論点を指摘するにとどめたい。

制度創設以来、大きな制度改正を経ることなく、長年にわたって運用されてきた生活保護制度は、いままさに、転換期にある。二〇一三年五月一七日、政府は、「生活保護法の一部を改正する法律案」及び「生活困窮者自立支援法案」を国会に提出したが、結果的に、参議院選挙を前にした政治的な駆け引きの中で六月二六日に廃案となった。しかし、この法案は、すでに審議会等の場での一定の議論の経緯を踏まえたものであり、参議院選挙の終了後に、改めて検討がなされると思われる。今後の動向から目が離せない。

2　社会保険と公的扶助の狭間

(1)「空白地帯」

雇用保険と生活保護は、長年にわたって、国民の所得水準の保障という観点で、大きな役割を果たしてきた。雇用保険は、その元となる失業保険制度が、戦後まもなくの一九四七年に創設されて以来（雇用保険への制度変更は一九七四年）、保険料拠出によって支えられる社会保険制度として労働者の失業リスクに対応してきた。

また、生活保護は、多様に用意されている社会保険制度（健康保険なども含む）を活用してもなお最低限度の生活を維持できない人を対象とした税を財源とした公的扶助制度として現在の生活保護法が制定された一九五〇年以来、低所得者の生活を守ってきた。

日本の労働者の所得保障は、戦後から現在に至るまで、失業時においては、一定期間にわたって雇用保険から失業等給付が行われることにより、次の就労までの期間に対する一定の所得保障が行われ、疾病などによって次の職を得ることができない場合は、生活保護によって生活が保障されるというものである。しかしながら、両制度の間に、長年にわたって、社会保障の「空白地帯」ともいうべきスポットが存在してきたことも事実である。つまり、実際の運用においては、両制度の間がスムーズに橋渡しされてきたわけではないということである。

日本の生活保護制度は、「補足性の原理」に基づいて運営されている。補足性の原理は、「保護は、生活に困窮する者が、その利用しうる資産、能力その他あらゆるものを、その最低限度の生活の維持のために活用することを要件として行われる」ことを定めている。したがって、申請者は、保有する預貯金や資産を活用、あるいは売却していくことによって生計を維持しつつ、最終手段として生活保護を申請することになる。

雇用保険の失業等給付が切れても、即時に生活保護受給となることは少なく、その後は、貯蓄を切り崩したり、家財道具を処分するなど、生活基盤を切り崩しながらの生活を余儀なくされることが多い。そして、すべてを使い果たしたのちに、ようやく生活保護に至るが、この段階に至っては、住居を変えたり、家財道具を売り払うなどといったことにより、就労時の生活から比較すれば生活基盤の多くを失っている状態にある。また、物的なものだけでなく、人的な生活資源（家族、親族や地域住民）などの関係性も変化していることが多く、仮に一定の就労が可能になっても、こうした目には見えにくい生活基盤を喪失して貧困から脱却できないといった事例もみられる。

このように両制度の間の「空白地帯」が大きすぎるため、失業者は、雇用保険の受給期間を超えて再就職ができない場合は、日々の生活が生活防衛のための消耗戦となり、経済的自立のための生活環境や意欲さえも失ってしまうことが少なくない。

また、生活保護では稼働能力の有無は、給付の絶対的な条件にはなっていないものの、受給は、稼働能力がないものに限定されるといった誤った認識が社会の中に存在することも指摘されている。福祉事務所の窓口において、稼働能力が残っていることのみを理由に生活保護の申請を拒否されるといった報告もされている。一見すると就労可能に見えるものの、様々な制限があって就労が困難な場合としては、例えばごく軽度の精神疾患や知的障害などが指摘されているが、こうした人々は、雇用保険からも生活保護からも支援を受けることなく、生活資源を喪失していくケースがみられる。

(2) 労働市場の変化からみた「空白地帯」問題

こうした制度間の「空白地帯」問題は、近年になって突然現れた新しい課題ではなく、古くから存在してきた。ただし、メディアなどで大きくクローズアップされることは少なく、注目されてこなかった、というのが正しい理解であろう。「空白地帯」が、社会問題として認識されるようになってきた背景として、労働者における正規労働者と非正規労働者の構成割合が変化してきたことを指摘することができる。戦後の日本社会における雇用は、基本的に正規労働者を中心に構成されてきた。総務省の労働力調査によれば、一九八五年においては、全労働者に占める非正規雇用者の割合は一六・四％であったが、二〇一〇年には三四・三％と倍増しており、労働者の三人に一人が非正規労働者となっている。こうした状況は、一九九〇年代後半から特に顕著となっている。

所得水準の全体的な低下も、生活困窮者の問題に光を当てる大きな背景因子である。国税庁が実施する「民間給与実態統計調査」によると、年収二〇〇万円未満の給与所得者は過去六年連続で増加しており、その数は、全労働者の二三・四％に達している。これらの年収二〇〇万円未満の層は就労しても、十分な所得が得られない生活困窮層を多く含んでおり、いわゆるワーキングプアの代表的な層ということがいえるだろう。

また、失業者に占める失業期間一年以上の失業者の比率も、景気の浮揚・後退によって変動はみられたものの、一九九〇年頃までは、二〇％を超えることがなかったが、一九九五年頃から上昇しており、二〇一〇年では三六・二％となるなど（失業期間半年以上の者は二〇一〇年において五三・六％）、失業の長期間が進んでいる。雇用保険の受給期間は、失業の理由などによって異なるものの、長期失業者の増加は、基本的に、いわゆる雇用保険の受給期間を超えて失業状態が続く、いわゆる「空白地帯」に陥る失業者が増加することを意味している。非正規労働者（の解雇）の増加と失業の長期化によってより、労働市場に戻ることができず「空白地帯」にとどまる失業者が増加したことが、この問題を二〇〇〇年代においてクローズアップされた背景と考えることができるだろう。

逆に言えば、戦後の日本において、特に福祉国家としての制度整備が進められた一九六〇年代以降において、雇用保険が一定の水準で機能してきたのは、順調な右肩上がりの経済成長により労働市場が比較的安定していたことによるところが大きいということである。戦後の高度成長期を経て、日本における失業率は、ほぼ完全雇用の水準を長期にわたって維持してきた。また、家族形態も安定しており、低い離婚率、相対的にみれば現在よりも世帯規模が大きかったことなどから、非正規労働者は家計の補佐的な役割を担っており、多くの場合、非正規労働者の失業が生活を脅かす問題としてはとらえられてこなかったという側面もある。

また、労働市場そのものが、終身雇用や年功序列賃金といった日本型の雇用慣行によって固定的であり、労働力の流動性が低かったということも、「空白地帯」問題を大きな社会問題としなかった一因でもある。すでに、現代の労働者の大半が実感している通り、終身雇用や年功序列賃金は、現在も日本の雇用慣行としては、諸外国に比べれば残っているといえるものの、「当たり前」の存在としては、認識されなくなってきている。実際、雇用の流動性は、高度成長期よりも高くなっており、こうした雇用慣行の変化も「空白地帯」問題を大きくしている一因といえるだろう。

3　多層的セーフティネットの構築に向けて

（1）欧州諸国での動向

欧州諸国においては、一般的に社会保険としての失業保険（日本における雇用保険）と、公的扶助制度としての最低所得保障制度（日本における生活保護）の間に、何らかの所得保障制度によってセーフティネットを用意する形態が一般的である。これらの狭間に位置づけられる所得保障は、例えば「失業扶助」といった名称で整理される通り、雇用支援制度としての位置づけを持ちながら財源の面では、扶助原理に基づいて運営されているのがおおよその特徴といえる。

ドイツでは、失業給付Ⅱ（求職者基礎保障）が、失業手当Ⅰ（雇用保険に該当）の受給期間が満了した失業者を対象として用意されている。失業手当Ⅱは、二〇〇五年に施行されたハルツⅣ法以前においては、失業扶助と呼称されていた制度の再編後の名称であり、その機能についても、社会保険である失業手当Ⅰの給付期間が満了した失業者への給付という点で共通している。原則として国庫負担（一部を自治体が負担）による給付制度である。

フランスでは、特定連帯手当（ASS: Allocation de solidarité spécifique）」が、社会保険制度である雇用復帰支援手当（ARE: Allocation d'aide au retour a l'emploi）の受給期間を満了した失業者向けに用意されている。AREの受給期間が満了すると、ASSに移行することになるが、ASSは失業以前の一〇年のうち五年間において就労していることが受給の条件となる（なお、五年未満の失業者には別途RSAと呼ばれる制度が設けられている）。財源は全額国庫負担である。給付期間は、六カ月であるが、更新が可能なため、事実上、無制限に受給することが可能である。

イギリスでは、日本の雇用保険（失業者等手当）にあたる拠出制求職者手当（Contribution Based Jobseeker's Allowance）と生活保護にあたる所得補助（Income Support）との間に、一九九五年に所得調査制求職者手当（Income Based Jobseeker's Allowance）が創設された。名称は、求職者手当であるが、給付水準などについては、所得調査制求職者手当と所得補助は、ほぼ同じ水準にある。拠出制求職者手当の給付期間が一八二日に制限されているのに対して、所得調査制求職者手当は、男性六五歳、女性六〇歳まで無期限で受給することができる。財源は、無拠出制のため全額税財源となっている。この制度は、就労支援と組み合わされており、おおむね二週間に一度、あるいは求めに応じて、ジョブセンタープラス（日本の職業安定所）に就職活動状況の報告に出向くことが義務づけられている。

欧州の失業扶助に代表されるような社会保険としての雇用保険に次ぐ第二のセーフティネットの議論は、失業率が長年にわたって三％未満で推移してきた日本では議論として成り立ちにくく、他方、好況期でも失業率が五％を下回ることがほとんどなかった欧州諸国では、長期失業者の問題は、恒常的な課題であり、政策の優先課題として取りあげられる環境があったということもいえるだろう（日本の失業率の計算方法は欧州の定義とは異なることから単純な比較はできないが、日本の失業率が低い水準にあると日本人に信じられてきたことは事実であり、こうしたことが、失業者に対する施策を遅らせたという議論は可能かもしれない)。

ただし、欧州諸国では、もともと最低所得保障制度から特定の共通点をもつ社会的なグループ(失業者や高齢者など)を別制度に分離させる政策の方向性が顕著であり、一九九〇年代より最低所得保障制度から、様々なカテゴリの対象者が分離されている。したがって、イギリスのように失業扶助的な機能を果たしている所得調査制求職者手当も、稼働能力のある生活困窮者を最低所得保障制度から切り離すという文脈が強く(これをワークフェア的な現象とみることもできるだろう)、日本のように、雇用保険の一部分として制度化された求職者支援制度と対比するのは必ずしも適切でないという議論もあるだろう。他方で、後述するように、日本の生活保護受給者についても、昨今の議論においては、ワークフェアの文脈から就労支援の重要性が指摘されており、日本の生活保護も同様の方向に進んでいるといえる。

(2) 日本における「空白地帯」をめぐる議論

すでに述べたように、労働市場の変化は、一九九〇年代の後半から徐々に顕在化しており、こうした雇用保険と生活保護の空白地帯を埋める制度の提案は、野党時代の民主党によって二〇〇一(平成一三)年に行われている。民主党は、当時実施されていた失業者向けの生活資金貸付制度を、予算措置に基づく事業としてではなく、法律に定められた恒常的な制度とするよう提案していたが、廃案となったことで、以降、国会における「空白地帯」への対策議論は、一旦収束してしまう。

「空白地帯」に関する社会的環境が大きく変化したのは、二〇〇八年秋以降のリーマンショックと、その前後に展開したワーキングプアやネットカフェ難民などの生活困窮者に対するメディアの注目であった。リーマンショックの経済不況による雇用調整の中で、とりわけ派遣社員などの非正規労働者の解雇が増加した。これらの失業者の中には、社宅などに住居する者で、失業を契機に住居を失い、インターネットカフェなどで寝起きするものもあらわれた。

こうした状況に対応する形で、政府は、二〇〇八年一一月には雇用保険の雇用二事業の枠内で「訓練期間中の生活保障給付制度」を実施、さらに、二〇〇八年一二月一九日に経済対策閣僚会議にて「生活防衛のための緊急対策」を閣議決定するなど具体的な対策が取られた(しかし、「訓練期間中の生活保障給付制度」は貸与制度であったことなどから、ほとんど利用されなかった)。さらに二〇〇八年末には、日比谷公園を中心に展開された「年越し派遣村」は、映像的にも社会に対する訴求力があり、社会の注目を大いに集めたことで、失業者への生活保障は大きな政策課題となっていく。

こうした中で、政府(自民党政権)は、期間を限定した緊急対策として、二〇〇九(平成二一)年七月から、求職者支援制度が開始される直前の二〇一一(平成二三)年九月(開講分)まで「緊急人材育成支援事業」を実施し、職業訓練の実施と経済的な生活支援をパッケージ化し、失業者に提供することとなった。

非正規雇用者やワーキングプア問題に対する社会全体の注目が高まる中で実施された第四五回衆議院議員選挙(二〇〇九年八月三〇日投票)では、「空白地帯対策」が各政党の公約の中に組み込まれた。政権与党であった、自由民主党は(選挙後は歴史的な大敗により野党へ)、「失業給付を受けられない方への新たなセーフティネットを構築し、職業訓練期間中の生活支援、失業し、住居のない方への住宅と生活の支援、長期間失業している方などへのきめ細かな就職・生活支援など、訓練、再就職、生活、住宅への総合的な支援に取り組む」ことを明示していた。

選挙後に政権を奪取した民主党のマニフェスト

は、従来からの主張を改めてマニフェストに明記し、月額一〇万円の手当付き職業訓練制度として、雇用保険と生活保護の間に「第二のセーフティネット」を創設することを主張した。総選挙後、民主党は、雇用保険の適用範囲を「三一日以上雇用見込」に拡大するための雇用保険法改正を実現し、さらに求職者支援制度の創設を民主党政権下で実現するための道筋を明らかにした。

4　求職者支援制度

(1) 制度の概略

求職者支援制度は、雇用保険の給付期間（失業時の条件によって給付期間は異なる）が満了したのち引き続き失業状態にある者やそもそも雇用保険の受給資格がない者に対して提供される就労支援プログラム（ハローワークを中心としたきめ細かな相談・支援を含む）及びプログラムに参加している期間の給付金の支給制度である。対象者は、雇用保険を受給できない者で、就労を希望し、支援（職業訓練やハローワークでの支援）を受ける意志がある者とされている。雇用保険への保険料拠出や給付の実績は問われない。この中には、そもそも雇用保険の適用対象外となっている自営廃業者なども含まれている。なお、雇用保険の受給者であっても、求職者支援訓練を受講することは、一定の条件のもとに可能である。

求職者支援制度は、大きくわけて三つのプログラムで構成されている。(1)求職者支援訓練、(2)ハローワークでの支援、(3)職業訓練受講給付金である。求職者支援訓練で提供されるプログラムは、基礎コースと実践コースに分かれており、厚生労働大臣が認可した民間の教育訓練機関がプログラムを提供する。

訓練期間前、期間中、期間終了後において一貫してハローワークが、訓練実施機関（民間）との連携に基づいて支援を行うこととされている。支援においては、個別の支援計画を策定し、定期的な来所を前提とする。

職業訓練プログラムの参加者には、職業訓練受講給付金が、一給付金支給単位期間毎に一〇万円支給される（別途交通費も支給）。ただし、給付を受けるためには、収入が八万円以下であること、世帯収入が二五万円以下であること、世帯の金融資産が三〇〇万円以下であること、現に居住する土地・建物以外に土地・建物を所有していないこと、訓練のすべての実施日に出席していること、世帯内に同給付金の受給者がいないこと、過去に失業給付等の不正受給がないことなどが条件として設定されている。受給資格者は、ハローワークに来所して、前の給付金支給単位期間分の給付金の支給に必要な手続きを行うこととされる（来所がない場合は、以降の給付が停止される。また不正があった場合は、不正受給額の三倍額までの返納が求められる）。

(2) 制度の性格と財源

雇用保険と生活保護の間に存在する制度として、求職者支援制度は、両制度の性格を部分的に有している。

雇用・労働政策の一環として位置づけられる求職者支援制度であるが、一定の所得制限が設けられており、こうした点は、社会保険制度として運営されている雇用保険とは異なる点である。しかしながら、所得制限の考え方は、生活保護の規定をそのまま用いるものではなく、保有資産や預貯金について、生活保護とは異なる基準が設けられている（イギリスの求職者手当の場合、所得制限の基準については、生活保護にあたる所得補助制度と基準を共有している部分が多い）。

生活保護には補足性の原理があり、保有する資産の優先的な活用が求められ、金融資産などは原則として、それらをすべて活用したうえでの申請となる。求職者支援制度では、こうした金融資産等について無制限に認める対応は取っていないが、三〇〇万円までは金融資産を認め、土地建物についても住所地については持ち家も認めるなど補足性の原理を徹底する生活保護とは一線を画し、貧困の悪循環を断ち切ろうとする防貧を意識した設計とみることができる。

　給付金の性格についても生活保護は最低限度の生活を維持することを目的に設計されているため、受給世帯の世帯員数やその年齢によって、需要の多寡に差が生じることを前提に支給額が規定されている。しかし、求職者支援制度の給付は、あくまで訓練に参加している期間（給付金支給単位期間）を単位に設定されており、また金額も定額制をとっているため、給付水準が最低限度の生活水準を担保しうるかどうかは、必ずしも議論の対象とはならない。受給資格としては、世帯収入や世帯の保有する金融資産の上限を設けているものの、支給は、個人に対して行われることが前提となっており、世帯人員数に左右されることもない。

　以上のような特徴から、求職者支援制度は、欧州諸国における失業扶助が、生活保護に就労支援を加えたような形態をとっていることに比べると、扶助的な要素が少なく、就労支援に重点をおいた労働政策の影響を強く受けていると整理することができる。こうした点は、欧州とは異なる日本独自の整理といえるだろう。

表１－１　財源からみた３制度

	第１のセーフティネット（雇用保険／失業保険等）	第２のセーフティネット（求職者支援制度／失業扶助等）	第３のセーフティネット（生活保護／社会扶助等）
日　本	労使拠出＋税	労使拠出＋税	税
欧州諸国	労使拠出	税	税

　また、財源についても、欧州諸国とは異なる性格を有している。そもそも本制度は、雇用保険の受給資格を持たない対象者を前提としている。したがって、負担と給付の関係の視点からみても、社会保険制度に類するものと整理することには無理がある。実際、欧州諸国においても、失業扶助に類する制度は、原則として全額を税財源によって運営している。

　ところが、求職者支援制度は、雇用保険法において、附帯事業として位置づけられている（全額事業主負担の雇用二事業とも区別されている）。財源も、職業訓練受講給付金にかかる費用については、二分の一を国庫が、残りを労使が折半することとされている。全額国庫負担とできないのは、財政の厳しい中での妥協の産物でもあるが、連合は、長年にわたって、第二のセーフティネットの創設を全額国庫負担で実現することを主張しており、求職者支援制度が決定した際に出された事務局長談話においても「施行から三年後の見直しの際に、労働保険特別会計の雇用保険制度から分離独立した制度として、全額一般会計で負担する制度へと移行すべき」と改めて主張している。

　ただし、日本の雇用保険における失業給付については、元来、四分の一の国庫負担が定められているが（現在は暫定的に四分の一の五五％の国庫負担となっている）、社会保険としての雇用保険に国庫負担が行われているのは、先進諸国では珍しく、日本に特有なものである。第一のセーフティネットである雇用保険の延長線上に求職者支援制度を位置づけるのであれば、部分的に国庫負担があること自体は、必ずしも不自然ではないものの、社会保険料を支払い、受給資格を得ている労働者からみれば、制度から外れている失業者を、雇用保険側が費用負担するという発想については、議論があるだろう。財源のあり方については、制度開始から三年後に予定されている制度見直しで改めて議論が行われる可能性もあるだろう。

5　生活困窮者・生活保護における就労支援

（1）生活困窮者自立支援にむけて

雇用保険と生活保護の「空白地帯」は、求職者支援制度単体で解消されるほど狭くない。求職者支援制度が埋めた「空白地帯」は、主に雇用保険から離脱した後であったり、自営廃業者など、もともと労働市場の中にいる労働者を中心的な対象として想定している。したがって、生活困窮者対策というよりは、生活困窮者とならないようにするための防貧的な役割を持つものとして位置づけることの方がわかりやすいだろう。

一方、生活困窮者は、「働けども生活が苦しい」というワーキングプアや、生活保護は適用されていないが生活が困窮している者、就労の支援が十分に効果をもたず、長期にわたり失業状態にある者など、極めて多様である。また、生活保護受給世帯の中にも、受給者全体からみれば少数派であるが、稼働能力層が含まれており、この中には、実際に、限られた範囲で就労している受給者も含まれている（一般的に、大きな誤解があるため、ここで改めて明記しておきたいが、生活保護受給者の約八割は、高齢者や障害者など稼動能力が十分ではない層である。したがって、就労支援やワークフェアの観点から焦点があてられるのは、残りの二割であり、またこれら二割の稼働能力層も多くが中高年者であること に留意する必要がある）。すでに触れたように、非正規雇用のもつ意味の変化や、労働慣行の変化、家族形態の変化などから、従来は社会問題として把握さえることが少なかったこれらの生活困窮者の生活をいかにして支えるのかという点が大きな問題となってきている。

政府は、これらの生活困窮層や生活保護受給者に対する方策を一体的に検討するため二〇一二（平成二四）年四月に社会保障審議会に「生活困窮者の生活支援の在り方に関する特別部会」を設置し、生活保護制度の見直しも含めた総合的な生活困窮者の自立支援の戦略（生活支援戦略）を検討してきた。二〇一三（平成二五）年一月には、特別部会での議論が報告書として取りまとめられ公表された（以下、「特別部会報告書」という）。その内容を踏まえ、閣議決定され国会に提出された「生活保護法の一部を改正する法律案」及び「生活困窮者自立支援法案」が二〇一三（平成二五）年六月に廃案となったことはすでに触れた。

生活困窮者自立支援法案では、制度の大きな柱として、⑴生活困窮者自立相談支援事業、⑵生活困窮者住居確保給付金、⑶生活困窮者就労準備支援事業、⑷生活困窮者一時生活支援事業、⑸生活困窮者家計相談事業が設定され、費用は国が四分の三を負担することとされていた。このうち、生活困窮者住居確保給付金については、二〇〇九（平成二一）年度から二〇一三（平成二五）年度末までの時限措置として実施されている住宅支援給付の恒常化を目指したものであった。また、生活困窮者就労準備支援事業は、特別部会報告書の中で新しいコンセプトとして提案されているものであり、「中間的就労」として位置づけられていたものである。

（2）労働と福祉の中間に位置づけられる通過点としての中間的就労

中間的就労は、一般的な労働としての就労とは一線を画しているが、単なる職業訓練や生活訓練ではなく、将来的は一般的な就労を目指しているという点で、「中間的」という表現が用いられていると思われる。「中間的就労」について、特別部会報告書の中では、厳密な定義は示されていないが、全体像をイメージできる範囲の説明はなされている。中間的就労は、特別部会報告書によれば、「就労体験やトレーニングが必要な、いわば、一般就労に向けた支援付き訓練の場として位置づけられるべきものである。対象者によっては、（中略）就労のみならず、社会参加の場として活用されることもありうるものである」と説明されている。対象者は、稼働年齢世代が中心となることを明示しつつも、「直ちには一般就労することが難しい者を主たる対象として考える」としている。

対人関係に困難がある場合や、ごく軽い知的障害や精神疾患があるといったケース、複雑な家族関係（DVなども含む）によって人間不信に陥っているケース、親の経済状態の悪化によって十分な教育の機会が得られない若年層、長年にわたって引きこもっており、外の社会との交流経験が乏しい者、就労経験がまったくない若年層も稀ではなくなっており、こうした層には、単に職業を紹介するだけでは、経済的自立に結び付かない場合が多い。中間的就労は、こうした、労働市場の外で生活困窮者となっている者を対象に、労働市場の入り口に立つための支援を行おうとするアプローチといえる。

中間的就労に類する取り組みは、例えばスウェーデンでも、「社会的就労」として自治体が運営する社会扶助（日本の生活保護に該当）と連動して実施されており、公園のゴミ拾いなどの活動の機会が提供されている。これらの活動は、生活困窮者の生活リズムや社会参加の基盤を整備し、労働市場へ復帰するための環境づくりであり、準備活動と位置づけられる。したがって、実際に行われる行為が「労働」と見える活動である場合でも、それが、当事者にとっては、社会参加、訓練、あるいはリハビリテーション的な意味をもっている場合がある。

特別部会報告書では、中間的就労の意味づけについて、「労働基準法制の適用外として柔軟に対応する形をとるべき」「賃金労働ではなく、参加に重点を置くべき」「雇用、労働ではなく、訓練と位置づけるべき」「現在の中間的就労には、一時的に有償ボランティアといった時期があり、次第に最低賃金をもらえるようになるといった、段階的に変化する形で実施されているものがあり、労働者として守るべきものは守ることを基本としつつ、労働者という位置づけにならない段階をきちんと位置づけるべき」というように複数の意見が併記されており、この点について統一的な見解が示されているわけではないが、いずれの見解も、通常イメージされる労働からは幾分なりとも距離を置くことで、社会福祉的な支援としての位置づけを明確にしつつ、また、その位置づけが段階的に変化しながら、徐々に労働に移行していくものと考えることができるだろう。したがって、中間的就労は、労働と福祉間の「連絡通路」のようなものとしてイメージされているといえるだろう。

（3）中間的就労に求められる「個別性」

労働か福祉かという線引きは、単に労働基準法に準拠するかどうかという法的な問題ではない。むしろ、両者の違いは、「個別性」にどこまで対応していくのかという問題に置き換えられるだろう。ソーシャルワークの基本原則を示したバイステックの七原則にみられるように、また、「ケースワーク」が、日本においては、「個別援助技術」と訳されていることからもわかるとおり、社会福祉の援助技術論の中では、その固有性の一つとして「個別性」を重視する。

労働政策に限らず、多くの社会政策が基本的には、対象者を特定の特徴をもった集団としてとらえ、その特性にあった施策を講じるのに対して、社会福祉（ソーシャルワーク）においては、対象者一人ひとりの生活歴なども含めた本人の背景に着眼し、個別に対応していくことに力点を置く。実際、社会福祉の基本となる生活保護制度も、提供されているのは、単なる現金給付ではなく、個別に対応することを意図したケースワークである（はずだ）。

労働政策にみられるように、集団としての対象者に対して一定の施策を投入した際に、効果がみられるのであれば、個別援助は必要ないだろう。社会福祉サービスとして提供することの意味は、こうしたシステム化された施策では対応できない範囲への対応策という面が大きい。中間的就労は、その目指す先は、「労働市場」への復帰であるが、実際のアプローチは、当然ながら、「社会福祉的」にならざるをえない。特別部会報告書が指摘する通り、これらの層は、ひとつの生活課題ではなく、健康や家族関係などの複合的な課題を抱えている場合が多いためである。

特別部会報告書によれば、中間的就労の実施主体は、社会福祉法人やＮＰＯ、あるいは社会貢献の視点から事業を実施する民間企業などの社会的企業の自主事業などが想定されている。また、最終的には、民間企業の参加も期待されており、「一人、二人を受け入れることは可能」ではないかとしている。当然ながら、行政側が就労の場を創出することは困難であり、また非効率でもある。

しかしながら、複合的な生活課題を抱える利用者の支援を行うにあたり、地域の民間事業体は、十分なノウハウを持ち得るのか、また、民間団体が受け入れ可能な負担なのかについては、疑問が残るところである。相談支援事業そのものは、自治体が担うとしており、中間的就労を担う事業者が就労者の生活課題の解決のすべてを担うわけではないものの、現在の自治体の職員配置体制や財政状況をみれば、実質的に相談業務も現場レベルに委譲されることは、容易に想像がつく。また、自治体側が、一部の社会福祉士を除けば、非専門職で構成されていることが大半であり、効果的な相談と生活課題の解消を実現できるかについては、大きな疑問が残る。

すでに触れたように、中間的就労の対象者は、社会福祉の領域においては、典型的な困難事例であることが多く、「失業者」や「ひとり親世帯」のようなカテゴリ化が困難であり、したがって、個別の対応が必要になることはすでに触れた。他方、こうした個別性の高い人々に対する対応方策について、まったくパターン化ができないわけではない。複雑な生活課題を複合的に抱えていても、まずは健康問題の改善が必要なパターンや、借金の整理などが優先されるパターンなど、一定の問題解決の在り方を整理することは、例えば生活保護のケースワークでも行われるように、可能である。しかし、様々なケースを経験し、対応を蓄積した専門職でなければ、こうした整理は難しく、本来であれば専門職たる社会福祉士を中心に、行政側が一定の整理をするか、あるいは、中間的就労を引き受ける民間団体を取りまとめる形で、議論を行うことが必要になるだろう。

介護分野においても、ケアマネジメントは、民間事業所に委ねられてきたが、昨今の地域包括ケアシステムの議論においては、行政（地域包括支援センター）を中心とした地域ケア会議の重要性が改めて認識されている。中間的就労についても、こうした専門職を配した行政主導の支援枠組みを強化することが必要ではないだろうか。

翻って、昨今の生活困窮者の自立支援に関する議論においては、こうした人材の能力開発、社会福祉士等の専門職の適切な配置などについて、議論の過程の中で主張されることはあっても、残念ながら対策の柱とはなっていない。

現在、各福祉事務所は、社会福祉士の恒常的な人手不足に直面している。生活保護業務に加え、こうした生活困窮者の自立支援が加わった場合、どこまで個別性が担保と支援のシステム化は、この事業全体の成否にかかわる大きな課題といえるだろう。

6 空白地帯対策とワークフェア

（1）ワークフェアの潮流

こうした狭間に生まれた制度は、単に両制度間の空白地帯を埋めるという文脈だけでなく、「ワークフェア」文脈からも説明される。これは「就労による福祉」あるいは「福祉から就労へ」という意味で一九九〇年代に欧州において頻繁に使われるようになった用語であり、生活困窮者等に対して、現金給付で生活保障を行うだけでなく、就労のための具体的、積極的な支援を行うことによって、自らの生活基盤を（特に経済面での自立的生活を）稼得収入で回復させるというものである。本章で紹介した「求職者支援制度」も「生活困窮者自立支援法案（廃案）」あるいは「中間的就労」も、ワークフェアの具体的な形と考えることができる。

本章の最後の整理として、ワークフェアの問題点からみた、第二のセーフティネットの課題について、簡単ではあるが指摘しておきたい。ワークフェアの問題点の一つは、それが、しばしば給付抑制につながる可能性である。ワークフェアを先進的に導入しているスウェーデンやイギリス、ドイツなどの欧州諸国においても、就労しないことだけをもって給付を完全停止する最低所得保障制度は存在しない。多くの国で、給付の管理と就労支援のバランスは、現場の裁量に任されていることが多い。しかしこのことは、言い換えると、状況を総合的に判断する権限が運用現場に与えられているということであり、運用現場においては、就労と給付が交換条件になるような、いわゆる懲罰的な処遇を引き起こす潜在的なリスクが存在することを示している。いうまでもなく、ワークフェア本来の趣旨にこうした懲罰的な意図は明示されていないが、「働かざる者、食うべからず」といった一般的な社会的風潮があることは、洋の東西を問わず共通しており、欧州諸国でも、現場レベルでは、こうした懲罰的な処遇が報告されている。

政策的な方向性として、ワークフェアを認めたとしても、そのことは現場の運用レベルでワークフェアを曲解した懲罰的な処遇を認めることには決してならない。特に中間的就労は、そもそも就労が困難な人々に対する支援という意味で、実際には、すべての人が短期間で成果をあげられる類の支援ではない。したがって、就労の準備が十分でない対象者への支援は、個別の事情を十分に吟味しながら、時間をかけて検討されるべきであり、画一的かつ短絡的な判断は、慎むべきである。こうした処遇は専門性を必要とすることから、懲罰的な対応は、一般的に非専門職において行われるリスクが高いことには十分に留意すべきである。

（2）職業選択の自由

また、これに関連して就労が給付を受けるための事実上の要件となることで、職業選択の自由が侵害されるのではないかという指摘がある。現在の日本の労働市場を見ると、仕事そのものが皆無という状況ではなく、一定の求人は常に出ている状況にある。したがって「仕事を選ばなければ」なんらかの求人は常時あることから、生活保護の窓口においては、「とにかく就労」という動きになる可能性は否定できない。当然ながら、どのような仕事であっても、生きるためという理由で就労することは可能かもしれないが、継続性が見込まれる就労でなければ、結局、生活の安定性を確保することは難しい。他方で、自らの生活を自ら成り立たせることは、国民としての義務でもある。権利と義務をどう制度の中で両立させていくのかについても議論が残りそうだ。

特別部会報告書では、「一般就労が可能と判断される者について、自らの希望を尊重した就労活動を行ったにもかかわらず、一定期間経過後も就職の目途が立たない場合等には、それまでの取り組みに加えて、本人の意思を尊重しつつ、職種、就労場所を広げて就職活動を行うことを基本的な考え方とすることを明確にすべき」としている。識者からは、「本人の意思を尊重しつつ」と言いながらも、「職種、就労場所を広げて」と就職活動をすることが基本とすることについて、職業選択や居住の自由を侵害しているという見方も出ている。

日本弁護士連合会（日弁連）は、生活困窮者自立支援法案の元になった「生活支援戦略」の中間とりまとめに対して、ワークフェア的なアプローチが、受給者の法的な権利を侵害しかねないとして、生活保護制度の中に組み込まれる就労支援の要件に対して強い懸念を示している。

7　結語

現代における自立とは、おおむね就労による経済的自立を意味しており、そうした意味では、生活保護受給者も、生活困窮者も、また失業者も、生活がどのような制度によって保障されるにせよ、最終的なゴールとして就労が目指されるのは自然なことである。したがって、「福祉から就労へ」というワークフェアの流れが生活保障の中で組み込まれることには合理性があり、今後もこの方向性は続くだろう。

確かに、過去一〇年間で、求職者支援制度が実現し、また廃案になったものの生活困窮者の自立支援や生活保護についても新しい方向性が示され、徐々に空白地帯は埋められつつある。しかしながら、空白地帯が埋められれば埋められるほど、また課題が第三のセーフティネット（生活保護）に近づけば近づくほど、問題解決のためには個別性の高い対応が必要となっていくことは欧州諸国のワークフェアの経験からも明らかである（宮寺 二〇一〇）。空白地帯に作られた新しい制度が、実効性の高い対策となるためには、少なくとも現状を大幅に超える専門職の投入が必要であり（さらに、専門技術を要する分野における行政の定期的な人事異動の弊害もある）、高いコストを払う社会的な覚悟が必要である。「空白地帯」に作られた新たな制度が砂上の楼閣となるかどうかは、実際の運営におけるきめ細かな対応の可否にかかっているのではないだろうか。

【参考文献】

社会保障審議会「生活困窮者の生活支援の在り方に関する特別部会報告書」二〇一三年一月二五日。
塩田晃司（二〇一一）「求職者支援制度の創設に向けて～職業訓練の実施等による特定求職者の支援に関する法律案」『立法と調査』参議院事務局企画調整室。
濱口桂一郎（二〇〇九）『新しい労働社会――雇用システムの再構築へ』岩波新書。
三菱ＵＦＪリサーチ&コンサルティング株式会社「生活困窮者の就労支援に関するモデル事業報告書」（平成二四年度セーフティネット支援対策等事業費補助金社会福祉推進事業）、二〇一三年三月。
宮寺由佳（二〇一〇）「労働と福祉、その光と影――スウェーデンの貧困をめぐって」我孫子誠男・水島治郎編著『労働　公共性と労働――福祉ネクサス（持続可能な福祉社会へ）【公共性の視座から】三』勁草書房。
労働新聞社編（二〇一三）『求職者支援制度の解説』労働新聞社。

第2章 高齢者の雇用対策と所得保障制度のあり方

金　明中

本章では日本における人口高齢化や高齢者雇用の現況、そして政府が今まで実施してきた主な高齢者雇用支援政策や年金制度の関連性を再考したうえで、公的年金や退職金、そして企業年金や個人年金という私的年金の現状を把握し、今後の高齢者の所得保障制度のあり方について論ずる。

1 高齢者の雇用が拡大

政府が閣議決定した『平成二三年版高齢社会白書』によると、二〇一〇年一〇月一日時点で、六五歳以上の高齢者人口は過去最高の二九五八万人（前年二九〇一万人）で、一億二八〇六万人の総人口に占める割合（高齢化率）も前年比〇・四ポイント上昇し、二三・一％となった。高齢者人口は、一九四七―四九年生まれの「団塊の世代」が六五歳以上となる二〇一五年には三三七八万人となり、七五歳以上の後期高齢者となる二〇二五年には、高齢化率が三〇・五％に達すると推計されている。

人口減少に伴う高齢化は、労働力人口の減少による経済成長の停滞や現役世代の社会保障に対する負担増加をもたらす。その結果、現役世代の勤労意欲は低下し、労働市場から離れることになると社会保障制度の持続可能性が弱まり、社会保障制度が維持できなくなる可能性が高まる。したがって政府はこのような労働力不足問題を解決し、社会保障の財政を維持する目的で高齢者や女性、そして外国人労働者に対する雇用支援策を打ち出している。

政府が最近、高齢者の雇用拡大に積極的に乗り出している主な理由は、多様な経験や能力をもっている高齢者をより長く活用することが日本経済にプラスになり、社会保障制度の維持にも役に立つということや、雇用が終了する年齢と年金の受給開始年齢を合わせ、賃金も年金も受け取れない収入の空白期間が生じないようにすることである。つまり、最近の高齢者雇用政策は年金制度と強くつながっているのである。このような高齢者雇用の拡大政策はプラスな点のみであるのか。しかし、そうだとは断言できないのが現実である。最近の高齢者に対する雇用拡大政策により若者が職を失っている、いわゆる置換え効果が発生しているという主張も根強い。

　元気な高齢者がより長く労働市場に参加し働き続けることは労働力の確保とともに社会保障の財源を維持するという点でも役に立つ。今回の法律の改正により高齢者の雇用は以前より保障された一方、企業が抱える人件費などの負担は以前より増加したに違いない。また、高齢者の労働市場への参加が拡大されることにより、若者の雇用が失われる、いわゆる置換え効果が発生するという懸念の声も出ている。日本経済団体連合会の調査によると、継続雇用義務化で四割の企業が若年層採用の縮減を考えているという。

2　高齢化の進展と高齢者雇用の現状

（1）人口高齢化の進展と労働力不足

　現在、日本では生まれる子どもの数は減っている一方、高齢者の人口は増えることによって人口減少や少子高齢化が急速に進んでいる。厚生労働省が二〇一二年の一月一日付で発表した二〇一一年の人口動態統計の年間推計によれば、二〇一一年国内で生まれた子どもの数（出生児数）は二〇一〇年より約一万四〇〇〇人少ない一〇五万七〇〇〇人であった。これは、過去最少だった二〇〇五年の一〇六万二五三〇人より低い数値である。一方で死亡者数は、前年比六万四〇〇〇人増加した一二六万一〇〇〇人と過去最多を更新した。出生児数から死亡者数を差し引いた人口の「自然増減数」は「マイナス二〇万四〇〇〇人」で、二〇〇七年以降五年連続減少するとともに、二〇一〇年の「マイナス一二万一〇〇〇人」を上回る過去最大のマイナス幅となった。二〇一一年に死亡者数が大きく増加した理由としては二〇一一年三月一一日に発生した東日本大震災があげられる。

　少子高齢化の進行による高齢化率は、二〇一〇年一〇月一日現在二三・一%で、これは日本の人口約五人に一人以上が六五歳以上の高齢者であるという結果である。さらに最近は医療技術の発達などによる平均寿命の上昇で七五歳以上の後期高齢者も一一・二%まで上昇した。国立社会保障・人口問題研究所の推計によると、二〇二四年に高齢化率は三割に達し、二〇六〇年には三九・九%で、一人の高齢者を一・二人の働き手で支えることになる（高齢者扶養比率は大幅に低下、図2－1）。

　このような少子高齢化は日本の労働市場や社会保障制度に大きな影響を与えると予想されている。生まれる子どもの数が減ると、中長期的には労働力人口の減少（人手不足）につながり、現在の日本の産業が維持できなくなる可能性が高まる。また世代間の所得再分配すなわち、現役世代が保険料を払って、高齢者世代が給付をもらう仕組みを中心とする年金制度などの既存の社会保障制度の持続可能性が低くなる恐れがある。

　日本政府は労働力人口の確保や社会保障制度の持続可能性を維持するために高齢者や女性、そして外国人労働者がより労働市場に参加できるように企業や労働者を支援する助成金制度を実施するなど雇用安定及び雇用創出関連政策を実施しているものの、まだ政策の効果が十分現れているとは言いにくい状況である。

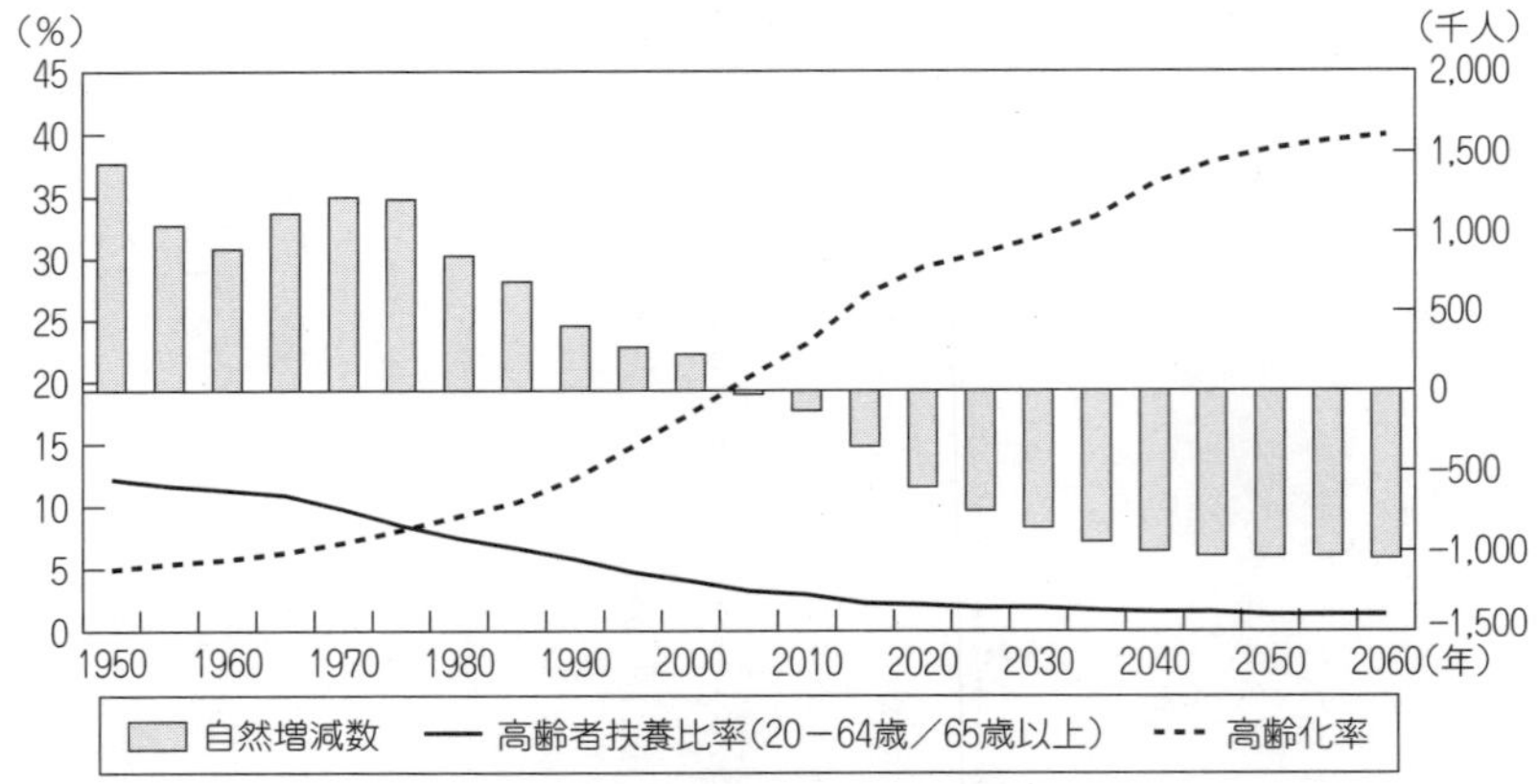

図2-1　高齢化率及び高齢者扶養比率の推移

出所：内閣府（2011）『平成23年版高齢社会白書』より筆者作成。

（2）高齢者雇用の現状

図2-2は一九七五年から二〇一〇年までの六〇—六四歳の高年齢者の労働力率の動向を示している。まず高年齢者の労働力率は一九九九年以後減少しており、二〇〇五年には五四・七%まで減少したが、改正高年齢者雇用安定法が施行された二〇〇六年以後上昇し始め、二〇一〇年には六〇・五%で五・八%ポイントも上昇した。また、六五—六九歳の高齢者の労働力率は二〇〇四年に三四・四%まで低下していたが、改正高年齢者雇用安定法の施行前年である二〇〇五年から再び上昇し、二〇一〇年には三七・七%まで上昇した。一方、七五歳以上の高齢者の労働力率は一九七三年の二〇・三%から低下し続け、二〇一〇年には一三・〇%まで下がっている。すなわち、改正高年齢者雇用安定法の施行は企業の高年齢者雇用を勧告し、その結果六〇—六四歳の高年齢者や六五—六九歳の高齢者の労働力率が上昇したといえるだろう。

図2-3は、一九七三年と二〇一一年における年齢階層別労働力率とその変化を示しており、他の年齢階層とは異なり、二四歳以下や六五歳以上の年齢階層の二〇一一年の労働力率は一九七三年に比べて低下していることがわかる。[1] 一五—一九

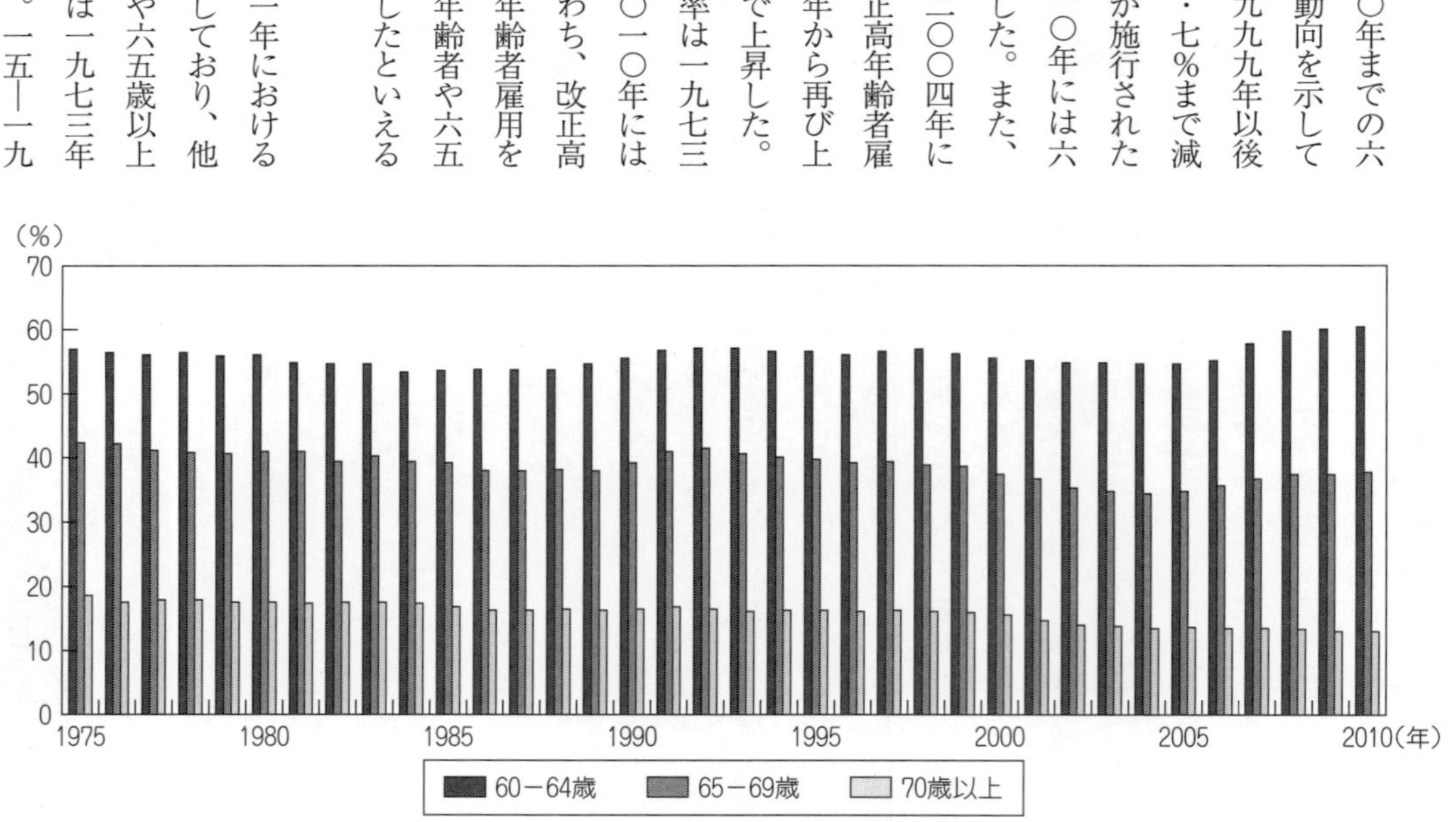

図2-2　60−64歳の高年齢者及び高齢者の労働力率の動向

出所：総務省統計局「労働力調査年報」各年度版より筆者作成。

歳や二〇―二四歳における労働力率が低下している理由は大学等の高等教育機関への進学率が高くなったことがその理由であると考えられるが、六五歳以上の高齢者の労働率が低下している理由はどこにあるのか。この点に関して厚生労働省は、「一般的には、六五歳以上の者の中でもより高齢である者の割合の増加、自営業者（一般的に退職年齢が高い）の比率の低下、年金制度の充実等による経済力の向上などが指摘されているが、最近においては、経済情勢の悪化により雇用機会が限られていることも一因になっているのではないかと考えられる。」と説明している。

　では、高年齢者はどういう形で働いているのかを調べてみよう。図2-4は総務省統計局の「国勢調査」（二〇一〇年）による男女・年齢階層・従業上の地位別就業者の割合を示している。まず男性の場合、五五―五九歳年齢階層の正社員の割合は、六四・九％で全年齢階層の六四・二％より高い。しかしながら、六〇―六四歳や六五歳以上年齢階層の正社員の割合はそれぞれ三八・七％や一

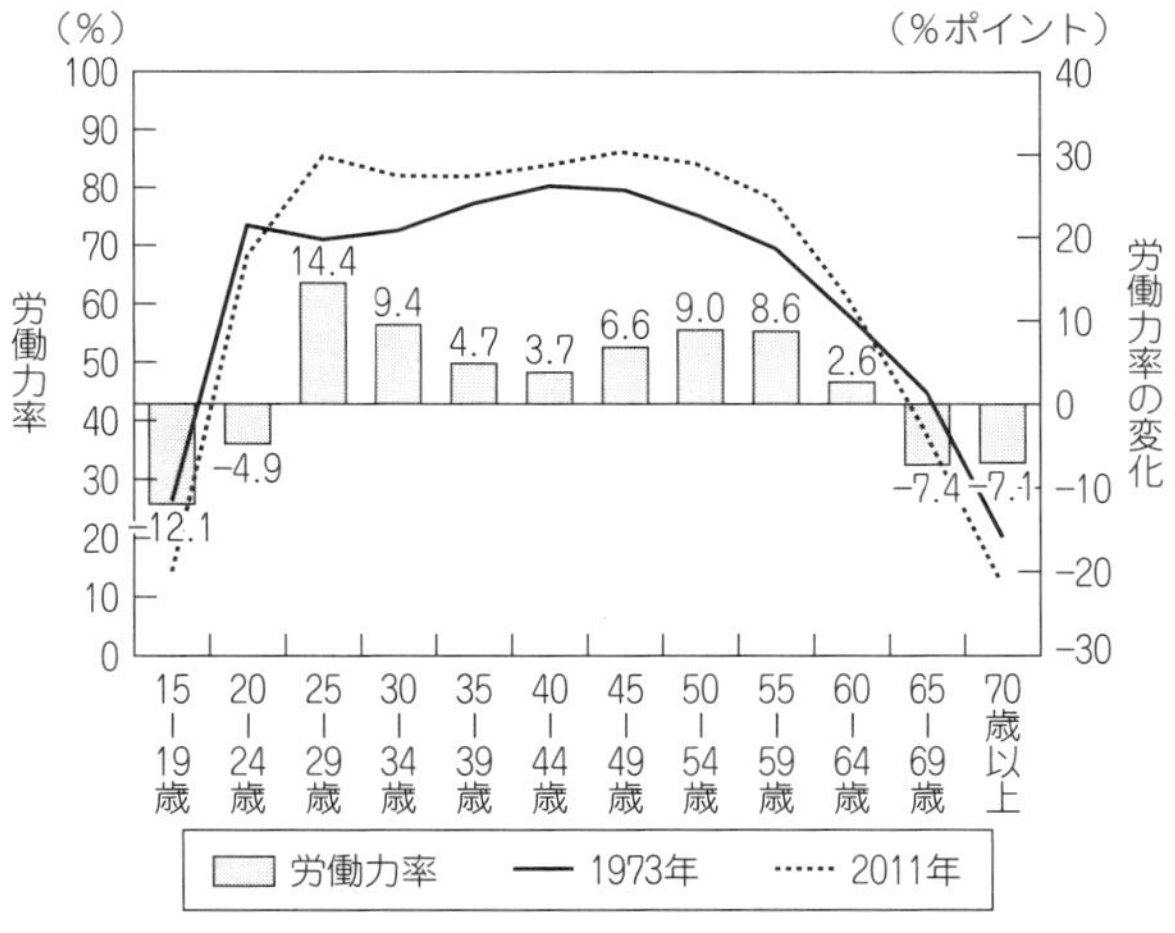

図2-3　年齢階層別労働力率の変化

出所：総務省統計局「労働力調査年報」より筆者作成。

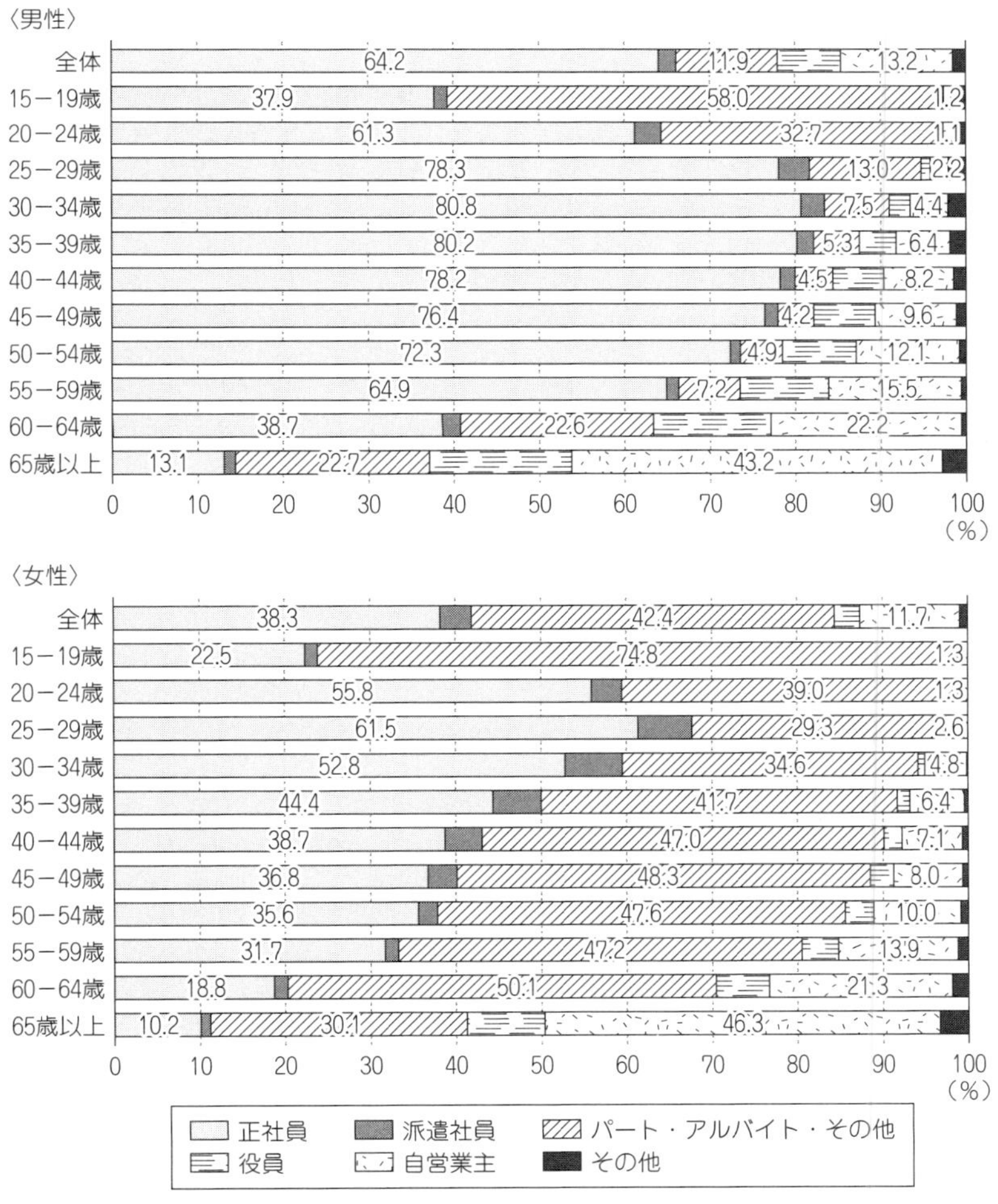

図2-4　男女・年齢階層・従業上の地位別就業者の割合（2010年）

出所：総務省統計局（2012）「平成22年国勢調査」より筆者作成。

三・一%と大きく減少した。代わって「パート・アルバイト・その他」の割合は、五五―五九歳年齢階層の七・二%から六〇―六四歳や六五歳以上年齢階層ではそれぞれ二二・六%や二二・七%まで増加している。また、六〇―六四歳や六五歳以上年齢階層における自営業主の占める[2]割合はそれぞれ二二・二%や四三・二%と大幅に高くなっている。

女性の場合には、五五―五九歳年齢階層の正社員の割合は、三一・七%で全年齢階層の三八・三%より低い。また、六〇―六四歳や六五歳以上年齢階層の正社員の割合もそれぞれ一八・八%や一〇・二%にすぎなかった。一方、「パート・アルバイト・その他」は、五五―五九歳や六〇―六四歳の年齢階層でそれぞれ四七・二%や五〇・一%で全年齢階層の四二・四%より高く表れた。六五歳以上年齢階層においては三〇・一%で全体より低かったが、家族従業者の割合が三〇・七%で全年齢階層の七・四%を大きく上回った。

図2―5は職業・年齢階層・男女別一五歳以上就業者の割合を示しており、男性高年齢者（とくに六五歳以上）の場合、管理的職業や農林漁業に従事している割合が高く表れた。一方、女性高年齢者の場合はサービス業や運輸・掃除・包装等の分野で働いている割合が高かった。

（3）置換え効果の実態：若者の雇用の場は奪われるのか

中高年雇用者の雇用維持政策は、若者の雇用機会にどういう影響を与えているのか。この点に関しては議論が二つに分かれる。一つは中高年雇用者の雇用維持及び拡大政策は若者の就業に影響を与えていないという主張であり、もう一つは、中高年雇用者の雇用維持及び拡大政策により若者は働く場所を失うという、いわゆる「置換え効果」が発生するという主張である。

日本では長期間にわたる景気低迷が続いており、一〇年前には二―三%前後であった失業率が最近では四―五%まで上昇した。景気低迷の下で企業の経営状況が厳しくなると、企業が実施する最優先的措置は雇用調整であり、新規採用の抑制は、雇用調整の一般的な手段であるといえる。新規採用を抑制すれば、定年退職やその他の離職で人数の自然減が見込めるので、雇用水準を低下させることが可能となる。しかしながら、最近は厚生年金の受給開始年齢の引きあげとともに高年齢者の雇用は段階的に引きあげられ、定年退職による雇用の自然減を遅らせることになった。

まず、中高年雇用者の雇用維持及び拡大政策が若者の就業に影響を与えるという見解の研究から紹介したい。その代表的な研究として玄田有史と太田聰一の研究があげられる。

玄田（二〇〇四）は、中高年による若年の雇用機会の置換えを「置換効果仮説」と呼び、詳細な実証分析を行った。事業所レベルのデータを用いて、高い年齢構成の事業所ほど若年の雇用機会が失われることを明らかにした。太田（二〇〇九）は、「置換効果」には、(1)すでに正社員としての雇用契約を済ませたインサイダーが増えれば、若年の新規採用の枠が少なくなるという効果や、(2)そうした新規採用の阻害効果は年齢構成が高い企業の方が大きくなるという効果があると説明している。

太田（二〇〇九）は、「雇用動向調査」から得た採用者数の産業別・時点別データを用いて、年齢計の採用の増減が、年齢層別の採用の増減にどのようにつながっているかを調べた。分析では(1)一%の採用総数の減少は、一五―一九歳の採用を一・五%、二〇―二四歳の採用を一・一%下落させるのに対して、四〇―四四歳の採用は〇・八%程度の低下にとどまっていることや、(2)雇用成長（入職者数―離職者数）について類似の推計を行ったところ、年齢計の雇用が一人減少するときには、

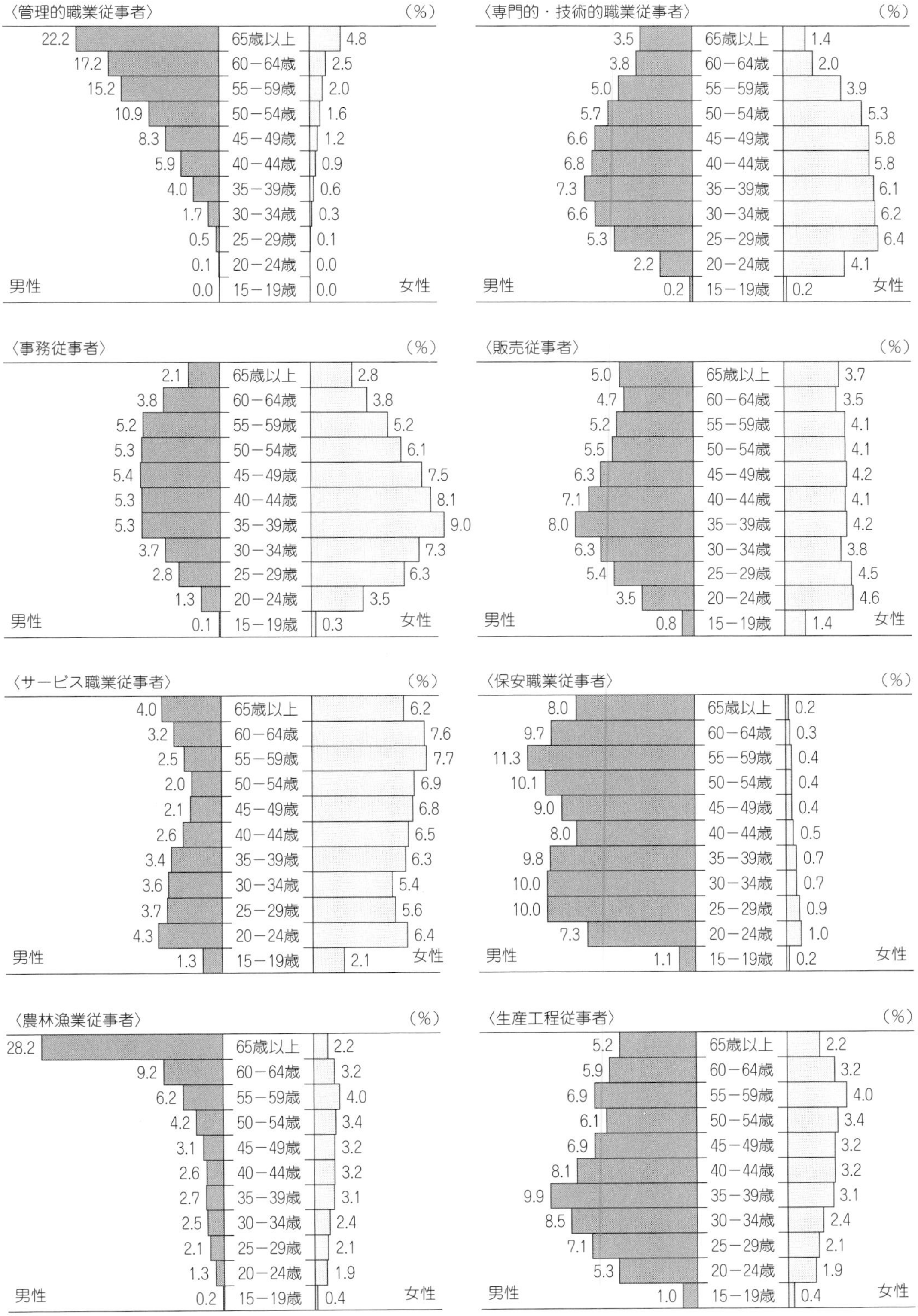
〈管理的職業従事者〉
（%）
男性
女性
65歳以上 22.2 4.8
60－64歳 17.2 2.5
55－59歳 15.2 2.0
50－54歳 10.9 1.6
45－49歳 8.3 1.2
40－44歳 5.9 0.9
35－39歳 4.0 0.6
30－34歳 1.7 0.3
25－29歳 0.5 0.1
20－24歳 0.1 0.0
15－19歳 0.0 0.0
〈専門的・技術的職業従事者〉
（%）
男性
女性
65歳以上 3.5 1.4
60－64歳 3.8 2.0
55－59歳 5.0 3.9
50－54歳 5.7 5.3
45－49歳 6.6 5.8
40－44歳 6.8 5.8
35－39歳 7.3 6.1
30－34歳 6.6 6.2
25－29歳 5.3 6.4
20－24歳 2.2 4.1
15－19歳 0.2 0.2
〈事務従事者〉
（%）
男性
女性
65歳以上 2.1 2.8
60－64歳 3.8 3.8
55－59歳 5.2 5.2
50－54歳 5.3 6.1
45－49歳 5.4 7.5
40－44歳 5.3 8.1
35－39歳 5.3 9.0
30－34歳 3.7 7.3
25－29歳 2.8 6.3
20－24歳 1.3 3.5
15－19歳 0.1 0.3
〈販売従事者〉
（%）
男性
女性
65歳以上 5.0 3.7
60－64歳 4.7 3.5
55－59歳 5.2 4.1
50－54歳 5.5 4.1
45－49歳 6.3 4.2
40－44歳 7.1 4.1
35－39歳 8.0 4.2
30－34歳 6.3 3.8
25－29歳 5.4 4.5
20－24歳 3.5 4.6
15－19歳 0.8 1.4
〈サービス職業従事者〉
（%）
男性
女性
65歳以上 4.0 6.2
60－64歳 3.2 7.6
55－59歳 2.5 7.7
50－54歳 2.0 6.9
45－49歳 2.1 6.8
40－44歳 2.6 6.5
35－39歳 3.4 6.3
30－34歳 3.6 5.4
25－29歳 3.7 5.6
20－24歳 4.3 6.4
15－19歳 1.3 2.1
〈保安職業従事者〉
（%）
男性
女性
65歳以上 8.0 0.2
60－64歳 9.7 0.3
55－59歳 11.3 0.4
50－54歳 10.1 0.4
45－49歳 9.0 0.4
40－44歳 8.0 0.5
35－39歳 9.8 0.7
30－34歳 10.0 0.7
25－29歳 10.0 0.9
20－24歳 7.3 1.0
15－19歳 1.1 0.2
〈農林漁業従事者〉
（%）
男性
女性
65歳以上 28.2 2.2
60－64歳 9.2 3.2
55－59歳 6.2 4.0
50－54歳 4.2 3.4
45－49歳 3.1 3.2
40－44歳 2.6 3.2
35－39歳 2.7 3.1
30－34歳 2.5 2.4
25－29歳 2.1 2.1
20－24歳 1.3 1.9
15－19歳 0.2 0.4
〈生産工程従事者〉
（%）
男性
女性
65歳以上 5.2 2.2
60－64歳 5.9 3.2
55－59歳 6.9 4.0
50－54歳 6.1 3.4
45－49歳 6.9 3.2
40－44歳 8.1 3.2
35－39歳 9.9 3.1
30－34歳 8.5 2.4
25－29歳 7.1 2.1
20－24歳 5.3 1.9
15－19歳 1.0 0.4

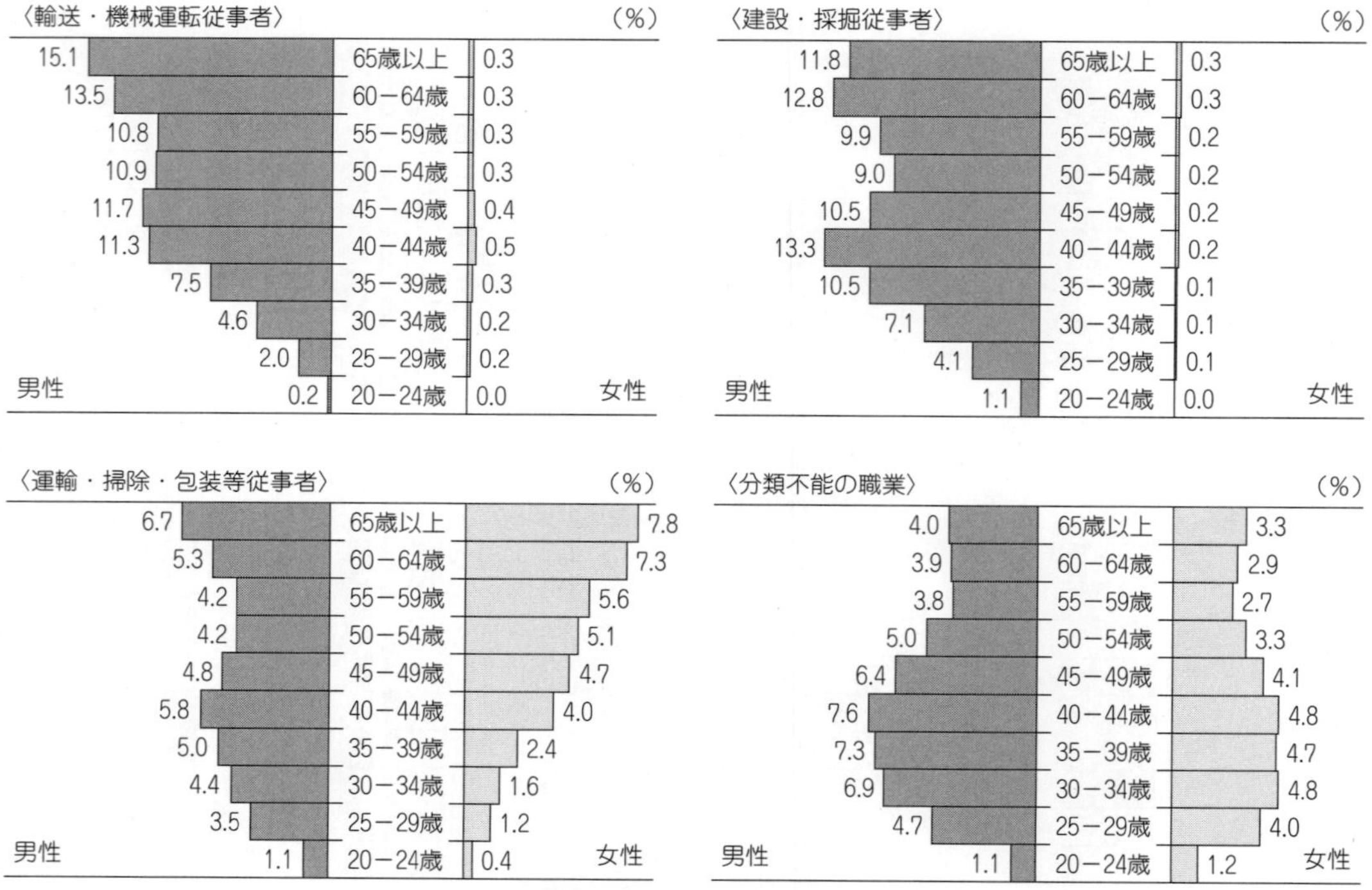

図2-5　職業・年齢階層・男女別15歳以上就業者の割合

出所：総務省統計局（2012）「平成22年国勢調査」より筆者作成。

一五—一九歳の雇用が〇・一六人、二〇—二四歳の雇用が〇・一八人減少していたのに対して、四〇—四四歳の雇用は〇・〇六人程度の減少にすぎないという結論を出している。

その一方で、中高年雇用者の雇用維持及び拡大政策は若年の雇用機会に影響を与えていないという見解も存在する。すなわち、若年者と中高年雇用者が労働力として代替材でなければ、若年層が相対的に少なくなって高年層が相対的に多くなると、若年層の希少価値が高まるので、それだけ若者の雇用機会が確保されやすくなるという議論である。

清家・山田（二〇〇四）は、OECDデータ[3]を参考に若年失業率が低下した国では、むしろ高齢就業率は高くなる傾向にあることや日本の高齢者の賃金はかなり柔軟であるので、定年前後の高齢者の雇用機会が若年労働者の犠牲のもとに存在しているとはいえないと主張している。一方、高齢者だけをターゲットとする賃金補助は、明らかに高齢者と若年労働者との労働需要に歪みをもたらし、労働市場を非効率なものとする可能性があり、高齢者に対する現在の日本の社会政策は改善の余地があると言及している。

八代（二〇一二）[4]は、「働く能力と意欲のある高齢者が働き続けて、より多くの所得税や社会保険料を負担することは財政収支の改善を通じ、間接的に労使の負担軽減に貢献する。一九八〇年代のドイツ、フランスで実施された若年者の雇用機会増を目的とした高齢者の早期退職政策は失敗した。企業が負担する社会保障費用増を通じて、若年者も含めた雇用機会をむしろ抑制したためだ。その意味で、高齢者の労働市場参加は社会全体にとって望ましい。」と高齢者の雇用拡大を支持している。

厚生労働省の「今後の高年齢者雇用に関する研究会」（二〇一一年）では、最終報告書で、「中長期的に、意欲と能力のある高年齢者が可能な限り社会の支え手として活躍できるよう、年齢にかかわりなく働ける「生涯現役社会」を実現する必要がある。」と結論を出している。

実際、日本における若者の雇用状況はだんだん厳しくなっている。二〇一二年度における大卒就職率は六三・九％（正規の職などではない者三・九％を含む）で、リーマン・ショック後の雇用悪化により下落幅が過去最大を記録したこの二年前から二年連続増加したが、過去最高であった一九六二年の八六・六％と比べると二二・七％ポイントも低い。また大卒者の三・五％は雇用期間が一年未満の一時的な仕事に従事しており、さらに一五・五％は進学も就職もしていない。すなわち、安定的な雇用に就いていない者は大卒者の二二・九％も占めている。二〇〇〇年以後、公的年金との関係で、高年齢者の雇用維持政策はさらに強化され、二〇〇四年からは「六〇―六四歳」の失業率が「二五―二九歳」のそれを下回ることになった（図2-6）。図2-7は一九七三年から二〇一一年までのデータを用いて高年齢者（五五―六四歳）の就業率と若年層（一五―二四歳）の就業率及び失業率との関係を簡単にみたものである。分析の結果をみると、高年齢者（五五―六四歳）の就業率と若年層（一五―二四歳）の就業率の間は負の関係が表れたが統計的に有意ではなかった。一方、高年齢者（五五―六四歳）の就業率と若年層（一五―二四歳）の失業率の間には統計的に正の関係が表れ、さらに有意であるという結果となった。もちろん、経済状況の悪化や終身雇用制及び年功序列型賃金制度をある程度維持するための企業の努力が、若年層の雇用にマイナスの影響を与えている可能性があることは事実であるが、高年齢者に偏った日本の雇用政策が図2-6や図2-7のような結果をもたらした可能性は高い。景気がい

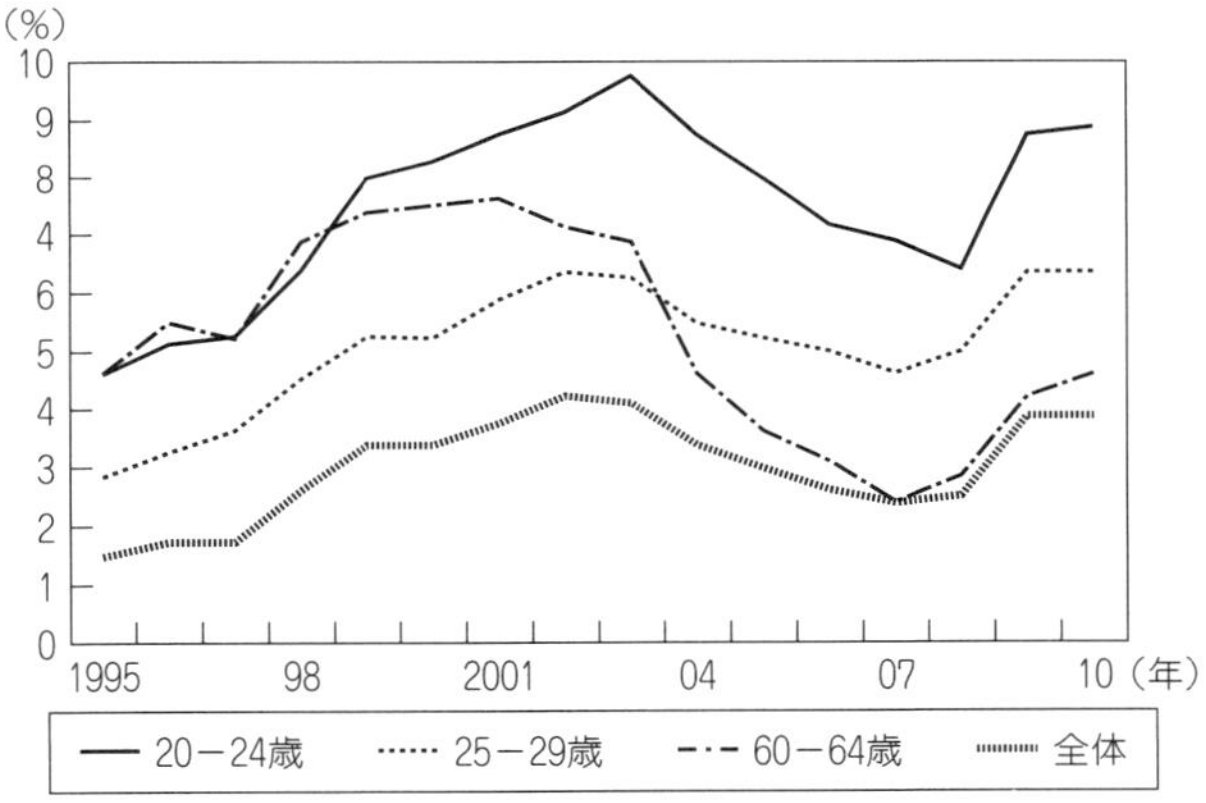

図2-6　年齢階級別失業率

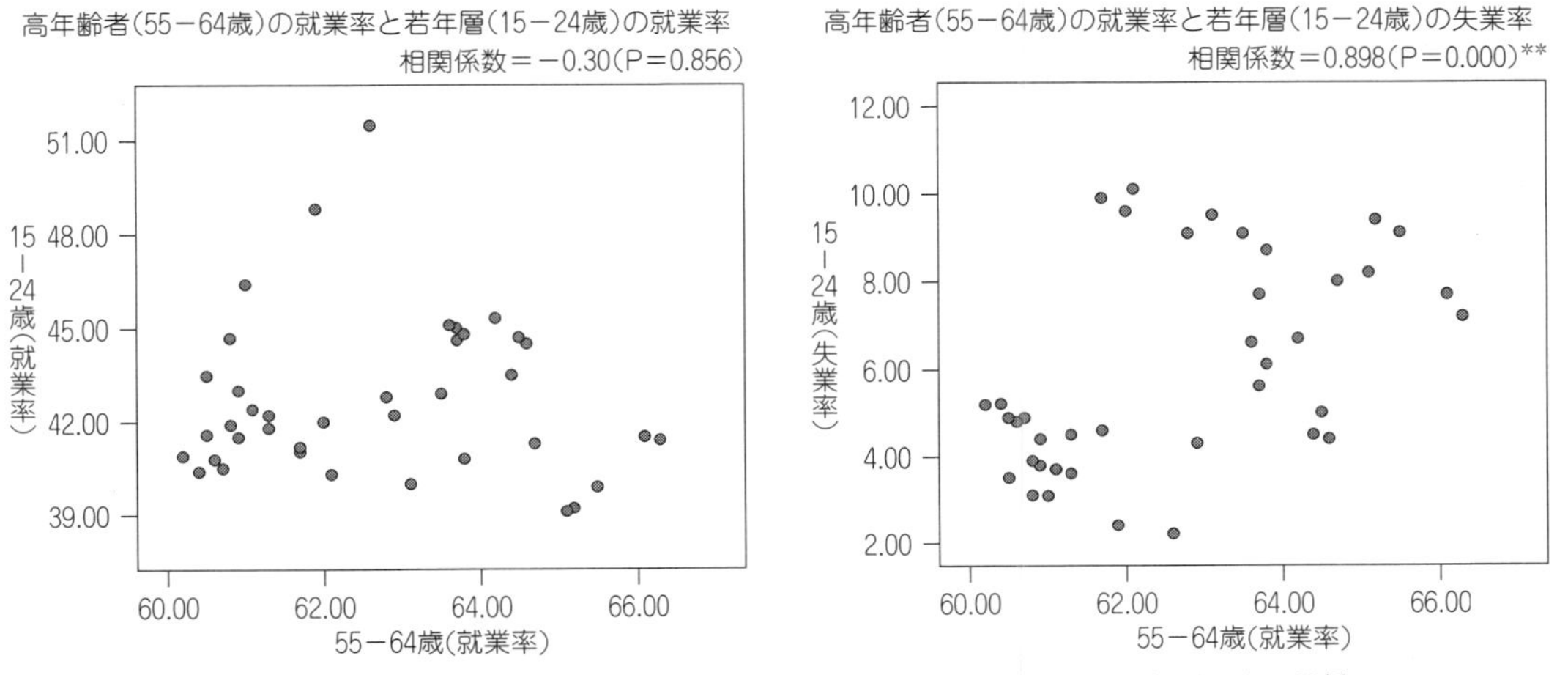

図2-7　高年齢者（55−64歳）の就業率と若年層（15−24歳）の就業率及び失業率との関係

注：データの期間：1973−2011年。

いときには高年齢者や若年層の労働力が代替材でない可能性が高いが、景気がよくないときにはむしろ置換え効果が起きる可能性が高い。したがって今後、日本の雇用政策は高齢者の雇用を持続的に維持する政策を実施するとともに、医療や環境などの新しい分野での雇用創出を通じて若者の就職の場を広げる政策を展開することが望ましい。

3 高齢者の雇用維持政策

（1）定年制の概念や日本における定年制の変遷

① 定年制の概念

定年制は二つの目的がある。一つは一定年齢で雇用契約を中断することであり、もう一つは定年まで雇用を保障することである。つまり労働者の頻繁な移動を防止し、従業員の長期勤続や生産性の向上を目的に導入した初期の定年制度が、その後厳格な雇用保護制度の下で費用が発生する労働者を解雇するための制度に変わったといえるだろう。

Lazear（1979）は、個人の生涯にわたる賃金プロファイルの傾きは限界生産力プロファイルの傾きより大きいため、被用者に支給される賃金は雇用期間の初期には限界生産力より低く設定されるものの、それ以降は継続して上昇して一定の雇用期間が過ぎた後には限界生産力より高い賃金が被用者に支給され、結局は事業主と被用者がどちらも損をしない点で定年が設定されると主張している。ラジアーによると定年退職は、事業主と被用者の間における長期契約の結果であり、長期という観点から接近する時だけ有効である。もし、契約が毎週あるいは毎年に更新される短期のものであるならば、雇用期間の前半には限界生産力より低い賃金をもらい、雇用期間の後半には限界生産力より高い賃金をもらうことは不可能であると説明している。

ラジアーの論文が発表される以前である一九七八年にアメリカは、年齢差別禁止法（Age Discrimination in Employment Act: ADEA）を改正して年齢のみを理由として被用者を強制的に退職させる年齢を六五歳から七〇歳まで引きあげた。さらにその後、定年制度自体を完全に禁止することになる。

（2）日本における定年制度の変遷[5]

日本における定年制度は一八八〇年代後半に管吏や官営工場の労働者等に適用されてから徐々に民間企業に普及され、二〇〇一年以後は九〇％以上の企業が定年制度を採択している。日本における定年年齢は長い間五五歳が一般的であったが、一九八六年の高年齢者雇用安定法の制定により、六〇歳定年が事業主の努力義務になった。それ以降一九九四年の同法の改正により、一九九八年から六〇歳定年が義務化され、また、二〇〇四年六月に成立した改正高年齢者雇用安定法により二〇〇六年四月一日から事業主は、⑴定年の引きあげ、⑵継続雇用制度の導入、⑶定年の定めの廃止、のいずれかの措置を講じなければならなくなった。さらに二〇一二年八月の改正により、事業主は二〇一三年四月から定年年齢を段階的に引きあげ、二〇一五年四月からは希望者全員の雇用を六五歳まで確保することが義務化された。以前は一律定年制以外にも男女別定年制や職種別定年制、労務者・職員別定年制も実施されていたが、最近は一律定年制に収束し、大体の企業では一律定年制が実施されている。

日本で初めて退職年齢を定めたのは海軍が設立した海軍火薬製造所であった。海軍火薬製造所は、一八八七年三月「職工規定」を制定し、同年四月から職工に対する退職年齢を満五五歳に規定した。その後、横須賀海軍工廠は一八八九年「傭職工解傭規則」を定め、退職年齢を満五〇歳に規定し、一八九六年には五五歳に改正した。さらに、この二つの規定では技術的に優れている者は退職年齢到達後も再雇用するという但し書きを設けていた。

　海軍工廠で採用された定年制は、明治時代の中期から後期にかけて、金属機械工業の一部の大規模な官営工場や民営工場に拡大されることになる。大正時代には経済活動の発展に伴う事業規模の拡大と従業員数の増加、近代的な人事労務管理制度が整備される中で、広く産業全体にわたって徐々に普及された。当時における定年制は、就業規則によるものよりも「申合わせ事項」や「内規」によって実施されることが多く、定年年齢は五五歳が圧倒的に多かった。表2－1は一九二五年に協調会が実施した「定年制の普及率や定年年齢」に関する調査であり、調査対象七五工場のうち、一九工場が定年制度を実施していると回答している。また、定年制を実施している一九工場のうち、半数以上である一二工場で定年年齢が男女とも一律に五五歳に設けられていた。ここで一つ面白いことは一九二一年から一九二五年における男性の平均余命が四二・〇六歳であり、定年年齢より一三年弱短いことである。さらに、すでに言及したように、技術的に優れている者、いわゆる熟練労働者の場合は定年に制限なく働き続けることが可能であった。現在の定年後の老後生活期間が二〇年近くなっていることとはかなり対照的だといえる。なぜ一九二〇年代の定年年齢は平均余命よりはるかに高かったのか。荻原（一九八四）はこの点と関連して「大正時代には企業内部で期間労働者を養成・訓練する動きが強まったが、内部で育成・訓練した若者労働者を中心にして、期間労働者の長期勤続をはかり労働力の質的向上を期するために、様々な長期勤続奨励が講じられることになった。こういう長期勤続奨励策によって、労働力の固定化をはかり、労働能力の限界年齢ギリギリの線に達してから退職させるというパターンが次第に形成されていた。」(6)と説明している。

表2－1　定年制の普及率と定年年齢

	調査工場数（A）	定年制がある工場数（B）	普及率 B/A（%）	定年年齢					
				60歳	55歳	50歳	男50歳 女35歳	男55歳 女50歳	不詳
染　織	17	3	17.6	1	1		1		
機　械	24	7	29.2		5	1		1	
化　学	20	4	20		3	1			
飲食物	5	0	0						
雑工場	5	2	40		1				1
官営工場	4	3	75		2			1	
	75	19	25.3	1	12	2	1	2	1

出所：協調会『主要工場就業規則集』，荻原（1984）より再引用。

　長期勤続奨励策は、労働市場から引退年齢と結びついて定年制の成立を補強する機能を果たしており、代表的な制度としては、退職手当制度、定期昇給制、期末賞与、年功賞与、福利厚生制度、共済組合などがあげられる。戦前日本では「人生五〇年」という言葉がよく用いられていたが、この言葉にはせめて五〇歳までは長生きしてほしいという希望が含まれていたといえるだろう。つまり、当時の長期勤続は長期勤続奨励を実施することにより労働力を確保しようとする企業の目標や、五〇歳まで働き続けることにより安定的な生活を追及した労働者の希望が一致した結果であるといえる。

　日本で平均定年年齢と平均余命が逆転されたのは戦後のことである。一九五〇―五二年における平均余命は五九・六歳で、初めて当時の平均定年年齢五五歳を上回っている。その後も医療技術の発達や生活水準向上に伴う栄養水準の上昇などにより、平均余命は著しく上昇することになる（表2-2）が、定年年齢を五五歳以上に引きあげる企業の数は少なかった。

平均余命の伸長や人口構造の高齢化、ライフサイクルや家族制度の変化など社会経済条件の変化に伴い、一九六〇年代から労働組合は定年延長を要求し始め、定年を六〇歳に引きあげる運動を強力に展開していくようになる。定年の引きあげに関する運動は当時の労働組合の全国組織である総評と同盟を中心に始まり、産業別単一労働組合（単産）や企業別労働組合間で拡大される。次は一九六七年に総評と同盟が発表した定年延長に対するそれぞれの運動方針である。

○総評の運動方針：「定年制については原則的に反対する。さしあたって現在五五歳の制度があるところでは、当面六〇歳を目標にして延長要求を行う。五五歳がすぎても、今までの賃金や労働条件についての既得権を維持し、例えば昇格がわるくなったりすることを防ぐ。定年制のない企業では原則的にはその措置に反対し、労働者が望む年まで働けるようにする。」

表2-2　平均余命の推移

年	1891-98	1909-13	1921-25	1926-30	1935-36	1945	1950-52	1955	1960	1965	1970	1975
男性	42.8	44.3	42.1	44.8	46.9	23.9	59.6	63.6	65.3	67.7	69.3	71.8
女性	44.3	44.7	43.2	46.5	49.6	37.5	63.0	67.8	70.2	72.9	74.7	77.0

出所：厚生省（1978）『厚生白書1978年版』。

○同盟の運動方針：「当面六〇歳を目標に漸次定年年齢を引きあげることを要求し、これを実現する。この場合、定年制の労働条件の延長を確保する。」

定年延長に対する労働組合の要求が強まる中で、経営者は定年延長が労働力を有効に活用できる重要な手段であると考えながらも、人件費増加や生産性低下に対する懸念から定年延長を躊躇する立場であった。政府はこのような企業の動きを捉えて、企業が定年延長に乗り出すことを支援するために、六〇歳定年を新たに実施する企業に対して各種の支援措置を実施することになる。社会経済環境の変化に対する対応以外に当時の政府が六〇歳定年を積極的に実施せざるを得なかったもう一つの理由は、年金制度と雇用期間の間に空白期間が発生していたからである。

一九四四年に厚生年金保険法の施行の際、男女ともに五五歳であった厚生年金の支給開始年齢は、一九五四年の改正により一九五四年から二〇年間かけて六〇歳へと引きあげられたが、定年年齢はそのまま五五歳を維持している企業が多く、六〇歳の支給開始年齢と五年というギャップが発生した。そこで、当時の定年退職者は定年退職後、年金を受給できる六〇歳まで別の企業に再就職し、年金の支給開始年齢と雇用期間に発生していたギャップを埋め合わせるとともに、生活を維持するための所得を確保せざるを得なかった。したがって、政府は定年延長こそが高齢者の雇用を安定させ、所得の空白期をなくすと判断し、定年延長に対する支援をすることになる。

(3) 高年齢者のための雇用支援政策の展開

この時代に政府が高齢者の雇用安定のために実施した政策を時系列でいくつかあげてみると、「中高年齢者の適職七八職種の選定」（一九六五年）、

「中高年齢者等の雇用の促進に関する特別措置法の制定」（一九七一年）、「雇用対策法の改正」（一九七三年）、「中高年齢者等の雇用の促進に関する特別措置法の改正」（一九七六年、一九八六年、一九九〇年、一九九四年）があげられる。

まず中央雇用対策協議会は一九六五年四月に民間企業に対して中高年齢者の適職七八職種を選定、発表した。また、翌一九六六年七月には、雇用対策法が制定され、国は、事業主に雇用されている労働者のうち中高年齢者の比率が一定率（雇用率）以上になるよう必要な施策を講じるように勧告し、その具体化として職業安定法の改正により、中高年齢者に適する職種についての雇用率が設定されることとなった（表2－3）[7]。

一九七三年には「第二次雇用対策基本計画」が閣議改正され、高年齢者対策を最重要の課題として取りあげ、同年の「雇用対策法」の一部改正に影響を与えることになる。改正雇用対策法では定年の引きあげの促進とそれに対する国の援助、定年に達する労働者の再就職などの促進や、事業所の「定年到達者再就職援助計画」の作成要請などが規定された。

一九七五年には、従来の失業保険法を改めて公布・施行された雇用保険法の中にも定年延長や中高年齢者の雇用を確保するための施策として、「定年延長奨励金」「継続雇用奨励金」「自営業開業資金に係る債務保証」が実施された。

一九七六年には、「中高年齢者等の雇用の促進に関する特別措置法」の改正により、四五歳から六五歳を対象とした中高年齢者雇用率制度の代わりに五五歳以上を対象とする高年齢者雇用率制度が創設された。また、職種別に定められていた雇用率を廃止し、雇用率は職種と関係なく一律六％を設定した。企業の実際の高年齢者雇用率は一九七七年と一九七八年には五・六％であったが、一九七九年には五・八％、一九八〇年には六・二％へと上昇し、全企業平均では法定雇用率を上回ることになった。また、雇用率未達成企業の割合も一九七八年の五七％から一九七九年には五四％、一九八〇年には五二％へと低下した。

一九八六年には「中高年齢者等の雇用の促進に関する特別措置法」が「高年齢者等の雇用の安定等に関する法律（高年齢者雇用安定法）」に改正され、事業主が定年を定める場合に六〇歳以上とすることを努力義務とすることなどが定められた。

同法の一九九〇年改正の特徴は、定年に達した従業員が継続雇用を希望した場合には、事業主は六五歳まで継続雇用に努力すべきことが規定されたことである。また、一九九四年の改正では、一九九八年以降の六〇歳以上定年制を義務化した。その結果、六〇歳以上定年制を実施する企業が増え、現在はほぼすべての企業で定年年齢を六〇歳以上に定めている。さらに、最近は大体の企業

表2－3　民間事業所における中高年齢者の法定雇用率（1971年）

職　務	法定雇用率（%）
守衛・監視人・社宅等の管理人，舎監・寮母，用務員・雑務者	70
清掃員	65
保険外交員	55
集金人	50
倉庫夫，運搬人	40
水産物加工・水産物練物製造工，かん詰，びん詰食品工，選別工，包装工・ラベルはり工，荷造工	35
合板工，陶磁器成型・絵付・焼成工，塗装工，配達人	30
めっき工，金属製品検査工，輸送機械検査工，染色工，紙製容器製造工，紙製品製造工，紙加工工，可塑物製品成型・加工工	25
一般事務員，販売・サービス外交員，金属プレス工，織布工，編み物工，メリヤス編立工，ミシン縫製工，ゴム製品成型工	20

出所：北浦（2003）。

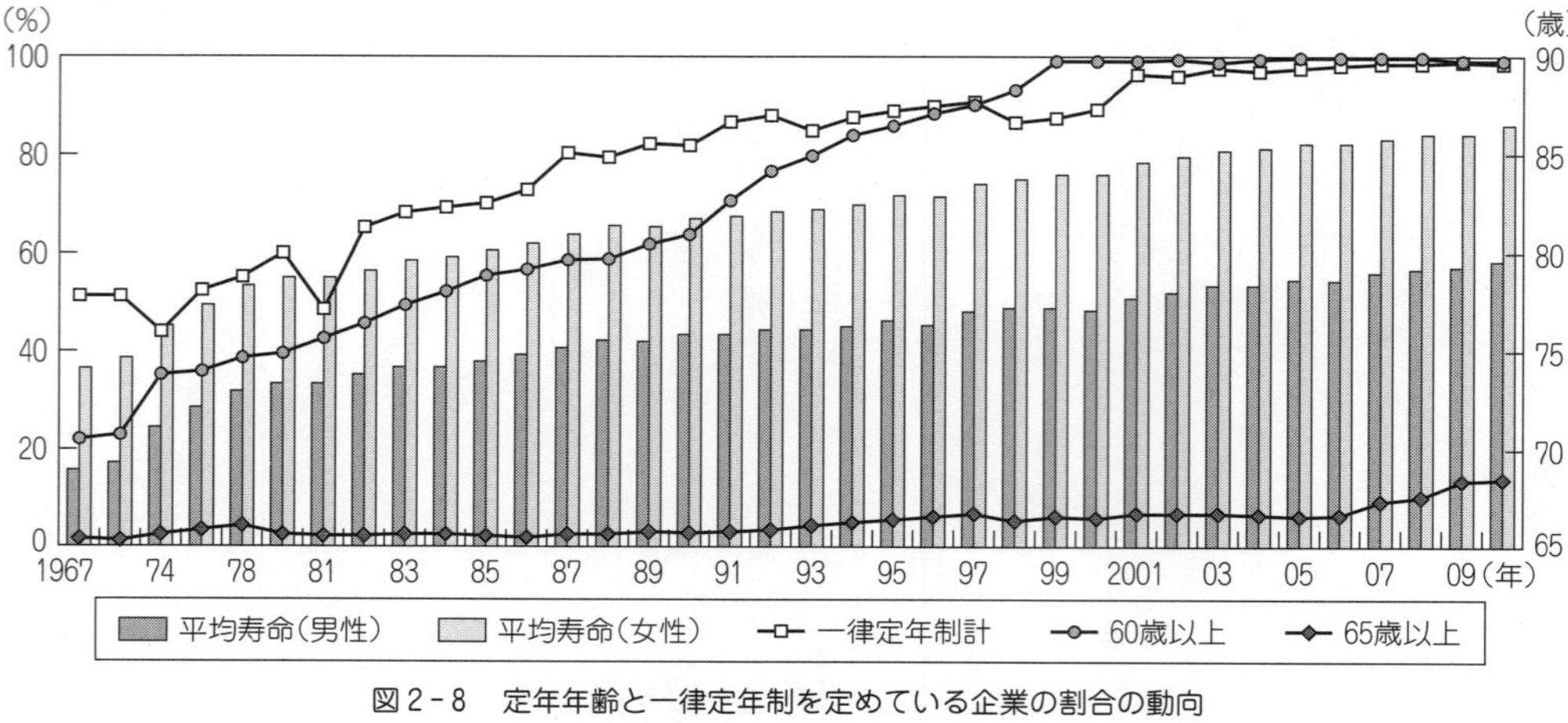

図2－8　定年年齢と一律定年制を定めている企業の割合の動向

出所：厚生労働省「雇用管理調査」各年（1967年－2004年）等より筆者作成。

（二〇一一年九八・九%）が一律定年制を導入しており、定年年齢を六五歳以上まで拡大する企業も毎年増加している（図2－8）。

4　雇用と年金

日本における年金制度は高年齢者の雇用の変貌に大きな影響を与えてきた。最近は、一九九四年や二〇〇〇年の年金改正がその代表的な事例である。つまり、一九九四年の年金改正では、老齢厚生年金の定額部分の支給開始年齢を二〇〇一年から二〇一三年にかけて段階的に六五歳まで引きあげることを決めており、二〇〇四年の高年齢者雇用安定法の改正に影響を与えた。また、二〇〇〇年の年金制度改正による特別支給の老齢厚生年金の報酬比例部分の支給開始年齢の段階的引きあげ（二〇一三年から二〇二五年にかけて六五歳までに引きあげ）は、二〇一二年の改正高年齢者雇用安定法の成立につながっている。

（1）一九九四年の年金制度改正が高年齢者の雇用に与えた影響

一九九四年の年金制度改正により、二〇〇一年から二〇一三年にかけて、特別支給の老齢厚生年金[8]のうち、定額部分（一階部分）の支給開始年齢は、生年月日と男女別（女性は男性より五年遅れ）に、三年ごとに一歳のペースで、六五歳まで引きあげられることになった。一九九六年の『厚生白書』では改正の基本的な考え方を、「第一に、高齢化が急速に進行していく中で我が国の経済社会はあらゆる面において対応を迫られているが、年金制度についてもこれに対応し人生八〇年時代にふさわしいものに見直していくということであった（図2－9）。基本的考え方の第二は、年金制度の長期的安定を図るため、年金給付と保険料負担のバランスを図り、現役世代の負担を過重なものにしないということであった。」と記述している。つまり、一九九四年の年金制度改正は六〇歳代前半の厚生年金を見直すことにより、六〇歳までは賃金を中心に、六〇歳代前半においては継続雇用や再雇用により賃金と年金を合わせて、六五歳以降は年金を中心とした生活設計を行えるようにするとともに、年金財政の安定化を図ったものだといえる。

一九九四年の年金制度改正により二〇〇一年四月から特別支給の老齢厚生年金（定額部分）の支給開始年齢が引きあげられ、その影響を受け二〇〇四年に高年齢者雇用安定法が見直された。改正法の主な内容は、事業主は⑴定年の引きあげ、⑵

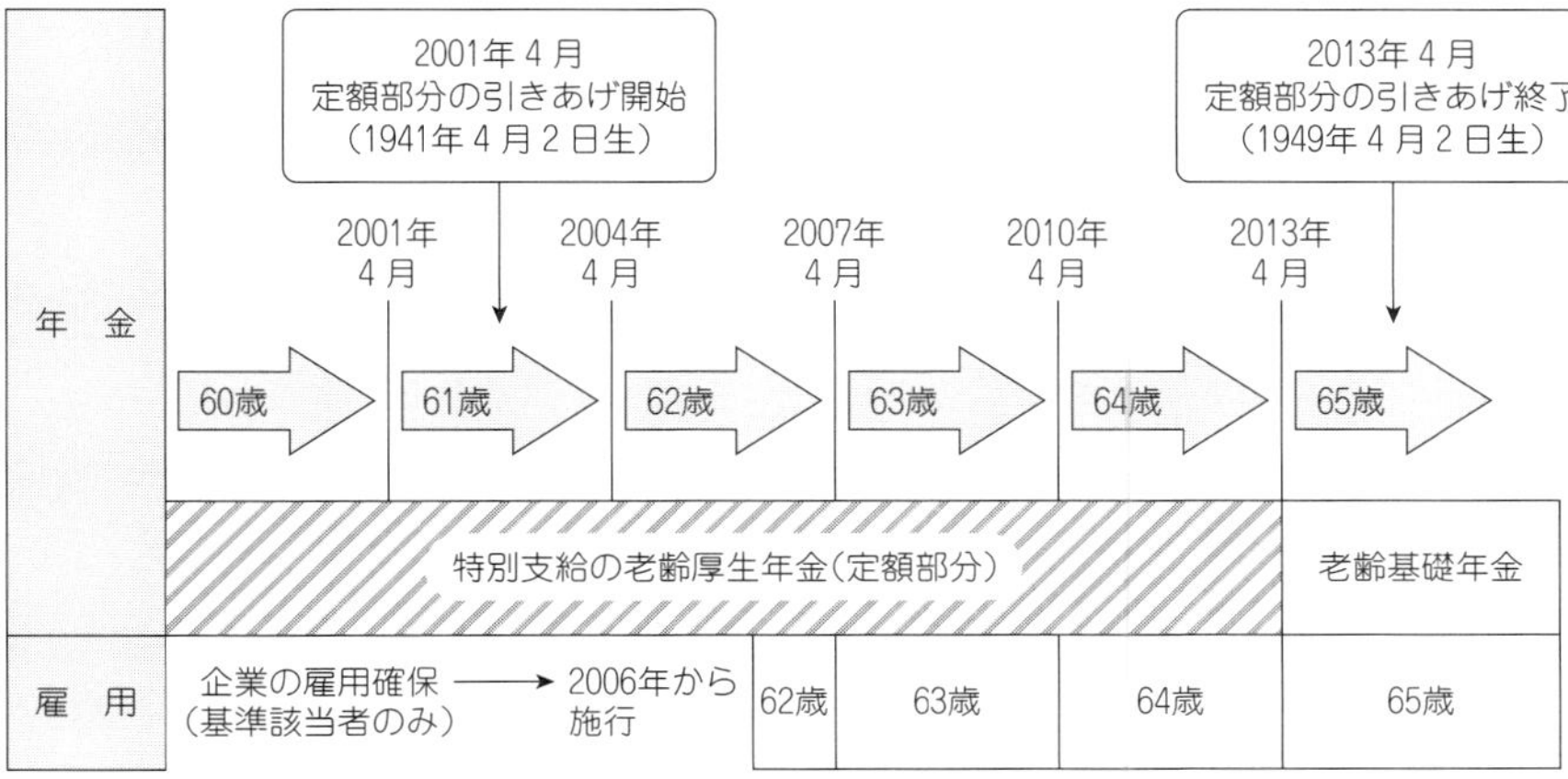

図2-9　特別支給の老齢厚生年金（定額部分）の支給開始年齢の引きあげや高年齢者の雇用
出所：厚生労働省（2011b）より筆者作成。

継続雇用制度の導入、(3)定年の定めの廃止、のいずれかの措置を講じなければならないこととするとともに、高年齢者等の再就職の促進に関する措置を充実するほか、定年退職者等に対する臨時的かつ短期的な就業等の機会の確保に関する措置の充実を図ることである。

企業には二〇〇六年四月から、老齢基礎年金の支給開始年齢までの高年齢者の安定した雇用の確保等を図るための措置が義務づけられた。改正法の施行により、企業は高年齢者雇用安定法に対応し始め、労働市場で働く高年齢者の数は増加することになった。しかしながら改正法は事業主が労使協定により継続雇用制度の対象となる高年齢者に関わる基準を定めることができたので、実際には継続雇用を希望するすべての高年齢者が働くことはできなかった。労働政策研究・研修機構は二〇〇七年に、再雇用制度や勤務延長制度といった継続雇用制度を実施している企業（一〇五一社）に対して、どのような人を制度を活用し雇用しているかをたずねており、「原則として希望者全員」とする企業は二四・六％にすぎなかった。この割合は最近である二〇一一年の調査では四七・九％まで上昇している。二〇〇七年の調査によると、「継続雇用制度の対象者についての基準に適合する者」が七二・二％で、約四分の三は、継続雇用をする従業員について基準を設けている。基準をもつ企業（七五九社）の中では、「健康上支障がないこと」（八八・七％）、「働く意思・意欲があること」（八三・五％）、「出勤率、勤務態度」（六二・七％）、「一定の業績評価」（五七・四％）、といった項目を基準としているところが比較的多かった。

二〇一一年一〇月現在、高年齢者雇用確保措置の実施が終わった企業の割合は九五・七％で、一年前の九六・六％に比べて〇・九ポイント減少した結果となった。企業規模別にみると、三〇一人以上の大手企業は九九・〇％（一万四四〇一社、対前年比〇・三ポイント上昇）が実施済みであったことに比べて、従業員数三一―三〇〇人以下の中小企業の実施率は九五・三％（一一万八〇二八社、同一・〇ポイント減少）で大企業より低く表れた（図2-10）。

雇用確保措置を実施している企業のうち、(1)「定年の定めの廃止」により雇用確保措置を講じている企業は二・八％、(2)「定年の引きあげ」により雇用確保措置を講じている企業は一四・六％、(3)「継続雇用制度の導入」により雇用確保措置を講じている企業は八二・六％となっており、定年制度により雇用確保措置を講じるよりも、継続雇

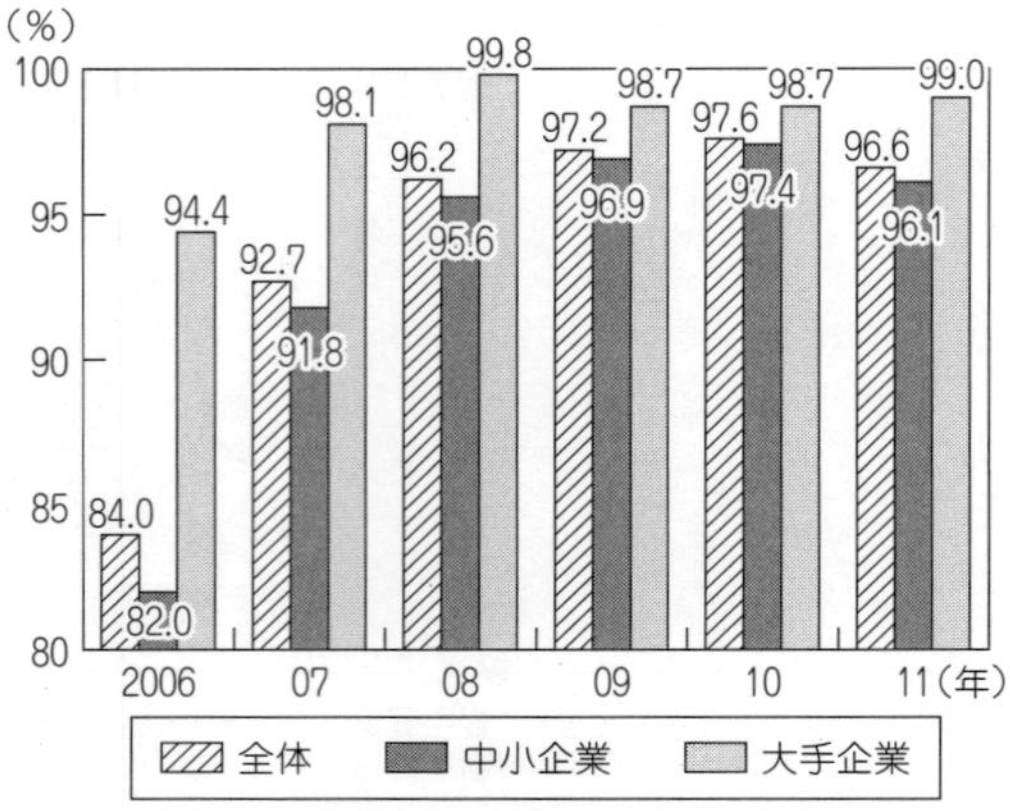

図2－10　雇用確保措置の実施済企業の企業規模別割合

出所：厚生労働省（2012b）。

用制度により雇用確保措置を講じる企業の比率が高いことがわかった。一方、継続雇用を希望した者のうち、継続雇用された者の割合は九七・七％で、基準に該当しないことにより離職した者の割合二・三％を大きく上回った。

一九九四年の年金制度改正が高齢者の雇用と関連したもう一つの特徴は、在職老齢年金の改正により六〇歳代前半層むけの年金制度が従来と比べてより雇用促進的になったことである。在職老齢年金制度とは、六〇歳以降働きながら年金を受けとる場合、給料と年金額との合計が一定の基準額を超えると、年金給付の全部、または一部が支給停止される制度である。この制度の下では、賃金月収が二五万円以上になると年金給付は全部支給停止され、二五万円以下の場合でも賃金の高低に応じて年金給付は減額されることになる。賃金が増加すると限界税率が増加するので、高年齢者において働くインセンティブは生じにくい仕組みである。

このような基本的な仕組みが一九九四年の改正により変わることになった。つまり、六〇歳以降も労働市場に参加し、賃金を稼ぎ続ける場合、まず年金給付の二割を減額し、つぎに年金の八割相当額と賃金を合算し二二万円を超えると、賃金二万円増につき年金一万円を減額する仕組みに変えた。そして、賃金月額が三四万円に到達すると賃金が増加した分に対して年金額も減額されるので、従来と比べて高年齢者の働くインセンティブは多少増加することになった。

（2）改正高年齢者雇用安定法の成立（二〇一二年）

政府は二〇一二年八月二九日の参議院本会議で、賛成多数で「改正高年齢者雇用安定法」を可決・成立させた。「改正高年齢者雇用安定法」の主な目的は、厚生年金の報酬比例部分の支給開始年齢の引きあげにより、雇用が終了する年齢と年金の受給開始年齢が一致せず、賃金も年金も受けとれない収入の空白期間が生じないようにするためである。現在の厚生年金の報酬比例部分の支給開始年齢は六〇歳であるが、男性の場合二〇一三年四月に六一歳となり、三年ごとに一歳ずつ引きあげられ、二〇二五年四月からは六五歳にならないと年金を受けとることができなくなる（女性は五年遅れ、図2－11、表2－4）。

改正高年齢者雇用安定法の主なポイントは、(1)継続雇用制度の対象者を限定できる仕組みの廃止、(2)継続雇用制度の対象者が雇用される企業の範囲をグループ企業まで拡大、(3)高年齢者雇用確保措置義務を違反した企業名の公表、であるといえる。

現行制度では六〇歳の定年を過ぎた労働者が働くことを希望する場合、事業主は(1)定年の引きあげ、(2)継続雇用制度の導入、(3)定年の定めの廃止、のいずれかの措置を講じなければならない。ただし、右に言及した通りに労使間の合意があれば（労使協定で継続雇用するかどうかの基準を定めておけば）、それに満たない人については継続雇用をしなくてもよいという仕組みがあった。改正法はこの仕組みを廃止し、希望者全員の継続雇用を企業に義務づける一方、従わなかった場合には企業名

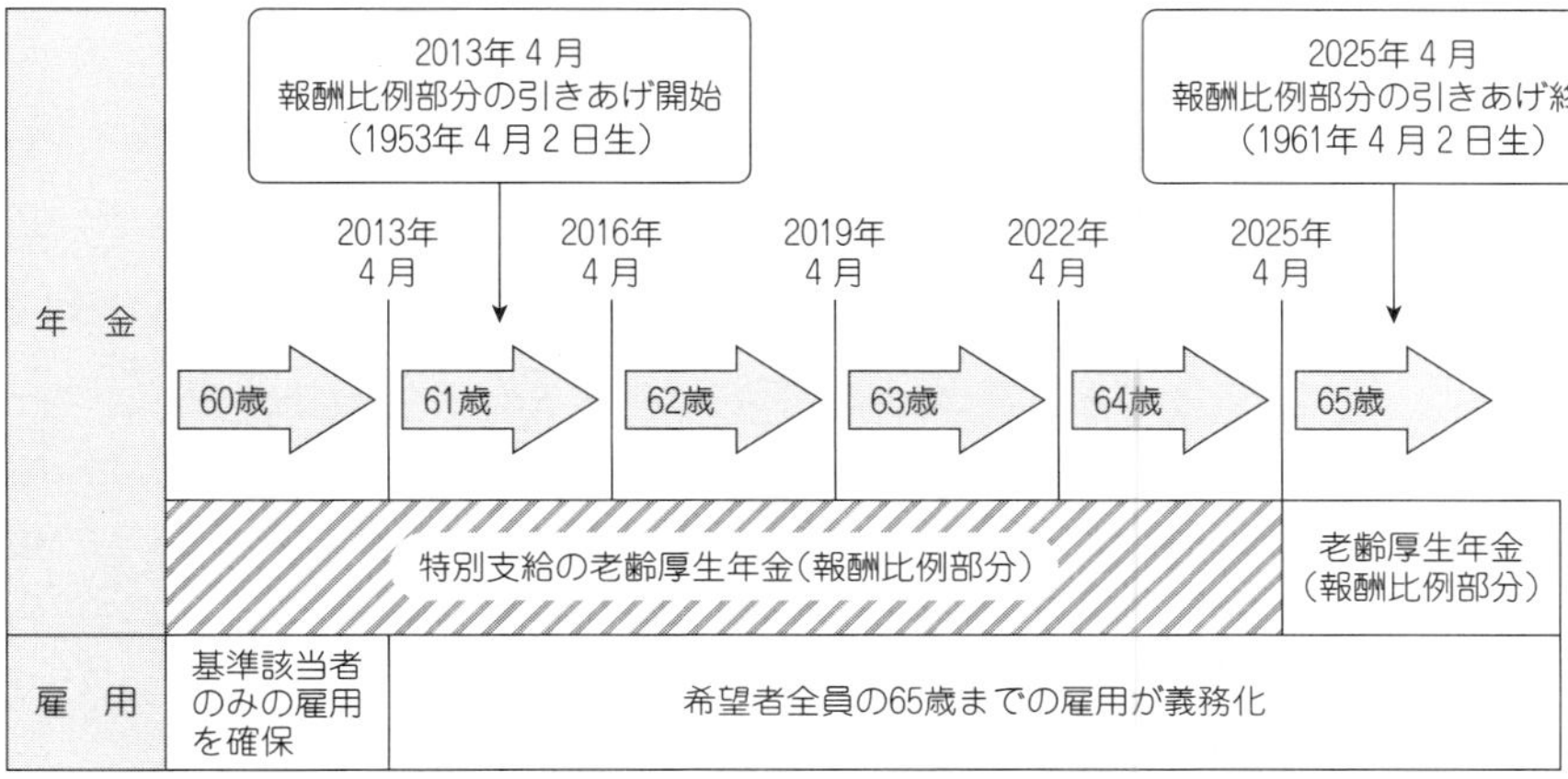

図2-11　特別支給の老齢厚生年金（報酬比例部分）の引きあげや高年齢者の雇用

出所：厚生労働省（2011b）より筆者作成。

表2-4　厚生年金の支給開始年齢の引きあげに関する沿革

年	適用法	内　容
1942	労働者年金保険法	男性：55歳，女性：適用除外
1944	厚生年金保険法	男性：55歳，女性：55歳
1954	厚生年金保険法改正	男性：55歳から60歳へ（4年に1歳ずつ，1957年度から16年かけて引きあげ，1973年度完了） 女性：55歳のまま
1980	厚生年金保険法改正	男性60歳→65歳，女性55歳→60歳とする案を社会保険審議会に諮問するも，労使委員の強い反対があったこと等から，提出法案には検討規定のみを盛り込む。その後，検討規定についても国会修正で削除される。
1985	厚生年金保険法改正	男性60歳→65歳。ただし，60～65歳まで特別支給の老齢厚生年金を支給 女性55歳→60歳（3年に1歳ずつ，1987年度から12年かけて引きあげ，1999年度完了）
1989	厚生年金保険法改正	男性60歳→65歳，女性60歳→65歳とする改正法案（実施時期は別に法律で定める）を国会提出。その後，衆議院の修正により，支給開始年齢引きあげに係る規定は削除。
1994	厚生年金保険法改正	老齢厚生年金の定額部分について， 男性60歳→65歳（3年に1歳ずつ，2001年度から12年かけて引きあげ，2013年度完了） 女性60歳→65歳（3年に1歳ずつ，2006年度から12年かけて引きあげ，2018年度完了）
2000	厚生年金保険法改正	老齢厚生年金の報酬比例部分について， 男性60歳→65歳（3年に1歳ずつ，2013年度から12年かけて引きあげ，2025年度完了） 女性60歳→65歳（3年に1歳ずつ，2018年度から12年かけて引きあげ，2030年度完了）

出所：厚生労働省（2011b）より筆者作成。

表2-5　改正前後の変化

	現　行	2013年4月から
対象者	能力や勤務態度などの条件を労使協定で定める	原則希望者全員，心身の健康状態が悪い場合などは除外
雇い入れる企業	定年を迎えた会社と子会社	定年を迎えた会社と子会社，グループ企業
違反した場合の罰則	勧　告	企業名を公表

を公表するペナルティーを科する。

したがって今後は基準に該当せず離職した者（厚生労働省の推計では定年到達者の一・八%に該当する約七六〇〇人）や継続雇用を希望しなかった人の中でも、継続雇用を希望するなど継続雇用を利用する高年齢者の数はさらに増加することが予想されている。ただ、企業側にすれば新たに高年齢者を雇うのは、今の厳しい経済状況の中では大変な負担になることも事実であり、政府はこれに対する対策として従来は「子会社まで」とされていた継続雇用の範囲を、「グループ企業」にまで拡大し、雇用の受け皿を大きくした（表2－5）。

5 引退と老後の所得保障

企業の雇用義務年齢を引きあげても法律である年齢を規定している（定年が定められている）以上、一部を除いた多数の雇用者はいつか必ず引退をすることになる。引退をした高齢者にとって共通的な悩みは引退後の生活をどうやって維持できるかである。食生活の改善や医療技術の向上などは高齢者の平均余命を伸ばし、引退後の生活は以前よりさらに長くなっている。二〇一一年の男性の平均余命が七九・六四歳であることや改正法の実施により今後の引退年齢が大体六五歳に収束すると予想すると、平均的に少なくとも一五年間は公的年金や現役時代に貯めておいた預貯金、あるいは子どもからの仕送りなどを用いて老後を過ごすことになる。しかしながら景気の低迷が長期化することにより、リストラや賃金削減というリスクも以前より高まっており、老後生活のための十分な資金を用意することはそれほど簡単なことではない。また、若者の就職難が長期化しているなど、現役世帯の所得水準はだんだん低下しており、親を経済的に支援できる若者は数少ない状態である。さらに、高齢化の進展による年金受給者の増加や若者の年金不信による年金保険料の未納率の増加は年金の財政を悪化させ、今後年金の所得代替率はさらに低下することが予想されている。今後労働市場から引退した高齢者の所得をどういう形で保障すればいいのだろうか。高齢者の引退後の主な所得源である「退職金」「公的年金」「私的年金」からその答えを探りたい。

（1）退職金制度の活用(9)

退職金制度は以前から多くの日本企業で実施されており、高齢者の老後所得を保証する重要な役割をしてきた。日本の退職金制度は江戸時代の商人たちの「のれん（暖簾）分け」から由来している。のれん分けとは、長年勤めた従業員に店舗の商号の使用を許可し、独立させる制度である。しかしながら市場が飽和状態になり、のれん分けのための初期費用が増加し、のれん分けが厳しくなると、代わりの報償制度として企業が導入したのが退職金制度である。初期の退職金制度は労働に対する需要が拡大する時期に労働者の離職を防ぎ労働力を確保する手段として使われた。その代表的な制度が明治中期に拡散された「強制貯蓄」である。当時の日本の産業の中心的な役割を担当していた繊維産業はとくに農村から出稼ぎで上京した女性労働者が多かったが、当時の劣悪な労働環境は女性労働者を帰郷させる大きな原因となった。また、熟練工を確保するための争奪戦も激しくなった。企業はこれに対する対策として労働者に支給する賃金の一部を企業内に保管し、雇用期間が満了する際に支給する強制貯蓄を実施した。その後産業構造の変化とともに強制貯蓄を実施する企業は減少する一方、負傷、疾病、死亡、退職に対して一時金を支給する共済制度や企業が負担する退職一時金を導入する企業が増加することになった。戦後、退職金制度は少しずつ多くの企業に普及し、戦前は企業の二割強であった退職金制度の導入率は、一九五一年時点の調査では、八二・三%となった。山崎（一九八八）によると、戦後七年間の間に退職金を導入した企業は全体の半分以上を占めている。戦後間もなくの間に急速に普及した退職金制度は、継続的に上昇し一九七八年における企業の導入率[10]は九二・二%でピークを迎えるが、それ以降は伸び悩んでおり二〇〇八年の導入率は八三・九%[11]にとどまっている。さらに、問題は最近労働力の非正規化が進んでいることである。労働者の三人のうち一人が非正規労働者であるという現実を考慮すると、今後退職金制度が利用できない労働者が増加し、老後の所得保障手段としての役割が弱まる可能性が高い。

(2) 公的年金制度に頼れるか

厚生労働省の「国民生活基礎調査（二〇一〇年）」によると、公的年金・恩給を受給している高齢者世帯のうち、公的年金・恩給が総所得の八〇%以上である高齢者世帯の割合は全高齢者世帯の七〇・八%にも達しており、公的年金が老後生活において最も重要な所得源であることがわかる（図2-12）。しかしながら少子高齢化の進展や低金利政策による運用収入の減少などにより年金財政は悪化しており、政府は年金を持続可能な制度にするための改正案を次々と発表している。本節では二〇一二年における年金制度改正の主な内容を説明する。二〇一二年には公的年金と関連した改正が二回行われた。一つは八月一〇日に行われた社会保障・税一体改革関連法であり、もう一つは一一月一六日の年金関連改正法である。

① 二〇一二年八月一〇日の年金制度改正

二〇一二年八月一〇日に社会保障・税一体改革関連法が国会にて可決・成立し、とくに年金制度が大きく改正されることになった。その主な改正内容は、受給資格期間の短縮、特定年度の設定、厚生年金と共済年金の一元化、遺族基礎年金の父子家庭への支給、短時間労働者に対する厚生年金の適用拡大、産休期間中の保険料免除などである。

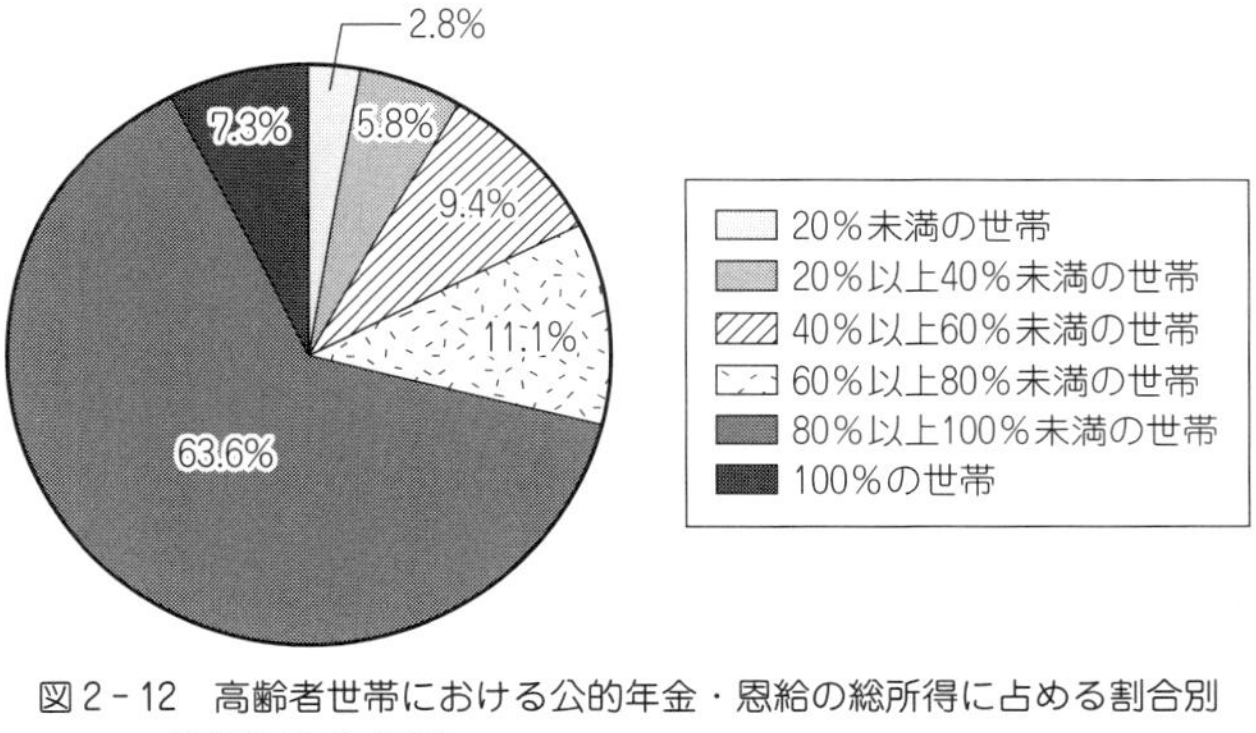

図2-12　高齢者世帯における公的年金・恩給の総所得に占める割合別世帯数の構成割合

出所：厚生労働省（2011）「国民生活基礎調査」（平成22年）。

〈受給資格期間の短縮〉

今回の法改正では将来の無年金者の発生を抑えていくという視点から、年金の受給資格期間を既存の二五年から一〇年に短縮した。対象となる年金は、老齢基礎年金、老齢厚生年金、退職共済年金、寡婦年金、旧法による老齢年金で、施行は税制抜本改革により消費税率が一〇%に引きあげられる二〇一五年一〇月一日からである。

筆者が把握している無年金者に対する資料は二つである。一つは、二〇〇四年に民主党の長妻昭議員により衆議院に提出された答弁書であり、長妻議員が把握した無年金者の数は四〇万七三〇九人であった（表2-6）。もう一つは社会保障審議会年金部会が二〇一一年九月に公表した資料[12]であり、そこには六五歳以上の無年金者の数は四二万人であり、さらに、無年金見込み者を含めた無年金者は、最大で一一八万人（六〇歳未満四五万人、六〇—六四歳三一万人、六五歳以上四二万人）と推計している。

表２－６　無年金者の現状

（人）

<table>
<tr><th rowspan="3"></th><th colspan="3">男女別人数</th><th colspan="6">国民年金・厚生年金保険別の人数</th></tr>
<tr><th rowspan="2">男</th><th rowspan="2">女</th><th rowspan="2">計</th><th colspan="2">国民年金</th><th colspan="2">厚生年金保険</th><th colspan="2">その他</th></tr>
<tr><th>男</th><th>女</th><th>男</th><th>女</th><th>男</th><th>女</th></tr>
<tr><td rowspan="2">65歳</td><td rowspan="2">33,385</td><td rowspan="2">99,005</td><td rowspan="2">132,390</td><td colspan="2">85,961</td><td colspan="2">20,655</td><td colspan="2">25,774</td></tr>
<tr><td>13,175</td><td>72,786</td><td>11,970</td><td>8,685</td><td>8,240</td><td>17,534</td></tr>
<tr><td rowspan="2">66歳</td><td rowspan="2">25,127</td><td rowspan="2">28,853</td><td rowspan="2">53,980</td><td colspan="2">28,042</td><td colspan="2">13,229</td><td colspan="2">12,709</td></tr>
<tr><td>10,188</td><td>17,854</td><td>8,449</td><td>4,780</td><td>6,490</td><td>6,219</td></tr>
<tr><td rowspan="2">67歳</td><td rowspan="2">26,193</td><td rowspan="2">28,468</td><td rowspan="2">54,661</td><td colspan="2">29,411</td><td colspan="2">13,792</td><td colspan="2">11,458</td></tr>
<tr><td>10,992</td><td>18,419</td><td>8,923</td><td>4,869</td><td>6,278</td><td>5,180</td></tr>
<tr><td rowspan="2">68歳</td><td rowspan="2">20,650</td><td rowspan="2">20,655</td><td rowspan="2">41,305</td><td colspan="2">20,684</td><td colspan="2">11,874</td><td colspan="2">8,747</td></tr>
<tr><td>7,769</td><td>12,915</td><td>7,787</td><td>4,087</td><td>5,094</td><td>3,653</td></tr>
<tr><td rowspan="2">69歳</td><td rowspan="2">12,761</td><td rowspan="2">11,078</td><td rowspan="2">23,839</td><td colspan="2">5,306</td><td colspan="2">11,525</td><td colspan="2">7,008</td></tr>
<tr><td>1,412</td><td>3,894</td><td>7,289</td><td>4,236</td><td>4,060</td><td>2,948</td></tr>
<tr><td rowspan="2">70歳以上</td><td rowspan="2">53,752</td><td rowspan="2">47,382</td><td rowspan="2">101,134</td><td colspan="2">23,776</td><td colspan="2">53,165</td><td colspan="2">24,193</td></tr>
<tr><td>6,318</td><td>17,458</td><td>33,092</td><td>20,073</td><td>14,342</td><td>9,851</td></tr>
<tr><td rowspan="2">合　計</td><td rowspan="2">171,868</td><td rowspan="2">235,441</td><td rowspan="2">407,309</td><td colspan="2">193,180</td><td colspan="2">124,240</td><td colspan="2">89,889</td></tr>
<tr><td>49,854</td><td>143,326</td><td>77,510</td><td>46,730</td><td>44,504</td><td>45,385</td></tr>
</table>

出所：「衆議院議員長妻昭君提出年金掛け金を払っても年金が支給されない事案に関する質問に対する答弁書」（内閣衆質159第149号，平成16年８月10日）。

表２－７　65歳以上の無年金者（約42万人）の給付済み期間の分布

（％）

10年未満	10年以上15年未満	15年以上20年未満	20年以上25年未満	合　計
59	19	15	6	100

注：端数処理のため合計が一致しない。

出所：社会保障審議会年金部会「受給資格期間の短縮について」資料２，2011年９月13日。

表２－７は、六五歳以上の無年金者の納付済み期間の分布を示しており、二〇一五年一〇月から受給資格期間が現在の二五年から一〇年に短縮されると、六五歳以上の無年金者（約四二万人）のうち四一％にあたる約一七・二万人に年金が支給されることになる。是枝（二〇一二）は、「親族等から支援を受けている者については、支援する親族等の側からみれば、その高齢者が無年金であるがために、公的年金で支えられない分を私的に支えているものと言える。……無年金の高齢者に年金が支給されることによりその高齢者を支える親族等の負担が軽減される効果についてはこの開始の評価すべき点と言える。」と受給資格期間の短縮を評価している。

〈特定年度の設定〉

現行の年金法の基礎年金国庫負担については、税制の抜本的な改革により所要の安定財源の確保がはかられる年度として、「特定年度」を法律で定めることで、その年度以降、恒久的に基礎年金国庫負担割合二分の一が達成されることになっている。今回の法改正では、二〇一四年度からの消費税増税（八％）により得られる税収を、基礎年金国庫負担二分の一の維持に充てることとしており、特定年度を二〇一四年度と定める改正を行う。

基礎年金は自民党政権下の二〇〇四年、国庫負担を二〇〇九年度までに三分の一から二分の一へ引きあげることを決め、その後、「消費税を含めた抜本的な税制改革」をあげながらも増税にはたどり着けず、二分の一負担に移行した二〇〇九年度から二〇一一年度までは特別会計や独立行政法人の剰余金などの「埋蔵金」で穴埋めした。二〇一二年度の基礎年金国庫負担二分の一の財源（約二・六兆円）に対しては、七月三一日の閣議決定で当初の「年金交付国債」[13]から将来の消費増税を償還財源とする「年金特例公債（＝つなぎ国債）」の発行で賄うよう修正がなされた（図2－13）。

〈厚生年金と共済年金の一元化〉

今回の法改正により二〇一五年一〇月一日から共済年金と厚生年金が厚生年金に一元化される。被用者年金の一元化の必要性が認識された要因として中川（二〇一二）は、「給付面では、第一号被保険者は基礎年金のみ、厚生年金加入者は基礎年金と所得比例年金、共済年金加入者は基礎年金、所得比例年金に加えて職域加算という違いがあること」や「一元化により、職業を変更しても年金制度を変更する必要がなくなり、手続き忘れ等による未加入がなくなること」をあげている。二〇一〇年度の退職者を対象とした人事院の調査では、国家公務員の退職金と将来受け取る見込みの年金の上乗せ額（職域加算）の合計は二九五〇万三〇〇〇円と、民間企業の平均より四〇二万六〇〇〇円多かった。有識者会議では共済年金の職域加算部分は民間企業の企業年金に相当すると継続の必要性を打ち出していたが、民間企業の反応は冷たい。二〇一二年に日本経済新聞社が全国の有力企業や確定給付企業年金、厚生年金基金を対象に実施した調査によると、企業と年金基金の担当者が最も望む公的年金の改革案として[14]「厚生年金と共済年金との一元化（三五・一％）」があげられた。

二〇一二年八月現在の保険料率は会社員が一六・四一二％、公務員が一五・八六二％、私学教職員が一三・二九二％ですべて異なっているが、今回の改正により厚生年金は二〇一七年、公務員は二〇一八年、私学教職員は二〇二七年以後、一八・三％で統一されることになった。また、官民格差の要因として考えられていた公務員等の三階部分の職域部分は二〇一五年一〇月に廃止され、施行日前に共済年金の受給権を有する者については、従来どおり職域部分を支給する。一方、施行日において受給権を有しない共済年金加入者の、既加入期間に係る職域部分の取扱いについては、別に法律で定めることになっており、今後官民バランスの乖離をいかに埋められるか注目されるところである。

〈遺族基礎年金の父子家庭への支給〉

現行制度では働き盛りの男性が亡くなると、残された母子家庭には遺族基礎年金が支給されるが、女性が亡くなった場合には、残された父子家庭に

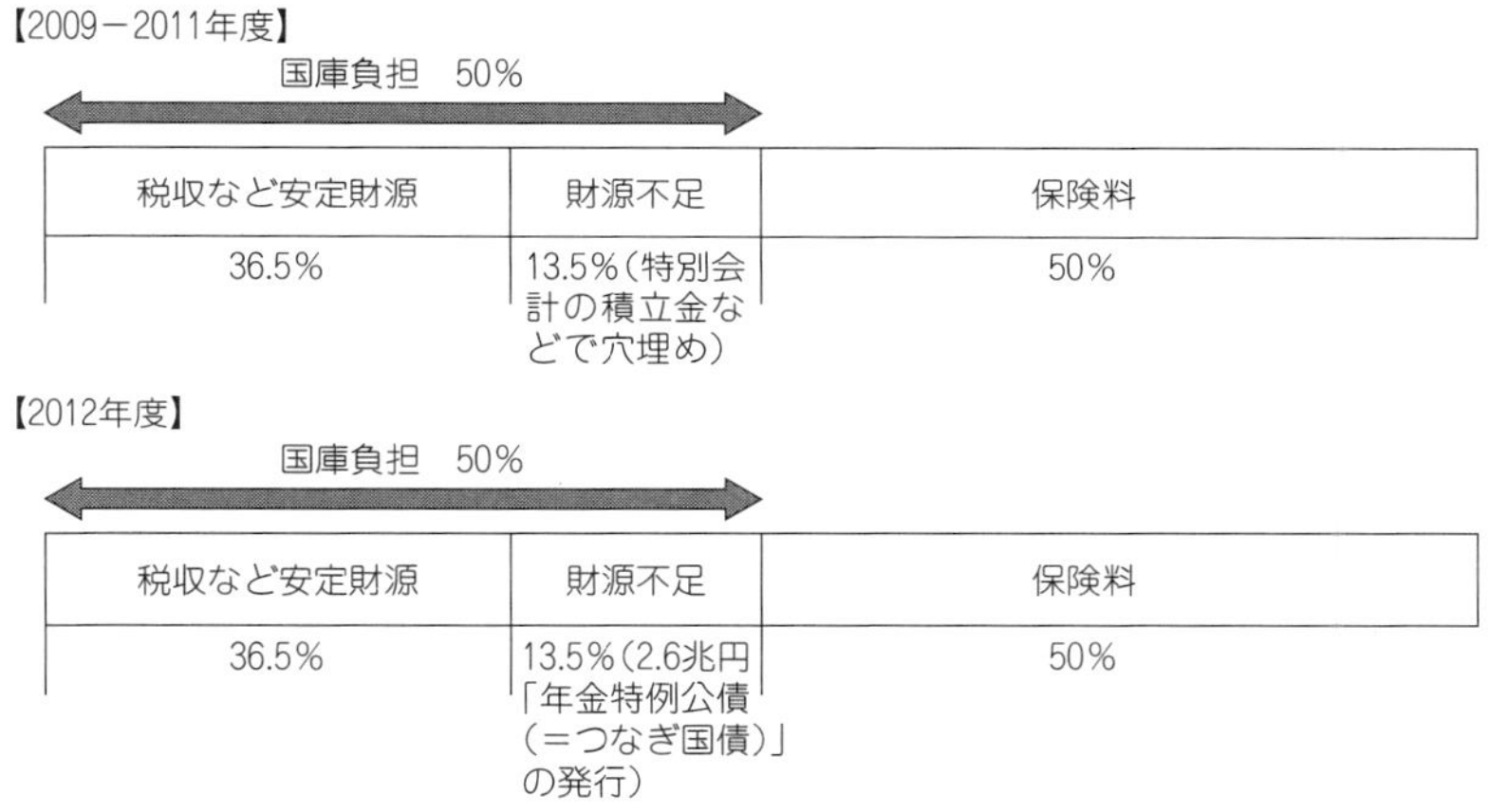

図2－13　基礎年金国庫負担の財源

出所：社会保障審議会年金部会「基礎年金国庫負担について」資料2，2011年8月26日等により筆者作成。

は遺族基礎年金が支給されない。今回の法改正により二〇一四年四月から父子家庭にも遺族基礎年金が支給されることになった。遺族基礎年金は亡くなった人が公的年金（厚生年金、国民年金など）に加入しており、遺族の年収が原則八五〇万円未満である場合に支給され、金額は子ども一人の母子家庭の場合年約一〇一万円、二人だと約一二四万円である。ただし、今回の改正は遺族基礎年金に限られており、今後遺族厚生年金に対しても同じ基準を適用すべきだという声も高い。

〈短時間労働者に対する厚生年金の適用拡大〉

公的社会保険の恵みを受けていないパート等の非正規労働者のセーフティネットを強化する目的で、短時間労働者に対して厚生年金の適用範囲が拡大される。現在、短時間労働者が厚生年金に加入するためには、労働時間（一日または一週間）や労働日数の両方が一般労働者（正社員）の四分の三以上である必要がある。すなわち、一般労働者の週労働時間が四〇時間、月労働日数が二二日を基準に計算してみると、短時間労働者は週三〇時間以上、一カ月に一六・六日以上働かないと厚生年金に加入することができない。しかしながら今回の法改正により、五〇一人以上の大企業に一年以上勤めており、月収が八万八〇〇〇円以上の場合に限って厚生年金に加入できる労働時間が週三〇時間から週二〇時間以上に緩和されることになった。ただし学生は除外される。この改正は二〇一六年一〇月から実施され、新たに二五万人の短時間労働者が厚生年金に加入することが予想される。

〈保険料の免除を産前・産後休業中にも適用〉

厚生年金の保険料免除が育児休業者だけでなく、産前産後休業を取得した者にも適用されることになった。対象となるのは産前六週間（多胎妊娠の場合は一四週間）、産後八週間のうち、被保険者が労務に従事しなかった期間となる。育児休業の場合と同様、産前産後休業終了後に育児等を理由に報酬が下がった場合、定時決定[15]まで保険料負担が改定前の高い保険料負担とならないよう、産前産後休業終了後の三カ月間の報酬月額を基に、標準報酬月額を改定する。

② 二〇一二年一一月一六日の年金制度改正

〈物価スライド特例措置の廃止〉

本来、公的年金は物価の変動率に応じて年度ごとに年金額を調整する物価スライドを適用することになっている。実際、日本では一九九九―二〇〇一年に物価が下落しており、本来なら二〇〇〇―〇二年度の年金額は三年間の累計で一・七%引き下げられるべきであったが、年金受給者の生活状況などに配慮した特例法により年金額を据え置く「物価スライド特例措置」が実施され、本来の年金額と特例措置による実際の支給額に差が生じることになった。

二〇〇四年の年金制度改正では、現役世代の人口の減少などを考慮して物価等の上昇から公的年金加入者数の減少率などを差し引いた率、いわゆる「マクロスライド率」が年金額に反映されることになったが、賃金や物価の下落が続き、本来の年金額と特例措置による実際の支給額は縮まらず、その差は二・五%まで広がることになった。すなわち、本来なら年金額を物価にスライドさせて下げるべきところを、特例的に下げずに運用した結果、現在支給されている年金額は本来の支給水準に比べて二・五%高い額となっている。これにより二〇一一年度まで余分に支給された年金額は約七兆円となっている。

二〇一二年一一月一六日の法改正により、物価スライド特例措置は廃止され、二〇一三年度一〇月から三年にかけて年金の支給額が二・五%減額される。

高齢者の年金を減額することで、政治的なダメージを受けることや、選挙への影響を考慮して先送りにしてきたつけが、とうとう限界にきているといえる。

〈年金生活者支援給付金法〉

年金生活者支援給付金法は、所得が低い老齢基礎年金、障害基礎年金及び遺族基礎年金の受給者に対する福祉的な措置として、二〇一五年一〇月分から最高で月当たり五〇〇〇円の現金が支給される。対象は計約七九〇万人で、実際の支給は二カ月後の同年一二月からとなる。

年金生活者支援給付金の支給対象は、(1)老齢基礎年金を受給する六五歳以上のうち、市町村民税が家族全員非課税で、年金を含む年間所得が七七万円以下である者（約五〇〇万人）、(2)年間所得が七七万円超で八七万円未満の者（約一〇〇万人）、そして(3)一定所得以下の障害基礎年金の受給者と、遺族基礎年金の受給者（約一九〇万人）である。

(3) 私的年金制度の活用

老後所得を保証するもう一つの方法として考えられるのが私的年金であり、公的年金の所得代替率が継続して低下している中で私的年金の役割はますます高まることが予想されている。私的年金は保険料を誰が拠出するかによって企業年金（企業拠出型）と個人年金（個人拠出型）に区分することができる。

① 企業年金

日本における企業年金制度の始まりは、適格退職年金制度と厚生年金基金制度だといえる。戦後復興が終わった日本は、一九五五年から高度経済成長期に入り、労働力に対する需要は大きく高まった。その後高度経済成長期に雇われた労働者がだんだん定年を迎えることになると、退職金に対する企業の支払いが急増し、退職金の支払い負担を平準化することが企業を経営するうえで注目されることになった。このような背景から一九五九年に中小企業を対象とした「中小企業退職金共済制度」が創設された。その後、一九六二年には法人税及び所得税法に基づいた適格退職年金制度が、また、一九六六年には厚生年金法に基づいた厚生年金基金制度が創設されて、日本でも企業年金が普及されることになった。

〈適格退職年金制度や厚生年金基金の衰退〉

一九六二年に導入された適格退職年金制度は、法人税法が規定している税法で定められた一定の条件（一四の適格要件適格要因）を満たした企業が国税庁の承認を受けて退職金を生命保険会社や信託銀行等の金融機関に積み立てる制度であり、厚生年金基金とともに代表的な企業年金制度として普及されてきた。政府は適格退職年金の普及のため、事業主が負担する保険料を全額損金として処理するなど税金優遇策を適用し、その結果、加入者数は一九九九年に一〇〇〇万人を超えることになった。しかしながら適格退職年金は、資産運用環境が低迷する中で、受給者へ安定的に給付するための年金原資が十分に確保されないという、受給権保護の仕組みの弱さが指摘されてきた。そこで、受給権保護の仕組みを手厚くした確定給付企業年金が二〇〇一年の確定給付企業年金法の成立に伴い実施され、原則的に二〇〇二年四月以降の新規設立は認められず、既存の適格退職年金も二〇一二年四月以後は税の優遇措置がなくなり、実質的に二〇一二年三月末に廃止されることになった（図2-14）。政府は既存の適格退職年金を二〇一二年三月末までの経過措置期間内に確定給付企業年金等へ移行することを呼びかけたが、履行率はそれほど高くない。

適格退職年金制度の廃止が決まった二〇〇一年以後政府は確定給付年金や確定拠出年金を新設し、適格退職年金制度を実施している事業主に移行を促したが、実際確定給付年金や確定拠出年金に移行した事業主は少なく、約半分の事業主は企業年金を解約する措置をとった。すなわち、適格退職

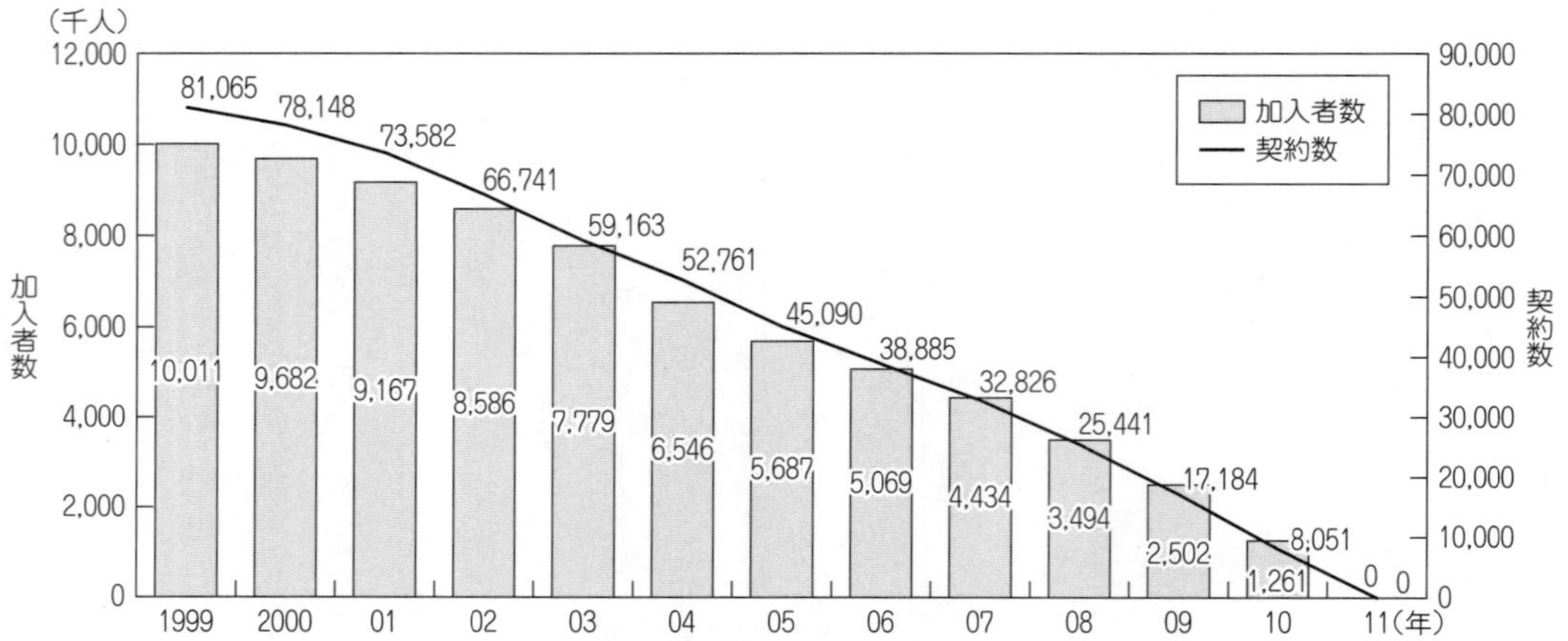

図2-14　適格退職年金の契約件数や加入者数の動向

出所：企業年金連合会（2011）『企業年金に関する基礎資料』や厚生労働省 HP「適格退職年金制度の動向」www.mhlw.go.jp/topics/bukyoku/nenkin/tekikaku_e.html を用いて筆者作成。

年金移行先としては「確定給付企業年金」「確定拠出年金」「厚生年金基金」があげられるが、移行全体に占める割合は、合わせて三割にとどまっている。その理由としては、三つの制度が「退職金制度」というより公的年金を補う制度としての性格が強く、受給権保護、受託者責任、情報開示が制度運営者に求められ、さらに財政検証、加入資格、年金受給権付与、受給年齢要件、掛金設定等の制約が多いことが考えられる。

では、最も多くの適格退職年金が移行している制度は何だろうか。答えは「中小企業退職金共済制度」であり、移行全体の三割を占めている（図2-15）。

「中小企業退職金共済制度」への移行率が高いのは、移行に関する規制が少なく、制度内容がシンプルでわかりやすい点が考えられる。そもそも適格退職年金の九割以上は中小企業が加入しており、単独で企業年金の運営が難しい場合が多い。したがって、独立行政法人中小企業退職金共済事業本部が運営を担当している中小企業退職金共済制度に加入すると、企業自身が運営責任を負わなくてもいいというメリットがあるのが中小企業にとっては魅力的に感じられた可能性が高い。

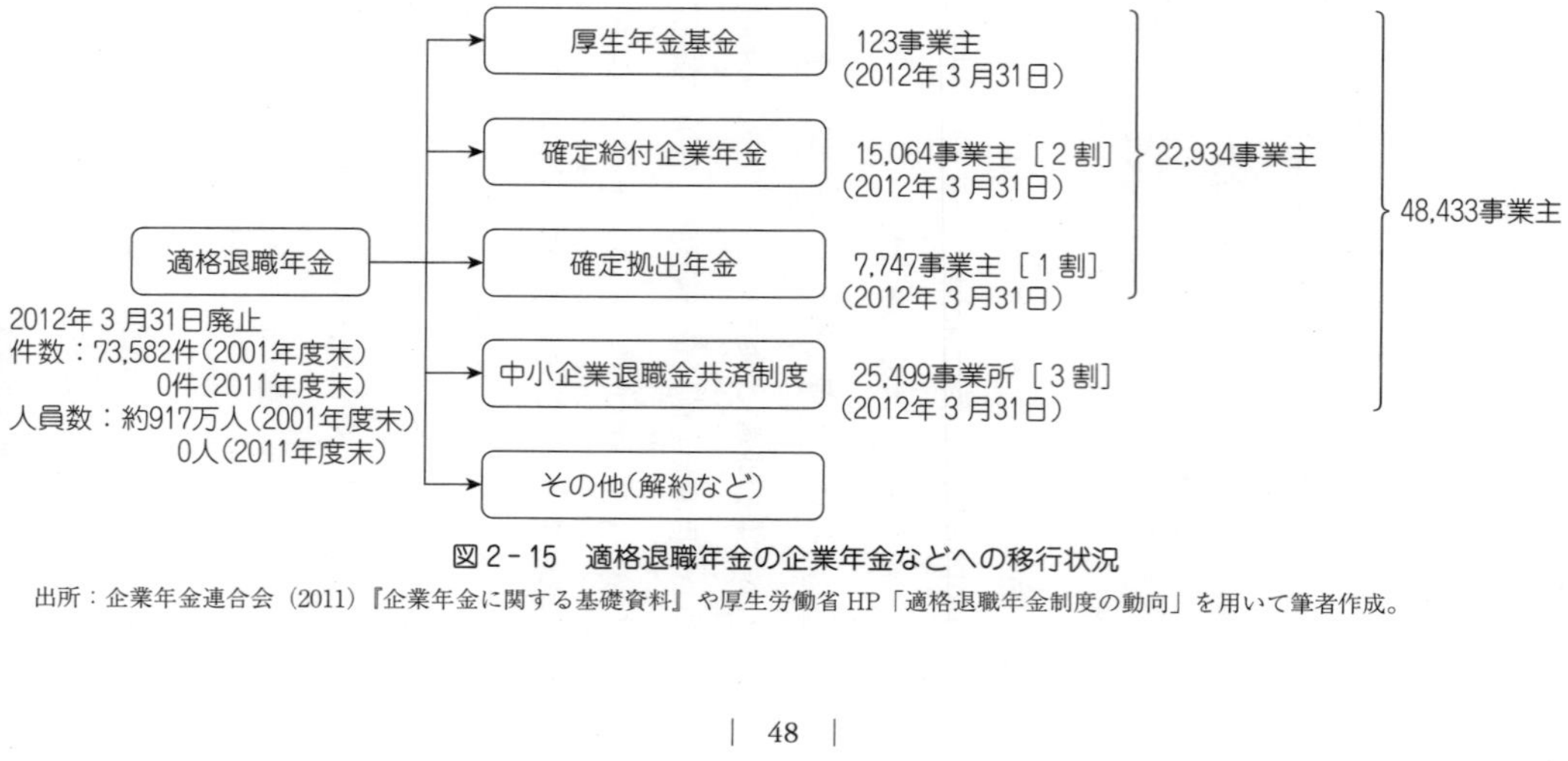

図2-15　適格退職年金の企業年金などへの移行状況

出所：企業年金連合会（2011）『企業年金に関する基礎資料』や厚生労働省 HP「適格退職年金制度の動向」を用いて筆者作成。

厚生年金基金制度は、一九六五年の厚生年金保険法の一部改正により導入され、一九六六年一〇月から実施された企業年金制度の一つで、確定拠出年金が導入される前までには適格退職年金制度と並び日本の企業年金制度の中核をなしていた制度である。厚生年金基金制度は、企業が「厚生年金基金」という公法人を設立し、厚生年金保険の給付の一部を代行するうえで、企業が独自の上乗せ給付を行う仕組みになっており、従業員に対してより手厚い老後所得を保障することを目的として創設された。すなわち、厚生年金基金が他の企業年金と異なる特徴は、この「代行部分」で厚生年金基金は国に代わって厚生年金保険の保険料の一部を運用し、将来の給付を行うことである。

厚生年金基金は一九九六年には基金数が一八八三基金でピークを迎えたが、その後は景気の低迷や運用環境の悪化により、二〇一一年一二月時点では基金数が五七七基金まで減少した（図2－16）。このうち、二八七基金がすでに「代行割れ」(16)をしており、代行割れ総額は二〇一一年度末で約一・一兆円に達している(17)。また、最近のAIJ投資顧問による年金消失事件により厚生年金基金に対する不安感はさらに増すことになった。すなわち、AIJと投資一任契約を結んだ九二の企業年金の

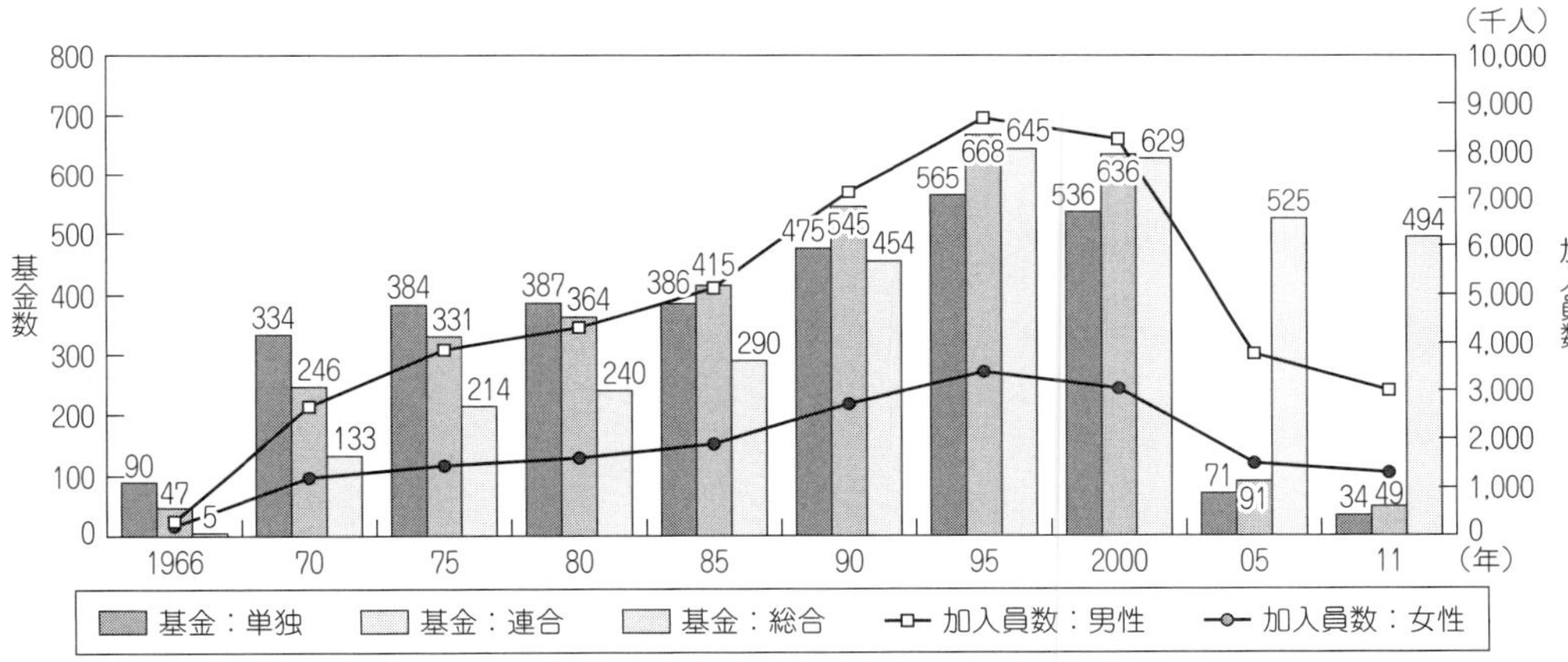

図2－16　厚生年金基金数と加入員数の動向

出所：企業年金連合会（2011）。

大部分が厚生年金の一部を国に代行して運用する厚生年金基金であったのだ。厚生年金基金の代行割れが増え、基金の財政の更なる悪化が予想されている中で発生したAIJ投資顧問による年金消失事件は厚生労働省を刺激し、代行部分の見直しや同基金の廃止が現在専門委員会を中心として検討作業が進んでいるところである。

厚生年金基金の廃止が検討されることにより、従前に適格退職年金や厚生年金基金を中心とした日本の企業年金制度は、今後は確定給付企業年金や確定拠出企業年金を中心に再編されることになった（図2－17）。確定給付企業年金は、少子高齢化が進み産業構造が変化する中で、公的年金の給付と相まって国民の生活の安定と福祉の向上に寄与することを目的に、二〇〇二年に創設された。確定給付企業年金には、規約型・基金型の二種類の運営方式があり、規約型は労使が合意した年金規約に基づき、企業と信託会社・生命保険会社等が契約を結び、企業の外で年金資金を管理・運用し、年金給付を行う仕組みである。また、基金型は企業とは別の法人格をもった基金（企業年金基金）を設立したうえで、基金において年金資金を管理・運用し、年金給付を行う仕組みである。規約型企業年金と比較すると、母体企業からの独立

性が強く、基金自ら年金資産を運用することが可能である。

図2-18は、確定給付企業年金の制度数や加入者数の動向を示しており、確定給付企業年金は制度数においては規約型を中心に増加していることがわかる。二〇一二年一月現在の制度数は、規約型が一万四三〇二もあるのに、基金型は六〇六にすぎない[18]。しかしながら基金型は主に大手企業が加入していることに比べて規約型は中小企業の加入が多く、加入員数による差は制度数ほど大きくない。

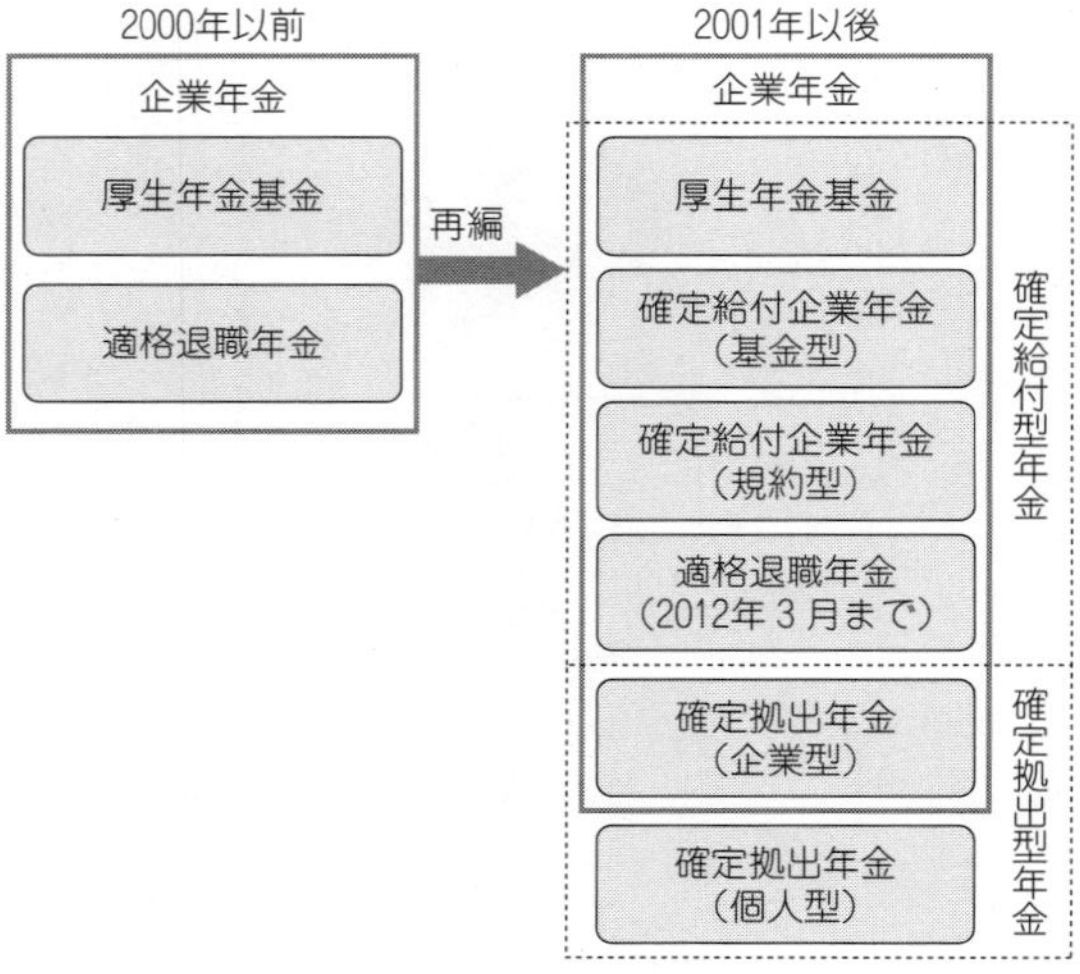

図２－17　企業年金の再編

出所：企業年金連合会（2011）。

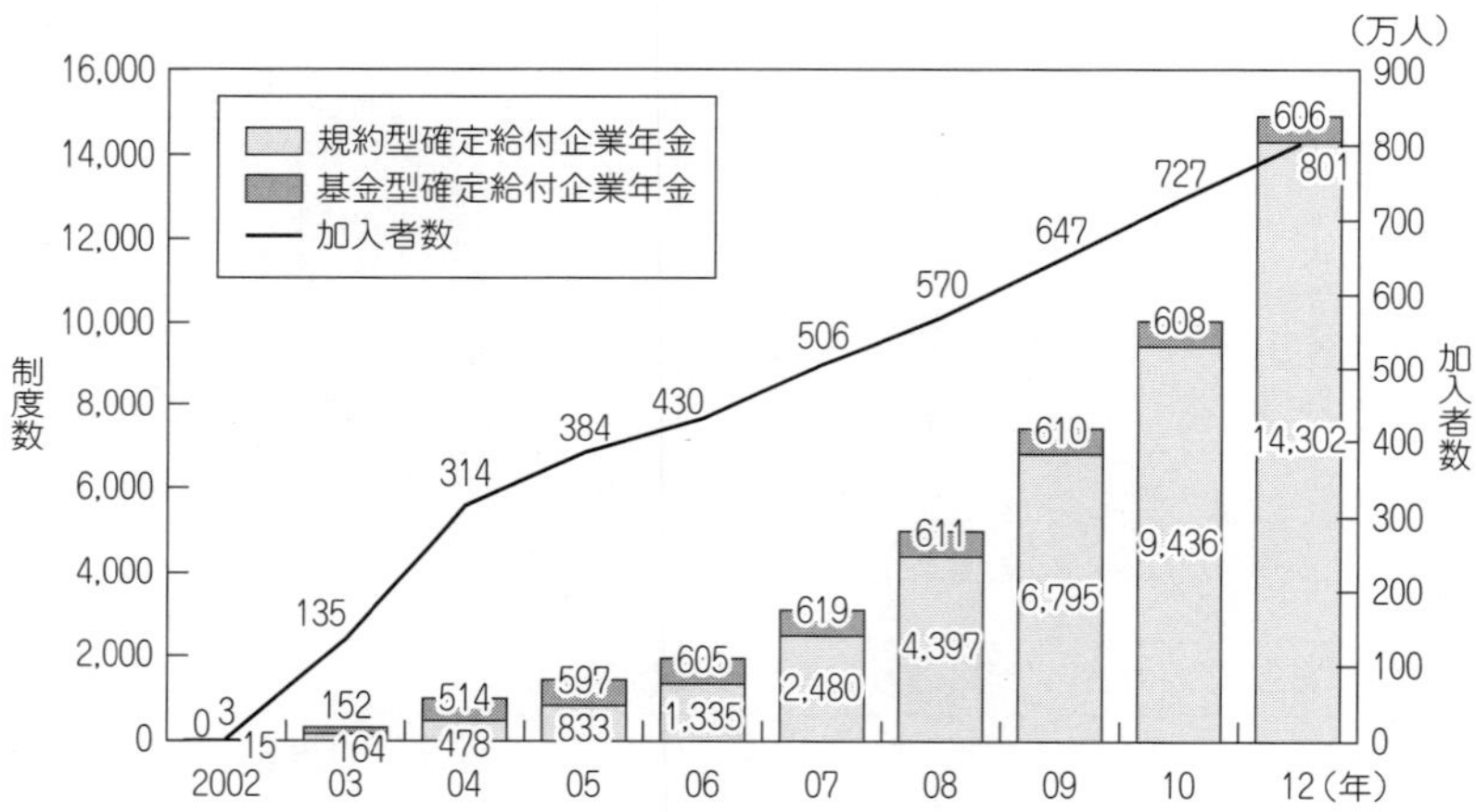

図２－18　確定給付企業年金設立状況

出所：企業年金連合会（2011）。

確定給付企業年金の平均年金月額は二〇一一年七月現在、基金型が七万四九三九円、規約型が六万三七五七円になっており、終身年金である場合もあれば、有期年金として五年や一〇年という期間限定で給付を行う例も多くある。確定給付企業年金の基金型と規約型の仕組みは図2-19をみていただきたい。

企業年金のもう一つの形としてあげられるのが確定拠出年金である。確定拠出年金とは、拠出された掛金が個人ごとに明確に区分され、掛金とその運用収益との合計額をもとに年金給付額が決定される自己責任を原則とする年金制度である。「確定拠出年金」は、アメリカの「四〇一kプラン」をベースにしていることから、「日本版四〇一k」と呼ばれている。

確定拠出年金が導入された背景には厚生年金基金や適格退職年金などの従来の年金制度は、加入した期間や給与等であらかじめ給付される金額が決まっているが、近年の低金利や株価低迷などの運用環境の悪化により、運用利回りが当初の予想を下回り、その結果、掛け金が上昇し会社の負担が増しているケースや、一部には給付を引き下げるケースが発生するなど従来の年金制度を維持することが難しくなったからである。また、厚生年金基金や適格退職年金等の企業年金制度等は、中小零細企業や自営業者に十分普及していないことや離転職時の年金資産の持ち運びが十分確保されておらず、労働移動への対応が困難であるということが問題

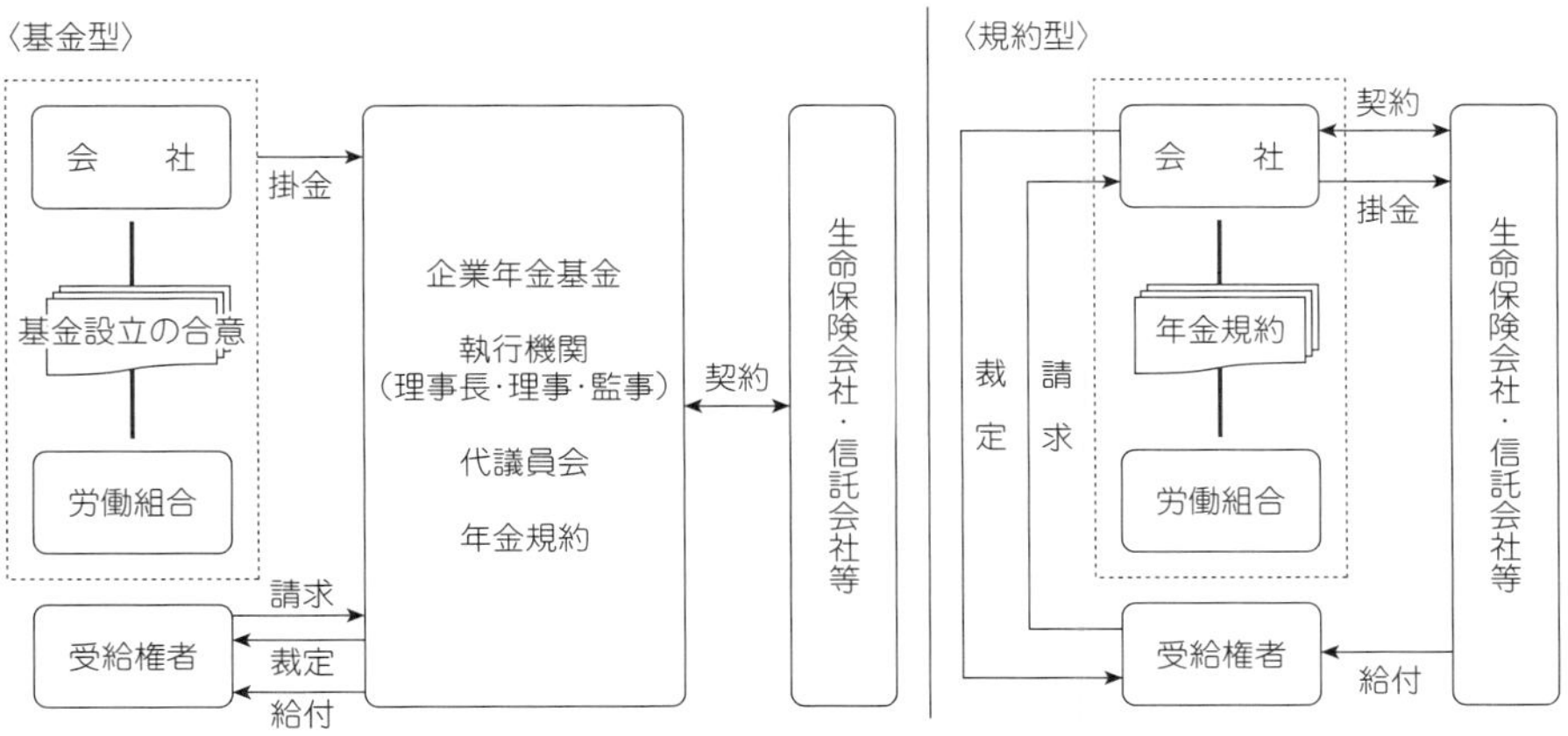

図2－19　確定給付企業年金の基金型と規約型の概念図

出所：企業年金連合会（2011）。

点として指摘されてきた。したがってこのような問題点を解決する目的で公的年金に上乗せされる部分における新たな選択肢として確定拠出年金が二〇〇一年一〇月に導入された。確定給付年金が「基金型」と「規約型」に区分されたように、確定拠出年金も「企業型」と「個人型」という二つの選択肢が設けられている。「企業型」は厚生年金保険の適用事業所の事業主が単独あるいは共同で実施する年金制度で事業主が掛金を拠出し、各加入者がその個人別管理資産について運用をする仕組みである。一方、「個人型」は国民年金基金連合会が実施しており、国民年金基金連合会に申請することにより個人型年金に加入することができる。

　運用においては、加入者が意思決定と指示を行い、運用に対するリスクを負わざるを得ない。掛金については、「個人型」では加入者による拠出、「企業型」では企業等による拠出のみと規定されていたが、二〇一二年一月からは「企業型」でも加入者による拠出が認められるようになった。企業等の掛金は損金が算入されるといった税制上の優遇措置が適用され、拠出金には限度額が設けられている。給付は年金、または一時金として受け取ることが可能であり、一般的には満六〇歳で受給資格が得られる。

　導入から一〇年が経過した確定拠出年金は、導入以来、加入者数や実施企業数が継続的に増加している。まず、企業型年金をみると、二〇〇一年度末に八・八万人にすぎなかった加入者数は二〇一〇年度末には三七一万人に増えた。二〇一〇年度末の規約数や実施事業主数もそれぞれ三七〇五と一万四六二八まで増加した。一方、個人型年金の加入者数は二〇〇一年度の四四三人から二〇一〇年度末には一二万四九〇六人に、同期間における登録事業所数は一五三から七万四七五二まで増加することになった（図2-20）。

　しかしながら、確定拠出年金の普及状況は導入当時の期待には及んでいないというのが一般的な評価である。企業型は、新規の設立と他制度からの資産移管が認められているが、新規で制度を導入した企業は全体の二割強で、七割以上の企業は他制度からの資産移管により制度を導入している。とくに二〇一二年三月末で廃止された適格退職年金からの移管が最も多い。したがって、今後新規加入が増加し、確定拠出年金制度が高齢者の老後所得保障の重要な手段として位置づけられるためにはいくつか解決すべき課題がある。まず、拠出限度額をより引きあげる必要がある。拠出限度額

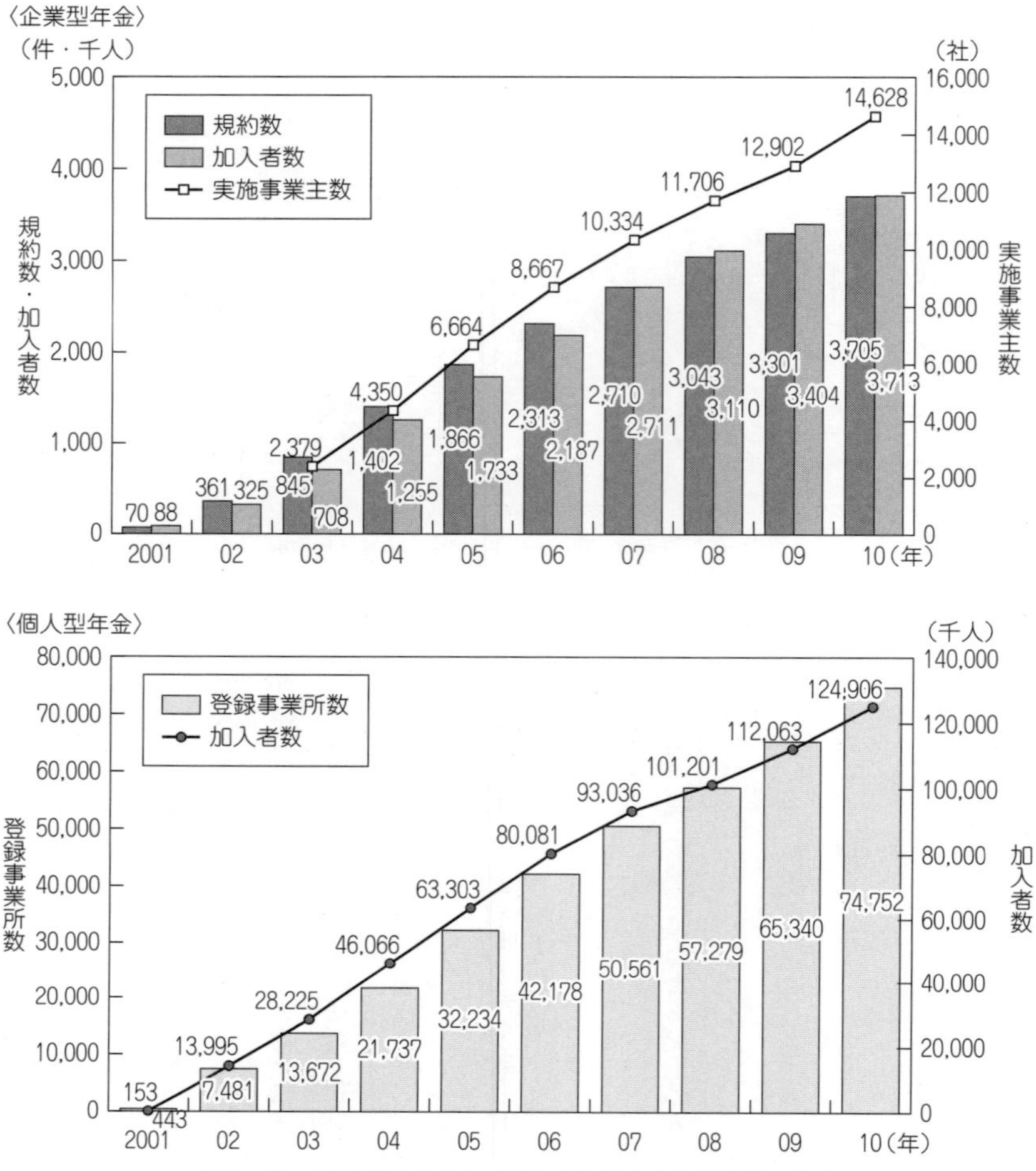

図2-20 「企業型年金」と「個人型年金」の施行状況の推移

出所：企業年金連合会（2011）。

は二〇〇四年と二〇一〇年の過去二回にわたり、引きあげられたが、まだ低すぎるという指摘の声も多く、今後、段階的な限度額の引きあげが要求される。また、投資教育をより充実させる必要がある。労働者の多くは投資の経験がない場合が多く、突然年金を運用させることはあまりにもリスクが高い。したがって、企業が確定拠出年金を円滑かつ効果的に運営し、加入者（従業員）の老後所得を最大限保障するためには年金の運用方法などの勉強会を行うための努力が欠かせない。さらに、確定拠出年金の加入を促進させるためには中途解約を認めるべきだという意見も出ているが、この点に関してはより慎重を期する必要がある。すなわち、中途解約禁止という規制が完全になくなってしまうと、確定拠出年金は老後の所得保障としての役割を担うことができなくなる可能性が高い。したがって、中途解約の許容は困窮時のみ容認するなどにより工夫をして決める必要がある。

② 個人年金

もう一つの私的年金としてあげられるのが個人年金である。個人年金は、生命保険会社・銀行などに個人が自身の老後生活資金を確保するために加入する保険である。個人年金の代表的な制度としては国民年金基金、財形制度、そしてその他個人年金制度等があげられ、個人の状況により個人年金を選ぶポイントは異なる。

〈国民年金基金〉

国民年金基金は、自営業者が加入できる任意加入の私的年金である。すなわち、国民年金基金は、自営業者などに国民年金の上乗せ部分を提供し、サラリーマン並みの年金を受けとれるようにすることを目的に、一九九二年から実施されている。

国民年金基金は、厚生労働大臣の認可を受けた公的な法人で、全国の四七都道府県で設立された地域型国民年金基金と、二五の職種別に設立された職能型国民年金基金の二種類がある。

国民年金基金は、日本国内に居住している二〇歳以上六〇歳未満の国民年金第一号被保険者を加入対象にしており、掛金の月額[19]は、選択した給付の型、加入口数、加入時の年齢により異なる。掛金は全額「社会保険料控除」の対象となるので、確定申告の際、「社会保険料控除証明書」を添付して所得控除申請をすると、所得税や住民税が軽減される。制度の内容だけをみると、確かにメリットがあり、自営業者の老後所得保障手段として効果的であると考えられるが、実際、国民年金基金の加入者数は少なく、さらに最近は減少傾向が続いている（図2－21）。なぜ、国民年金基金は自営業者の老後所得として活用されていないのか。その理由の一つとして二〇〇四年から予定利率が既存の三・〇%から一・七五%に下げられたことが考えられる。加入時点での予定利率は生涯続くので、予定利率の引き下げは新規加入者を減少させ、加入員数は毎年減っているといえる。もう一つの理由としては積立不足割合の高さ等から連想される制度破綻たる不信感である。さらに、最近は公的年金の支給開始年齢の引きあげやＡＩＪ問題の発生、そして厚生年金基金の廃止議論などにより加入者数の減少に歯止めがかからない厳しい状況が続いている。問題は若者の加入率が急激に低下していることである。

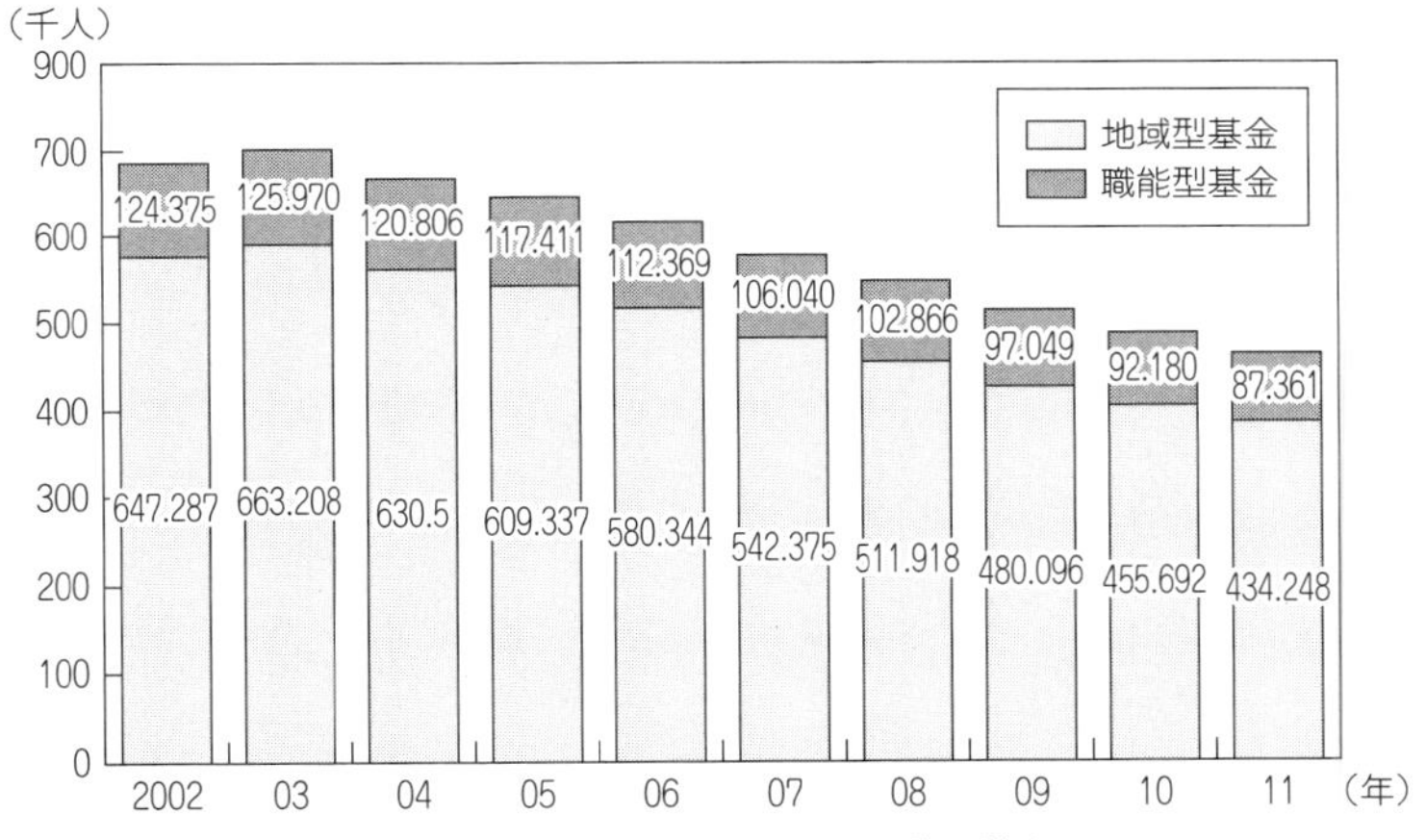

図2－21　国民年金基金の加入員数の推移
出所：企業年金連合会（2011）を用いて筆者作成。

図2－22は、二〇一一年度末現在における年齢階級別現存加入員の割合を示しており、地域型と職域型の両方の基金ともに若者の加入割合が低いことがわかる。国民年金基金制度は将来の年金を現役時代から掛金として積立てて、受給者に給付する積立て方式で運営しているので、現在のような状況が続くと、国民年金基金の財政問題は一段と深刻になることが予想される。実際、国民年金基金連合会の調べによると、二〇一一年度末に必要な積立金は四兆一〇一五億円だったが、残高は

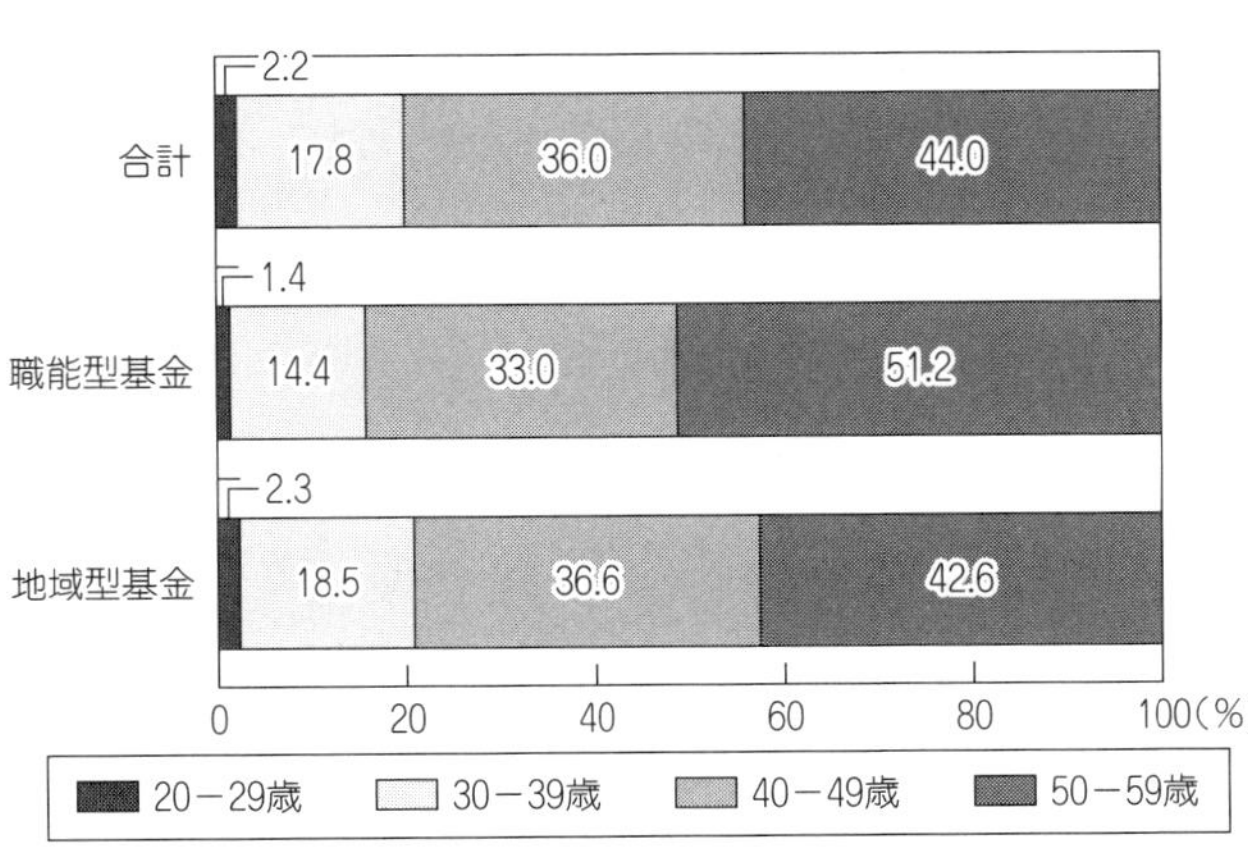

図2－22　年齢階層別の現存加入員の割合（2011年度末現在）
出所：企業年金連合会（2011）を用いて筆者作成。

二兆六七四三億円にとどまっており、積立金不足は約一兆四二七一億円に達している。

〈財形制度〉

財形制度は、労働者の資産形成を支援する目的で勤労者財産形成促進法に基づき、一九七一年に導入された制度である。財形制度は、毎月の給料やボーナスからコツコツと天引きで貯めていき、忙しい人でも知らないうちにお金が貯まるので「積立貯金の王道」とも呼ばれ、ピーク時である二〇〇一年度末には加入者数が一三四四・八万人、残高合計が一八・七兆円にも達していた。財形制度は、使い道によって一般財形貯蓄、財形年金貯蓄、財形住宅貯蓄という三つの制度に分類される。使い道が自由な「一般財形貯蓄（一般財形）」、住宅購入やリフォーム資金を貯める「財形住宅貯蓄」、老後に備える「財形年金貯蓄」だ。

目的を限定されない一般的な資産形成を目的とする一般財形貯蓄は、三年以上定期的に積立てるのが条件だが、結婚費用、子どもの教育費などに自由に使える。老後の生活安定のための資産形成を目的とした財形年金貯蓄や、住宅取得を目的とした財形住宅貯蓄は、五年以上積立てれば、利子などが非課税になる。通常は預貯金の利子には二〇%が課税されるが、財形年金と財形住宅を合算して元利合計で五五〇万円（ただし、生保・損保等の財形年金のみでは払込累計で三八五万円）までの利子には課税されない。

財形制度にはこの三つの制度以外にも財形給付金・基金制度や財形融資制度という仕組みがある。財形給付金・基金制度は「労働者の財産形成という財形制度の目的を一層促進するため、財形貯蓄を行う勤労者に対し、事業主が一人につき年一〇万円を限度に拠出を行い、七年経過ごとに拠出金の元利合計額を財形給付金または満期基金給付金として労働者に支給することにより、労働者の財産形成を援助促進する制度である」[20]。

また、財形貯蓄をすると、住宅購入やリフォームの資金を借りられる独自の「財形融資制度」もある。財形制度は、毎月の給料やボーナスから天引きされるので、一定の金額を集めやすいというメリットがあり、さらに財政給付金・基金制度や融資制度が利用できる。老後所得保障手段の一環として積極的に利用することが望ましい。

〈個人年金保険〉

個人年金保険とは、あらかじめ定められた掛金または保険料を一定期間拠出すると、定められた年齢から毎年、所定の年金が支払われる仕組みである。保険会社との年金契約は、個人で行うか団体として行うかにより、個人契約と団体契約にわかれ、個人契約のものを個人年金保険と呼ぶ。

一九五九年に発売された個人年金保険は、一九八〇年に入ってから年金の種類がより充実され、さらに一九八四年の個人年金保険料控除制度の創設により、販売が大幅に増加した。しかし、バブルが崩壊してから販売は低迷の道を歩み始め、生命保険会社の経営悪化が進んだ一九九〇年代後半には新規契約が大きく減り、保有契約数が減少することになった。図2-23をみると、一九九三年の新規契約件数は二八五万件でピークに達していたが、日産生命が業務停止命令を受けた一九九七年には一九三万件まで、さらに生命保険会社七社の経営が破綻した二〇〇一年には五一・二万件まで減少した。

中嶋（二〇一一）は、「この時期に販売が低迷した原因の一つには金利が考えられる。当時の個人年金保険の多くを占める定額型の個人年金保険では、契約時に予定利率と呼ばれる金利が設定され、契約期間にわたってその水準が固定される。予定利率に応じて年金額が確定するが、予定利率が低いと同じ年金額を確保するために高い保険料が必要になるため、低金利下では売れ行きが鈍化する。……この時期には予定利率の引き下げが数度にわたって実施され、引き下げ直前の駆け込み需要で一時的に増加することはあっても、長期的には販売の減少傾向が続いた」[21]と販売不振の原因を説明している。当時の金利を確認すると、一九七二年四月に八・〇%であった金利は、生命保険会社の経営破綻が頂点に達した二〇〇一年には一・八五%まで低下している（図2-24）。

その後、二〇〇二年一〇月から銀行窓口での個人年金保険の販売が解禁されることにより、個人年金保険の販売は再び増えることになった。図2-23を参考に個人年金保険の新規及び保有契約件数や金額の推移をみると、一九五九年に四一二件であった保有契約件数はその後伸び続け、一九九五年には一五〇二万件まで増加した。その後二〇〇二年まで減少し続けた保有契約件数は二〇〇三年から再び増加し、最近の二〇一一年には一九七六万件に達している。

では、個人年金の世帯加入率はどうだろうか。

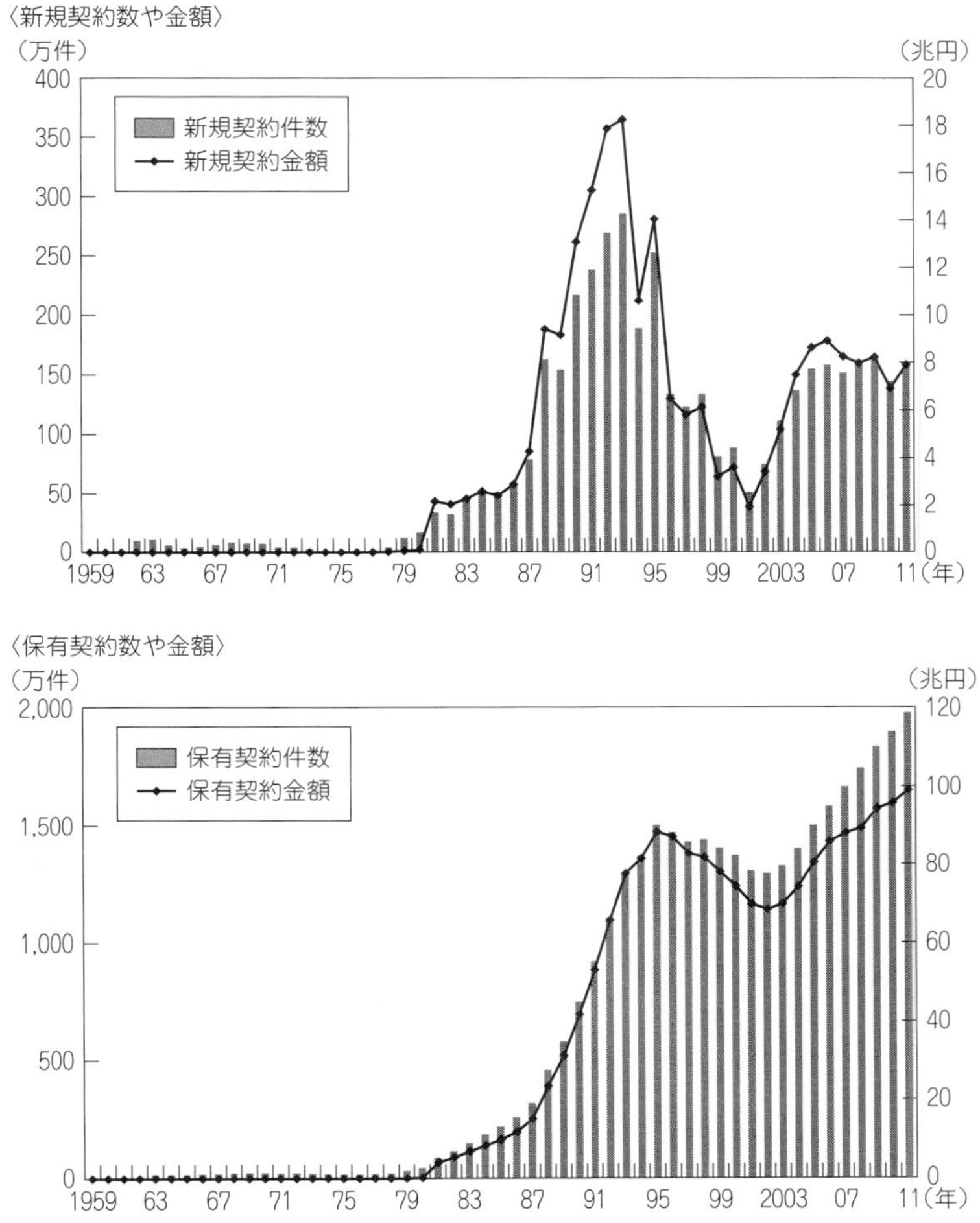

図2-23　個人年金保険の新規及び保有契約数や金額の推移

出所：生命保険協会『生命保険事業概況』各年度版より筆者作成。

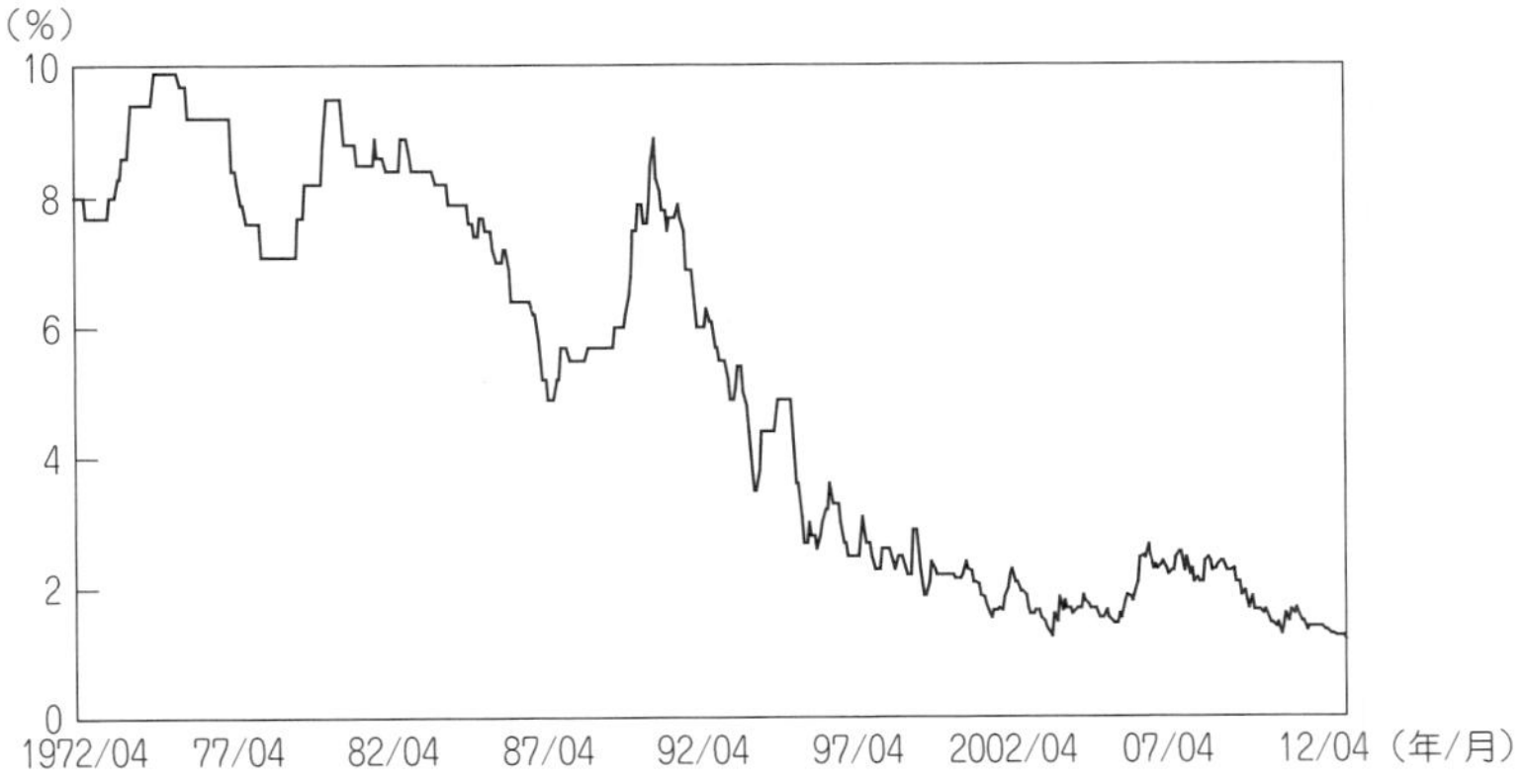

図2-24　長期金利の推移

注：金利は長期プライムレート。

出所：日経 *NEEDS Financial Quest* より筆者作成。

生命保険文化センター（二〇一二）「生命保険に関する全国実態調査」によると、二〇一二年の世帯加入率は二三・四％と二〇〇九年調査の二二・八％と比べて少し上昇した。世帯員別の加入割合をみると、世帯主は六六・八％、配偶者は五九・〇％となっており、世帯における基本年金年額の世帯合計額は平均で一一七・二万円であった。個人年金保険加入世帯の保険料の払込み方法は「月・半年・年ごとに支払っている」が六一・〇％で最も多く、一年間に払い込む個人年金保険の保険料の世帯合計額は、平均で一九・三万円であった。加入している個人年金保険の給付開始年齢は、世帯主や配偶者ともに六〇歳がそれぞれ三二・一％と二九・三％で最も多かった。給付期間は、世帯主の場合一〇年間が四三・五％で最も多く、終身（一五・四％）、五年間（八・七％）の順であった。配偶者の場合も一〇年間（三八・九％）、終身（一三・二％）、五年間（八・二％）の順であった。

6 今後の高齢者の雇用や所得保障制度のあり方

本章では日本における高齢化や高齢者雇用の現状、そして高齢者関連雇用政策と高齢者の老後所得保障手段である退職金、公的年金、私的年金の現状について論じた。日本における高齢者関連政策は助成金など独自的な政策もあるが、最近は社会保障制度、とくに公的年金制度と連携して推進されているケースが多い。今回の改正高年齢者雇用安定法も公的年金制度の支給開始年齢の引きあげを反映しており、今後も労働市場政策と社会保障政策は連携して動く可能性が高い。しかしながら少子高齢化は今後もさらに進むことが予想されており、今後、公的年金だけで老後の生活を維持することはあまりにもリスクが高いといえる。公的年金を補足する形で企業は退職金や企業年金制度を実施しているが、最近は労働力の非正規化が進んでおり、退職金や企業年金という制度の恵みが受けられない労働者も多い。また、企業年金の場合も今後は自己責任が原則である確定拠出年金を中心に展開される可能性が高く、必ず一定額の給付が保障されるとは断言できなくなった。

では今後、高齢者の引退後の老後所得はどういう方法で保障すればいいだろうか。まずはすべての労働者が公的年金に加入し、公的年金から最低限の所得が支給される仕組みを構築すべきある。二〇一二年の短時間労働者への社会保険拡大政策がそのよい例であるが、まずは働いて一定の所得を得れば、公的年金制度に加入し、少なくとも老後所得の一部は公的年金制度を利用するという意識を広げることが大事である。そのためには制度の信頼性を高め、若者がより年金制度に加入できるように奨励する必要がある。また、若者の年金制度の加入を促進させるためには若者がより安定的に働ける雇用の場を提供する必要があり、政府は人々がより積極的に労働市場に参加できるように、すなわち労働市場に参加する意欲を高める政策を展開すべきである。それこそが将来的に無年金者を防ぎ、生活保護の受給者を減らす方法である。

労働市場への参加意欲を高める政策として最近議論されている代表的な制度が「給付付き税額控除（Earned Income Tax Credit：EITC）」である。給付付き税額控除とは、職をもっていても所得が少なく、経済的に苦しい状況に追い込まれている勤労貧困層へ勤労所得別に算定されている奨励金を支給することで勤労インセンティブを高め、実質所得を支援するための勤労連携型所得支援制度であり、一九七五年にアメリカで最初に導入され、現在ではイギリス、カナダ、フランス、スウェーデン、オランダ、韓国など多数の国で実施されている。

　また、失業扶助制度の導入を検討することも望ましい。失業扶助制度とは、概念的には、失業保険制度と生活保護制度の中間に位置する公的扶助制度で、雇用保険に加入したことのない新卒者や、雇用保険の被保険者期間が基準より短くて失業手当などの雇用保険制度が利用できない人々に一定の給付や職業訓練などを提供する仕組みである。すなわち、給付付き税額控除や失業扶助制度を有効に活用することにより、若者の労働市場進出を広げ、引退後の所得不安を事前に防ぐ必要がある。ベヴァリッジが主張したように、まずは皆が加入する公的社会保険を老後所得のベースにしてから、補完的な措置として企業年金制度と個人年金制度を活用するのが望ましいだろう。

　次は高齢者の今後の雇用について話したい。現在、高齢者団体などを中心に定年を七〇歳まで引きあげるかあるいは年齢にかかわりなく働ける環境を構築するための動きが着々と進んでいる。定年をなくして働くことを希望する人は誰でも労働市場に参加できるようにすることは賛成であるが、もっぱら労働市場への参加だけを呼びかけるよりは、高齢者がより多様な選択肢を選ぶことができるように有益な情報を提供することが大切である。すなわち、「労働」と「余暇」という二つの選択肢以外に「社会参加活動」を選択することによって、より元気で生きがいを感じる生活ができると思う。高齢者一人ひとりが現役時代に蓄えた知識や経験を活用することによって日本の社会の幸福度はより高くなるのではないだろうか。また、今までの高齢者の社会参加活動への参加は趣味や健康・スポーツなど個人の満足度を高める活動に集中されていたが、今後は市民活動団体（NPO）へのより積極的な参加が要求される。それこそもっと日本の社会をより明るくすることに貢献するだろう。

　とくに高齢期の場合には現役時代とは異なって、フルタイム労働者として労働市場に参加すること以外に、短時間労働者としての労働市場への参加や余暇活動、そしてボランティア活動などの社会参加活動などより幅広い選択肢が与えられるので、もっぱら仕事だけではなく、個人の都合に合わせてより楽しく、生きがいのある第二の人生を設計する必要がある。とくに様々な選択肢の中でも今後、高齢者の積極的な参加が必要な部分が「社会参加活動」である。

　最後に年金と高齢者の就業について言及したい。年金と高齢者の就業を分析した研究の多くは、年金の受給額が高齢者の労働供給に負の影響を与えているという結果を出している。例えば、清家（二〇〇一）は公的年金制度が退職の意思決定に及ぼす影響を分析し、一九六〇年代初めに八二％水準であった六〇―六四歳の男性被用者の労働力率が一九八〇年代後半に七一％まで低下した主な原因として公的年金制度をあげている。すなわち、この分析では公的年金の受給資格と労働市場の参加率の間には負の相関関係があることが明らかになっている。石井・黒沢（二〇〇九）は、厚生労働省『高年齢者就業実態調査（個人票）』の二〇〇〇年調査及び二〇〇四年調査を用い、二〇〇〇年法改正による在職老齢年金制度と一九九四年法改正による年金支給開始年齢引きあげが、男性高齢者の労働供給行動に与える影響を分析した。分析では、老齢厚生年金の定額部分の支給開始年齢引きあげは、対象年齢層のパートタイム就業を促進するというよりも、フルタイム就業確率を四―九％ポイント前後上昇させ、非就業確率を低めることを確認している。このような先行研究を参考とすると、今回の改正高年齢者雇用安定法の施行により今後、高年齢者の就業確率は上昇する可能性が高い。問題は高年齢者の労働市場参加の拡大が若者の雇用を奪う、いわゆる置換え効果を引き起こすことである。したがって、今後、日本の雇用政策は高齢者の雇用を持続的に維持する政策を実施するとともに、医療や環境などの新しい分野での雇用創出を通じて若者の就職の場を広げる政策を展開する必要がある。

【注】

(1) 日本の労働力率は、高齢者人口の増加や高齢化率の上昇により継続的に低下している。すなわち一九七三年に六四・七%であった労働力率は二〇一一年には五九・三%まで低下している。男女別には男性が一九七三年の八二・一%から二〇一一年に七一・一%まで低下した反面、同期間における女性の労働力率は四八・二%で変化がない。

(2) 「雇人のある業主」や「雇人のない業主」の合計。

(3) OECD, *Annual Labour Force Statistics.*

(4) 「経済教室」『日本経済新聞』二〇一二年五月一六日付、二九頁。

(5) 荻原(一九八四)などを参考に再整理。

(6) 荻原(一九八四:六三)。

(7) 北浦(二〇〇三)を一部引用している。

(8) 一九八六年年金制度改正により、老齢厚生年金の支給は六五歳からになったが、厚生年金の加入期間が一年以上あり、老齢基礎年金の受給資格期間を満たしていれば、当分の間、六〇歳から六四歳までの老齢厚生年金が特別に支給される。これを特別支給の老齢厚生年金という。

(9) 大湾・須田(二〇〇九)を参考に再整理した。

(10) 「退職一時金制度のみ」「退職年金制度のみ」「両制度併用」と答えた企業の合計。

(11) 厚生労働省(二〇〇九)就労条件総合調査。

(12) 社会保障審議会年金部会「受給資格期間の短縮について」資料二、二〇一一年九月一三日。

(13) 必要なお金の金額がはっきりわからない場合に、政府が現金を支払う代わりに、国の機関などに事前に発行する無利子の国債。

(14) 「二〇一二年日経企業年金実態調査」:①調査期間:二〇一二年七月上旬から九月下旬。②調査対象:新興市場を含む上場企業と有力非上場企業四三〇三社のほか、確定給付企業年金(基金型)五九九基金、厚生基金五七七基金。③回答数:企業六九九社(一六・二%)、確定給付企業年金(基金型)三四一件(同五六・九%)、厚生基金一九三件(同四二・二%)。

(15) 被保険者の実際の報酬と標準報酬月額との間に大きな差が生じないように、事業主は、七月一日現在で使用している全被保険者の三カ月間(四―六月)の報酬月額を算定基礎届により届出し、厚生労働大臣は、この届出内容に基づき毎年一回、標準報酬月額を決定し直すことを定時決定という。決定し直された標準報酬月額は、九月から翌年八月までの各月に適用される。

(16) 国に代わって公的年金である厚生年金を支払う資金のないこと。

(17) 二〇一一年度の数値は速報ベースである。

(18) 二〇一二年の制度数が多く増加した理由は、同年三月末を基準に適格退職献金が廃止されることにより、既存に適格退職献金に加入していた中小企業が確定給付企業年金に移動した点があげられる。

(19) 掛金の上限は月額六万八〇〇〇円。

(20) 企業年金連合会(二〇一一:二五一)から引用。

(21) 中嶋(二〇一一:二)から引用。

【参考文献】

石井加代子・黒沢昌子(二〇〇九)「年金制度改正が男性高齢者の労働供給行動に与える影響の分析」『日本労働研究雑誌』No.五八九号、四三―六四頁。

遠藤政夫(一九七六)『完全雇用政策の理論と実践』労務行政研究所。

太田聰一(二〇〇九)「労働需要の年齢構造」大橋勇雄編『労働需要の経済学』ミネルヴァ書房、七四―一〇六頁。

大湾秀雄・須田敏子(二〇〇九)「なぜ退職金や賞与制度はあるのか」『日本労働研究雑誌』No.五八五号、一八―二五頁。

荻原勝(一九八四)『定年制の歴史』日本労働協会。

法政大学大原社会問題研究所『日本労働年鑑第五一集 一九八一年版』。

企業年金連合会(二〇一一)『企業年金に関する基礎資料』。

北浦正行(二〇〇三)「中途採用時の年齢制限緩和策について」『日本労働研究雑誌』No.五二一号。

金明中(二〇〇七)「団塊世代の退職と高年齢者の就業決定要因に関する分析」『団塊世代の退職と高年齢者の就業決定要因に関する分析』五三―八六頁。

金明中(二〇一〇)「少子高齢化時代の高齢者の選択肢をより多様に――社会参加活動へのより積極的な参加を」『企業福祉情報』二〇一〇年一二号。

金明中(二〇一〇a)「日本の定年制度と最近の動向について」『国際労働ブリーフ』Vol.八、No.一〇、韓国労働研究院、三一―五三頁。

金明中(二〇一〇b)「短時間正社員制度を巡る日本の最近の動向」『国際労働ブリーフ』Vol.八、No.一一、韓国労働研究院、三一―四四頁。

金明中(二〇一一)「韓国における勤労奨励税制(EITC)の現況」『基礎研レポート』ニッセイ基礎研究所、二八―四一頁。

金明中(二〇一二a)「日本の企業年金制度の現状と改革の見通し」『国際労働ブリーフ』Vol.一〇、No.九、七〇―八四頁、韓国労働研究院。

金明中(二〇一二b)「日本における短時間労働者の社会保険拡大適用に関する議論」『国際労働ブリーフ』Vol.一〇、No.五、七二―八三頁、韓国労働研究院。

金明中(二〇一二c)「日本の人口減少や消えた企業年金問題」『国際労働ブリーフ』Vol.一〇、No.三、六四―七六頁、韓国労働研究院。

経済企画庁(二〇〇〇)「雇用における年齢差別禁止に関する研究会最終報告」。

玄田有史(二〇〇一)『仕事のなかの曖昧な不安――揺れる若年の現在』中央公論新社。

玄田有史(二〇〇四)『ジョブ・クリエイション』日本経済新聞社。

厚生省(一九七八)『厚生白書 一九七八年版』。

厚生労働省「雇用管理調査」各年。

厚生労働省（二〇一一ａ）「今後の高年齢者雇用に関する研究会最終報告書（二〇一一）」。

厚生労働省（二〇一一ｂ）「第四回社会保障審議会年金部会資料：支給開始年齢について」

厚生労働省（二〇一二ａ）『平成二三年版厚生労働白書』。

厚生労働省（二〇一二ｂ）「平成二四年高年齢者の雇用状況集計結果」。

厚生労働省「就労条件総合調査」各年度版。

是枝俊悟（二〇一二）「年金制度の改正法の解説と意見」大和総研。

社会保障審議会年金部会「基礎年金国庫負担について」資料二、二〇一一年八月二六日。

社会保障審議会年金部会「受給資格期間の短縮について」資料二、二〇一一年九月一三日。

清家篤（一九九八）『生涯現役社会の条件』中公新書。

清家篤（二〇〇一）「年齢差別禁止の経済分析」『日本労働研究雑誌』No.四八七号。

清家篤・山田篤裕（二〇〇四）『高齢者就業の経済学』日本経済新聞社。

生命保険文化センター（二〇一二）「生命保険に関する全国実態調査」。

生命保険協会（二〇一二）『生命保険事業概況』各年度版。

総務省（二〇一一）「平成二三年度民間企業における退職給付制度の実態に関する調査」。

総務省統計局「労働力調査年報」各年度版。

東京都産業労働局（二〇一〇）「中小企業の賃金・退職金事情（二〇一〇年）」。

中馬宏之・大橋勇雄・中村二朗・安部正弘・神林龍「雇用調整助成金の政策効果について」『日本労働研究雑誌』No.五一〇号、五五―七〇頁。

中川秀空（二〇一二）「年金改革をめぐる論点」『レファレンス』二〇一二年八月号。

中嶋邦夫（二〇一一）「過去三〇年間の個人年金の加入動向」ジェロントロジージャーナル No.11-003。

西成田豊（二〇〇七）『近代日本労働史』有斐閣。

日経 *NEEDS Financial Quest*。

日本経済団体連合会（二〇一一）「二〇一〇年九月度退職金・年金に関する実態調査結果の概要」。

永森秀和（二〇一一）『企業年金再生』日本経済新聞出版社。

山崎清（一九八八）『日本の退職金制度』日本労働協会。

労働省「雇用管理調査」各年度版。

労働政策研究・研修機構（二〇〇八）『労働力需給の推計――労働力需給モデル（二〇〇七年版）による将来推計』資料シリーズNo.三四。

労働政策研究・研修機構（二〇一二）『高齢者雇用の現状と課題』ＪＩＬＰＴ第二期プロジェクト研究シリーズNo.一。

OECD, *Ageing and employment policies: Japan*（ＯＥＣＤ／清家篤監訳／山田篤裕・金明中訳『高齢化と雇用政策――日本』明石書店、二〇〇五年）.

OECD, *Annual Labour Force Statistics*.

Lazear, Edward P. (1979) "Why is There Mandatory Retirement?" *Journal of Political Economy*, 87 (6), pp. 1261-84.

第3章 学校から職業への移行

堀　有喜衣

高度成長期以降より一九九〇年代前半まで、日本の若者の学校から職業への移行は円滑に進んできた。教育の世界から仕事の世界へ移動することは、どの社会においても困難なことである。別の世界に移動する際に、うまく着地できないことはままある。だが日本の若者の移行は安定した経済成長を背景に、教育の世界と仕事の世界に間断がなく、かつ組織による支援があるがゆえに、九〇年代前半までスムーズなものとして成立していた。

しかし九〇年代の後半より状況は一変した。若年失業率の上昇、フリーター・ニートの増加に端的に現れているように、教育の世界から仕事の世界にうまく着地できない若者が無視できないほどの量的規模を占めるようになったのである。

本章では、従来の学校から職業への移行の姿について概観し、変化の様相を描き出す。さらに、現在進められようとしている政策について確認する。

1 日本の学校教育と組織的支援の衰退

本節では、移行の起点となる学校教育制度の特徴について記述し、日本の就職支援の特徴である組織的支援について述べる。

(1) 日本の学校教育制度の特徴

学校教育のありようはそれぞれの社会によって大きく異なっており、学校教育と労働市場の接続の仕方も多様である。

戦後日本の学校教育制度の特徴は、単線型であるということにある。単線型の学校教育制度においては、途中で学校種の変更が難しい分岐型とは異なり、どの段階でも進路を変更できる。例えば、いったん専門高校（昔の職業高校）に進んだあと、四年制大学に進学することもできる。現在では、専門学校から大学に編入することもできるのである。

この一見自由にみえる日本の学校教育制度は、三つの特徴をもっている。

第一に、制度上の制約があるわけではないが、入学する高校によって相当に将来の進路が実質上制約されるという点である。こうした状況は「トラッキング」と呼ばれ、八〇年代までは高校に入った時点で将来の進路は明確になっていた。いまでは高卒就職率が低下し、大学進学率が急上昇したため、誰の目にも明らかな「トラッキング」こそなくなったものの、今でもどこの高校に行くかによっておよその進路が見通すことはできる。なお日本では高校段階における入学者選抜はあたりまえのことだが、中期高等教育段階への入学にあたり学業成績を基にした入学者選抜を行っているのはOECD諸国平均では二七％にすぎない（OECD編著 二〇一〇）。早期に進路を分化させる仕組みをもつドイツなどの例もあるが、一五歳のほとんど巻きこむという点で、日本の高校の入学者選抜は特殊な仕組みともいえる。

第二に、日本の高等教育は年齢規範に縛られている。日本の大学生は一八―二二歳に集中しており、他国と比べるときわめて特異である。多くの国では大学は生涯学習機関として多様な年齢層の人々に利用されているが、日本ではまだそうなってはいない。八〇年代のはじめ、岩木秀夫は日本の社会移動に関する規範を結婚適齢期になぞらえて「限られた時間内」でのトーナメント移動であると指摘していたが（岩木・耳塚 一九八二）、結婚適齢期が死語になったこの二〇一〇年代においても、「大学適齢期」「就職適齢期」はまだ残っている。いわば、教育機関を用いたキャリアのやり直しが難しい社会であるといえる。

第三に、高校・大学段階ともに職業教育の貧弱さがあげられる。かつて高校段階では普通科と職業学科の割合は、都道府県によって大きな差異はあったものの、おおよそ七対三であった。しかし現在では職業学科は専門学科と改称され、また保護者や生徒に人気がないことから総合学科に鞍替えするなどした結果、高校全体の二割程度にすぎなくなっている。さらに専門教育に関する教科・科目の必修単位は削減の方向にあり、専門学科であってもその教育内容は普通科のカリキュラムに接近するようになっている。

また大学教育においては、学生が大学での教育が役に立ったと考える割合が日本の学生はきわめて低い。やや古いデータになるが、一九九九年、大学卒業後三―四年目の者（日本三四二一人：欧州一一カ国計三万四一四五人）に対して、「あなたの現在の仕事全体を考えた場合、在学中に獲得した知識や技能をどのくらい使っていますか」という設問への解答を示したのが図3-1である。日本では欧州に比べて使っていない割合や無関係という回答が多いことがうかがえる。詳細は省略するが、とくに日本の場合、人文・社会科学系の学生の活用度が低くなっている。

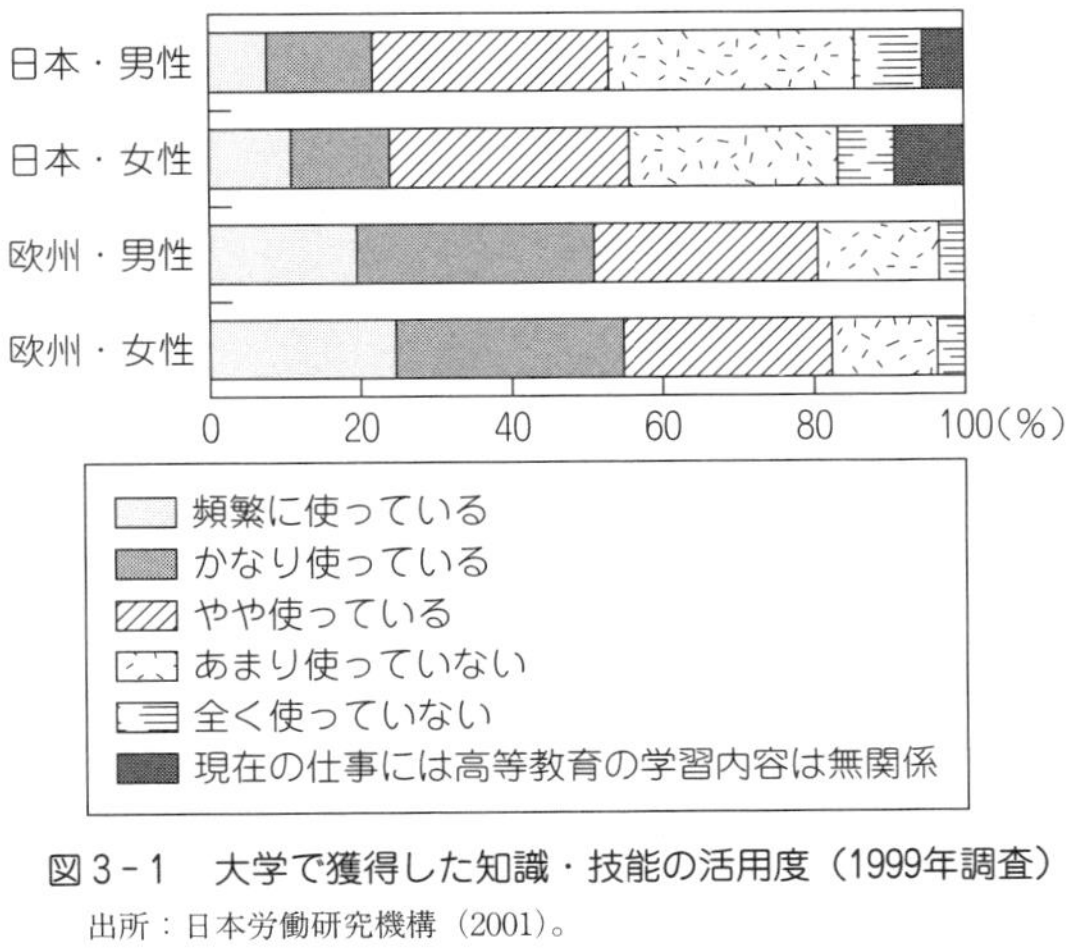

図3-1　大学で獲得した知識・技能の活用度（1999年調査）
出所：日本労働研究機構（2001）。

活用度の低い一つの理由として、日本の大学の構造が私学中心に発展してきたために、比較的コストが安くてつぶしがききやすいとされる人文・社会科学系の学生が全学生数のおよそ半数を占めていることが、大学教育全体の活用度を低めているという側面がある。

（2）高校から職業への移行（transition）研究

前項でみたように、日本社会は教育内容の面では学校と仕事の世界の接続は弱いものであったが、マッチング面での接続はきわめて強い。九〇年代初めまでの日本の教育から職業への移行（transition）の特徴は、間断がなく、組織的な支援が強いことにあった。

とくに高校から職業への世界への移行においては高校と労働行政という組織が深くかかわり、高校生の移行を支援してきた。やや長くなるが、高校生の就職慣行について説明しておこう。

高校生の就職は、高校ないしはハローワークを通じて行われ、企業が直接生徒に求人募集をするということはない。なお地域によって多少異なるが、就職先受験のかけもちをしない「一人一社制」が今でも原則である。就職試験が解禁されるのは九月一六日である。

企業が採用活動をする場合には、所轄のハローワークで求人票の確認を受け、意中の高校がある場合には特定の高校に求人票を送る（直接高校訪問をすることもある）。企業が直接求人票を送付する高校は、専門高校（昔の職業高校）や数は少ないが普通科の就職校が中心であり、就職者が数人の中堅以下の普通高校に求人票が送られてくることは少ない。就職者が少ない普通高校で就職を希望する場合には、ハローワークのインターネット求人提供サービスである「高卒就職支援システム」によって求人の共有がはかられているので主にこれを利用することになる。

生徒は求人票に基づいて受験先を希望することになるが、就職にあたっては高校の先生が就職指導をすることになっている。専門高校や就職校ではあらかじめ成績を目安とした就職先の選び方が提示される。成績順に希望を出せる、ないしは希望が重なった場合には成績がよい方が優先されるのが通例である。他方で非就職校の場合には、希望が重なることは少なく、卒業見込みが立っていれば本人の希望により学校推薦がなされる。

しかし高校生の就職にあたっては、高校ないしはハローワークの関与が近年小さくなり、生徒が自己開拓や縁故で仕事を探すという割合が漸増している。すなわち高校就職指導における組織的関与の低下がみられるのである。

（3）大学から職業への移行（transition）研究

かつて大学生の就職は、就職部や研究室に来た求人の中から選んで受験するものであったが、現在では就職支援ウェブサイトを通じて行われるものとなっている。就職活動のインターネット化は誰にでも情報にアクセスできるという点で公平性は高いが、情報過多のため学生の希望が有名企業に集中しやすく高倍率になりやすい。さらに企業と学生の間に大学が介在しないために学生が孤立しやすく、就職活動から脱落してしまう傾向がある。就職活動プロセスのインターネット化による弊害は無視できないものとなっている。

また大卒者の増加は著しく、九〇年代に二割程度だった大学への進学率は二〇一三年では五割を超えるようになった。当然のことながら、これまでは大学に進学してこなかった層が大学に来ることになり、学生文化や学力の点でこれまでの学生とは異なる学生が出現している。これらの中堅以下の大学は「マージナル大学」（居神 二〇一〇）と呼ばれている。

現在の大卒就職において課題となっているのは、

主に「マージナル大学」から生まれる未就職者である。雇用情勢にかかわらず大学ランクによる就職率の差異は大きいのだが、「マージナル大学」群では景気が回復しても未就職率が改善しない。この背景には、「マージナル大学」の学生の質の問題が存在すると推測される。

（4）高校中退率の推計

上記のように、卒業時の就職支援はなされてきたが、学校を途中で離れる中退時における支援についてはまだ手薄である。

近年の日本の高校進学率は九七％前後を推移している。ほとんどが高校に進学するということからいえば、この二〇年あまり二％前後で推移してきた高校中退率はそれほど高くないように思えるが、この数字は入学した高校をストレートで卒業しなかった割合を示しているわけではない。転学した場合はこの数値には含まれないし、また母数は入学時の人数ではなく各年次ごとに計算されることに注意が必要である。

文部科学省から発表される中退率ではなく、在籍者の減少に着目すべきだとする酒井・林（二〇一一）は、都立高校の在籍者の減少について、五月一日時点の二〇〇七年度の第一学年の人数と、二〇〇九年度の第三学年の人数を比較して、在籍者の減少率を算出している（表3－1。なおこの方法では、一年生の四月中に中退した生徒や、三年生の五月以降に中退した生徒は把握できない）。

その結果は、二〇〇七年度入学生の場合、全日制では八・一％、定時制では二七・五％の中退率と推計された。さらに学校ランク別（入試偏差値別）にみてみると、明確な違いがあり、高校中退とは、入試偏差値の低い高校に集中して起こっていることが観察できる。

内閣府（二〇一一）『若者の意識に関する調査（高等学校中途退学者の意識に関する調査）』報告書によれば、高校中退者の家庭は相対的に低学歴で、ひとり親が多くなっている。いわば貧困の連鎖が起こっていると考えられる。

表3－1　入試偏差値別在籍者減少率

入試偏差値	平均（％）
60以上	1.1
55～59	1.3
50～54	3.8
45～49	8.7
44以下	18.6

出所：酒井朗・林明子（2011）「高校中退者の『自己の軌跡』とリスク回避に関する研究」『日本教育社会学会第63回大会発表資料』より引用。

OECDによれば、中退者はしばしば不安定な状態に陥りやすいという特徴があり、政策的な支援が必要だとされている（OECD編著 二〇一二）。高校の組織的な支援がなく、かつ社会的に不利な家庭の下で、高校中退者たちは独力でキャリアを切り開かなくてはならない状況に置かれているのである。

2　スナップショットからみる若者の就業状況の変容

続いて、学校から職業へ円滑に移行できなかった若者について、その傾向を数量的に確認する。ここでは、長期若年失業率、フリーター、ニートや早期離職率の動向についてもふれる。

（1）長期若年失業率の増加

紙幅の都合で図表は省略するが、OECD（二〇一〇）によれば、日本の一〇代の若年失業率は一九九〇年の六・六％から二〇〇二年には一二・八％と倍増し、他の年齢層に比べても、その増加は著しかった。しかも、若年失業者に占める長期失業者（一二カ月以上の失業）の割合は、他のOECD諸国では一九九七年から二〇〇七年にかけて改善しているにもかかわらず、日本では悪化している。

（2）フリーター

続いて「フリーター」の状況を確認しよう。

「フリーター（フリーアルバイター）」という呼称は八〇年代後半に就職情報誌の編集長が夢に向かってがんばる若者を応援するためにつくった造語だといわれており、現在ではきわめて一般化した言葉になっているが、実は確たる定義はない。共通する要素としては、(1)若い、(2)女性は既婚ではない、(3)正社員ではない、(4)学生ではない、という程度である。ここではもっとも一般的に用いられる総務省『就業構造基本調査』の特別集計から、フリーター数の推移をみることにしよう（図3-2）。『就業構造基本調査』では、フリーターを、(1)年齢は一五―三四歳、(2)学生ではなく女性は既婚ではない、(3)パート・アルバイトという呼称で働いているか、パート・アルバイトを希望している、と定義している。

一九八二年に六〇万人だったフリーターは、一九九七年に一七三万人、二〇〇二年には二五一万人に達した。二〇〇七年に一九二万人まで減少したが、その後雇用情勢が悪化したため、次回の二〇一二年調査では再び増加していることが予測されている。

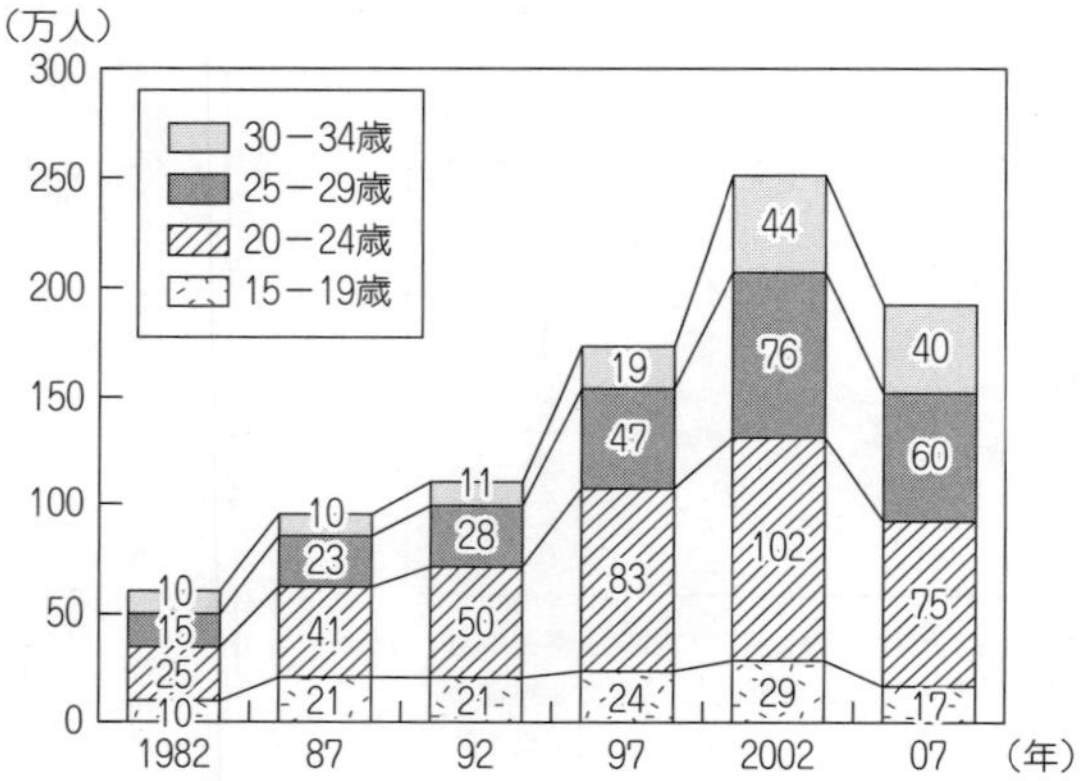

図3-2　フリーター数の推移
出所：労働政策研究・研修機構（2009）。

それではフリーターになった若者のうち、どのくらいの若者がフリーターから離脱しているのだろうか（表3-2）。フリーターの滞留傾向は、二〇〇一年から二〇〇六年にかけて強まり、二〇一一年には減少した。二〇〇五年から二〇〇七年の雇用情勢の好転がプラスに働いたことが推測される。

量的にはかなり拡大したフリーターであるが、フリーター像はこの間に質的に変化したのだろうか。労働政策研究・研修機構では、フリーターに

表3-2　フリーターからの離脱と滞留

（%）

		2001年		2006年		2011年	
		正社員になろうとした者	正社員になった者	正社員になろうとした者	正社員になった者	正社員になろうとした者	正社員になった者
男性	18－19歳	38	38	16.7	7.7	＊＊	＊＊
	20－24歳	64	66	45.9	50.5	64.9	53.0
	25－29歳	86	86	67.3	68.8	80.1	64.6
	年齢計	74	73	50.5	58.7	73.9	60.5
女性	18－19歳	30	30	15.2	8.3	＊＊	＊＊
	20－24歳	41	43	34	45.3	58.6	36.2
	25－29歳	63	63	45.3	63.8	60.2	62.4
	年齢計	53	53	36.3	53.6	59.3	48.1

注：2011年については「18－19歳」層は対象としていない。
出所：労働政策研究・研修機構（2012b）。

なるきっかけや理由に基づきフリーターを三つのタイプに分類しているが、近年の特徴は、正社員はいやだとか自由がよいなどの「モラトリアム型」が減少し、仕事以外にしたいことがある「夢追求型」や、正社員の仕事が見つからなかったり当面の生活費を稼ぐなどの「やむをえず型」が増加していることである。また若者の意識をみると、二〇〇一年に見られたフリーター肯定意識がかなり薄らぎ、若者の間に「堅実化」が強まっていることもまた確認できる。

若者の堅実化の要因の一つとして、当初フリーターは自由な働き方とみられ共感を呼んだが、実際には不安定な働き方の側面が強いという「格差社会論」の広がりがあると推測される。

（3）早期離職率の推移

「七五三」ということがよくいわれるが、日本では三年以内の離職（いわゆる早期離職）は、十分な経験がないまま初職を離れるというのはその後のキャリアが不安定になりやすく、かつ採用側もコストをかけて採用していることから、解消すべき課題として捉えられている。

早期離職率の推移を図3-3から見ると性差と学歴差が大きく、もっとも早期離職率が高いのは高卒女性であり、もっとも低いのは大卒男性である。この傾向は変わらないが、二〇〇六年三月卒業者より早期離職率は改善する傾向にある。だがこのあと就職状況が悪化していることから、二〇〇九年三月卒業者においては再び上昇していることが懸念される。

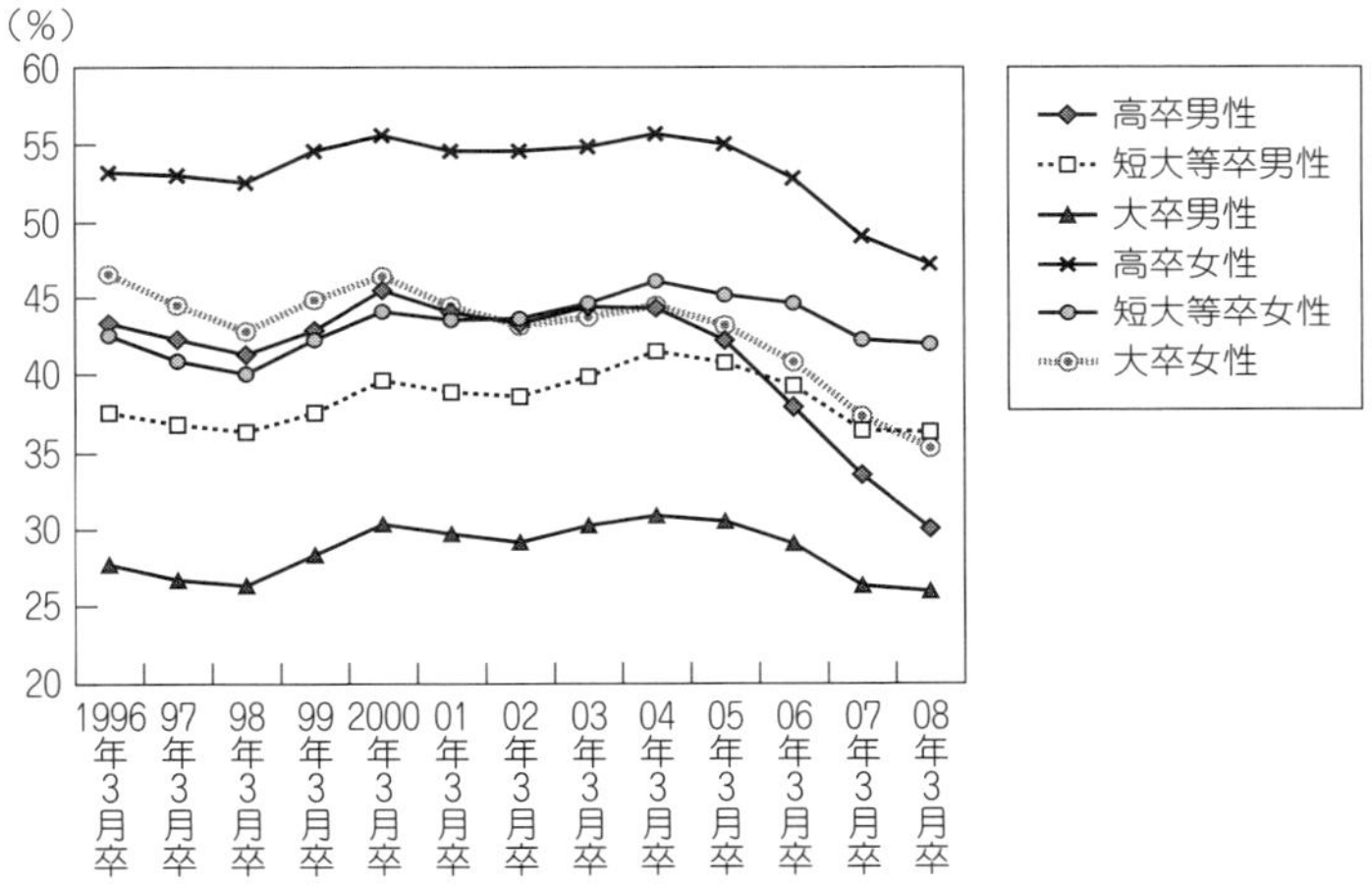

図3-3　早期離職率の推移

出所：厚生労働省「新規学卒者の労働市場」（入手資料）。

なお、早期離職率は企業規模との相関が強く、大企業ほど早期離職率は低いのが通例である。大企業では良好な労働条件に加えて、同年齢の若者が多く入社し仲間集団が形成されることが低い離職率に結びついているとみられている。

（4）ニート（若年無業者）

ニートという言葉は一般に使われるようになっているが、NEET（Not in Education, Employment or Training）は、積極的労働市場政策が行われている国において、若者を無業から活動状態にする働きかけが重要だと考えられたことから生まれた概念である。学校にも、雇用にも、職業訓練にも参加していない若者を指しており、現在では国際比較でも使われるようになっている。

しかし日本はOECD諸国の中ではもっとも若者に対する積極的労働市場政策を行っていない国の一つである（OECD編著 二〇一一）。そのため、日本でニートと呼ばれる若者は国際的な定義とはやや異なり、国際的な概念では失業を含んでいるが、日本でニートといった場合には通常失業者は含まないのが通例である。日本的なニートの定義によれば、ニートは近年、六〇万人前後を推移している。

ニートの実態についての研究は進んできている

が質的調査が中心であるので、ここでは量的調査として社会経済生産性本部（二〇〇七）「ニートの状態にある若年者の実態及び支援策に関する調査研究報告書（厚生労働省委託）」を取りあげる。

　一つの大きな特徴として、ニートの若者は学校段階でつまずきがあったことがわかっている。例えば、学校中退経験者は三一・七％（高校中退一二・〇％、大学・短大中退一二・〇％、専門学校・各種学校等中退七・七％）にのぼっており、不登校経験者は三五・九％を占める。対人関係の苦手意識が強く、人と話すのが不得意だとする者が六四・四％である。学校での初期のつまずきがその後の人生行路にまで影響を与えていることがわかる。

　またニートのなりやすさを決めるのは本人学歴である（労働政策研究・研修機構 二〇〇九）。とりわけ、中卒（高校中退含む）でニート化する確率が高い。

3 若者のキャリア

　前節では、若者の移行の変化を総体として確認したが、個人のレベルに降りて、個々のキャリアがどのように展開されているのかを検討する。

（1）キャリア類型

　本節では、日本全体のキャリア類型を整理しよう（表3-3）。「就業構造基本調査」（二〇〇七年）の特別集計から、二〇代後半層の高卒と大卒のキャリア類型を比較する。なお、この調査が実施されたのは雇用情勢のよい時期であるため、相対的に安定したキャリア類型になっていることに注意してほしい。

　キャリア類型に中心的な影響を与えているのは、性別と学歴である。

　男性大卒の七割は、転職はしても正社員としてのキャリア形成をしている。だが高卒女性では正社員としてキャリア形成をしているのは二割にすぎず、非典型一貫のキャリアがもっとも優位になっている。他方で女性の大卒者は男性に比べると不安定ではあるものの半数以上が正社員としてキャリア形成をしており、女性の間の差異が大きくなっている。若者のキャリアが等しく不安定になっているというよりは、性別と学歴による差異が大きいことがうかがえる。

　なお先に早期離職率について確認したが、正社員を離職して非典型になってしまう男性は全体としてそれほど多くはなく、無業や非典型雇用から正社員への流れが小さいという点が問題だと考えられる。

表3-3　25−29歳層のキャリア類型（2007年）

（%）

	男性		女性	
	高卒	大卒	高卒	大卒
正社員定着	39.4	57.0	19.0	45.2
正社員転職	17.6	15.1	7.3	10.7
正社員一時非典型	3.2	1.1	3.2	2.2
他形態から正社員	7.3	5.6	5.7	6.4
非典型一貫	12.0	9.0	27.9	15.3
正社員から非典型	5.2	2.4	15.6	9.0
自営・手伝い	3.9	1.7	2.6	1.2
無業	9.0	6.6	16.9	9.0
無回答・経歴不詳	2.4	1.5	1.9	1.1
合計	100.0	100.0	100.0	100.0

注：カテゴリーは下記の通り。在学中・専業主婦（夫）になったキャリアは除外。
正社員定着：初職が正社員で定着し，現在も同じ仕事についている。
正社員転職：転職を経験しているが，初職も現在も正社員である。
正社員一時非典型：初職と現職は正社員だが，前職は正社員以外。
他形態から正社員：現職は正社員だが，初職は正社員以外。
非典型一貫：現在は非典型雇用で，初職も正社員ではない。
正社員から非典型：現在は非典型雇用で，初職は正社員。
自営・手伝い：現在は自営または自営の手伝い。
無業：現在は無業。
出所：労働政策研究・研修機構（2009）。

（2）中退に着目したキャリア類型

しかし「就業構造基本調査」では、中退についてカテゴリーがないため、中退者について知ることができない。そこで中退者を把握できるデータとして、労働政策研究・研修機構が実施した東京都の二〇代の若者の調査から、学歴別現職業キャリアの分布を整理してみよう（表3－4）。キャリアのカテゴリー類型は、表3－3に準ずる。

男女ともっとも安定したキャリアである「正社員定着」者がもっとも多いのは、大学・大学院卒であり、もっとも割合が低いのは、中卒・高校中退、高等教育中退である。現在無業である割合の高さからも、中退であるということは不安定なキャリアに結びつきやすいことがわかる（ニートの項参照）。

4　正社員ではないことの問題性

正社員ではない働き方については、立場によってその意味は大きく異なる。例えばかつての主婦にとっては、パートはワークライフバランスがとれる働き方であったし、学生にとってはよいお小遣い稼ぎの手段であった。しかし現在の問題は、主婦でもなく学生でもない状況で働く若者層が増

表3－4　学歴別現職業キャリアの分布

（%：人）

		正社員定着	正社員転職	正社員から非典型	正社員一時他形態	非典型一貫	他形態から正社員	自営・家業	現在無業	その他・不明	合計	
男性	高　卒	26.5	5.5	6.8	4.1	22.4	23.3	5.5	4.6	1.4	100.0	219
	専門・短大・高専卒	35.6	13.3	9.0	3.4	*13.3*	15.0	4.7	4.7	0.9	100.0	233
	大学・大学院卒	60.6	7.0	5.6	2.6	8.6	7.7	3.0	4.2	0.7	100.0	429
	中卒，高校中退	*5.4*	3.6	1.8	0.0	*21.4*	33.9	16.1	16.1	1.8	100.0	56
	高等教育中退	1.4	1.4	2.7	1.4	*36.5*	33.8	6.8	12.2	4.1	100.0	74
	男性計	39.8	7.5	6.1	2.8	*15.7*	15.8	4.9	5.5	1.8	100.0	1,030
女性	高　卒	14.2	2.5	19.1	4.3	40.1	6.2	4.3	8.0	1.2	100.0	162
	専門・短大・高専卒	34.5	6.7	11.5	3.9	26.9	10.1	2.5	3.4	0.6	100.0	357
	大学・大学院卒	58.8	6.2	5.8	1.7	*14.9*	6.5	2.2	3.6	0.5	100.0	417
	中卒，高校中退	2.9	0.0	0.0	0.0	76.5	11.8	2.9	5.9	0.0	100.0	34
	高等教育中退	2.2	0.0	2.2	0.0	65.2	*8.7*	4.3	17.4	0.0	100.0	46
	女性計	38.6	5.3	9.5	2.7	27.4	8.0	2.7	5.0	0.8	100.0	1,028
男女計	高　卒	21.3	4.2	12.1	4.2	29.9	16.0	5.0	6.0	1.3	100.0	381
	専門・短大・高専卒	34.9	9.3	10.5	3.7	21.5	12.0	3.4	3.9	0.7	100.0	590
	大学・大学院卒	59.7	6.6	5.7	2.1	11.7	7.1	2.6	3.9	0.6	100.0	846
	中卒，高校中退	4.4	2.2	1.1	0.0	42.2	25.6	11.1	12.2	1.1	100.0	90
	高等教育中退	1.7	0.8	2.5	0.8	47.5	24.2	5.8	14.2	2.5	100.0	120
	男女計	39.2	6.4	7.8	2.8	21.6	11.9	3.8	5.2	1.3	100.0	2,058

注：計には学歴不明を含む。下線は，2006年調査結果と比べて，7％ポイント以上の増加，斜体は7％ポイント以上の減少を示す。
出所：労働政策研究・研修機構（2012b）。

加している点にある。彼ら／彼女らは、本来の身分がほかにあるわけでも過渡的な状況にあるわけでもないが、正式な組織のメンバーではないことで日本社会では様々な課題を抱えることになる。

（1）社会保障・組合

日本的雇用慣行のもとでは、非正社員で働くということは企業内での社会保障がないことを意味しており、ほとんどの労働組合からも排除されていることが多い。

表3－5①によれば、男性の状況を見ると、正社員であると会社の健康保険等に入っている割合が七割を超えるが、アルバイト・パートだと三割に満たない。さらに年金への加入については（表3－5②）、男性正社員は「厚生年金・共済組合」に七割が加入しているが、アルバイト・パートは「加入していない」「わからない」が三分の一を占めている。

また就業形態別の労働組合の加入状況を見ても（表3－6）、そもそも若者全体の半数が加入していないのだが、正社員に比べると、アルバイト・パートでは加入していない割合が八割を超えている。労働組合を通じて自らの声を発信するという回路も閉ざされているといえる。

表3－5　社会保障（健康保険・年金保険）の加入状況

①健康保険　（%：人）

		会社の健康保険・共済保険	国民健康保険	その他	どれも加入していない	無回答・不明	合計	
男性	正社員（公務員含む）	71.7	20.0	0.4	0.6	7.3	100.0	689
	アルバイト・パート	27.2	53.8	0.0	5.2	13.9	100.0	173
	契約・派遣等	58.9	32.1	0.0	3.6	5.4	100.0	56
	自営・家業	20.0	70.0	0.0	4.0	6.0	100.0	50
	男性計	60.3	29.3	0.3	1.8	8.3	100.0	968
女性	正社員（公務員含む）	79.7	10.3	0.0	0.5	9.4	100.0	562
	アルバイト・パート	33.2	52.2	1.2	2.0	11.5	100.0	253
	契約・派遣等	66.4	23.7	0.0	0.8	9.2	100.0	131
	自営・家業	28.6	60.7	0.0	0.0	10.7	100.0	28
	女性計	64.4	24.4	0.3	0.9	10.0	100.0	974

②年金保険　（%：人）

		国民年金	厚生年金・共済組合	加入していない	わからない	合計	
男性	正社員（公務員含む）	23.8	69.1	2.3	4.8	100.0	689
	アルバイト・パート	54.3	11.0	20.2	14.5	100.0	173
	契約・派遣等	28.6	51.8	14.3	5.4	100.0	56
	自営・家業	60.0	14.0	18.0	8.0	100.0	50
	男性計	31.4	54.9	7.0	6.7	100.0	968
女性	正社員（公務員含む）	15.5	77.9	0.9	5.7	100.0	562
	アルバイト・パート	59.7	17.4	9.9	13.0	100.0	253
	契約・派遣等	25.2	61.8	3.1	9.9	100.0	131
	自営・家業	75.0	3.6	3.6	17.9	100.0	28
	女性計	30.0	57.9	3.6	8.5	100.0	974

出所：労働政策研究・研修機構（2012b）。

表3-6　就業形態別労働組合の加入状況

（%）

		職場の組合に加入	個人加盟組合（独立系労組）に加入	入っていない	無回答・不明	合　計	N
男　性	正社員（公務員含む）	49.2	1.5	45.1	4.2	100.0	689
	アルバイト・パート	13.3	0.0	83.8	2.9	100.0	173
	契約・派遣等	26.8	1.8	64.3	7.1	100.0	56
	自営・家業	14.0	8.0	68.0	10.0	100.0	50
	男性計	39.7	1.5	54.3	4.4	100.0	968
女　性	正社員（公務員含む）	52.3	1.1	42.5	4.1	100.0	562
	アルバイト・パート	10.3	0.8	85.0	4.0	100.0	253
	契約・派遣等	26.0	0.0	68.7	5.3	100.0	131
	自営・家業	7.1	7.1	78.6	7.1	100.0	28
	女性計	36.6	1.0	58.1	4.3	100.0	974

出所：労働政策研究・研修機構（2012b）。

（2）新規学卒一括採用と「メンバーシップ型」の雇用契約

就業形態によってこれだけ様々な面で「格差」があるのは、日本型雇用が「ジョブ」ではなく、「メンバーシップ型」の雇用契約になっていることに求められるだろう（濱口二〇一一）。学歴によって異なるもののほとんどの先進諸国においては職務と人が対応しているのが通例であり、仕事内容が明確な条件のもとで労働契約を結ぶ。しかし日本においてはそうではなく、正社員は特定の仕事を前提とせずに労働契約が結ばれる。すなわち正社員であるということは単なる雇用形態だけでなく、組織の「メンバー」であることを意味するのだ。

こうした慣行のもとでは、非典型雇用者は組織の正式なメンバーではないから、社会保障や労働組合から排除されて当然ということになる。

非正社員を組織の正式なメンバーとしないという「メンバーシップ型」については多くの批判があるが、「メンバーシップ型」社会においては、職務で採用しないため、経験をもたない若者でもはじめから正式な組織のメンバーとして採用されるという良い点もある。「メンバーシップ型」の社会は、若者にとってメリット・デメリットが存在しているのだが、近年では正社員ではない若者＝組織の正式メンバーではない若者が増加しているため、「メンバーシップ型」社会のゆがみが強く現れるようになっていると考えられる。

5　要約と政策的な課題

最後に本章のポイントを整理しよう。

日本の学校教育は、(1)入学した高校によって進路が一定程度制約される、(2)「大学適齢期」があり、大学を通じたキャリアのやり直しが難しい、(3)職業教育機能がとくに大学で弱い、という特徴をもつ。他方でかつて効率的に機能していた高校・大学の就職支援機能は弱まりつつある。また高校中退者については高校の組織的な支援がなく、かつ社会的な不利な家庭のもとでより困難な状況に置かれている。

若者の就業状況は九〇年代後半以降に急激に悪化し、長期若年失業率の上昇や非正規率の進展、フリーターの増加が見られた。さらにキャリア類型を見ると、性別・学歴別の違いが相当に大きくなっており、とりわけ中退者において移行が進んでおらず課題が大きい。

フリーター等の非正社員の問題性は、日本の企業社会が「メンバーシップ型」で構成されているがゆえに、正式なメンバーではない非正社員については福祉や労働組合から排除されることは当然だとみなされやすい点に求められる。

こうした状況に対しては、様々な政策的取組みがなされはじめている。

高校・大学の就職支援機能の衰退に対応する政策について、政府の「若者雇用戦略」（二〇一二年）によれば、学校と労働行政が連携を強めることでマッチングの改善をはかるとともに、地域の関係者が結集したコンソーシアムを通じて教育内容面でも連携が進むことになっている。

また高校中退者については、地域若者サポートステーション事業において高校中退者等アウトリーチ事業を開始し、切れ目のない支援を目指している。

さらに、「メンバーシップ型」の欠点を補う動きもある。これまで日本社会では多くの若者に新規学卒一括採用を通じて企業社会の「メンバー」になる機会を適用していたため、彼ら／彼女らは社会人としての初期訓練を受けることができていた。しかし企業社会の「メンバー」になれない若者が増加してくると、どこで社会人としての初期訓練を行うかが課題となる。

例えば、ジョブカード制度における有期実習型訓練は、企業内で有期労働者として雇用されながら職業訓練を受けるというタイプの新しい公共職業訓練である。まだ量的にはそれほど多くはないものの、正社員への移行において実績をあげている。

他方で現在の「メンバーシップ型」の陥穽を埋めるために、在学中の職業教育を通じて身につけた専門性を重視する参入の仕方がありうるだろう。

さらには、福祉政策の対象ではないが一般就労が難しい若者層に対して、一般就労でも福祉的就労でもない中間的就労の場を広げていくことも求められる（労働政策研究・研修機構 二〇一二）。

今後も学卒後すぐに就職するというキャリアパターンがメインストリームであることはかわらないが、社会へ参入する方法は、学卒時にすぐに就職するという方法だけではない。実は現状でも様々な生き方、働き方がある。移行の複線化を明確化し、社会に包摂する筋道をゲリラ的に整備することによって、多様な生き方を明確に示していくことが、若者の移行をなだらかにするのに役立つと考えられる。

【参考文献】

居神浩（二〇一〇）「ノンエリート学生に伝えるべきこと――『マージナル大学』の社会的意義」『日本労働研究雑誌』六〇二号。

岩木秀夫・耳塚寛明（一九八二）『現代のエスプリ　高校生』至文堂。

ＯＥＣＤ編著／濱口桂一郎監訳／中島ゆり訳（二〇一〇）『世界の若者と雇用――学校から職業への移行を支援する』明石書店。

ＯＥＣＤ編著／濱口桂一郎監訳／中島ゆり訳（二〇一一）『日本の若者と雇用――ＯＥＣＤ若年者雇用レビュー：日本』明石書店。

酒井朗・林明子（二〇一二）「高校中退者の『自己の軌跡』とリスク回避に関する研究」日本教育社会学会第六十三回大会発表資料。

社会経済生産性本部（二〇〇七）「ニートの状態にある若年者の実態及び支援策に関する調査研究報告書」。

内閣府（二〇一一）『若者の意識に関する調査』報告書。

日本労働研究機構（二〇〇一）『日欧の大学と職業――高等教育と職業に関する12か国比較調査』研究報告書No.一四三。

濱口桂一郎（二〇一一）『日本の雇用と労働法』日経文庫。

堀有喜衣（二〇一二）「『日本型』就職指導を再考する」『日本労働研究雑誌』六一九号。

労働政策研究・研修機構（二〇〇八）『「日本的高卒就職システム」の変容と模索』労働政策研究報告書No.97。

労働政策研究・研修機構（二〇〇九）『若年者の就業状況・キャリア・職業能力開発の現状』ＪＩＬＰＴ資料シリーズNo.61。

労働政策研究・研修機構（二〇一一）『若者統合型社会的企業の現状と課題』No.129。

労働政策研究・研修機構（二〇一二ａ）『学卒未就職者支援の課題』労働政策研究報告書No.141。

労働政策研究・研修機構（二〇一二ｂ）『大都市の若者の就業行動と意識の展開』労働政策研究報告書No.148。

第4章　障害者の福祉と雇用と「福祉的就労」

長谷川珠子

障害者の雇用・就労促進のためには、いくつかのアプローチがある。雇用政策の代表は、雇用率制度であり、事業主に一定割合以上の障害者を雇用することを義務づける。福祉政策の代表は、障害者総合支援法（旧障害者自立支援法）に基づく各種の就労支援事業である。障害者のために多様な就労の場を確保しつつ、一定程度以上の労働（就労）条件を維持することは果たして可能であろうか。本章では、両政策の「はざま」から生じる問題点を明らかにし、その解決のために進むべき道を提示する。

1　障害者の就労にむけた「雇用」政策と「福祉」政策

（1）障害者の雇用・就労促進のためのアプローチ

障害者の就労や雇用を促すために、日本においても様々な方策がとられてきた。その方策の一つが、旧労働省（現在の厚生労働省）によって推し進められてきた「雇用」政策であり、その中核は、一定数の障害者を雇用することを事業主に義務づける「雇用率制度」である（雇用率アプローチ）。他方、このような雇用政策では、民間企業等における一般就労が困難な障害者に対し、旧厚生省（現在の厚生労働省）が中心となって「福祉的就労」が実施されてきた。これは、「福祉」政策の下で就労の場を提供するものである（福祉的就労アプローチ）。

さらに近年、これらとは別の第三のアプローチが注目を集めている。それは、障害を理由とする差別を禁止することによって障害者の雇用を促進するという「差別禁止アプローチ」である。一九九〇年にアメリカが、障害を理由とする差別を禁止した「障害をもつアメリカ人法」（Americans with Disabilities Act of 1990：ADA）を制定して以降、世界的に注目を集めるようになった。その後、二〇〇六年一二月の第六一回国連総会本会議において、「障害者の権利に関する条約」（Convention on the Rights of Persons with Disabilities、以下障害者権利条約）が採択されたことにより、いまや世界の多くの国々が障害者差別禁止法を導入している（二〇一三年六月末現在、この条約に対し、一五五カ国が署名し、また、一三一カ国が批准している）。雇用率アプローチや福祉的就労アプローチは、障害者の雇用や就労の場を「量的」に確保・拡大しようとするものであるのに対し、差別禁止アプローチは、障害者の雇用・就労を「質的」にも拡大しようとするものである。

日本においても、諸外国の障害者差別禁止法や障害者権利条約の影響を受けて、障害を理由とする差別を禁止する法律の制定に向けた活発な議論が行われてきた。その結果として、「障害を理由とする差別の解消の推進に関する法律（障害者差別解消法）」が、二〇一三年六月一九日に成立した。また、雇用の分野においては、「障害者雇用促進法」が二〇一三年六月一三日に改正され、障害を理由とする不当な差別的取扱いが禁止されるとともに、過重な負担とならない範囲で、障害者が働きやすい職場環境に改善すること（合理的配慮を提供すること）が事業主に義務づけられた。今後の日本において、差別禁止アプローチは重要な役割を果たすことになるであろう。新たに定められたこれらの差別禁止規定を適用・解釈する際には、既存の障害者施策との役割や機能の違いを十分に理解することが必要となる。そのためにも、障害者に対する既存の制度について検討することには意味がある。

（2）本章の目的

本書の主題は、各論点について、社会保障法における福祉政策と労働法における雇用政策との「はざま」を明らかにし、そこでの問題点を検討することにある。障害者についても、表面上は同じような働き方をしているようにみえても、それが福祉政策の下で実施されている就労なのか、雇用政策の下で行われている雇用なのかによって、賃金（工賃）その他の労働（就労）条件に大きな差が生じていることが指摘されている。

障害者は、その障害ゆえに、通常の労働市場の中で雇用されることが容易ではなく、特別な配慮を必要とする場面も多い。また、障害者にとって、収入を得て自立することは就労の目的の一つであるが、就労の場を通して社会的なつながりをもつことも、就労することの重要な目的の一つであると考えられる。したがって、多様な障害をもつ人たちが、それぞれの状態に適した就労の場を得られるよう、就労形態を多様化することが求められる。しかし、多様な就労形態の確保という名の下に、その者が属する就労形態によって受けられる保護が異なり、障害者間の格差が生じることは望ましくない。また、障害者の福祉や就労の促進を目的とする場合であっても、労働法の解釈が安易にゆがめられることは許されるべきではない。本章ではこのような問題意識の下、働くうえで何らかの困難を抱えることが多い障害者に対し、福祉政策と雇用政策の両面からどのような対策が講じられてきたのかを検討するとともに、両政策の「はざま」で生じている問題を明らかにすることを目的とする。

（3）多様な就労形態

障害者の就労形態は、大きく「一般就労」と「福祉的就労」に分けられる。「一般就労」には、(1)障害のない人と同一の競争的な条件の下で雇用される「通常雇用」、⑵障害者雇用率制度の下で優先的に雇用される「割当雇用」がある。この割当雇用の中には、⑶障害者の雇用に特別の配慮をした子会社を設立し、そこで障害者を雇用する「特例子会社における雇用」が含まれる。これらの一般就労は、「雇用政策」の下で実施されるものであり、一般就労に属する障害者に対しては原則として労働法規が適用される。

「福祉的就労」は以下の三つに整理される。中心となるのが、⑴障害者総合支援法（旧障害者自立支援法）に基づく障害者福祉サービス事業における就労であり、その他、⑵障害者自立支援法成立以前の旧障害者福祉各法に基づく就労施設における就労、及び、⑶小規模作業所・共同作業所における就労などがある。これらの中には労働法規の適用のある働き方があるものの、多くの就労形態は労働法規の適用がなく、このことが、障害者間の格差をもたらしている。

以下では、障害者の雇用・就労促進のための方策について、「雇用政策」（雇用率アプローチ、第2節）と「福祉政策」（福祉的就労アプローチ、第3節）とを紹介し、最後に両政策のはざまで生じている問題点について検討する（第4節）。

2　雇用政策の下での就労

（1）雇用率制度の歴史的経緯

日本では、憲法二七条に定められる勤労権に基づき国が各種の雇用施策をはかることとなっている。障害者についても同様に、同条に定められる勤労権を保障し、障害者の職業的自立を実現するために必要な施策がはかられてきた。この中心が、障害者雇用促進法に基づく「雇用率制度」である。

日本では、一九六〇年の「身体障害者雇用促進法」の制定により、雇用率制度が導入された（以下、堀 一九六二、征矢 一九九八、手塚 二〇〇〇参照）。当時の雇用率制度は、身体障害者のみを対象とするものであり、また、民間企業については障害者の雇用は「努力義務」（雇用率を達成していない事業主に対しサンクションが課されない）にとどめられているなど、多くの課題を残すものであった。

同法施行後、身体障害者の雇用状況は少しずつ改善したが、企業規模や産業によって障害者の雇用率に大きな差がみられ、このことが、障害者雇用に伴う経済的負担のアンバランスに基づく不公平感をもたらした。そこで、身体障害者の雇用義務の強化と、それを経済的側面から裏打ちする「障害者雇用納付金制度」（以下、「納付金制度」という）の創設を主な内容とする法改正が一九七六年に行われた。この一九七六年の法改正により、日本の障害者雇用率制度の骨格が形作られたといえる。

以下では、障害者雇用促進法に基づく雇用率制度と納付金制度について紹介し、これらの制度の対象となる障害者の範囲について検討する。

（2）雇用率制度

「雇用率制度」とは、民間企業、国、地方公共団体等の事業主に対し、その雇用する労働者に占める障害者の割合が一定率以上になるよう義務づける制度である。この一定率のことを「法定雇用率」と呼ぶ。

法定雇用率は、「労働者（失業者を含む）の総数に占める身体障害者・知的障害者である労働者（失業者を含む）の総数の割合」を基準として設定されることとなっており、少なくとも五年ごとにこの割合の推移を考慮して政令で定められる。二〇一二年六月に法定雇用率の見直しが行われた結果、二〇一三年四月一日より、法定雇用率が一律〇・二％引きあげられ、民間企業については二・

○%とされている（国、地方公共団体等については二・三%、都道府県等の教育委員会については二・二%）。民間企業の事業主は、従業員五〇人に一人の割合で障害者を雇用する義務を負う。

（3）納付金制度

「納付金制度」は、障害者の雇用に伴う事業主間の経済的負担の調整を行うとともに、雇用水準を全体として引きあげるための助成・援助を行うために設けられている。法定雇用率を達成できない事業主から徴収される納付金の額は、法定雇用率の人数を下回るごとに一人につき月額五万円とされる。中小企業における経済的負担能力を勘案し、当分の間、三〇〇人以下の常用労働者を雇用する事業主からは納付金を徴収しないこととされていた。しかし、中小企業における障害者の雇用率が低下していることが問題となり、二〇〇八年に障害者雇用促進法が改正された結果、二〇一〇年七月一日より常用労働者数二〇一人以上の事業主に対し、また、二〇一五年四月一日より常用労働者数一〇一人以上の事業主に対し、それぞれ納付金制度が適用されることとなった。新たに納付金制度の対象となった事業主は、制度の適用から五年間は納付金の減額特例が適用され、納付金額は月額四万円とされる。なお、障害者の雇用に伴う経済的負担の調整をはかるという納付金制度の性格から、国、地方公共団体、教育委員会等は、納付金の徴収対象とされていない。

他方、障害者を多数雇用する事業主に対しては、納付金を財源として、助成・援助が行われる。法定雇用率を上回る障害者を雇用する事業主に対しては、上回るごとに一人につき、月額二万七〇〇〇円の「調整金」が支給される。また、納付金制度の適用対象となっていない事業主（二〇一三年六月現在、常用労働者数二〇〇人以下の事業主）に対しても、各月の雇用障害者数の年度間合計数が一定数（各月の常時雇用している労働者数の四%の年度間合計数または七二人のいずれか多い数）を超えて障害者を雇用する場合には、その一定数を超える人数に応じた「報奨金」（月額一人二万一〇〇〇円）が支払われる。さらに、障害者を雇用する事業主に対し各種の「助成金」が支給される制度も整備されている。これは、障害者を新たに雇用する場合や障害者の雇用を継続するために、施設や設備について一時的に多額の経済的負担を余儀なくされる事業主に対し支払われるものであり、作業施設・設備の設置または整備を行う場合、手話通訳担当者・職場介助者の委嘱等の雇用管理上の措置を行う場合、職場環境や業務内容に精通した企業内の人材をジョブコーチとして育成し職場定着のための支援を行う場合等に利用できる。

（4）雇用率制度の対象障害者

身体障害者雇用促進法が制定された当初、その名からも明らかな通り、法の対象は「身体」障害者に限られていた。納付金制度が創設された一九七六年当時においても、知的障害者は、「雇用に適するかどうかの判定に困難が伴うこと、適職の開発が進んでいないこと」（征矢 一九九八：一〇二）等を理由に、雇用率制度や納付金制度の直接の対象とされることはなかった。一九八七年の改正により、法の対象となる者の範囲が知的障害者及び精神障害者を含むすべての障害者に拡大されることになり、法の名称が、「障害者の雇用の促進等に関する法律（障害者雇用促進法）」へと改められた。しかし、知的障害者と精神障害者が「雇用義務」の対象となるには、さらに時間を要した。現に雇用されている知的障害者については、一九八七年の改正により、身体障害者を雇用する場合と同様に実雇用率の算定に当たりカウントされることになったが、雇用義務の対象となったのは、一九九七年の改正以降である。精神障害者については、二〇〇六年以降、事業主が現に雇用している場合に実雇用率に算定できることになったものの雇用義務の対象とはなっていなかった。しかし、二〇一三年六月一三日の障害者雇用促進法改正により、精神障害者が新たに雇用義務の対象に追加されることとなった。同規定の施行は二〇一八年四月とされている。精神障害者が雇用義務の対象になることにより、法定雇用率も引きあげられるが、施行後五年間は法定雇用率の算定にあたって激変緩和のための措置をとることになっている。

　当該労働者が障害者かどうかの判断は、原則として「障害者手帳」によって行う。身体障害者については、「身体障害者福祉法」に根拠をもち、同法施行規則別表第五号に照らして障害等級が決定され、都道府県知事から身体障害者手帳を交付される。知的障害者は、法令上知的障害に関する定義はなく、一九七三年に当時の厚生省によって出された「療育手帳制度の実施について」という通知に基づき、一八歳未満は児童相談所、一八歳以上は知的障害者厚生相談所が判定を行い、手帳を交付する。精神障害者は、「精神保健及び精神障害者福祉に関する法律」の定義（統合失調症、精神作用物質による急性中毒又はその依存症、知的障害、精神病質その他の精神疾患を有する者）に照らし、都道府県知事が精神障害者保健福祉手帳を交付する。

（5）実雇用率の算定方法

　雇用されている障害者の割合（実雇用率）を算定する方法は、表4-1の示す通りである。週所定労働時間が三〇時間以上の常用雇用が実雇用率の算定の基礎となり、そのような雇用形態の障害者を一人雇用することにより一人として雇用率にカウントされる。重度障害者の雇用が一般的に困難であることに鑑み、重度の身体障害者（身体障害者手帳の障害等級が一級及び二級の者）及び重度の知的障害者（知的障害者のうち、知的障害の程度が重い者であって厚生労働省令で定める者）一人を雇用した場合二人分としてカウントされる（ダブルカウント）。精神障害者には「重度」という分類がないため、ダブルカウントの適用はない。重度の身体障害及び重度の知的障害のある短時間労働者（週所定労働時間が二〇時間以上三〇時間未満の者）については、その一人をもって一人として雇用率にカウントされる。また、精神障害のある短時間労働者についても、その一人をもって〇・五人として雇用率にカウントされる。これに対し、重度でない身体障害者や知的障害者が短時間労働をしている場合には、実雇用率にカウントすることができなかった。しかし、障害によっては長時間労働が困難な場合も少なくなく、また、障害者が福祉的就労から一般雇用へ移行していくための段階的な就労形態として短時間労働が有効である等の理由から、二〇一〇年七月一日以降、身体障害者または知的障害者である短時間労働者についても、その一人をもって〇・五人として雇用率にカウントされることとなった。障害のない短時間労働者(1)についても、同日以降、常時雇用している労働者数の計算に当たり、一人を〇・五人としてカウントされている。

表4-1　実雇用率のカウント方法

週所定労働時間		30時間以上	20時間以上30時間未満
身体障害者		○	△
	重度	◎	○
知的障害者		○	△
	重度	◎	○
精神障害者		○	△

○＝1カウント
◎＝2カウント（ダブルカウント）
△＝0.5カウント
出所：厚生労働省HP（2008年法改正（2010年7月施行）の内容を事業主に知らせるパンフレット3頁）
http://www.mhlw.go.jp/bunya/koyou/shougaisha04/dl/kaisei03.pdf

(6) 特例子会社制度

法定雇用率は、法人単位で課されるため、たとえ親会社と子会社の関係であっても、原則としては、子会社で雇用されている障害者を親会社の実雇用率に算定することができない。しかし、障害者の雇用促進の目的に鑑み、一定の要件を満たした場合に、子会社で雇用されている障害者を親会社に雇用されている者とみなし、実雇用率に算定できる仕組みがとられている。これが、「特例子会社制度」である。親会社側の要件は、親会社が当該子会社の意思決定機関（株主総会等）を支配していること（具体的には、子会社の議決権の過半数を有すること等）である。これに対し、子会社側の要件は、(1)親会社との人的関係が緊密であること、(2)雇用される障害者が五人以上で、全従業員に占める割合が二〇％以上であること、また、雇用される障害者に占める重度身体障害者、知的障害者及び精神障害者の割合が三〇％以上であること、(3)障害者の雇用管理を適正に行うに足りる能力を有していること（具体的には、障害者のための施設の改善、専任の指導員の配置等）、(4)その他、障害者の雇用の促進及び安定が確実に達成されると認められること、とされている。

事業主にとっては、障害の特性に配慮した仕事を確保することや職場の環境を整備することが容易となる。この結果、障害者の能力を十分に引き出すことが可能となり、障害者の定着率の向上及び生産性の向上が期待できるなどのメリットがある。障害者としても、雇用機会の拡大がはかられるとともに、働きやすい環境での就労が可能となるというメリットがある。特例子会社制度は大企業を中心に注目を集め、制度を導入する企業が増えてきている。

二〇一二年六月一日現在の特例子会社数は三四九社（前年より三〇社増）で、雇用されている障害者の数は一万七七四三・五人（ダブルカウント、〇・五カウントによる計算を含む。以下同様）であった。その内訳は、身体障害者八三八四人、知的障害者八四七〇・五人、精神障害者八八九人となっている。

(7) 実効性確保の措置

事業主が法定雇用率を達成できるようにするための取組みとして、常時雇用している労働者数が五〇人を超えるすべての事業主に対し、毎年六月一日時点の障害者の雇用状況を厚生労働大臣に報告することを義務づけている（雇用状況報告）。障害者の実雇用率が低い事業主に対しては、翌年一月を始期とする三年間の障害者を雇い入れるための計画を作成するよう命令が発出される（雇入れ計画作成命令）。事業主は、三年計画に基づいて障害者の雇用状況を改善することが求められるが、計画の実施状況が悪い企業に対しては、二年目に適正な実施についての勧告がなされる（雇入れ計画の適正実施勧告）。さらに、雇用状況の改善がとくに遅れている企業に対し、「企業名の公表」を前提とした特別指導が実施され、最終的に法定雇用率への不足分がとくに多い企業について、企業名の公表がなされる。二〇一〇年度には六社（うち二社は再公表）が、また、二〇一一年度には三社（うち一社は再公表）が、それぞれ企業名を公表された。二〇一二年度は指導を受けた企業において一定の改善がみられたため、一一年ぶりに企業名の公表は行われなかった。なお、二〇一二年から雇入れ計画期間を三年から二年へ短縮するとともに企業名公表猶予基準の明確化が行われることとなっており、障害者雇用率達成指導の実効性の向上がはかられることになっている。

また、常時雇用している労働者数が二〇一人以上（二〇一五年以降は一〇一人以上）のすべての事業主は、法定雇用率の達成いかんにかかわらず、年度のはじめに、障害者雇用納付金の申告を行わなければならない。法定雇用率を下回っている事業主は、申告とともに納付義務を負う。申告書を提出しない事業主に対しては、雇用納付金の額を決定し納入の告知を行い、場合によっては納付金額の一〇%の追徴金が課せられる。また、納付金が未納となっている事業主に対しては、厚生労働大臣の認可を受けたうえで、国税滞納処分の例により滞納処分が行われる。

(8) 雇用率制度の成果

雇用率制度の成果として、実雇用率は、一九七六年の雇用義務化以降、数度の停滞期を経つつも、徐々に上昇してきている。とくに、二〇〇四年に一・四六%であった民間企業における障害者の実雇用率は、二〇一〇年の一・六八%へと大幅に改善した。二〇一一年には、短時間労働者の算入や除外率[2]の引き下げ等があったため一・六五%に下がったが、二〇一二年には一・六九%に再び上昇し、過去最高を記録した。同年の民間企業（従業員数五六人以上の規模の企業）に雇用されている障害者の人数は三八万二三六三・五人で、前年（三六万六一九九人）より四・四%増加した。雇用されている障害者数も過去最高である。

実雇用率の上昇の理由は、現に雇用される精神障害者が実雇用率に算定されることになったことに加え、従業員数一〇〇〇人以上の企業における実雇用率の伸びが大きく影響していると分析されている（従業員数一〇〇〇人以上の民間企業における実雇用率は、二〇一〇年一・九〇%、二〇一一年一・八四%、二〇一二年一・九〇%である）。大企業を中心に、企業の社会的責任（CSR）の一環として障害者雇用に取り組む企業が増えてきていることや、上述の「特例子会社制度」を取り入れる企業の増加が数字に表れているといえよう。

しかしながら、法定雇用率を達成できている企業は四六・八%（二〇一二年）にすぎず、半数以上の企業が法定雇用率を達成できていない。また、雇用されている障害者の多くは、身体障害者であり、とくに精神障害者の雇用は進んでいない状況にあるなど、課題も残している。

3　福祉政策の下での就労

(1) 障害者自立支援法制定以前の福祉的就労

上述したように、福祉的就労には、(1)障害者自立支援法（現在の障害者総合支援法）に基づく障害者福祉サービス事業における就労、(2)障害者自立支援法成立以前の旧障害者福祉各法に基づく就労施設における就労、及び(3)小規模作業所・共同作業所における就労などがある。障害者自立支援法が二〇〇五年に制定されたことにより、(2)や(3)に含まれる従来からの就労形態は、順次(1)へと移行されている。

(2)について、旧障害者福祉各法（旧身体障害者福祉法、旧知的障害者福祉法、旧精神保健及び精神障害者福祉に関する法律）に基づく就労施設には、「福祉工場」「授産施設」「小規模授産施設」（以下、授産施設と小規模授産施設を単に「授産施設」という）が存在した。これらの施設は、身体・知的・精神の障害種別ごとにサービスが提供されており、根拠となる法律も異なっていた。障害種別ごとの制度の下では、施設・事業体系がわかりにくく利用がしづらいという問題が生じていた。

(3)は、一九六〇年代から障害者の働く場を求めて各地の障害者の親の会、家族会、障害者団体等が主体となって設立した共同作業所に始まり、その後急速に増加したものである。定員が二〇名以下の小規模な施設であり、国や地方公共団体から補助金を受けていることが多い。また、障害の種別を限定しない作業所もある。就労という側面よりも重度障害者の地域生活を支えることを目的とする作業所から、就労支援を本格的に行う作業所まで幅広い利用がなされている。

(2) 障害者自立支援法とは

二〇〇五年一〇月三一日に成立した障害者自立支援法のポイントは、(1)障害者の福祉サービスの一元化、(2)障害者が働ける社会にするための就労支援の強化、(3)地域の限られた社会資源を活用できるようにするための規制緩和、(4)公平なサービス利用のための手続や基準の透明化・明確化、(5)増大する福祉サービス等の費用の負担の仕組みづくりである。

(1)について、給付の対象が、障害者・児(身体障害・知的障害・精神障害・発達障害)とされ、障害種別に関わりなく共通の福祉サービスが共通の制度の下で提供されることとなった。(2)について、障害者自立支援法では一般就労へ移行することを目的とした事業が新たに創設されるなど、働く意欲と能力のある障害者が企業等で働けるよう、福祉サイドから支援することが目的とされた。(5)について、障害者自立支援法成立前の支援費制度の下では、その世帯の所得に応じて利用費を障害者に負担させる応能負担が原則とされていた。これが、障害者自立支援法によって、障害者が受けたサービスの量に応じて原則一割を負担する定率負担(応益負担)に変更された。つまり、サービスの利用にあたって、給付単価の一割を障害者が自己負担し、残りの九割を公費から給付するというものである。この応益負担制度の下では、障害が重度であればあるほどサービスの利用量が多くなり、その負担も増加することとなる。障害者団体等からの批判を受け、費用負担の軽減措置等がはかられたが納得は得られず、応益負担制度の廃止等を求め、障害者自立支援法違憲訴訟が提起されることとなった。その後、二〇〇九年九月の政権交代の影響を受け、二〇一〇年一月に違憲訴訟の原告団と国(厚生労働省)が費用負担等に関する「基本合意文書」を締結した。この結果、二〇一〇年一二月に障害者自立支援法が改正され、再び原則として応能負担が採用されることとなった(二〇一二年四月一日施行)。なお、応能負担の計算により障害者の負担が費用の額の一割を超える場合にも、最大一割の負担となるよう定められている。

(3) 障害者自立支援法における新体系への移行

障害者自立支援法の制定により、旧障害者福祉各法の下での各種の事業は、障害者自立支援法の施行後五年以内(二〇一二年三月末まで)に新体系の下でのサービスにすべて移行することとされた。福祉的就労の分野に関しては、旧障害者福祉各法に基づく就労施設(福祉工場、授産施設)及び小規模作業所等が、障害者自立支援法に定める就労移行支援事業、就労継続支援等の新体系サービスに移行することが迫られた。

新体系サービスのうちのいずれに移行するかは、各施設が決定することができるとされているが、旧障害者福祉各法等の下での就労に関連する各種の事業と、障害者自立支援法における事業との相関関係は、おおむね以下のように整理できる。福祉工場の多くは就労継続支援A型に移行し、一部が就労継続支援B型に移行するものと考えられる。また、授産施設の多くは就労継続支援B型に移行するが、場合によっては就労移行支援や就労継続支援A型に移行すると考えられる。小規模作業所は、就労継続支援B型のほか、「生活介護」や「地域活動支援」に移行すると考えられる。「生活介護」とは日中に障害者入所施設等で、入浴、排せつまたは食事の介護、創作的活動、生産活動の機会の提供などが行われるサービスである。また、「地域活動支援」は、市町村による地域生活支援事業の一つであり、創作的活動や生産活動の機会の提供を受けるとともに、社会との交流の促進を行うことを主なサービス内容とするものである。

これらのサービスの利用者が行う生産活動（お菓子の生産、部品の組立て等）に対し、一定の工賃が支払われるケースがある。就労としての色彩が薄いため、このようなサービス利用者の労働者性については、これまでほとんど問題視されてこなかった。しかし、後述するような、就労移行支援や就労継続支援B型の利用者の労働者性と同様の問題が生じる場合もあり、今後の検討課題といえる。

（4）障害者総合支援法へ

国連の障害者権利条約の締結に必要な国内法の整備を始めとする、日本の障害者に係る制度の集中的な改革を行うため、二〇〇九年一二月にすべての国務大臣を構成員とする「障がい者制度改革推進本部」が設置され、その下で、障害当事者や研究者等によって構成される「障がい者制度改革推進会議」（以下、「推進会議」という）が開催されることとなった。推進会議の下には、障害者に係る総合的な福祉法制の制定に向けた検討を行う「総合福祉部会」と、障害を理由とする差別の禁止に関する法制の制定に向けた検討を行う「差別禁止部会」が設置された。この総合福祉部会での議論を踏まえ、二〇一二年六月二〇日、障害者自立支援法を改正する形で、「障害者の日常生活及び社会生活を総合的に支援するための法律（障害者総合支援法）」が制定された。改正の主な目的の一つであった障害者の範囲の見直しについては、制度の谷間のない支援を提供する観点から、障害者の定義に新たに難病が追加された。難病患者等は、症状の変動などにより、身体障害者手帳の取得ができない場合があるが、そのような場合でも一定の障害がある者に対しては、障害福祉サービスを提供できるようにした。

障害者の就労の支援等のサービスのあり方等については、今後の検討課題とされるにとどまっている。

（5）就労移行支援

障害者総合支援法におけるサービスは多岐にわたるが、福祉的就労としてのサービスに位置づけられるのは、主に「就労移行支援」と「就労継続支援」である。

「就労移行支援」とは、「就労を希望する障害者につき、厚生労働省令で定める期間にわたり、生産活動その他の活動の機会の提供を通じて、就労に必要な知識及び能力の向上のために必要な訓練その他の厚生労働省令で定める便宜を供与することをいう」とされる（障害者総合支援法（以下、「法」という）五条一四項）。厚生労働省令で定める期間は原則として二年であり（障害者総合支援法施行規則（以下「規則」という）六の八）、厚生労働省令で定める便宜とは、「就労を希望する六五歳未満の障害者であって、通常の事業所に雇用されることが可能と見込まれるものにつき、生産活動、職場体験その他の活動の機会の提供その他の就労に必要な知識及び能力の活動のために必要な訓練、求職活動に関する支援、その適性に応じた職場の開拓、就職後における職場への定着のために必要な相談その他の必要な支援」とされる（規則六の九）。就労移行支援は、当該サービスの利用によって一般就労等へ移行することが大きな目的の一つであり、原則二年間のプログラムに基づいて、生産活動やその他の活動を通じて、就労に必要な知識や能力の向上のために必要な訓練等が行われる。具体的な利用者像は、⑴企業等への就労を希望する者、及び⑵技術を習得し、在宅で就労・企業を希望する者である。

（6）就労継続支援

「就労継続支援」とは、「通常の事業所に雇用されることが困難な障害者につき、就労の機会を提供するとともに、生産活動その他の活動の機会の提供を通じて、その知識及び能力の向上のために必要な訓練その他の厚生労働省令で定める便宜を供与することをいう」（法五条一五項）。厚生労働省令で定める便宜は、就労継続支援A型（以下、「A型」という）と就労継続支援B型（以下、「B型」という）に分かれている（規則六の一〇）。A型とは、「通常の事業所に雇用されることが困難であって、雇用契約に基づく就労が可能である者に対して行う雇用契約の締結等による就労の機会の提供及び生産活動の機会の提供その他の就労に必要な知識及び能力の向上のために必要な訓練その他の必要な支援」であり、これに対しB型とは、「通常の事業所に雇用されることが困難であって、雇用契約に基づく就労が困難である者に対して行う就労の機会の提供及び生産活動の機会の提供その他の就労に必要な知識及び能力の向上のために必要な訓練その他の必要な支援」とされる（傍点筆者）。

このように、就労継続支援は、通常の事業所に雇用されることが困難な障害者を対象とするが、その中でさらに、雇用契約に基づく就労が可能である者（A型）と、雇用契約に基づく就労が困難である者（B型）に分類される。具体的な利用者像について、A型は、⑴就労移行支援事業を利用したが、企業等の雇用に結びつかなかった者、⑵特別支援学校を卒業して就職活動を行ったが、企業等の雇用に結びつかなかった者、⑶企業等を離職した者等就労経験のある者で現に雇用関係のない者等であり、就労に必要な知識・能力の向上をはかることにより、雇用契約に基づく就労が可能な六五歳未満の障害者とされる。これに対しB型の利用者像は、⑴企業等やA型での就労経験がある者であって、年齢や体力の面で雇用されることが困難となった者、⑵就労移行支援事業を利用したが、企業等またはA型の雇用に結びつかなかった者、⑶以上に該当しない者であって、五〇歳に達している者等であり、就労の機会等を通じ、生産活動にかかる知識及び能力の向上や維持が期待される障害者であるとされる。サービス内容は、A型については、通所により、原則労働契約に基づく就労の機会を提供するとともに、一般就労に必要な知識、能力が高まった者について支援することとされ、利用期間の制限はない。B型については、事業所内において、労働契約を締結することはないが、就労の機会や生産活動の機会を提供するとともに、一般就労に向けた支援をすることとされ、こちらについても利用期間の制限はない。

4 雇用と福祉的就労のはざま

(1) 障害者に対する労働法の適用の有無

ここまでみてきたように、障害者の就労形態には、⑴通常雇用、⑵割当雇用、⑶特例子会社における雇用、⑷福祉工場での就労、⑸授産施設での就労、⑹小規模作業所での就労、⑺就労移行支援事業における就労、⑻就労継続支援事業A型における就労、⑼就労継続支援事業B型における就労がある。

このような多様な就労形態にある障害者の「労働者性」（労働法の適用の有無）については、以下の枠組みで捉えられてきた。「一般就労」に分類される⑴～⑶の就労形態で働く障害者はすべて、労働基準法（以下、「労基法」という）九条の「労働者」に該当し、原則として労働法の適用を受ける。これに対し、「福祉的就労」に分類される⑷～⑼で働く障害者は、その就労形態によって労働者性の判断が異なる。なぜなら、それらは福祉政策として実施されてきたものの、雇用政策との「はざま」の働き方として位置づけられるものであり、その実態は多様だからである。福祉工場及びA型で働く障害者は、原則として労働者性が認められるが、授産施設、小規模作業所、就労移行支援事業、及びB型で働く障害者の労働者性は原則として認められないという取扱いがなされている。このような、労働者性の判断の違いが、障害者間に大きな格差をもたらすことになる。

以下では、障害者の就業率と賃金（工賃）について検討し、障害者間に生じている格差を明らかにする。

(2) 障害者の就労・雇用実態

厚生労働省が二〇〇八年に発表した「身体障害者、知的障害者及び精神障害者就業実態調査の調査結果について」（以下、「障害者就業実態調査」という）によれば、労働年齢（一五―六四歳）にある障害者（身体障害者手帳、療育手帳又は精神障害者保健福祉手帳等の所持者）の総数は約二〇四万人（身体障害者一三四・四万人、知的障害者三五・五万人、精神障害者三五・一万人）であり、そのうち就業者は八二万六〇〇〇人、就業率は四〇・五%と推計される（表4-2参照）。また、就業者のうち、原則として労働法の適用のない授産施設や作業所等（障害者総合支援法の下では、その多くが就労移行支援または就労継続支援B型に移行したと考えられる）で就労する障害者の割合は、知的障害者が五九・一%と非常に高く、精神障害者も四割近く（三七・七%）が福祉的就労施設を利用している。これに対し、身体障害者は六・五%と低い。

次に、厚生労働省が二〇一二年に発表した「障害者の就労支援対策の状況」（以下、「就労支援対策状況」という）によれば、障害者の総数は約七四四万人で、このうち就労支援の対象となる一八―六四歳の障害者の総数は約三三二万人とされている。その内訳は、身体障害者一二四万人、知的障害者二七万人、精神障害者（二〇―六四歳）一八一万人である。障害者就業実態調査と就労支援対策状況とでは、精神障害者の人数に大きな開きがある。実態調査が精神障害者保健福祉手帳の所持者を調査対象としているのに対し、就労支援対策状況では患者調査が用いられており、精神障害者保健福祉手帳を所持していない者（精神及び行動の障害として受診した者）等が含まれているためと考えられる。就労支援対策状況によれば、労働法の適用のあるA型及び福祉工場の利用者が約一・三万人であるのに対し、原則として労働法の適用のないグループ、すなわち、就労移行支援の利用者は約一・六万人、B型および授産施設の利用者一二・九万人、小規模作業所の利用者約〇・六万人となっている。

表4-2　障害者の就業状況（2006年）

（千人）

	全数（15－64歳）	就業者数	就業率（%）	就業者のうち授産施設・作業所で働く者の割合（%）
身体障害者	1,344	578	43.0	6.5
知的障害者	355	187	52.6	59.1
精神障害者	351	61	17.3	37.7
全　体	2,040	826	40.5	20.8

出所：厚生労働省「身体障害者，知的障害者及び精神障害者就業実態調査の調査結果について」（2008）を基に筆者作成。

これら二つの調査から、以下のことを指摘できる。福祉的就労として働く障害者（約一六・四万人）のうち、労働法の適用のある就労継続支援A型と福祉工場で働く者は一割以下であり、九割以上の者が労働法の適用を受けていないと考えられる。また、労働法の適用を受けない就労形態で働く障害者は、知的障害者と精神障害者に集中している。

（3）障害者の賃金（工賃）

障害者の賃金は、表4－3の示す通りである。労働者性が認められている障害者（一般企業、A型及び福祉工場で働く障害者）の賃金は高く、労働者性が認められていない障害者（B型、授産施設、小規模授産施設）の賃金は低い。

また、身体障害者の賃金（工賃）は、相対的に高いのに対し、知的障害者と精神障害者の賃金（工賃）は低くなっている。授産施設で働く人の割合が知的障害者と精神障害者で高いことを考え合わせると、障害種別間での収入の格差はさらに大きいと推察される。

表4－3　障害者の平均賃金・工賃（月額）

対象事業所		平均賃金・工賃
一般企業	身体障害者	254,000円
	知的障害者	118,000円
	精神障害者	129,000円
就労継続支援事業A型		71,693円
就労継続支援事業B型		13,443円
福祉工場	全体	132,274円
	身体障害者	184,416円
	知的障害者	87,589円
	精神障害者	46,253円
授産施設		12,568円
小規模授産施設		9,194円
福祉的就労の全施設平均		17,841円

出所：一般企業における賃金については，厚生労働省「平成20年度障害者雇用実態調査結果概要」（2009（平成21）年11月13日発表）のデータを，福祉的就労における工賃については，厚生労働省の「平成22年度工賃（賃金）月額の実績について」を基に筆者作成。

（4）一般的な労働者性の判断基準

労働法の適用の有無は、労基法九条の「労働者」に該当するかどうかによって判断される。同条は、「労働者」について「職業の種類を問わず、事業又は事業所に……使用される者で、賃金を支払われる者をいう」と定義する。この労基法上の「労働者」に該当すれば、原則としてすべての労働保護法の適用を受けることができるが、これに対し労基法上の「労働者」に該当しない場合には、原則として一切の保護を受けることができない。

労基法上の労働者であるかどうかの判断基準は、使用者の指揮命令を受けて働いているという「使用性」と、労働の対償として報酬を得ているという「賃金性」の二点にある。労働者性の具体的な判断基準を示した一九八五年一二月一九日の労働基準法研究会第一部会による報告書「労働基準法の『労働者』の判断基準について」（以下、「一九八五年労基研報告書」という）によれば、(1)「使用性」（指揮監督関係の存否）については、(イ)仕事の依頼、業務従事の指示等に対する諾否の自由の有無、(ロ)業務遂行上の指揮監督の有無、(ハ)時間的・場所的拘束性の有無、(ニ)労務の代替性の有無などの要素から判断される。また、(2)「賃金性」（報酬の労務対償性）については、欠勤の場合には応分の報酬が控除されたり、残業をした場合には通常の報酬とは別の手当が支給される場合には、賃金としての性格（労務対償性）が強くなる。これに加えて、(1)及び(2)だけでは労働者性の判断が困難な場合には、(1)事業者性の有無（器具の負担関係、報酬額）、(2)専属性の程度、(3)その他、採用の選考過程、報酬の給与所得としての源泉徴収、労働保険の適用、服務規律の適用、退職金制度、福利厚生の適用等が、労働者性の判断を補強する要素として用いられる。

労基法をはじめとする労働法令の規定の多くは、当事者の意思（合意）にかかわらず規制を課すという「強行的」な性格を有する。したがって、労働者性を判断するにあたっても、当事者の主観や形式的な事情ではなく、客観的な事実や実質的な事情に基づいて行われなければならない（水町 二〇二二：六九―七三）。

(5) 授産施設及び小規模作業所で働く障害者の労働者性

授産施設及び小規模作業所で働く障害者の労働者性については、一九五一（昭和二六）年一一月二六日に、厚生省社会局長が各都道府県知事に宛てた通達「授産事業に対する労働基準法等の適用除外について」（社乙発第一七〇号）（以下、「二六年通達」という）によって、施設が営利目的ではなく福祉目的によって運営されていることに加え、作業員（障害者）の出欠・作業時間・作業量等が作業員の自由であるなど、指揮監督関係にないこと、及び工賃の労務対償性がないことを、作業員の労働者性を否定する要件としてあげていた。これは、形式的事情ではなく、客観的事実や実質的事情に基づいて労働者性を判断するものであり、上述した労働者性の一般的な判断枠組みに沿うものといえる。

しかし、二六年通達から五六年後の二〇〇七年、新たな通達（「授産施設、小規模作業所等において作業に従事する障害者に対する労働基準法第九条の適用について」（基発〇五一七〇〇二号。以下、「新通達」という）が出された。新通達が作成された理由は、授産施設等においても、工賃増額のために、出退勤が管理され、作業能率に応じた工賃支払いを行うなど、障害者の就労実態が大きく変化したことにある。二六年通達を厳格に適用すると、これらの施設で働く障害者の労働者性が認められる（労働法が適用される）こととなり、小規模の作業所等では経済面及び管理運営面において相当な負担増になり、施設運営の障壁となる可能性が高いことが指摘された（柳屋 二〇〇九：一八四）。

そこで新通達では、授産施設等における作業は、社会復帰または社会参加を目的とした訓練等である側面があり、使用従属関係の有無の判断が困難であるとして、二六年通達の厳格な判断基準を廃止し、(1)施設で行う作業に関する訓練等の計画が策定され、小規模作業所等と障害者またはその保護者との契約において訓練等に従事することの「合意」が明らかな場合には、労基法九条には該当しないとした。また、(2)訓練等の計画が策定されていない場合でも、訓練を目的とした作業において、実作業時間に応じた工賃の支給や遅刻・早退に対する工賃減額、作業量に応じた工賃設定をすることは、労働者性を肯定する要素とはならないとし、二六年通達の基準を緩和した。

(6) 就労継続支援事業における障害者の労働者性

A型で働く障害者は、労基法上の労働者性が認められるのに対し、B型で働く障害者には労基法上の労働者性が認められない。しかし、両者の違いに法的根拠はない。両者はともに、障害者総合支援法五条一五項に「就労継続支援」として定められ、法律上、事業の対象、目的、方法について、A型とB型の区別はなされていない。両者の区別は、厚生労働省令によって行われているだけであり、その差異は、「雇用契約に基づく就労が可能であるか、困難であるか」という一点のみである。厚生労働省労働基準局長が都道府県労働局長に宛てた二〇〇六年一〇月二日付けの「障害者自立支援法に基づく就労継続支援により作業を行う障害者に対する労働基準法の適用等について」（基発一〇〇二〇〇四号）によれば、就労継続支援事業場で就労する労働者には、(1)A型事業場と雇用契約を締結して就労の機会の提供を受ける者、(2)A型事業場と雇用契約を締結せずに就労の機会の提供を受ける者、(3)B型事業場と雇用契約を締結せずに就労の機会の提供を受ける者、の三種類に区分されており、これらのどの区分に該当するかは、障害の程度、本人の意向等を勘案し、市町村が決定するものとされている。そして、⑴の障害者については基本的に労基法九条の労働者に該当するが、⑵及び⑶の障害者については、事業場への出欠、作業時間、作業量等の自由があり指揮監督を受けることなく就労する者とされていることから、基本的には労基法九条の労働者に該当しないとする。

(7) 労働者性判断の問題点

以下では、「新通達」と「A型・B型の労働者性判断」の問題点について検討する。

授産施設や小規模作業所で働く障害者の労働者性を厳格に判断すると、労働者性が肯定される可能性が生じ、社会保険の保険料負担や最低賃金法の適用などにより施設側の負担増を引き起こし、結果として障害者の就労の場を失わせることにもなりかねない。新通達は、このような懸念から作成されたものといえる。また、障害者総合支援法の制定により、授産施設や小規模作業所から移行すると考えられたB型事業においても、同様の問題が生じる恐れがあった。そこで、新通達では、施設での作業は「訓練」としての側面があることを強調し、施設側と障害者（またはその保護者）との訓練であることの「合意」があれば、労働者性が否定されるとの立場をとり、障害者総合支援法の下でのA型とB型の振り分けについては、「障害の程度、本人の意向を勘案して市町村が決定する」とされ、本人の意向を労働者性の判断に影響させている。

新通達に対しては、施設における作業は、訓練することも目的の一つとされていることから、それが雇用関係なのか、訓練等の関係なのかを客観的事情のみから判断することが困難であるとして、主観的観点も加えて判断することに肯定的な見解がある（柳屋 二〇〇九：一八三）。

しかし、労基法の強行的な性格から、労働者性判断は、当事者の主観や形式的事情ではなく、客観的な事実や実質的な事情に基づいて行われなければならないとする通説的見解に立つと、新通達の考え方や障害者総合支援法の下での対応は妥当ではない。福祉的就労における作業は、社会復帰や社会参加のための訓練であることは確かである。しかし、そのことが、労働者性の判断を当事者に委ねてよいという理由にはならない。

研修医の労働者性が争われた関西医科大研修医（未払賃金）事件（最二小判平成一七・六・三労判八九三号一四頁）において、最高裁判所は、当該活動が教育的側面をもっていても、それが使用者のための労働という側面を有している場合には労働者性は否定されないとした。また、外国の青壮年を企業に研修生として受け入れ、技術、技能、知識の習得を支援する「外国人研修・技能実習制度」においても、研修中の外国人労働者の労働者性が問題となった。同制度では一年以内の実地研修を行い、その後二年以内の技能実習が行われる。当初一年目の実地研修中は労働者性がないとの取扱いがなされていたが、外国人労働者に対し、最低賃金をはるかに下回る賃金しか支払わず、長時間の時間外労働に対する割増賃金も支払われないという事件が起こった。そこで、二〇〇九年に出入国管理及び難民認定法（入管法）が改正され、一年目の実地研修も労働者性が認められることとなった（雇用契約のない座学は最初の二カ月以内に限って認められる）。

このように、教育や訓練目的であっても、それだけで労働者性が否定されるわけではない。訓練を目的としているため指揮監督関係の有無の判断が難しい場合でも、客観的事情に照らした総合的な判断がなされるべきである。

また、就労継続支援は障害者総合支援法の下でのサービスの一種であり、サービス利用にあたっては利用計画が作られ、利用料を負担するなど、通常の雇用契約の流れとは異なる点が少なくない。しかしながら、同じ流れをたどるA型は雇用契約を締結するものとして扱われているのであって、福祉サービスであることの特殊性は、労働者性の有無または雇用契約関係の存否の判断には必ずしも影響しないといえる。B型を利用する障害者の労働実態をみてみると、早朝からの勤務や業務量に応じた休日出勤や時間外労働を行っていたり、A型の利用者と同じラインで働くなど、指揮命令を受けて働いているとしか捉えられない障害者もいるという（出縄 二〇一一：一九六―二〇〇）。区分の違いによって労働者性を分けることに合理性があるとはいえない。なお、就労移行支援を利用する障害者についても、労働者性が否定されている。就労移行支援は、その期間が二年と定められており、「訓練」としての側面が強いと考えられているが、この点についても、通常の判断基準により労働者性を評価されるべきである。

さらに、上述したように、労働法の適用のない就労形態で働く者は、知的障害者と精神障害者の割合が高い。障害ゆえに、十分な判断能力を期待できない場合が想定できるのであって、障害者本人の意向を労働者性判断に影響させることは、なおさら許されるべきではない。

（8）雇用政策と福祉政策のはざま

本章では、障害者の雇用と就労の促進にむけて実施されている雇用政策からのアプローチと福祉政策からのアプローチについて検討してきた。雇用政策の中心である雇用率制度は、法定雇用率が達成されたことはなく、未達成企業が半数を超えるなど、今なお課題を残す。しかし、ダブルカウントの導入や短時間労働者への適用拡大、納付金制度の対象事業主の拡大などの改変を経て、実雇用率の上昇や雇用されている障害者の数の増加等、一定の成果をあげていると評価できる。さらに二〇一三年の法改正により、義務雇用の対象を精神障害者にも拡大するとともに、差別禁止規定が盛り込まれることとなった。「一般就労」として働く障害者にとって、あるいは、「一般就労」を目指す障害者にとって、雇用政策からのアプローチは重要な役割を担っており、今後もその重要性は増すといえる。

これに対し、福祉政策として実施されている福祉的就労は、多様な就労形態を確保し、障害者の社会参加を促すことに関して、一定の意義を有しているといえよう。また、障害者総合支援法の成立により、障害者が一般就労に移行することを目的とした事業（就労移行支援）が新たに創設されるなど、福祉政策と雇用政策の「はざま」の問題を意識した対応も図られてきた。実際に、障害者総合支援法の制定以降、福祉的就労から一般就労へ移行した人数は、増加傾向にある（二〇〇三年の一二八八人から、二〇一一年には五六七五人と四・四倍になった）。しかしながら、福祉的就労に従事する障害者は約一六万人おり、このうち一般就労へ移行できるのは、二〇一一年においても三・六％にすぎない（以上について、上述の就労支援対策状況）。福祉政策から雇用政策への橋渡しが十分に行われているとはいえない。この結果、一般就労と福祉的就労との間の大きな賃金格差は（表4-3）、そのまま維持されることとなる。福祉政策と雇用政策の「はざま」の問題の一つは、このような一般就労と福祉的就労との「断絶」にあるといえよう。

もう一つの問題は、福祉的就労における労働者性判断（労働法の適用の有無）から生じている。授産施設やB型で働く障害者は、労働者性に関する一般的な判断枠組みを逸脱するかたちで一律に労働者性を否定され、結果として非常に低い工賃しか支払われていない。その結果、同じ福祉的就労の中でも就労形態の区分により大きな賃金格差が生じている。また、その格差は障害の種別による格差にもつながっている。

（9）問題の解決に向けて

一般就労と福祉的就労の断絶を解決するためには、障害者総合福祉法の下で実施されている就労系の事業において、一般就労への移行を後押しする対策をとる必要がある。たとえば、通常の事業所に雇用されることが困難な障害者を対象とするA型やB型についても、最終的な目標を一般就労への移行に置き、移行実績に応じて助成を行う等が考えられる。このような福祉政策側の取組みを進めると同時に、雇用政策側としても一般就労の枠を拡大することが求められる。その一つが雇用率制度の対象となる障害者の範囲の見直しである。障害者手帳を交付する際、重視されるのは機能障害の程度であって、職務能力はさほど勘案されない。その結果、職務能力には影響がない場合でも機能障害の程度が重ければ、手帳を交付され雇用率制度の対象となる。雇用率制度の対象を手帳制度とは切り離し、障害を有するために職務遂行に支障が生じる者とすることで、より保護を必要とする障害者（現在は福祉的就労に従事する者等）に一般就労の枠を確保することができる。障害者の範囲を見直すことにより、雇用率制度の対象から外れてしまう者（機能障害はあるが職務能力には大きな支障はない者）については、新たに導入される障害を理由とする差別の禁止や合理的配慮の規定によって、均等な機会を確保すべきである。

労働者性の判断に関しては、障害者の就労実態は多様であり、そのような多様な働き方を前提としてつくられていない労働法規を一律に適用することが適切でないことも当然に考えられる。しかし、労働者性の判断基準等の労働法の原則を、通達や運用、あるいは本人の同意によって修正することは許されるべきではない。まずは、労働法の原則を前提として、実態に即した個別の判断を行うべきである。

障害者の労働者性が肯定されることにより、最低賃金法や各種の社会保険が適用され、施設側の負担が増大し、施設の運営が危ぶまれるとの懸念に対しては、最低賃金の「減額特例」を適切に利用することによって対応可能な場合も少なくない。使用者は、最低賃金法で定める最低賃金を下回る賃金を労働者に支払うことは許されない（最賃法四条一項）が、例外的に、「精神又は身体の障害により著しく労働能力の低い者」に対しては、都道府県労働局長の許可を受けたうえで、その者の労働能力を考慮した最低賃金の減額が可能であるとする（同法七条一号）。減額特例を受けようとする事業主は、比較対象労働者（減額対象労働者と労働能率の程度を比較する労働者）との比較から、減額対象労働者の労働能率を算定することになる。その際、職務の内容（職務の困難度、責任の度合い等）、職務の成果（一定時間あたりの労働によって得られる成果等）、労働能力（指示の必要性、複数業務の遂行の可否等）、経験（これまでの経験とその経験を生かしてどのような能力を発揮することが期待できるか等）などが総合的に勘案される。

また、労働者性が肯定された障害者については、賃金以外の労働条件についても、労働法の適用があることを前提としつつ、その就業の実状に合わせて、個別の項目ごとに柔軟に対応することが必要である（この点、福祉的就労の特性をふまえた特別法の制定の可能性を説くものとして、佐藤 二〇一一：二六五）。

このような取組みによってもなお労働法規の適用のない障害者や、最低賃金の減額特例によって賃金が低額にならざるをえない障害者については、福祉政策の枠組みで所得保障等の取組みがなされることが望ましい。

【注】

（1）　短時間労働者とは、①一週間の所定労働時間が、同一の事業所に雇用されている通常の労働者の一週間の所定労働時間よりも短く、②週所定労働時間が二〇時間以上三〇時間未満である、③常時雇用する労働者（期間の定めなく雇用されている労働者または一定の雇用期間を定めて雇用されている労働者であって、その雇用期間が反復更新され雇い入れの時から一年を超えて引き続き雇用されることが見込まれる労働者もしくは過去一年を超える期間について引き続き雇用されている労働者）をいう。

（2）　除外率制度とは一律の雇用率を適用することになじまない性質の職務もあることから、障害者の就業が一般的に困難であると認められる業種について、障害者の雇用義務を軽減する目的で、雇用する労働者数を計算する際に、除外率に相当する労働者数を控除する制度である。除外率は、それぞれの業種における障害者の就業が一般的に困難であると認められる職務の割合に応じて決められる。ノーマライゼーションの観点から二〇〇二年に障害者雇用促進法が改正され、廃止の方向で段階的に除外率が引き下げられている。

【参考文献】

出縄貴史（二〇一一）「福祉的就労支援現場の現状と課題」松井亮輔・岩田克彦編『障害者の福祉的就労の現状と展望——働く権利と機会の拡大に向けて』中央法規出版、一九五頁以下。

厚生労働省職業安定局高齢・障害者雇用対策部編（二〇〇二）『障害者雇用促進法の逐条解説』日刊労働通信社。

厚生労働省職業安定局「平成二二年障害者雇用状況の集計結果」(http://www.mhlw.go.jp/stf/houdou/2r9852000000v2v6-img/2r985200000v2wn.pdf)

厚生労働省「障害者の就労支援対策の状況」(http://www.mhlw.go.jp/bunya/shougaihoken/service/shurou.html)

佐藤宏（二〇一一）「福祉的就労の多様な実態に応じた労働保護法上の課題」松井亮輔・岩田克彦編『障害者の福祉的就労の現状と展望——働く権利と機会の拡大に向けて』中央法規出版、二四九頁以下。

社会福祉法人東京都社会福祉協議会（二〇一二）『障害者自立支援法とは〔第九版〕』東京都社会福祉協議会。

征矢紀臣（一九九八）『障害者雇用対策の理論と解説』労務行政研究所。

手塚直樹（二〇〇〇）『日本の障害者雇用——その歴史・現状・課題』光生館。

堀秀夫（一九六一）『身体障害者雇用促進法解説』労働法例協会。

松井亮輔（二〇一一）「福祉的就労障害者の働く権利と機会の拡大をめざして」松井亮輔・岩田克彦編『障害者の福祉的就労の現状と展望——働く権利と機会の拡大に向けて』中央法規出版、九頁。

水町勇一郎（二〇一二）『労働法〔第四版〕』有斐閣。

皆川宏之（二〇〇六）「労働者性について——労働法学の立場から」『ジュリスト』一三二〇号、有斐閣、一四〇頁。

柳屋孝安（二〇〇九）「施設における障害者訓練と労働者性判断に関する一考察」『季刊労働法』二二五号、労働開発研究会、一八〇頁。

第5章 女性雇用と児童福祉と「子育て支援」

武石恵美子

本章では、女性の就業の実態と、それに関連する「子育て支援」の現状や課題について取りあげる。女性の就業パターンは、男性と多くの点で異なるが、その大きな理由が、女性が子育ての責任を担っているということにある。働く女性を取り巻く子育て支援については、少子化傾向が顕著になる一九九〇年代以降、様々な施策が展開されてきたが、とくに職場における両立支援、そして保育所に代表される地域における子育て支援に注目して現状分析を行う。

1 働く女性と子育て

(1) 子育て支援への関心の高まり

一九九〇年代以降の少子化傾向の下で、子育て支援に対する社会的な関心が大きく高まった。子どもをもちたい人は多いのにその理想が実現しないという理想と現実のギャップを埋めて、少子化傾向の流れを変えるためには、家族、とりわけ女性に集中していた子育ての役割を、社会そして何よりも男性＝父親とシェアすべきであるとされ、そのための政策提言が行われてきたと総括できる。

わが国の子育て支援が政策として本格的に開始されたのは、一九九四年一二月にまとめられた「今後の子育て支援のための施策の基本的方向について」、いわゆる「エンゼルプラン」制定以降であるといわれている（汐見 二〇〇八）。本来、人口減少の局面でなくても社会的に重要であるという点で普遍性をもつ「子育て支援政策」は、少子化対策という政策を背負って表舞台に登場したということができる。その後も、新エンゼルプラン（一九九九年）、少子化対策プラスワン（二〇〇二年）、少子化対策基本法制定（二〇〇三年）、「子どもと家族を応援する日本」重点戦略のとりまとめと「仕事と生活の調和（ワーク・ライフ・バランス）憲章、行動指針」の策定（二〇〇七年）、「子ども・子育てビジョン」の策定（二〇一〇年）など、次々と子育て支援に関する政策提言が行われてきてきた。二〇一二年には「子ども・子育て関連三法（子ども・子育て支援法、認定こども園法改正法、関係法律の整備法）」が成立し、保護者が子育てについての第一義的責任を有するという基本的認識の下に、幼児期の学校教育・保育、地域の子ども・子育て支援を総合的に推進するための制度整備が行われている。

「エンゼルプラン」では、少子化の背景要因を指摘しているが、その第一に掲げられているのが「女性の職場進出と子育てと仕事の両立の難しさ」であり、「わが国においては、女性の高学歴化、自己実現意欲の高まり等から女性の職場進出が進み、各年齢層において労働力率が上昇しており、将来においても引き続き伸びる見通しである。一方で、子育て支援体制が十分でないこと等から子育てと仕事の両立の難しさが存在していると考えられる」としている。それ以降の政策提言においても強調されているのは、男女ともに仕事と子育ての両立を可能とすること、そのための支援策の充実、そして働き方の見直しという点である。

そもそも、子育て支援はきわめて包括的な政策を網羅した概念であり、子育て支援について議論するのであれば、この全体を視野に入れることが必要であるが、本章では紙幅の関係からそのすべてに言及することはできない。以下では、とくに女性の就業とそれにかかわる子育て支援に焦点を絞って議論をしていくこととする。

（2）女性労働のM字型カーブ

それでは、女性の就業の実態はどうなっているだろうか。

一般に働く女性が増え、女性が経済社会の中で重要な地位を占めるようになってきたといわれている。しかし、一五歳以上の女性人口に占める労働力人口（就業者と失業者）の割合は、二〇一二年で四八・二％、男女雇用機会均等法が施行された一九八〇年代以降大きな上昇を示していない（総務省統計局「労働力調査」）。

女性の就業パターンの特徴として「M字型カーブ」があげられる。図5-1に示すように、年齢階級別に女性の労働力率をみると、アルファベットのM字の形状をしているために、このように呼ばれている。学校を卒業して就職した女性が、結婚や妊娠・出産・育児などの事情で仕事を辞めて家庭に入り、その後子どもが大きくなった時点で再び労働市場に戻ってくるパターンが多いことを示している。当たり前のことではあるが、男性は子育てのために仕事を辞めるといった選択をすることはきわめて稀なので、学校卒業後定年までほぼ全員が労働力となっている。女性のM字型カーブは、就業選択が、結婚や子育てといった家庭の事情と強く関連して行われている現状を示している。

ただし、OECD加盟国の中で、現在までこう

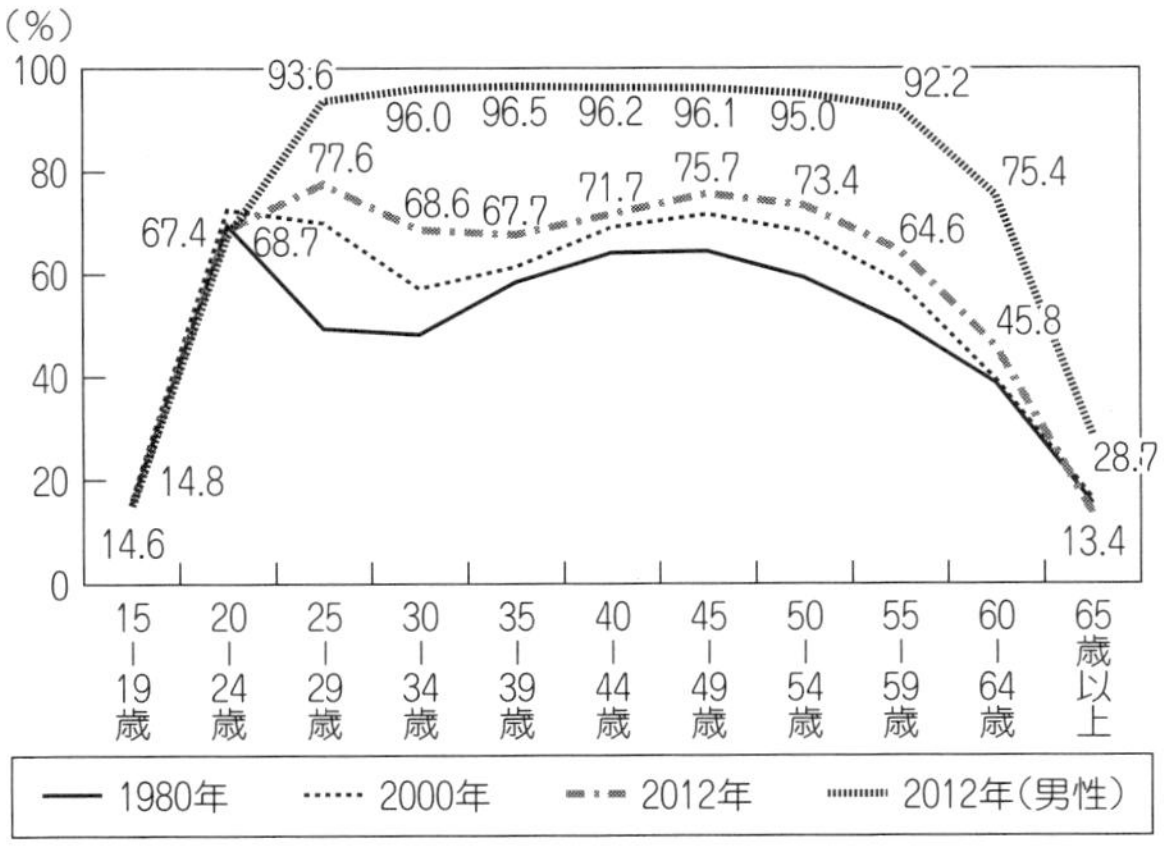

図5-1　女性の年齢階級別労働力率の変化
出所：総務庁統計局「労働力調査」。

したM字の形状が残っている国は日本と韓国のみで、他の国では「逆U字」の形状に変化している。女性労働力率が高い欧米の国々では、育児期にも多くの女性が労働市場に参入しているわけだが、かつては現在の日本同様にM字のカーブがみられていた。これらの国では、一九八〇年代、九〇年代を通じて女性の高学歴化や就業意識の向上といった女性の変化に加え、産業構造がサービス産業にシフトするといった労働力需要サイドの変化もあり、女性の労働力率が急速に上昇した。OECD加盟国のうちの二四カ国について、一九七〇年から二〇〇〇年までの三〇年間の女性労働力率（一五―六四歳）の上昇幅をみると、平均二三・三ポイントであるが、日本は五・二ポイントと最も上昇幅が小さい（矢島 二〇〇九）。

時系列でみると、日本のM字のカーブは上方にシフトしており、出産や子育ての時期にも働く女性が増えているようにみえる。しかし、二〇代から三〇代の上昇はもっぱら結婚していない未婚の女性が増えていることによるものであり、子どものいる女性に限定すると、労働力率はそれほど上昇していないのである（武石 二〇〇九）。

（3）女性の就業と子育て

仕事と家庭生活の両立を強力に進めてきた国に比べて、日本では両立が難しく、結果として子育て期を中心に女性が非労働力化し、女性の就業が進まないという現状につながっている。この状況について、国際比較により、もう少し細かくみていこう。

図5－2は、子どもがいる女性の就業率の国際比較の結果を示している。日本は、二歳以下の子どもがいる女性の就業率は二八・五％と低い水準となっており、三―五歳になると四七・五％まで高まるものの、他の国に比べると低水準である。ただし、欧米の国で子どもがいる女性で実際に就労している割合はこのデータほど高くはなく、育児のための休業制度などを利用して休業している女性も多い。また働いている場合でもフルタイムではなく短時間で働く割合が高く、母親は多様な形で労働市場にとどまっている（OECD 二〇〇七）。

これと比べて、日本では、そもそも多くの女性が妊娠や出産を契機に仕事を辞めており、育児休業を取得して就業を継続する割合は高いとはいえない。図5－3は、第一子を出産

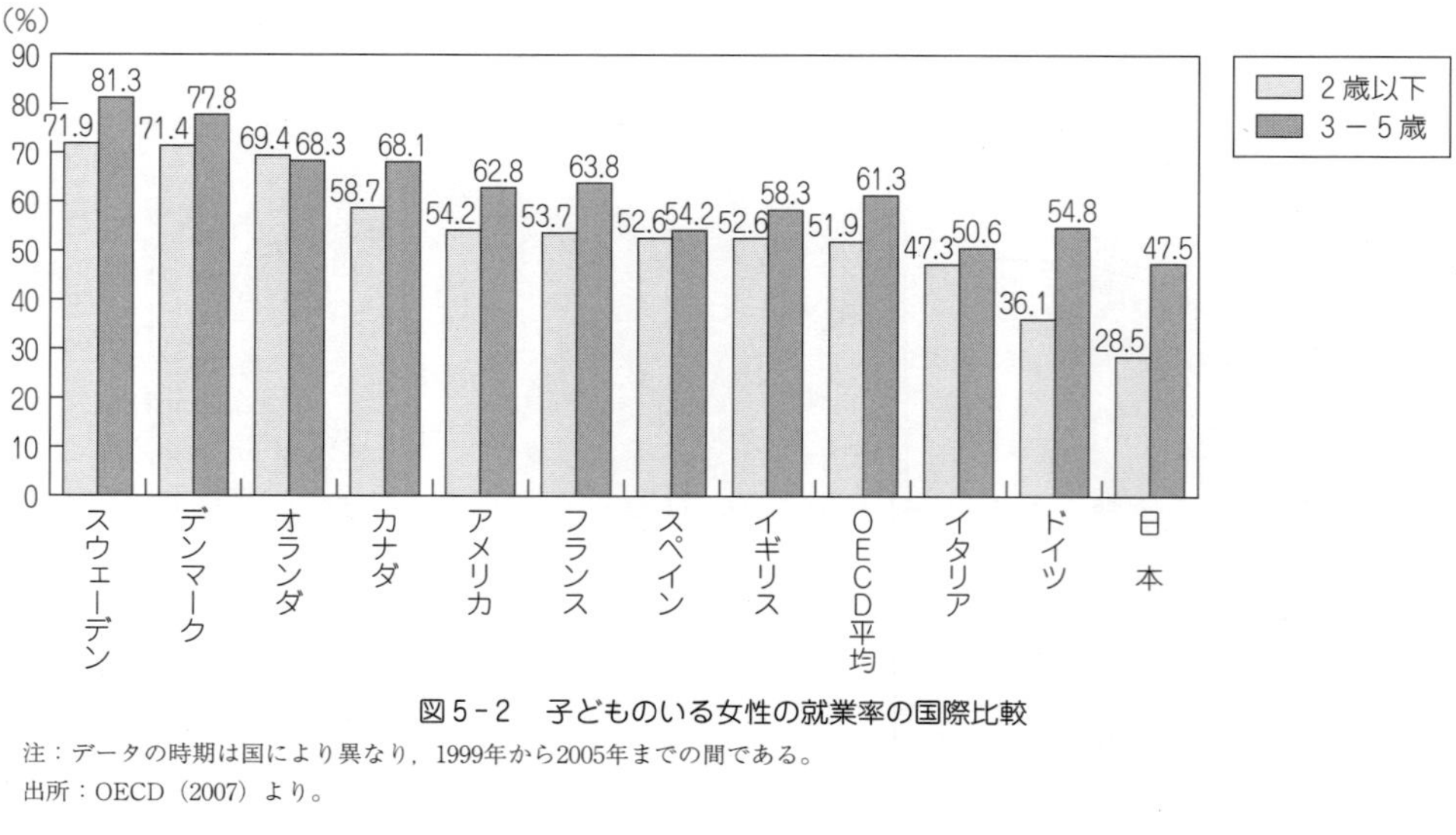

図5－2　子どものいる女性の就業率の国際比較

注：データの時期は国により異なり，1999年から2005年までの間である。
出所：OECD（2007）より。

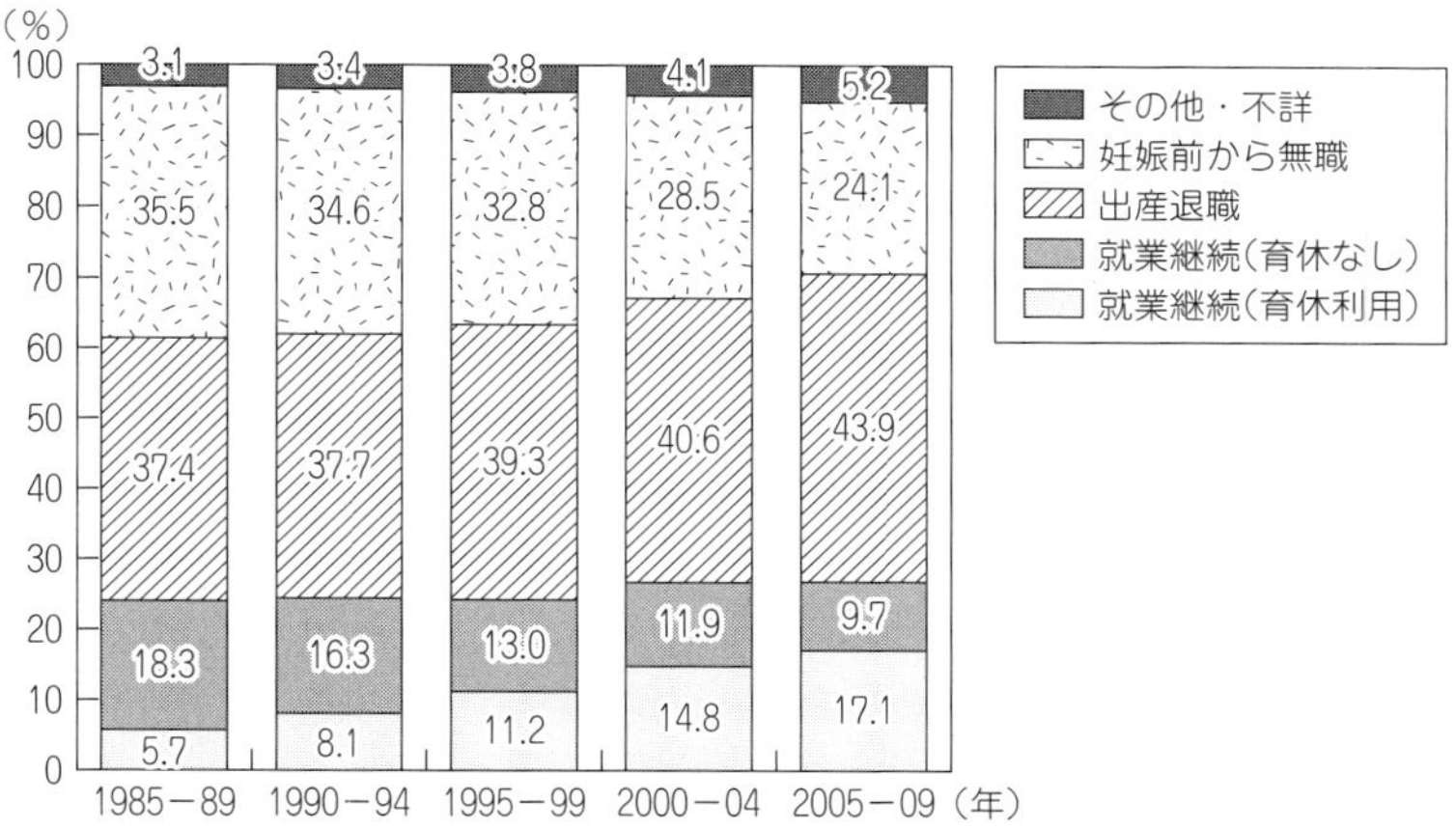

図5－3　子どもの出生年別，第1子出産前後の妻の就業変化

出所：国立社会保障・人口問題研究所「第14回出生動向基本調査（夫婦調査）」（2010年）。

した女性の出産前後の就業状態を示しているが、出産退職は、最近出産した女性（二〇〇五―二〇〇九年に出産）でも四三・九％と高い割合を示している。妊娠前から無職の割合が低下している分、出産を契機に仕事を辞める割合は上昇傾向にある。一方で、育児休業を利用して就業継続している割合は一七・一％にすぎず、出産した女性全体からみると決して多くはない。育児休業を利用せずに就業継続をしていない女性と合わせて四人に一人程度が就業継続をしているにとどまり、この割合は八〇年代後半と比べても大きな変化はみられていない。

このように、日本では妊娠・出産・育児を契機に仕事を辞める女性が多い状況にあるが、それを女性の自由な選択の結果であるとして放置することには問題がある。子どもの年齢が小さいと女性の就業率は低い傾向がみられているが、就業を希望する女性は決して少数ではない。表5－1に示したように、末子年齢が低いと女性の有業率は低いが、無業者であっても就業を希望する女性の割合は高い。働く意欲をもちながら仕事をしていない女性が育児期にはかなりの数に上ることがわかる。

（4）子育て期の女性の働き方

それでは、出産後も子育てをしながら働いている女性は、どのように子育てと仕事の両立をはかっているのだろうか。

表5－1は、末子年齢が小さいと女性の有業者比率が低いことを示しているが、この表からは、子どもが小さいときには正規雇用で働く女性が多

表5－1　末子の年齢別，妻の就業状態

（%）

	末子の年齢						
	3歳未満	3－5歳	6－8歳	9－11歳	12－14歳	15－17歳	18歳以上
有業者比率	33.3	51.5	62.2	70.0	74.6	74.3	55.0
雇用者比率	30.2	46.2	56.5	64.4	69.2	68.3	46.2
うち正規の職員・従業員の比率	17.4	15.9	15.9	18.3	21.0	22.4	15.0
無業者比率	66.7	48.5	37.7	30.0	25.4	25.6	45.0
就業希望者比率	35.0	27.5	23.6	18.3	14.3	11.7	9.0

注：1）データは，「夫婦と子供から成る世帯」と「夫婦，子供と親から成る世帯」を合わせたものである。
2）数値は，末子年齢別の妻の人数に対する割合を示す。
出所：総務省統計局「平成19年　就業構造基本調査」。

く、子どもの年齢が大きくなっても正規雇用の比率がそれほど高まっていかないことも読みとることができる。子どもの年齢が小さいときに働く女性に正規雇用が多い理由は、一つには正規雇用の場合には、育児休業制度や短時間勤務制度など、職場の両立支援策が非正規雇用に比べると充実しているということがあげられる。もう一つは、育児をしながら仕事をする以上、仕事内容や処遇などにおいて納得できるだけの就業機会であること、つまり育児に専念することを譲歩してもそれに見合う魅力が仕事の側にあることも重要となる。

　妊娠・出産、そして育児期にも就業を継続している女性にとって、育児休業は重要な制度である。事業所規模五人以上を対象にして実施している厚生労働省「平成二四年度雇用均等基本調査」によると、出産時に働いていた女性に占める育児休業取得者の割合は八三・六％と高い割合を占めている。ちなみに男性の育児休業の取得率（配偶者が出産した男性に占める割合）は一・八九％なので、もっぱら女性が育児休業を取得しながら仕事と育児の両立への努力をしているといえる。

　国立社会保障・人口問題研究所「第一四回出生動向基本調査（夫婦調査）」（二〇一〇年）では、一歳以上の子どもをもつ夫婦で妻が出産後も正規雇用を継続している場合には、産前・産後休業制度（八一・八％）、育児休業制度（六二・四％）の利用が多いことが明らかになっている。また、職場復帰後は、認可保育所（四九・一％）、育児時間制度、短時間勤務制度（二一・〇％）を利用して働いている。

　一方で、妊娠、出産、育児を理由に仕事を辞める女性は、継続就業する女性よりも圧倒的に多い。子どもの成長とともに再就職をする女性も多いが、その多くは正規雇用ではなくパートタイム就労などいわゆる非正規雇用が多い。就業を継続している場合には専門・技術職や事務職で働く人が多いが、育児等を理由に離職をして再就職をした場合には、販売職やサービス職の割合が高くなり、就業を継続している女性と就業分野にも違いが生じている。

2　女性の就業環境整備の現状

(1) 女性の就業支援政策の背景

　女性の高い就業ニーズを社会で受け止め、女性が能力を発揮して働くことができるようにする政策は、以下にあげるような社会政策的な視点からも重要性を増している。

　まず日本では、一九九〇年代以降出生率が低下し現在も低水準で推移している。すでに人口減少局面に入った日本では、出生率を回復させて少子化傾向の流れを変えることに寄与する政策はきわめて重要であるとされ、過去二〇年にわたっていわゆる「少子化対策」として様々な政策がとられてきた。その中でも仕事と子育ての両立ができる社会環境の整備は中心的な政策であった。出産・育児は、女性の就業中断の大きな要因である。女性の就業機会が増えて賃金が上昇するなど女性労働の市場価値が高まると、仕事を辞めることのコストである「機会費用」が大きくなる。仕事と育児のどちらか一方を選択しなければならないとすると、仕事を辞めずに出産をあきらめる、もしくは先延ばしをするという選択がとられることになる。これが少子化の背景とされ、仕事をしながら出産・育児が無理なくできる環境整備が強く求められることとなった。

　母親の就業を子育て支援の中でどのように位置づけるかということは、子どもの成長、発達にとっても重要な意味をもつ。母親が働かないことを前提とする社会では、親の子育てを側面から支援することで子育て支援は十分であったかもしれないが、親がともに働く家庭が一般的になっていくとすれば、そうした子どもの育ちを支える社会のシステムも親の状況に合わせて変えていく必要がある。女性の就業を促進することは、子どもの家庭の経済的な基盤を強化し、ひいてはひとり親家庭の子どもの生活の安定をはかるうえでも重要になる。とくに、雇用を取り巻く環境が変化し、男性が安定した仕事に就き、妻を含めて家族の生活を支えるという家族モデルは過去のものとなり、共働き世帯が増えている。女性の就業は、家計維持の視点から重要になっている。

さらに、女性の労働参加を促進することは、マクロの視点、すなわち経済成長や高齢化に伴う国民負担増加への対応としても強く求められるようになっている。例えば、二〇一一年のOECD設立五〇周年の閣僚理事会において、OECDジェンダー・イニシアティブ中間報告書が報告され、女性の経済的な力の向上は、強靱で公正な経済成長のためにきわめて重要であることが確認され、二〇一二年にとりまとめられた報告書で、教育、雇用の分野における男女平等の推進が提言されている。とくに、女性の高学歴化が進みながら、雇用の場において十分な活躍の場を与えられていない日本に対して、女性の就業環境を整備すべきとの指摘は多い。こうした状況を受け、二〇一三年六月に閣議決定された「日本再興戦略」において、「女性が働きやすい環境を整え、社会に活力を取り戻す」として、女性の活躍推進、仕事と子育ての両立等の取組みの推進の重要性が指摘されるなど、関連政策の取組みへの積極的な提言が相次いでいる。

（2）女性雇用の課題

民間企業や公務部門等で雇われて働く女性が大多数を占める現在、雇用の実態と整合的な女性の就業支援を行うことが重要となる。とくに日本の雇用システムは、「日本的」といわれる、長期雇用をベースにした年功的な処遇が、現在でも広範にみられている。この長期雇用を前提とする仕組みにおいて、出産や子育てのために離職をする可能性が高い女性は不安定な労働者とみなされ、男性とは異なる育成、スキル開発が行われることが多く、その結果としての処遇が行われることが多いのも事実である。

雇用における男女間の格差は、例えば昇進の側面において顕著である。日本の女性の管理職比率は低く、係長クラスで二〇〇四年に一一・〇%と一割を超え、二〇一一年には一五・三%になっているものの、課長クラスは八・一%、部長クラスは五・一%と低水準である（厚生労働省「賃金構造基本統計調査」二〇一一年。企業規模一〇〇人以上の企業についてのデータ）。女性の管理職への登用は、女性が男性と同じように育成され、組織で認められた結果を示すという意味合いが大きい。したがって、この数値が上昇することは、女性が組織の中で活躍する状況が改善していると解釈できるが、そのスピードは遅々としている。しかも、昇進における男女間の格差は、賃金格差の原因ともなることから、この格差是正が求められている。そこで政府は、「社会のあらゆる分野において、二〇二〇年までに、指導的地位に女性が占める割合が少なくとも三〇%程度になるよう期待する」という目標を、二〇〇三年に男女共同参画推進本部において決定している。

雇用の場において、男女の平均的な勤続年数の差を理由に、男女で異なる取扱いが行われることは「統計的差別」といわれている。男女の勤続パターンに差があることは統計的な事実であるために、男女の勤続格差を解消しないと、男女異なる取扱いはなくなっていかない。

前述したように、子育て期における女性の就業中断は、女性の自発的な選択ではないケースも多い。とくに長期間の就業中断が職業キャリアの形成にとって大きなダメージとなる現状で、女性が出産や育児期、そしてそれに続く長い子育て期において就業を継続できる環境整備が何よりも重要になる。

　女性の雇用に関しては、もう一つ非正規化の進展という問題を指摘しなければならない。現在女性雇用者に占めるパート、派遣等の非正規の割合は半数を超えている。かつて非正規というと再就職の主婦パートが主流であったが、最近は若年層で有期の雇用契約で働く契約社員などの形態が増え、年齢層が変化していることにも留意が必要である。正規雇用であれば利用できる両立支援策や保育サービスが、非正規雇用に場合には利用が制限されることもあるため、非正規化の流れには留意が必要である。

（3）子育て支援と女性の就業

　以上みてきたように、女性が能力を発揮して働くことは、女性の希望でもあり、また、社会的な視点からも強く求められるようになっている。とくに日本の雇用システムの現状を踏まえると、女性が活躍するためには女性が仕事を辞めずに働き続けることができることが非常に重要である。

　子どもをもつ女性の就業率が国によって差が生じていることを述べたが、これはまさに子育てを社会制度においてどう位置づけるのか、という点と深く関わっている。エスピン・アンデルセン（Esping-Andersen 1990）は、福祉国家を次の三タイプに類型化している。

①　国家が子どもや高齢者のケア責任を引き受け、男女の雇用を拡大するとともに男女平等を目指す「社会民主主義モデル」。スウェーデン、デンマークなど北欧諸国がモデル。

②　職業上の地位をベースにした保険原理を基礎にして福祉の提供が行われ、世帯の稼得者（＝男性）の雇用保障や所得を重視する「保守主義モデル」。ドイツ、フランスなど。

③　市場において福祉が供給されることを前提とし、国家の役割は規制政策等により市場のパフォーマンスを高めることにあるとする「自由主義モデル」。アメリカなど。

　この三類型は、家族が行ってきた子育てというケア役割に関して、社会がどう関与していくかということと関連しており、それによってケア役割を担うことの多い女性の賃金労働への参画を規定していくこととなる。日本は、これら三つの類型にはぴったりあてはめることができず、私的な福祉に依存する自由主義的な側面、職業によって分立した社会保険という保守主義的な側面、さらに完全雇用に国が関与するという点では社会民主主義の側面も併せもっているとされている。とくに、男性＝稼得者、女性＝主婦という男性稼得者イデオロギーの強い日本では、子育ては母親の役割として、家族の中で対応されてきた部分がきわめて大きく、南欧と並んで家族の役割が強いタイプといわれている。

　前田（二〇〇四）は、日本を含む六カ国の育児支援策と女性の就業状況について比較検討を行っているが、保育などの育児支援策のレベルが女性の就労状況やライフステージごとの働き方に影響を及ぼしており、仕事と子育ての両立が可能な国では女性が子育てのために離職を選択しないですむことから、子育てに伴って失う所得（機会費用）が小さくなり、出生率も高いことが指摘されている。比較検討の結果、日本の子育て支援策のメニューが、女性の就労状況、家庭内での子育ての分担、その背後にある働き方などにおいて整合性のとれたものにすることの重要性が明らかにされている。舩橋（二〇〇六）も、スウェーデン、フランスとの比較検討により、日本では、育児は家族の責任という前提で育児支援が進められており、男女平等の視点が盛りこまれないままに子育て支援が展開されることへの問題を指摘している。

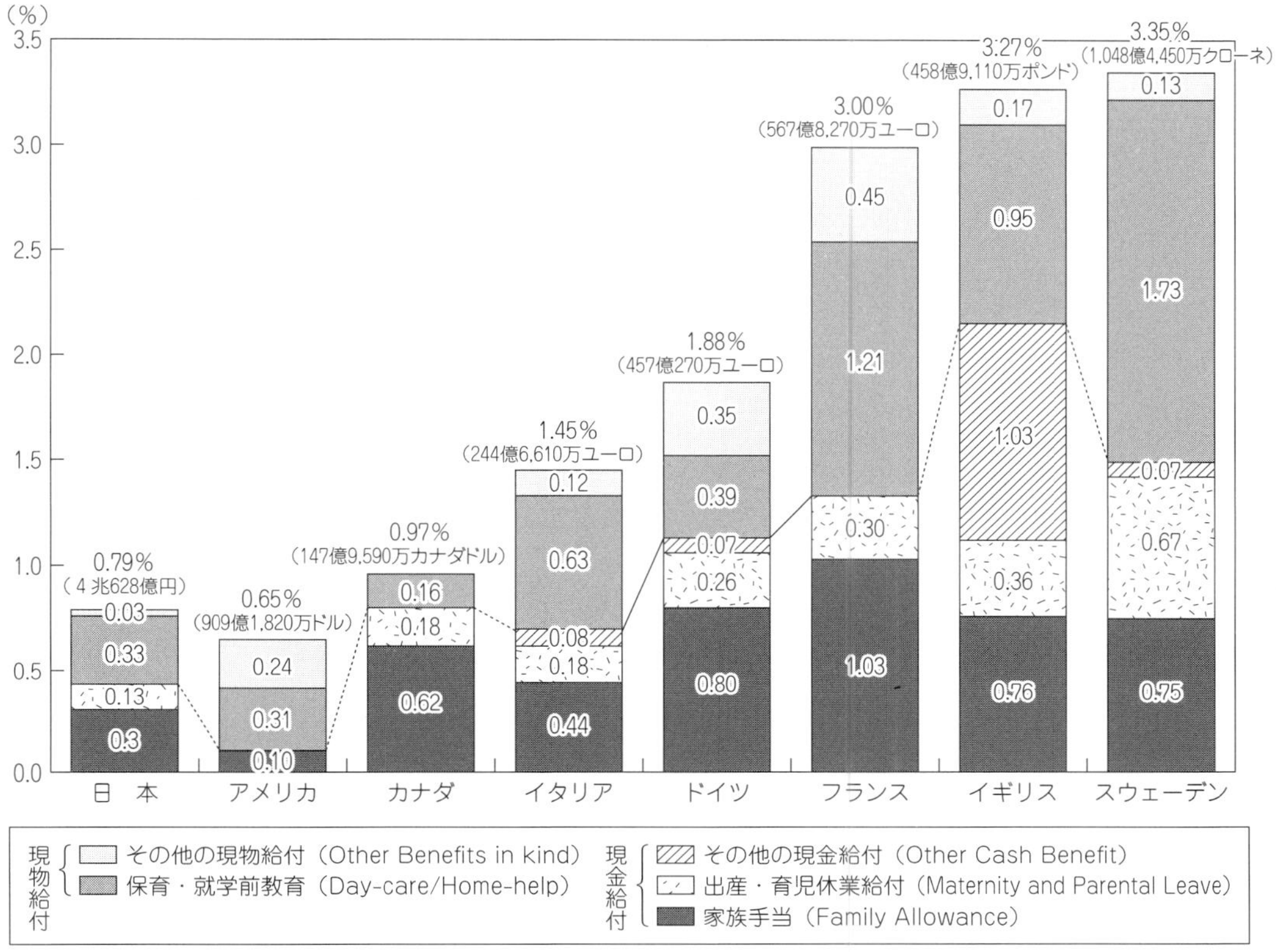

図5-4　家族関係社会支出の対GDP比（2007年）

資料：内閣府「平成24年版　子ども・子育て白書」(2012) より。(OECD: Social Expenditure Database (Version: November 2008) のデータ)

ちなみに、子育てなど家族関係の財政支出は、対GDP比で〇・七九%にすぎず、スウェーデン(三・三五%)、イギリス(三・二七%)、フランス(三・〇〇%)、ドイツ(一・八八%)などに比べると、三分の一から四分の一という水準である(図5-4)。自由主義のアメリカは、もともとこうした家族支援への財政支出は低い傾向にあるが、欧州と比べて、日本の子育てへの社会的な支援が十分とはいえず、その結果、家族、とりわけ母親の負担が大きくなっている現状が指摘できる。

3　両立支援、子育て支援の現状

(1) 両立支援と子育て支援

子育てをする女性の就業支援のための政策を考えるとき、職場における「両立支援」と、地域における保育サービスの提供など「子育て支援」が二つの大きな柱となる。まず指摘しておきたいことは、「両立支援」と「子育て支援」は相互に重なる部分はあるが、それぞれの概念を明確にして議論することが重要であるという点である。佐藤は、「企業が取り組むべきことは、社員に対する子育て支援ではなく、仕事と子育ての両立つまりWLB支援」(佐藤 二〇〇八:二九)であると指摘する。両方を含めて「子育て支援」と称することも多い（汐見 二〇〇八）が、「子育て支援」の多様性ゆえに、そこから生じている混乱を問題提起する意見もある（萩原 二〇〇八）。

　このことに関連して、ＯＥＣＤ（二〇〇七）は、「親としての活動への支援（例えば時間に関する支援）」と「就業の支援（例えばフォーマルな保育支援）」の両面において障害を減らす政策が重要であるとしている。親の就業支援と子どもの発達への支援の両方を目指す場合に、「政策の発展を複雑化するある種の緊張関係がありうる」として、次のような課題を提起している。

　「たとえば、親休暇は、幼児がもっとも傷つきやすい時期にその面倒を見ることができるようにし、親たちの職業生涯を犠牲にしないで良質の子育てを促進する。しかし、親たちがあまりに長い期間休暇をとると、その人的資本は減少し、使用者が負担するコストが上昇し、親たちの職業生涯に大きな損害を発生させることがありうる。政策目標は、親たちがさまざまな目標のあいだの適切なメリット・デメリットの組み合わせを選択しうるようなものにすべきであり、親が異なれば異なった選好をもつということを認識すべきである。」（ＯＥＣＤ 二〇〇七：一四）

　すなわち、「両立支援」は、基本的には組織で働く従業員を対象にしており、その従業員が子育てをする「親」であることを踏まえた施策と位置づけることができる。親が職業キャリアをあきらめずに仕事と家庭の両方の責任を果たすことができるようにするための施策である。これに対して「児童福祉」の視点を重視する「子育て支援」は、子どもの健やかな発達・成長の視点が前面に出てくることになる。子どもをもつ女性の就業を考えるときは、この二つの「支援」の側面に着目する必要がある。どちらか一方が欠落してしまうと、仕事を優先して子どもがもてない、あるいは、子育てを優先して仕事をあきらめてしまうことになる、という問題に直面せざるを得なくなってしまう。

（2）仕事と子育ての両立支援策

　働く場における仕事と子育ての両立支援策は、一九九二年に施行された育児休業法（一九九五年に介護休業制度を加えて「育児・介護休業法」として成立）を契機に企業に定着してきている。同法は、施行後数次の改正を経て現在に至っており、仕事と子育ての両立に関する主なポイントは以下のとおりである。

　法律では、勤続一年以上など一定の要件を満たす労働者は、申し出により子が一歳に達するまでの間育児休業をすることができ、事業主はこれを拒むことができないとして、強い権利を労働者に付与している。さらに、保育所に入所を希望しているが入所できない場合など一定の事情がある場合には、一歳六カ月まで育児休業ができることとしている。休業期間中は、ノーワーク・ノーペイの原則から無給とする企業が多いが、雇用保険制度において育児休業給付金制度があり、原則として休業開始時賃金日額×支給日数の四〇％（当分の間は五〇％）相当額が支給される。

　また、二〇一〇年に施行された改正法においては、次に述べるような新しい制度が盛りこまれている。

　現状では育児休業取得者のほとんどが女性であり、男性の休業取得がなかなか増えない。そこで、母親と父親がともに育児休業を取得する場合、取得できる期間を「子どもが一歳二カ月に達するまで」に、二カ月延長できる制度が導入されている。「パパ・ママ育休プラス」と呼ばれるこの制度は、北欧の国の制度を参考にしたものであるが、母親だけでなく父親も育児休業を取得することで、休業期間にメリットが生ずることになる。このほかにも、子の出生後八週間以内の期間内に父親が育児休業を取得した場合、二回目の育児休業を取得することができるようになるなど、一定の条件の下での分割取得を認める改正もなされた。

当然のことではあるが、職業キャリアを形成するためには、子育ての期間を通じて長期休業で対応するのは現実的ではなく、ある時点で仕事に復帰して子育てができることが必要になる。働きながら育児をするための措置としては、法律では、事業主に対して、三歳未満の子どもを養育する労働者に対する「短時間勤務制度（一日原則六時間）」を措置することを義務づけている。また、育児期には、子どもの病気や健康診断、予防接種などで仕事を休まなくてはならない事情が発生しがちである。そのため小学校就学前の子どもの看護のために取得できる「子の看護休暇」が制度化されており、小学校就学前の子どもが一人であれば年五日、二人以上いる場合は年一〇日まで取得できることとなっている。

育児・介護休業法の規定は、最低の基準を決めているものであるため、法律を上回る制度を導入する企業も少なくない。例えば、育児休業期間や短時間勤務を取得できる期間を法定以上に長く設定するなどの制度を導入する企業もある。

（3）事業主の次世代育成支援の取組み

職場における両立支援を進めるうえでのもう一つの重要な法的な枠組みとして、次世代育成支援対策推進法がある。二〇〇五年に施行されたこの法律は、育児・介護休業法のように企業に対して一定の両立支援措置の導入を求めるものではなく、企業の次世代育成支援の自主的な取組みを側面から促すという性格をもっている。この法律では、従業員一〇一人以上の企業は、仕事と子育ての両立のための行動計画を策定して国に届け出ることが義務づけられているが、その内容に関しては、企業の実情を踏まえたものとすることとされており、取組み内容について一定の最低基準が設けられているものではない。

行動計画の内容としては、育児をする従業員の職業生活と家庭生活の両立支援策の整備はもとより、育児をしていない従業員も含めた働き方の見直しに資する多様な労働条件の整備に関する項目も盛りこむことが推奨されている。例えば、所定外労働時間の削減や年次有給休暇の取得促進のための取組みなどがこれにあたる。これは、育児をしている従業員だけの特別な制度を設けても、それ以外の従業員の働き方がハードワークで休暇もとれないような状況では、せっかく導入した両立支援のための制度が十分な効果をあげないことから計画に盛り込むことが求められたという経緯がある。「ワーク・ライフ・バランス」支援として、働き方の見直しをスローガンにして労働時間対策などを進める企業が増えており、長時間労働を是とする職場風土の改善などを含めて、両立支援などの制度面での充実以上に重要な取組みと位置づけられるようになってきている。

さらに、自社の従業員だけでなく地域や顧客の子育てを支援する取組みを推進することも企業に期待されている。例えば、地域の子どもに対する職場見学の機会の提供や、子ども連れで来訪する顧客のための託児室等の設置などがこれにあたる。

行動計画を策定・実施して一定の要件を満たすと、厚生労働大臣の認定を受けることができ、認定企業に対して「次世代認定マーク（愛称「くるみん」　図5－5参照）」を商品や従業員の名刺などに印刷することで、対外的にアピールができることとなっている。ここで認定の要件は、適切な計画を策定して計画を実行することが前提となるが、重要な基準として、

・計画期間において、育児休業を取得した男性

従業員者が一人以上いること
・計画期間内の女性従業員の育児休業取得率（出産した女性に占める休業取得者の割合）が七〇％以上であること

が設定されている。なお、従業員規模三〇〇人以下の企業に関してはこの基準が緩和された特例の規定が設けられている。次世代認定マークを取得しようとするとこうした要件をクリアしていることが必要になる。企業認定というインセンティブにより、企業の取組みを支援する点にこの政策の特徴がある。とくに男性の育児休業取得促進においては、一定の影響力を発揮してきたといえよう。

図５－５　次世代認定マーク「くるみん」

（4）地域における子育て支援策

職場における対応が進められる一方で、子どもや親が生活をする地域における子育て支援策も、女性の就業環境整備としてきわめて重要な政策である。

厚生労働省が「就学前児童の育つ場所」として公表しているデータをみると、〇歳児の場合には九割が家庭内で親などの養育者に育てられているが、一歳児では二五％、二歳児では三割強が保育所を利用するようになり、三歳児以上になると、保育所（四割）や幼稚園の利用が増え、ほとんどの児童が家庭外で生活の多くの時間を過ごすようになる。さらに学童期において放課後児童クラブなどのサービスが提供され、これらは、親の就労を支える仕組みとして欠かせないものである。

大日向は、「希望する人が無理なく働き続けながら、子育てや家庭生活を送れるようにという観点に照らして考えれば、就労家庭への支援の維持強化が必要であり、そのために地域の保育機能を充実する必要性がいっそう大きくなって」いることに加え、「親がゆとりを持って安心して子育てに携われるように、地域の子育て支援拠点や一時保育の充実をはじめとした、すべての子育て家庭を視野においた地域の取組み」（大日向 二〇〇八：一五）の重要性も指摘する。

もちろん、子どものいる女性が働くうえで、職場と地域だけでなく、家族の中で夫・パートナーあるいは親やきょうだいなどの親族との協力、また地域のインフォーマルなネットワークが、大きな支えとなることはいうまでもない。実際に、祖父母と同居している場合に、子どものいる女性の労働力率は高くなる傾向がみられる（武石 二〇〇九）。家族、とりわけ夫、子どもにとっての父親の役割の重要性は近年強調されていることであるが、これに関しては最後の課題で述べることとしたい。

以下では、地域における子育て支援策に関連して、児童福祉や保育サービスについて議論を進めていく。

4　福祉政策としての子育て支援

（1）児童福祉から子ども家庭福祉へ

子どもの視点から福祉政策を捉えるとき、「児童福祉」の意味を検討する必要がある。児童福祉法第一条には、児童の福祉を保障するための原理として、「すべて国民は、児童が心身ともに健やかに生まれ、且つ、育成されるよう努めなければならない。すべて児童は、ひとしくその生活を保障され、愛護されなければならない」という規定がある。

高い理念を掲げた児童福祉の考え方ではあるが、従来の児童福祉政策の展開にあたっては、子の養育の責任は親にあることを前提としており、父親が働き、母親が家事・育児を遂行できれば、基本的に福祉サービスの対象とはならないという保護的福祉の考え方が強かった。このため、児童福祉は、貧困多子世帯対策など特別な児童を対象とする「福祉」路線が戦後長い間続いたとされる（田澤 二〇〇八）。

一九六三年の中央児童福祉審議会家庭対策特別部会「家庭対策に関する中間報告」では、母親の就労が子どもの福祉の阻害要因になっているといった指摘があり、とくに乳幼児期における家庭保育の重要性が一貫して主張されていた。下夷（一九九四）は、保育政策が前提とする家族モデルと家族の実態について分析を行い、一九七〇年代から八〇年代にかけて、女性の就労が進む実態があったにもかかわらず、母親による家庭保育をモデルにした保育政策を転換することはなく、その結果母親への育児負担が集中して仕事と育児の両立の困難が問題になってきたとしている。

この考え方は、一九九〇年代以降の少子化傾向への強い関心、懸念により、転換することとなる。それまでは、「社会的な子育て支援は、そのほとんどが児童福祉法第七条で規定されている一四種類の児童福祉施設であった。その主な役割は家庭で養育困難な児童への社会的養護と位置付けられていた」（汐見 二〇一〇：一一八―一一九）のである。一九九七年に児童福祉法は、制定以来はじめての本格的な改正が行われた。主な改正点としては、市町村の措置による保育所入所の仕組みから、保護者が保育所を選択する仕組みに変更されたこと、放課後児童健全育成事業の法定化、児童福祉施設の名称や機能の見直しなどがあげられる。また、二〇〇三年には、次世代育成支援対策推進法の成立に伴い、地域における子育て支援事業を児童福祉法に位置づけ、これによりすべての家庭に対する子育て支援を市町村の責務として明確に規定し、支援を積極的に行う仕組みを整備することとなった。

こうした法改正や社会の流れを受けて、「児童福祉」から「子ども家庭福祉」への転換があったといわれている（大津 二〇一〇など）。柏女（二〇〇七）は、児童が生活する家庭を支援することによって児童の福祉向上をはかることの重要性を指摘しており、「家庭を潜在的社会資源としてとらえ、公的施策の補完として期待するいわば『施策を支える家庭』」に対する支援ではなく、「家庭を支える施策」が重要であるとしている。親による子育てを基本としつつ、その子育て家庭を全体として包み込んでいく支援の仕組みが重要であるとの考え方が強調されてきている。この背景の一つに、母親の就業ニーズの上昇に伴い、男性稼ぎ手イデオロギーに基づく伝統的な家族モデルをベースにした福祉システムが効果を発揮しなくなったことがあげられる。

（2）保育サービス拡充の取組み

女性の就業と密接にかかわる仕組みが保育所制度である。少子化により子ども数自体は減少しているにもかかわらず、認可保育所の入所児童数は増加傾向を続けており、また、待機児童数も減少せず、保育所に対する強いニーズがあることがわかる。

保育所に関しては、一九九〇年代以降の子育て支援を重視する政策により、量的な増大とともに、質的な面でも多様な保育ニーズへの対応、さらには保育の質そのものの維持・向上に向けた取組みが行われてきた。一九九七年の児童福祉法の改正により、それまでの措置制度から利用契約の制度に変更され、保護者が保育所を選択できる制度的な枠組みが整えられた。

子育て支援に関する具体的な取組みは、一九九四年、文部、厚生、労働、建設の四大臣合意により策定された「今後の子育て支援のための施策の基本的方向について」（エンゼルプラン）により本格的に開始された。同プランを実施するため、保育所の量的拡大や、低年齢児（〇—二歳児）保育や延長保育等の多様な保育サービスの充実、地域子育て支援センターの整備等が進められることとなる。一九九九年、「少子化対策基本方針」に基づく重点施策の具体的実施計画として、「重点的に推進すべき少子化対策の具体的実施計画について」（新エンゼルプラン）が策定された。新エンゼルプランでは、保育サービスの拡充に加え、雇用環境の整備や地域の子育て支援も加えた幅広い政策を網羅していくこととされた。

また、保育ニーズへの多様化への対応として、延長保育、夜間保育、病児保育・病後児保育などの必要性も指摘され、民間サービスを含めてサービスの提供が進められてきた。エンゼルプランが開始された一九九五年には一六〇万人にまで低下した保育所利用児童数は、新エンゼルプランが終了する二〇〇四年度までの一〇年間に四四万人増加し、延長保育実施施設数は一万カ所増加するなど、保育サービスの量的な拡大に一定の成果がみられたといえる。

また、前出の次世代育成支援対策推進法は、事業主に対する取組みを求めることと並行して、市区町村及び都道府県に対して、地域子育て支援などに関する具体的な行動計画を示すことを求めている。通常保育以外にも、延長保育、休日保育など保育政策の充実は、地方自治体の責任とされている。

その後も「子ども子育て応援プラン」（二〇〇五—〇九年度）、「子ども子育てビジョン」（二〇一〇—一四年度）と五年ごとの計画が策定されている。これらの計画では、保育事業中心の施策に加えて、若者の自立・教育問題、働き方の見直し等が重視されるようになり、社会全体として子育て支援を推進することの重要性が示されている。

（3）保育サービスの現状と課題

保育サービスは充実化の方向に向かってはいるが、就業支援という視点から保育所サービスの現状をみると、量的にも質的にも十分とはいえない。

エンゼルプラン以降の子育て支援関連の計画において、待機児童の解消は常に重要度の高い政策となってきた。現在保育所を利用する児童数は二一八万人で、年々増加しているが、図5-6に示すように待機児童数は高止まりの傾向が続き、保育所の整備が待機児童の解消につながらない現状がある。女性の就業ニーズが高く、保育所の整備が潜在的なニーズを掘り起こしている面があると

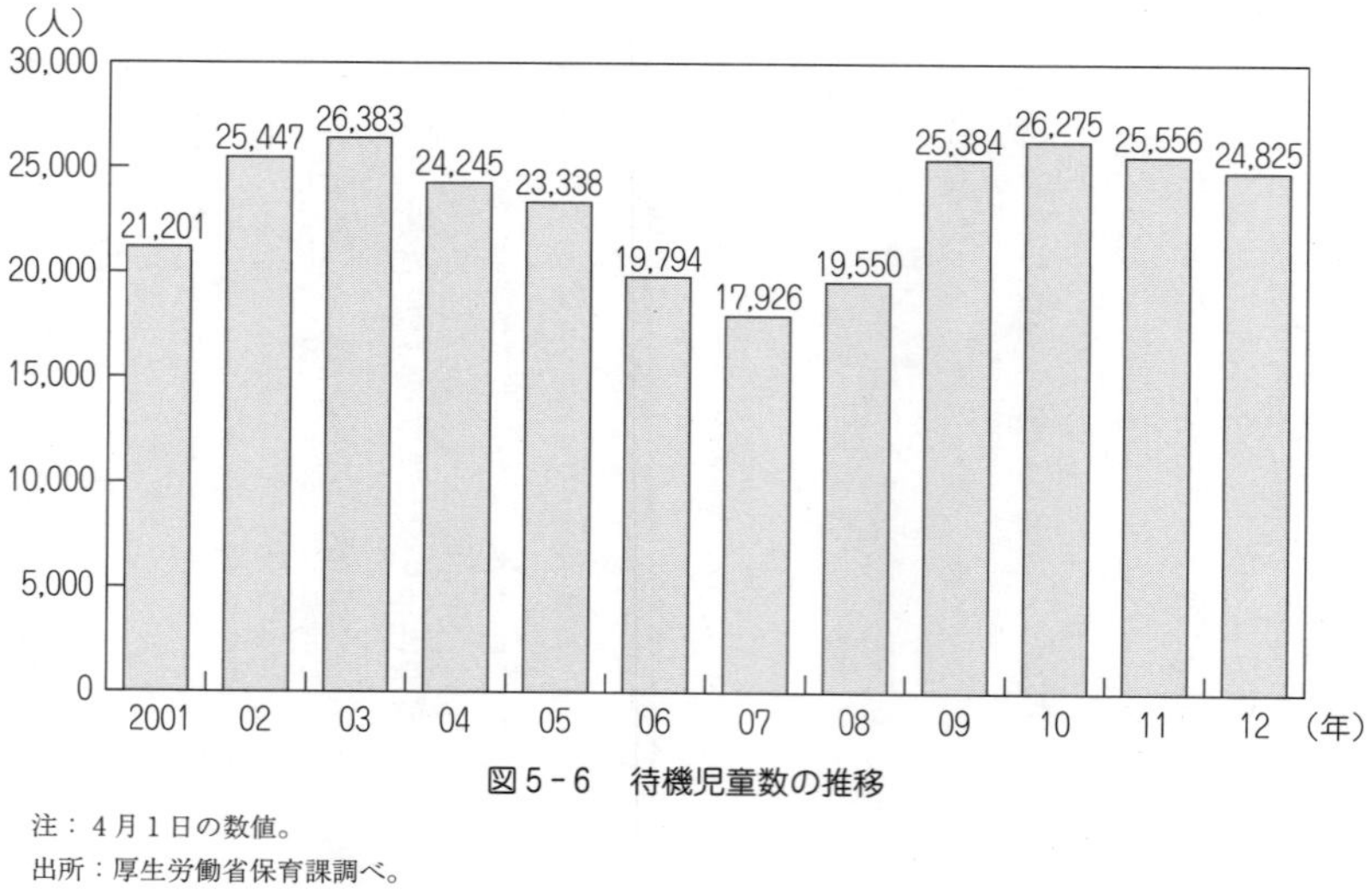

図5-6　待機児童数の推移

注：4月1日の数値。
出所：厚生労働省保育課調べ。

いえる。

とくに待機児童は都市部で多く、認可外保育施設のうち一定の基準を満たす保育所を「認証保育所」（東京都）、「横浜保育室」（横浜市）などとして自治体が独自に認定、助成する仕組みも導入されている。しかし現実には、保育所に入れないために育児休業からの復帰が難しく休業を延長している、保育所に入所しやすい地域に転居をする、といった状況も起きている。また、仕事に就こうとしても、保育所に入れないために仕事が探せない、仕事に就いていないので保育所に入れない、というジレンマを抱える家庭もある。

保育サービスの多様化に関し、低年齢児保育、延長保育、夜間保育や病児保育・病後児保育などのニーズも高まっている。子どもが病気の時には親が休暇をとるべきではないか、保育所に長時間預けることは子どもの育ちに影響があるのではないか、といった意見もある。しかし、働く場の変化を待って保育サービスの提供をしなければ、そのために働くことができなくなるケースが少なくないことも事実である。地域における保育所の不足から、企業の中に託児施設を設置する事例も出てきているが、親の就業により子どもの保育が左右される状況が生じていることに対する問題指摘もある。

こうした課題認識の下、二〇一〇年から「子ども・子育て新システム」に関する議論が行われ、子ども・子育て支援関連の制度、財源・給付を一元化して、市町村が実施する制度を国・都道府県が支える制度の構築を目指して、良質な子育て環境の整備のあり方が検討された。二〇一二年には、子ども・子育て支援法など「子ども・子育て関連三法」が成立した。これにより、子ども・子育て支援関連の制度、財源を一元化した新しい仕組みができ、保護者が子育てについての第一義的責任を有するという基本的認識の下に、質の高い学校教育・保育の一体的な提供、保育の量的拡充などが進められることとなった。

5　働き方改革と子育て支援の展開

本章では、働く女性の現状と子育て支援の現状について議論を進めてきた。

先進国と比べると、とりわけ子育て期の女性の就業率が低いわが国の実態が明らかになっている。それが一九九〇年代以降社会的な問題となっている少子化の背景にあることは、多くの人が認めるところである。仕事と子育ての両立をはかるための支援策は、少子化傾向への社会的関心が高まる一九九〇年代以降充実の方向に向かっているが、子どもをもつ女性の働く状況を大きく変えるには至っていない。

わが国の子育て支援は、女性の就業拡大という変化を受け止めながら進められてきたことは間違いない。しかし、女性が働くことを、本章で指摘してきた両立支援や子育て支援だけでサポートすることには限界がある。政府の子育て関連の計画で繰り返し指摘されているように、働き方の見直しを進めずに支援策だけを充実強化しても効果はあがらない。

「男性は仕事、女性は家庭」という性別役割分担に代わって「男性は仕事、女性は家庭と仕事」というように、女性に二重の負担を期待する「新しい性別役割分業」が進行しているようにもみえる。新エンゼルプラン以降の重要な政策が「男性を含めた働き方改革」であった。長時間労働に象徴される働き方改革を進めて、子育てに父親が参画できる状況をつくっていかなければ、女性の働く環境は基本的には変わらない。地域や企業が提供するサービスの拡充には限界があり、サービスに過度に依存する構造を変えていくことが必要である。また女性だけがサービスの受益者になることは、職場の中では女性の雇用コストを高め女性を排除することにつながりかねないという点で不合理といえよう。

　子育ては家庭、とりわけ母親の責任であるということを前提に子育て支援を進めていくと、ますます女性を追いこむことになってしまう。女性が働くことを基本においた子育て支援を進めることが求められる。保育サービスの充実はコストもかかるが、女性が活躍して経済が拡大すれば財政面でのメリットも大きい。女性＝母親が働くためには、男性稼ぎ手モデルに立脚した働き方を変える必要があるが、そのためにも、子育て支援に期待される役割は大きい。そして働き方改革が進めば、そこで求められる子育て支援の中身も変容していくはずである。子どもの成長を社会が見守るという基本を忘れず、社会構造の変化に合わせた子育て支援のあり方が常に問われていくことになろう。

【参考文献】

池本美香（二〇〇九）「女性の就業と子育てに関する社会制度――保育・育児休業・経済的支援制度の動向」武石恵美子編『叢書・働くということ　第七巻　女性の働きかた』ミネルヴァ書房、二五九―二八九頁。

大津泰子（二〇一〇）『児童福祉――子どもと家庭を支援する』ミネルヴァ書房。

大日向雅美（二〇〇八）「子育て支援は地域の時代に」大日向雅美編『子育て支援シリーズ　地域の子育て環境づくり』ぎょうせい、三―二一頁。

柏女霊峰（二〇〇七）『現代児童福祉論』誠信書房。

佐藤博樹（二〇〇八）「人材戦略推してのワーク・ライフ・バランス支援」佐藤博樹編『子育て支援シリーズ　ワーク・ライフ・バランス――仕事と子育ての両立支援』ぎょうせい、三―二九頁。

汐見和恵（二〇一〇）「子どもの育ちと親を支える社会的支援の意味」松田茂樹他編『揺らぐ子育て基盤――少子化社会の現状と困難』勁草書房、一一四―一三七頁。

汐見稔幸（二〇〇八）「子育て支援、その成果と課題――少子化対策の意義と限界」汐見稔幸編『子育て支援シリーズ　子育て支援の潮流と課題』ぎょうせい、三―一七頁。

下夷美幸（一九九四）「家族政策の歴史的展開――育児に対する政策対応の変遷」社会保障研究所編『現代家族と社会保障――結婚・出生・育児』東京大学出版会、二五一―二七二頁。

武石恵美子（二〇〇九）「女性の就業構造――M字型カーブの考察」武石恵美子編『叢書・働くということ　第七巻　女性の働きかた』ミネルヴァ書房、一一―四三頁。

田澤あけみ（二〇〇八）「現代児童福祉へのアプローチ」古川孝順・田澤あけみ編『現代の児童福祉』有斐閣ブックス、一―二一頁。

内閣府（二〇一二）『平成二四年版　子ども・子育て白書』。

萩原久美子（二〇〇八）「『子育て支援』のメインストリーム化」汐見稔幸編『子育て支援シリーズ　子育て支援の潮流と課題』ぎょうせい、一八―四二頁。

舩橋恵子（二〇〇六）『育児のジェンダー・ポリティクス』勁草書房。

前田正子（二〇〇四）『子育てしやすい社会――保育・家庭・職場をめぐる育児支援策』ミネルヴァ書房。

矢島洋子（二〇〇九）「わが国の女性就業の特質――就業実態および希望と現実のギャップ」武石恵美子編『叢書・働くということ　第七巻　女性の働きかた』ミネルヴァ書房、四四―七〇頁。

Esping-Andersen, Gøsta (1990) *The There Worlds of Welfare Capitalism*（二〇〇一）. Cambridge: Polity Press（岡沢憲芙・宮本太郎監訳『福祉資本主義の三つの世界――比較福祉国家の理論と動態』ミネルヴァ書房）.

OECD (2007) *Babies and Bosses—Reconciling Work and Family Life: A Synthesis of Findings for OECD Countries*（高木郁郎監訳（二〇〇九）『国際比較：仕事と家族生活の両立』明石書店）.

第6章

労働時間と家庭生活

池田心豪

少子高齢化が問題になったことを背景に、日本では一九九〇年代以降、仕事と家庭生活の両立支援が拡充されてきた。にもかかわらず、今日でも、日本は仕事と家庭生活を両立しやすい社会であるとはいえない。その要因として、長時間労働がしばしば問題になる。だが、労働時間が長いといえない働き方でも、夕方・夜間の就業拡大によって、家庭生活と仕事の両立は困難になっている。

1 仕事と家庭生活の両立困難

家庭生活のどのような場面で仕事との両立が問題になっているか、はじめに課題を整理しよう。

(1) 女性の家事・育児と仕事の両立

仕事と家庭生活の両立は、伝統的には既婚女性の就業にかかわる問題とされてきた。広く知られているように、日本の女性の年齢別労働力率は、若年期と中高年期に二つのピークを形成し、その間は低下するM字型のカーブを描く。若年期の後に労働力率が低下するのは、結婚や出産・育児による労働市場からの退出による。その後の労働力率上昇は育児後の労働市場再参入による。家事・育児と仕事の両立困難が女性の労働力率を下げているといえる。

時系列で比較すると、図6-1に示すように、M字の底の部分の労働力率は上昇傾向にある。だが、その要因を分析した今田（一九九六）によれば、結婚退職は減少しているが、出産・育児期の退出傾向はほとんど変化していない。家庭生活の中でも、育児はとくに仕事との両立が困難であるということができる。

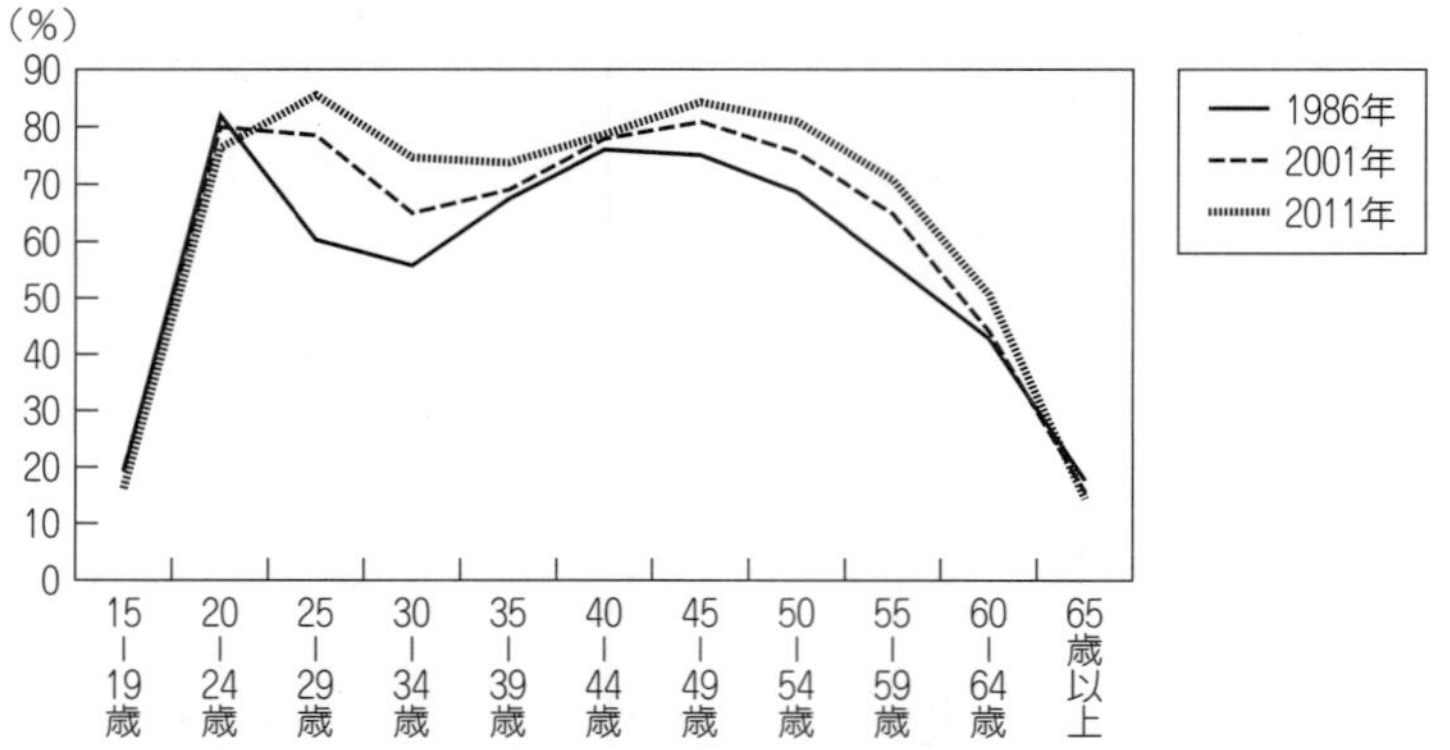

図６－１　女性の年齢別労働力率

出所：総務省『労働力調査』。

その後に行われた調査でも結果はほとんど変わっていない。有名なのが国立社会保障・人口問題研究所の『出生動向基本調査』である。図６－２をみよう。この図は、同調査における第一子出産前後の就業継続率を出生年ごとに示している。

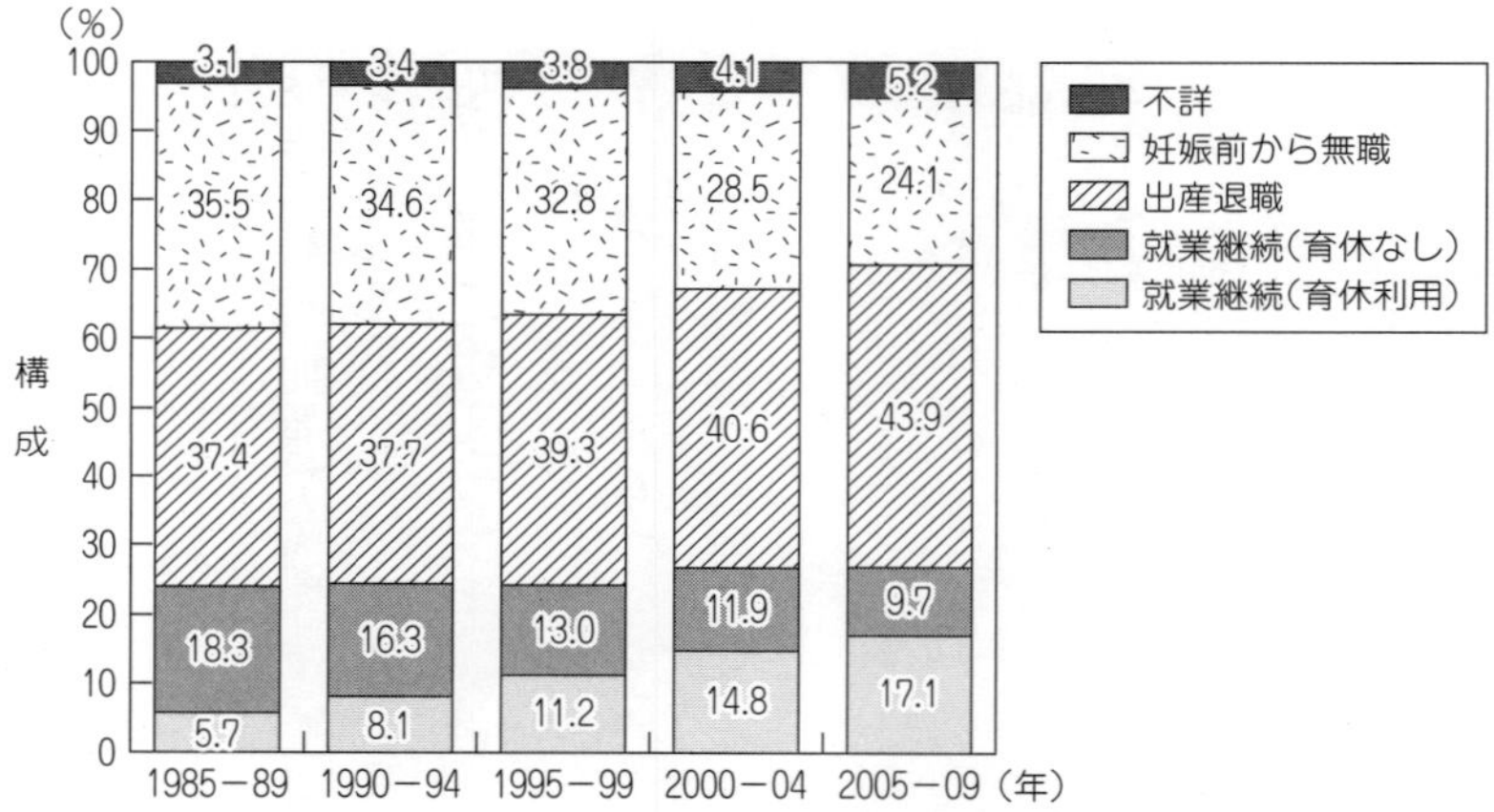

図６－２　第１子出産前後の就業継続率

出所：国立社会保障・人口問題研究所『出生動向基本調査』。

グラフの一番左は「一九八五―八九年」であり、男女雇用機会均等法（以下、均等法と略す）の制定直後の時期である。その後、二〇〇九年まで比較している。グラフの一番下の帯が示す「就業継続（育休利用）」は上昇傾向にある。だが、「就業継続（育休なし）」が低下傾向にあり、両者を合わせた就業継続率はほとんど変化していない。なお、この結果が示す「就業」には自営業や家族従業員といった雇用以外の就業者（以下、自営層と呼ぶ）が含まれている。こうした自営層は仕事と家庭生活の境界が曖昧であることから、出産・育児期の就業継続率が高い。つまり、雇用就業者の退職ではなく、自営層の縮小によって就業継続率が低くなっている面もある。

そこで、同じ調査結果の従業上の地位別の就業継続率を、表６－１でみてみよう。この表から次のことを指摘できる。一つめは、「パート・派遣」の就業継続率が一九九〇年以降ほとんど変化していないことである。この間に若年層の非正規雇用が拡大したことはよく知られている。そのことが、雇用就業者全体の就業継続率を下げている。こうした非正規雇用には期間を定めて雇用される有期契約労働者が含まれている。この有期契約労働者は、一九九二年の育児休業法施行後も、育児休業の対象外とされていた。二〇〇五年施行の改正育児・介護休業法から、一部の有期契約労働者に育児休業の対象が拡大されており、表６－１の「パート・派遣」の育児休業利用率も、わずかであるが上昇している。しかし、その比率はまだ低く、有期契約労働者の育児休業は、浸透しつつあるという段階を脱していない。一方、「正規の職員」は就業継続率が上昇傾向を示している。だが、その比率は五〇％程度にとどまっており、約半数は退職している。この意味で、正規労働者においても仕事と育児を両立しやすいとはいえない。

表6-1　第1子妊娠前従業上の地位別　第1子出産前後就業継続率

子の出生年	第1子前後（うち育児休業利用）	第1子妊娠前の従業上の地位		
		正規の職員	パート・派遣	自営業主・家族従業者・内職
1985－89年	39.0 (9.3)	40.4 (13.0)	23.7 (2.2)	72.7 (3.0)
1990－94年	39.3 (13.0)	44.6 (19.9)	18.2 (0.5)	81.7 (4.3)
1995－99年	38.1 (17.6)	45.5 (27.8)	15.2 (0.8)	79.2 (0.0)
2000－04年	39.8 (22.0)	51.6 (37.0)	17.6 (2.0)	69.6 (2.2)
2005－09年	38.0 (24.2)	52.9 (43.1)	18.0 (4.0)	73.9 (4.3)

出所：国立社会保障・人口問題研究所『出生動向基本調査』。

（2）介護と仕事の両立

このように育児は仕事との両立が最も難しいライフイベントであるが、少子高齢化を背景に、もう一つ、重要な課題として注目されているのが介護である。一九九一年に制定された育児休業法は、一九九五年に育児・介護休業法として改正され、一九九九年から介護休業が企業の義務となっている。

しかしながら、介護休業の取得者は少ない。その理由として、介護においては長期の休業を必要とする状況に直面する労働者がそもそも少ないという調査結果を労働政策研究・研修機構（二〇〇六）は報告している。その要因として、池田（二〇一〇）は、在宅介護サービスの利用が休業の必要性を下げているという分析結果を示す。介護保険制度がスタートした二〇〇〇年以降、在宅介護サービスの利用が急速に拡大したことはよく知られている。このことが介護休業の必要性を下げているといえる。

だが、これによって介護期に就業継続しやすくなったと判断するのは早い。図6-3をみよう。総務省の『就業構造基本調査』において、一年間に家族の介護・看護を理由に勤務先を辞めた雇用者（介護離職者）の数を年ごとに示している。一九九九年に介護休業が義務化され、二〇〇〇年に介護保険制度が始まった後も毎年六〜七万人程度、多い年は約一〇万人の女性が介護・看護を理由に勤務先を辞めている。

関連して指摘したいのが、介護休業制度が想定する介護発生直後の退職よりも、その後の介護の長期化に伴う退職のほうが多いことである。図6-4をみよう。この図は労働政策研究・研修機構が二〇〇六年に実施した『仕事と介護に関する調査』の調査時の雇用の有無と勤務先（介護開始時と同じか否か）の割合を介護期間別に示している。「介護開始時の勤務先で雇用」の割合は「二年以上三年未満」から「五年以上」にかけて低下している。これに伴って、「介護開始時と別の勤務先で雇用」の割合が上昇している。「非就業」の割合は低く、就業自体が困難な介護者は少ないが、介護発生前と同じように働き続けることは難しい状況がうかがえる。この意味で、介護期の就業継続は容易ではない。

介護発生直後は、その後の介護の方針を検討し、介護生活の態勢をつくるために介護に専念する必

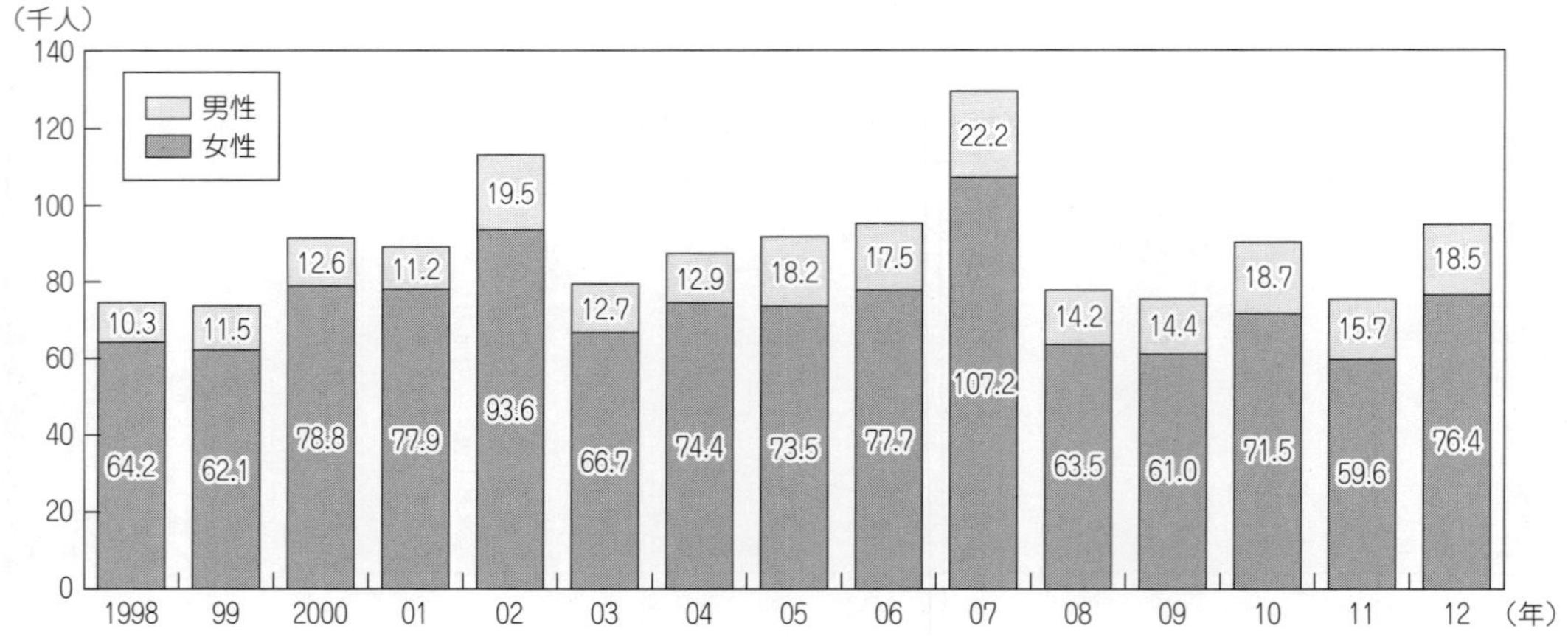

図6－3　介護離職者数の推移

注：各年の値は前年10月から当年９月までの人数。前職雇用者対象。
出所：総務省『就業構造基本調査』。

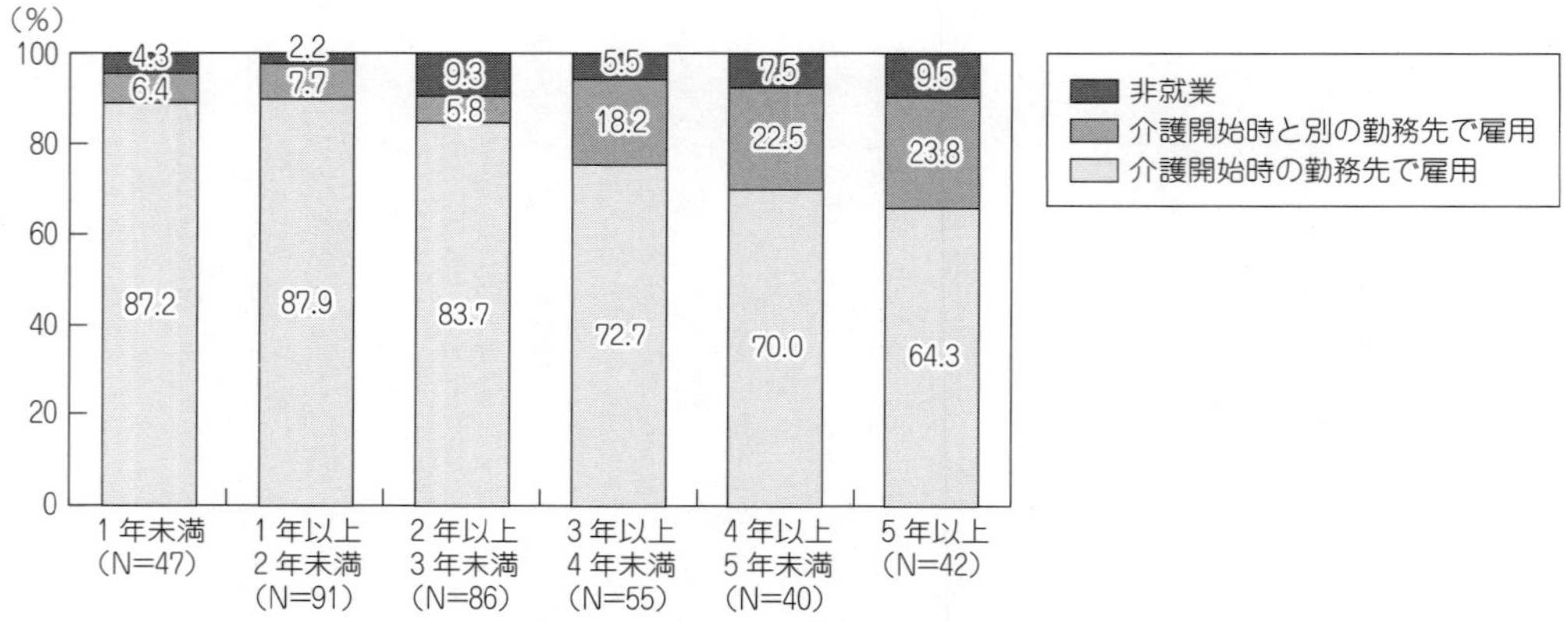

図6－4　調査時の雇用の有無と勤務先の割合 ―介護期間別―

注：分析対象は介護開始時雇用就業者。なお，調査時に自営業など雇用以外で就業（７件）も分析対象に含めているが，グラフには表示していない。
出所：労働政策研究・研修機構（2006年）『仕事と介護に関する調査』（日本労働研究雑誌 No.597（2010年）93頁から引用）。

要があるという想定で介護休業制度は設計されている。実際、この時期に、介護に関する情報収集や要介護認定等の手続き、ケアマネージャーとの打ち合わせ、住環境の整備といった態勢づくりのために仕事を休む労働者は少なくない。だが、その多くは介護休業をとらずに、年次有給休暇など別の方法で対応している。つまり、介護休業制度の想定とは別のところで、就業継続は難しくなっているということができる。

（3）男性の家庭生活

仕事と介護の両立という課題も伝統的には女性労働のテーマであった。しかし、近年は男性においても仕事と介護の両立は切実な課題になりつつある。前出の図6－3をみよう。男性も、年間に一万人程度、多い年は約二万人が介護を理由に勤務先を辞めている。その背景として、次のような家族の変化を指摘しておきたい。

伝統的な日本の家制度において、介護は親と同居する長男の嫁の役割とされてきた。だが、そうした家族規範の後退に伴って介護の担い手（介護者）は多様化している。こうした変化を津止・斎藤（二〇〇七）は「配偶者介護」「実子介護」への移行と特徴づける。さらに重要な指摘として、要介護者の「妻」や「娘」に比べて、「夫」や「息子」といった男性介護者の増加が顕著であり、女性との差が縮小傾向にあることを指摘している。

しかし、家族内の男女の役割において、主たる介護者（主介護者）になる男性が増えているとは必ずしもいえない。今日でも、女性がいる家庭では依然として女性が主介護者になる。裏を返せば、男性は家族に女性がいないことから主介護者となる。そうした男性が増えているといえる。「実子介護」との関係でいえば、未婚男性の増加により、介護者となる妻のいない男性が増えている。「配偶者介護」の観点からいえば、子ども数の減少によって介護者となる娘がいないことから、妻を介護する夫が増えているといえる。

介護のみならず、近年の「イクメン」ブームにみられるように、育児においても男性の家庭生活への関心は高まりつつある。男性の育児参加は、少子化対策においてとくに重要な課題とされており、厚生労働省が二〇〇二年から毎年実施している『二一世紀成年者縦断調査』では、第二子以降の出生に夫の家事・育児が影響しているという結果も報告されている。だが、今日でも日本の男性の家事・育児参加水準は高いとはいえない。図6－5をみよう。総務省による『平成二三年度社会生活基本調査』（二〇一一年）における男女有業者それぞれの一日の家事関連時間（「家事」「介護・看護」「育児」「買い物」の合計）の平均値を曜日別に示している。集計対象は就学前の子がいる夫妻である。この図から次のことを指摘できる。

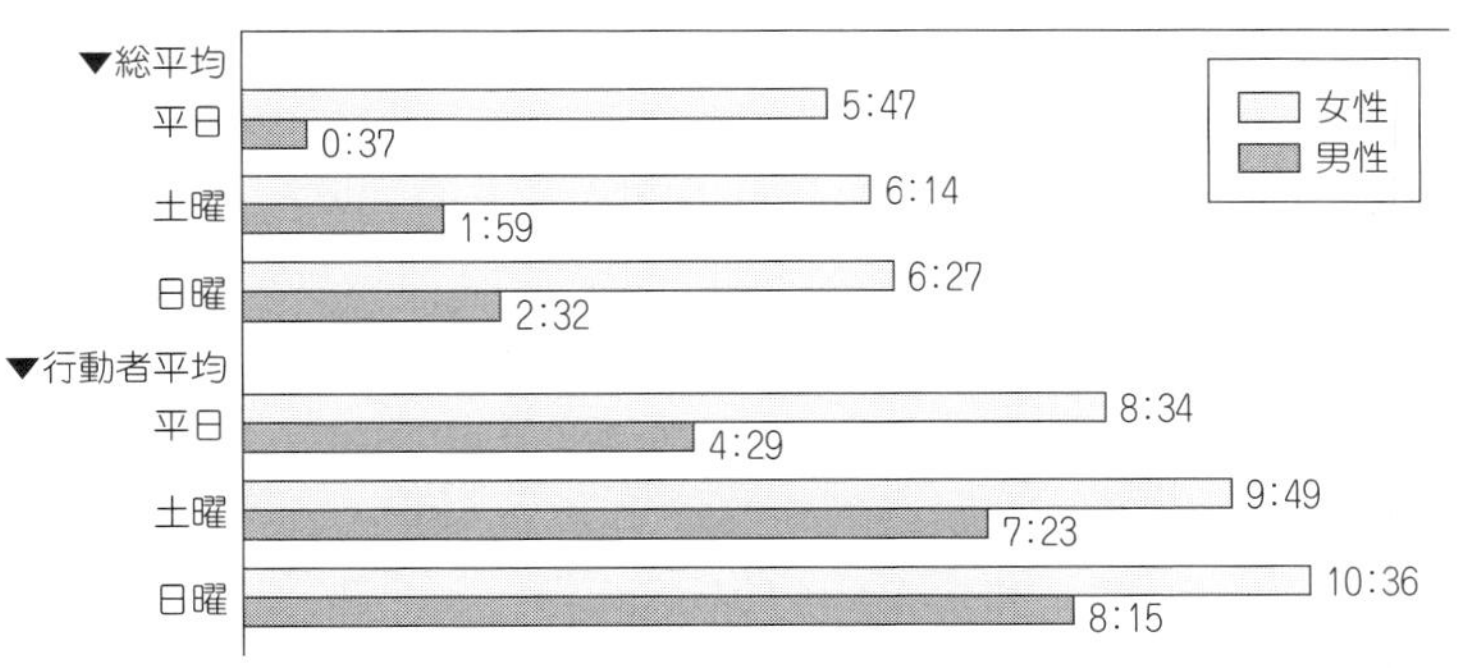

図6－5　就学前の子がいる夫妻の平均家事関連時間 ―男女・曜日別―（有業者）

注：家事関連時間（「家事」「介護・看護」「育児」「買い物」）の合計。

出所：総務省『平成23年社会生活基本調査』（2011年）。

まず、平日であるか土日であるかを問わず、女性に比べて男性の家事関連時間は圧倒的に短い。上段の「総平均」をみると、土日でも二時間―二時間半程度にとどまるが、平日はさらに短く、三〇分程度である。女性の有業者は、平日も六時間近く家事・育児に費やしている。男性はほとんどしていないといっても過言ではない水準である。

実は、この「ほとんどしていない」男性が日本では依然として多い。その実態が、下段の「行動者平均」との対比で浮かびあがってくる。上段の「総平均」には家事・育児をまったくしない「〇分」の対象者が含まれる。対して、「行動者平均」は、家事・育児をしている対象者が、どの程度の時間を費やしているか示している。結果をみると、平日の男性の行動者平均は四時間二九分である。女性の八時間三四分に比べると明らかに短いが、四時間半という水準は実質的に家事・育児をしているといってよい時間の長さである。土曜・日曜はさらにその時間が長くなり、女性との差が縮小している。しかし、図表は割愛するが、家事・育児時間のうち、例えば子どもと直接かかわる「育児」の行動者率は平日が二四・五％、土曜は三八・一%、日曜は四二・六%にとどまる。家事・育児をまったくしない男性が多いために日本の男性有業者全体の平均家事・育児時間は極端に短くなっているといえる。

また、行動者平均においても、男性は女性より短く、依然として家事・育児分担が女性に偏っている。とくに平日の家事・育児時間は女性の半分程度である。平日の家事・育児参加を高めることは男性全体の重要な課題であるといえる。

2 労働時間と両立支援

仕事と家庭生活の両立をめぐる議論は、女性の家事・育児を伝統的なテーマとしながら、介護や男性の家事・育児にも広がりつつある。そして、それぞれの課題に両立を阻害する要因がある。

(1) 両立困難の要因

出産・育児期の就業継続においては、同居親の家事・育児援助に頼ることができない家庭の増加が近年指摘されている。育児休業制度がまだなく、保育サービスも現在ほど拡充されていなかった時代の女性の就業に同居親の援助は大きな役割を果たしてきた。しかし、趨勢として三世代同居率は低下傾向にある。のみならず、近年の研究によれば、同居親が及ぼすプラスの影響も小さくなっている。こうした背景から、企業の両立支援制度や地域の保育サービスといった社会的支援が女性の就業に果たす役割は大きくなっているといえる。

だが、これらの支援があまねく行きわたっているとはいえない。非正規労働者や小規模企業に勤務する女性においては、育児休業制度が勤務先に「ない」という割合が今日でも高い。都市部では依然として保育所不足が深刻な状況にあり、出産後保育所に入るまでの「つなぎ」として、育児休業制度は重要な役割を担っている。それだけ、非正規労働者や小規模企業では就業継続の機会が制約されているといえる。

加えて指摘したいのが、育児休業制度が勤務先に「ない」という労働者の多くが産前産後休業(いわゆる産休)制度も「ない」と認識していることである。育児休業制度がなくても産休制度があれば、産後休業だけで復職して就業継続するという可能性は残る。だが、産休制度がない状況で就業継続することは不可能に近い。とくに非正規労働者に関していえば、今日の法律でもすべての労働者が育児休業制度の対象にはなっていない。育児休業の対象にならない労働契約であっても、女性労働者は等しく産休の対象になる。妊娠・出産を理由とする解雇・雇い止めも男女雇用機会均等法で禁止されている。こうした法制度の浸透をはかることは、就業継続機会を拡大するための第一歩であるといえる。

介護との関係においては、前述のように介護休業制度の想定と異なる要因が就業継続を難しくしている。その典型が認知症である。池田(二〇一〇)のデータ分析によれば、休業の必要性にかかわらず、要介護者の認知症が重くなると介護者の就業は難しくなる。介護休業制度は脳血管疾患等に起因する身体介助をモデルに設計されている。こうした身体介助と認知症介護の負担は性質が異なる。だが、認知症介護については、どのような支援が有効かまだ明らかになっていない部分が多い。そのことが介護者の就業を難しくしている。

男性の育児については、性別役割意識(イデオロギー説という)や必要な家事・育児の総量(ニーズ説という)との関係が指摘されている。すなわち、「男性は仕事、女性は家庭」という意識をもつ男性ほど家事・育児をしない。だが、末子年齢が低い時期など、家事・育児に手間がかかる状況では男性も家事・育児をするという。

（2）労働時間の影響

このように、女性の家事・育児、介護、男性の家事・育児と仕事の両立を阻害する要因は様々であるが、共通して指摘されるのが労働時間の問題である。

前述のように育児休業取得率が上昇傾向にある正規雇用の女性においても、第一子出産前後に約半数が退職している。その要因としてたびたび指摘されるのが労働時間である。その背景として、労働基準法の改正による女子保護規定の大幅な緩和を指摘しておきたい。旧来の労働基準法には、女子保護規定として女性のみ深夜業や休日労働を禁止する労働時間規制があった。しかし、そうした規制は職域の制限につながることから、一九九七年の均等法改正に合わせて撤廃された。これにより、男性と同じように深夜業や休日労働をすることが女性でも可能となったが、マイナスの効果として、育児との両立は困難になった可能性が高い。

介護との関係においては、勤務先を移るときに正規雇用からパートタイム労働者に変わる労働者が少なくないことを、前田（二〇〇〇）や池田（二〇一〇）が明らかにしている。こうした傾向はとくに女性労働者で顕著である。男性介護者が増加傾向にあるとはいえ、今日でも主介護者の多くは女性である。中でも正規労働者は、仕事の面でも負担が重い。そのために、正規雇用の勤務先は辞めていると考えられる。

伝統的に長時間労働である男性の家事・育児においては、女性以上に労働時間の影響が顕著である。労働時間の長さが男性の家事・育児参加に影響するという指摘は海外にもあるが、男性の労働時間が慢性的に長い日本ではこの説（時間制約説という）が最もよくあてはまる。前出の図6-5も、男性の家事・育児時間は土日に比べて平日の方が圧倒的に短かった。その背景に平日の長時間残業があることは想像に難くない。永井（二〇〇二）は男性の家事・育児参加を高める具体的な労働時間として「一日六〇〇分（一〇時間）未満」という数値を示しているが、前田（二〇〇二）によれば、育児期の男性の多くは一日に一〇時間以上働いている。そして、女性の労働時間が育児期に短くなるのに対して、男性の労働時間は育児期もほとんど短くなっていないという。

こうした実態に対して、男性労働者が進んで長時間労働をしているという意見もある。「子どもが産まれたら、家族を養う責任感が増して、今まで以上に仕事に精を出す」という考えである。だが、山口（二〇〇九）は、今日の育児期の男性の本音は異なることを示唆している。その分析結果によれば、一五歳未満の子をもつ男性は過剰就業（本人の希望より長い労働時間での就業）になる確率が高い。六歳未満の子をもつ男女において、女性は過剰就業度が低いのに対し、男性は過剰就業度が高いという分析結果も示しており、育児期の男女に対する企業の対応が異なっている可能性も指摘している。前述のように、従来は男性が早く帰宅して家事・育児を担うことができなくても、同居親が妻の家事・育児負担を軽減していた。だが、今日の夫婦においては、親に頼らず家事・育児を分担する必要性が高まりつつある。そうした家族の変化が、男性の過剰就業の背景にあると考えることができる。

3　長時間労働の傾向

述べたように、男女双方において、家庭生活と両立可能な労働時間で働くことが重要な課題になりつつある。しかし、労働時間に起因する両立困難が解消する方向に向かっているとはいい難い。その一つの要因が根強い長時間労働である。

（1）労働時間の二極化

男女雇用機会均等法の施行と時を同じくして、一九八〇年代後半から日本では労働時間短縮も進められてきた。年間一八〇〇時間という目標のもと、一九八七年に労働基準法が改正され、法定労働時間は週四八時間から四〇時間へと段階的に引き下げられた。しかし、フルタイム労働者の実労働時間（残業や休日労働を含む労働時間）はなかなか短くならない。

図6－6をみよう。厚生労働省が実施している『毎月勤労統計調査』における年間総実労働時間の推移を示している。パートタイム労働者を含む「全労働者」の年間総実労働時間は一九九〇年代後半に大きく低下し、その後も低下傾向を示している。つまり、日本の労働者全体における一人あたりの年間総実労働時間は低下傾向にある。だが、パートタイム労働者を除く「一般労働者」、つまりフルタイム労働者の労働時間は、二〇〇七年までほぼ横ばいで推移している。二〇〇八年から二〇〇九年に大きく低下しているが、二〇一〇年に再び上昇している。リーマンショックを背景とする生産調整の結果として一時的に労働時間は短くなったが、生産回復に伴って元に戻りつつある。要するに、景気変動の影響を除けば、フルタイム労働者の労働時間が低下する傾向はみられない。フルタイム労働者の長時間労働は是正されずにパートタイム労働者が増える、この意味で労働時間は二極化しているといえる。

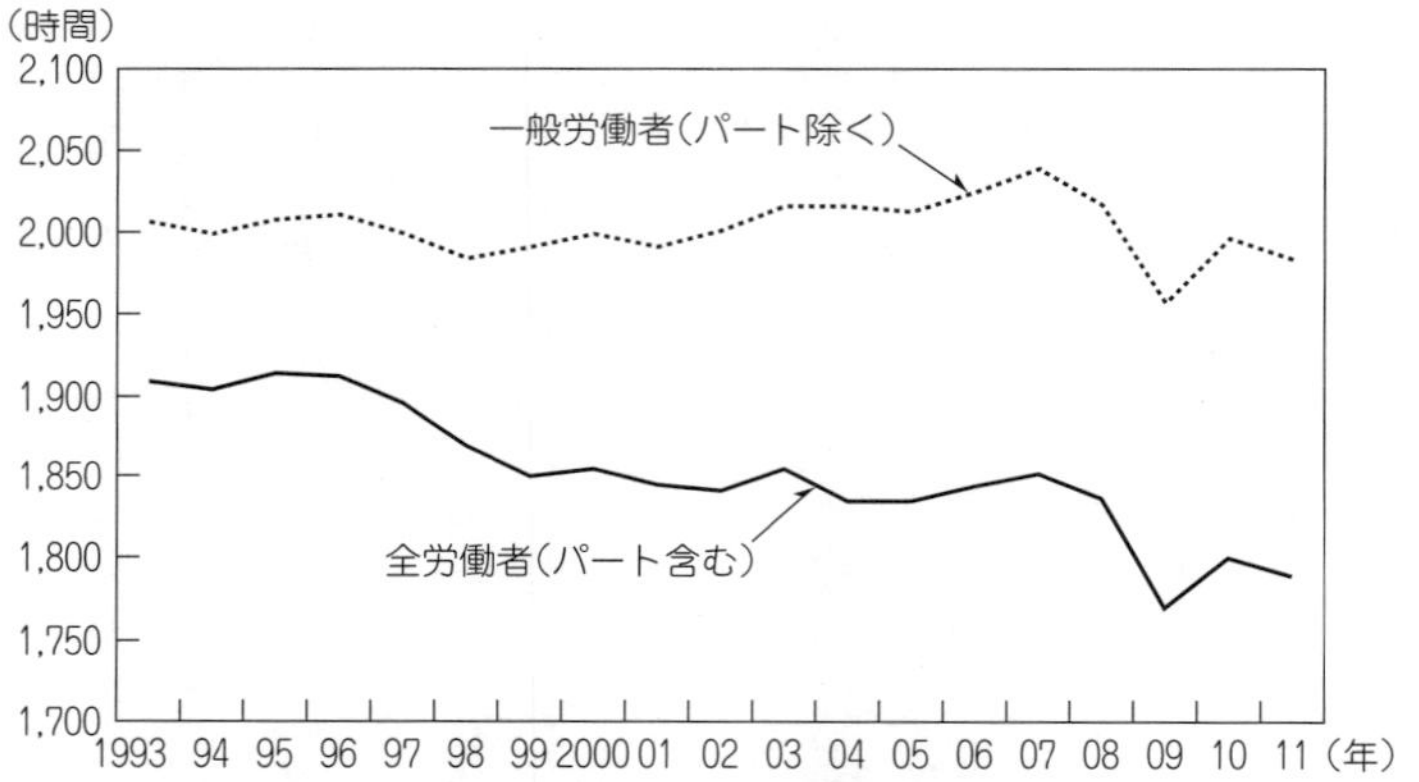

図6－6　年間総実労働時間の推移

出所：厚生労働省『毎月勤労統計調査』。30人以上の事業所対象。

（2）長時間労働の男女差

この労働時間の二極化傾向は男女によって異なる。図6－7をみよう。総務省の『労働力調査』における週実労働時間の構成比率を男女別に示している。年ごとにデータを示すと煩雑になるため、労働基準法が改正された一九八七年から五年おきに二〇一二年まで取り出して掲載している。男性をみよう。一九八七年から一九九七年の一〇年間に労働時間が短くなっていることを確認できる。「六〇時間以上」と「四九―五九時間」が低下し、代わって「三五―四二時間」と「三五時間未満」が上昇している。しかし、その後は二〇一二年まで目立った変化はみられない。男性の家事・育児参加を高めるという一日一〇時間未満の労働を週五日すると仮定すれば、週実労働時間は五〇時間未満であることが重要であるといえる。図6－7でいえば「四三―四八時間」以下の労働時間に相当するが、「四九―五九時間」「六〇時間以上」の比率も依然として高い。男性の家事・育児参加の障害はまだまだ大きいといえる。

対して、女性は労働時間の短縮が着実に進んでいる。その多くは、パートタイム労働者に相当する「三五時間未満」の上昇によるところが大きい。労働時間の長い層に目を向けると、「六〇時間以上」と「四九―五九時間」は、男性と同様に一九九七年以降大きく変化していない。男性と区別が

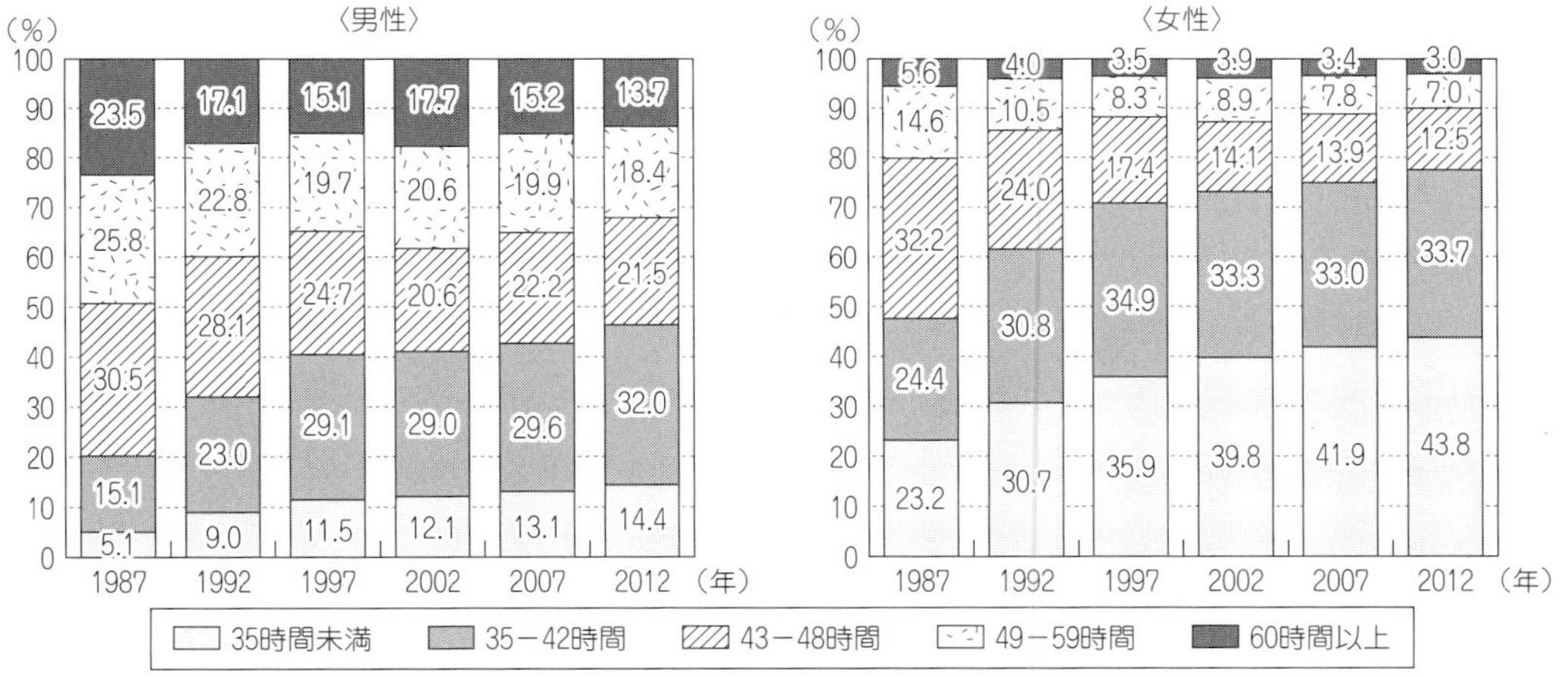

図6‐7　週実労働時間構成比率 ―男女別―

出所：総務省『労働力調査』。非農林業の従業者（休業者を除く）対象。

ない働き方をしていることによると考えられる。注目したいのは「四三―四八時間」の比率が低下していることである。一日八時間労働と仮定すれば、一―二時間の残業があるフルタイム労働がこれに相当する。こうした働き方の女性が減り、「三五時間未満」で働く女性が増えているのが近年の傾向である。

　このように男女にかかわらず、フルタイム労働者の労働時間は短くなっていない。中でも企業の基幹労働力である正規労働者では、長時間労働の傾向が顕著である。図6‐8をみよう。総務省『就業構造基本調査』における正規労働者の週実労働時間構成比率を調査年ごとに示している。一九九七年から二〇〇七年にかけて、男女とも「六〇時間以上」が上昇している。二〇一二年は「六〇時間以上」の上昇が止まり、代わって「三五―四二時間」が上昇している。だが、二〇一二年も男性の二割弱、女性の一割弱は「六〇時間以上」であり、図6‐7に比べると高い比率を示している。

　その一方で、同じく一九九七年以降「三五時間未満」が上昇していることにも注目したい。三五時間未満で働く労働者の大半は、非正規雇用のパートタイマーであるが、女性に関していえば、育児・介護休業法に基づく短時間勤務制度の利用

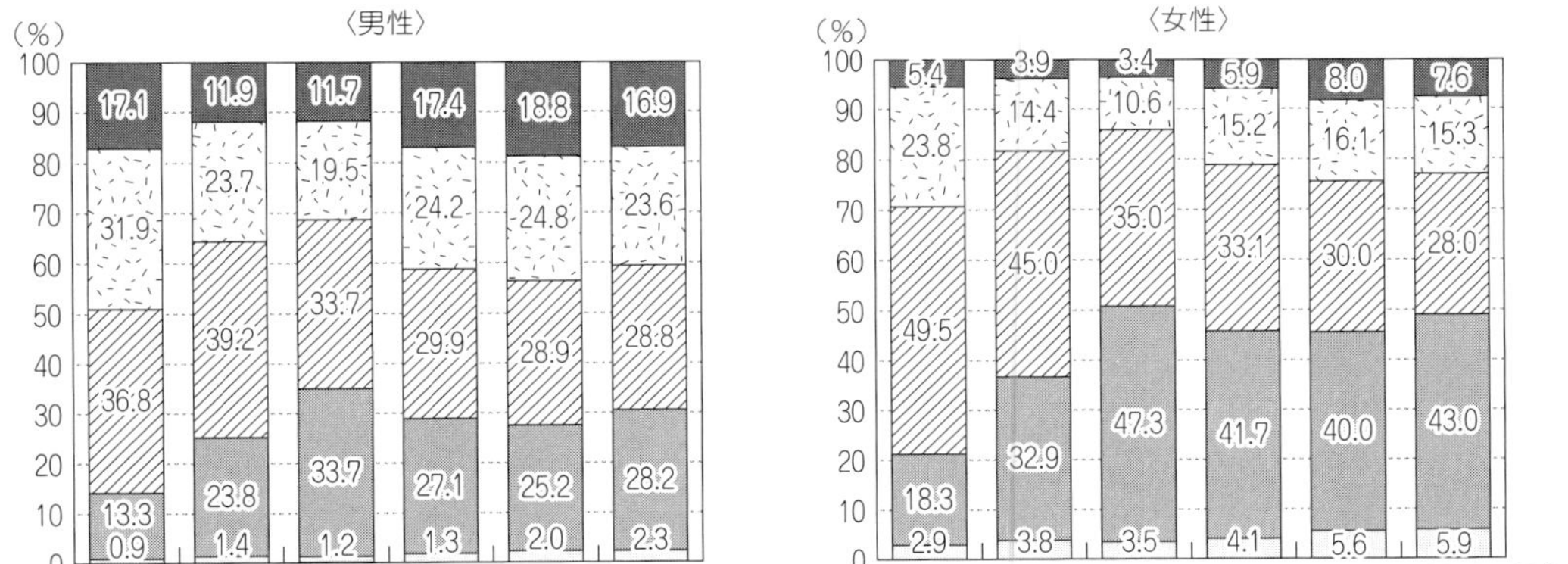

図6‐8　正規労働者の週実労働時間構成比率 ―男女別―

出所：総務省『就業構造基本調査』。年間200日以上就業の「正規の職員・従業員」対象。

者も増加傾向にある。そのことが図6‐8の結果に表れていると考えることができる。しかし、これによって労働時間の男女差は従来にも増して拡大する可能性がある。結果として、職場においては長時間労働の男性と短時間労働の女性の処遇格差が拡大し、家庭においても男性の家事・育児参加は進まない可能性がある。家庭で女性に頼ることができない男性介護者にとっては、厳しい状況が続くといえよう。男性の長時間労働是正は、仕事と家庭の両立支援の重要な課題である。

（3）長時間労働の要因

では、なぜフルタイム労働者の労働時間は短くならないのか。

一つの答えは、労働供給側、つまり労働者の性格に求められる。よくいわれるのが、日本人の勤勉性である。前述のように、結婚したら、子どもが産まれたら、これまで以上に仕事に精を出すというのも勤勉の表れである。小倉（二〇〇七）は、「自分の仕事をきちんと仕上げたい」という労働者の責任感が長時間労働の一因になっていると指摘する。戦後日本の勤労者生活を「働き過ぎ」の観点から分析した間（一九九六）は、前述の勤勉性の背後に、経済的豊かさの追求という経済的動機があったことも指摘している。

しかし、これまでの研究では労働需要側、つまり企業の人事労務管理の影響も大きいことが指摘されている。職場の問題としてしばしば指摘されるのが同調圧力である。いわゆる「つき合い残業」ということがよく話題になるが、自分の作業が終わっても上司や同僚がまだ仕事をしていたら退勤しにくいということが昔からいわれてきた。だが、間（一九九六）は、安定成長期には「つき合い残業」よりも、労働者の負担増加の影響の方が大きいという。その背景として、企業の競争激化に伴う人員削減や取引先・顧客へのサービス向上の必要性を指摘する。小倉（二〇〇七）も同様に業務量の問題を指摘する。上司や同僚の仕事が終わっていないからではなく、自分の仕事が終わらないから帰れないというのが今日の状況だといえる。なお、フレックスタイム制や裁量労働制といった柔軟な労働時間管理は、長時間労働の是正につながるものと一般には期待されている。だが、小倉（二〇〇七）によれば、そうした制度が適用される労働者ほど労働時間は長い。フルタイム就業者の労働時間短縮が日本の職場ではきわめて難しいことを示唆する指摘である。

このように、日本の長時間労働の原因は、労働供給側と労働需要側のどちらにもあり、どちらか一方に帰すことは難しい。両者が絡み合っているところに、この問題の難しさがある。長松（二〇一二）は、その関係を解きほぐし、労働供給側の要因と労働需要側の要因を峻別しようと試みる。その分析結果から、労働供給側の要因の影響は大きいとはいえず、労働市場において労働者が置かれた立場や労働需要側の影響の方が大きいと結論づけている。具体的には、賃金率が低く非正規雇用率の高い業種ほど長時間労働であるという。職種との関係では、専門職だけでなく、サービス職・販売職の労働時間も長いことから、「高い報酬や地位と引き換えに長時間労働をしている」ということは必ずしもいえないという指摘もしている。むしろ、生産性の低い産業で、低い賃金を補うために長時間労働をしている側面に注意を促す。それは労働者の「選択」のようにもみえるが、その背後に、低い生産性ゆえに、企業は利益をあげるために非正規雇用を増やし、正規労働者の労働時間は長くなるという労働市場の構造がある可能性も指摘する。こうした状況に該当する具体的な産業として、長松（二〇一二）は流通サービス業や小売業を例にあげる。同じことは外食産業でもたびたび指摘される。サービス産業の拡大という産業構造の変化が、労働時間の二極化を促しているといえよう。長時間労働を是正するために佐藤・武石（二〇一〇）は、社員の時間制約を前提とした職場マネジメントが重要であると説く。そのことが企業の生産性向上にもつながるという。この観点から長時間労働の是正に取り組むことは労働者のみならず企業にとってもプラスであろう。

4　夜間就業と家庭生活

現代日本社会は、フルタイム労働者の残業抑制ではなく、パートタイム労働の増加という形で、労働者全体の総労働時間を短縮している。そのパートタイム労働者の多くが女性であるという構造はほとんど変化していない。だが、このことから即座に、家庭生活と両立しやすい働き方が女性に広がっていると判断するのは早い。労働時間が長いといえなくても、家庭生活との両立は難しい働き方が広がりつつあるからである。その典型が夕方・夜間の時間帯の就業（以下、夜間就業と呼ぶ）である。

（1）女性の就業時間帯

図6－9は総務省『社会生活基本調査』の女性有業者が各時間帯に仕事をしていた比率（仕事行動者率）を示している。典型的な就業時間帯を指して「九時・五時」といういい方がある。その「五時」（一七時）から朝の「九時」以前の時間帯に就業している比率を示している。男女雇用機会均等法施行直後であり、労働基準法改正直前の一九八六年とその一〇年後および最新の二〇一一年とその一〇年前の結果を示している。一八時以降二〇時までの時間帯の仕事行動者率が上昇している。夜間就業が拡大しているといえる結果である。

長時間労働は、こうした夜間就業の原因となりうる。始業時刻が同じであれば、労働時間が長い分だけ終業時刻は遅くなるからである。だが、前出の図6－7によれば、女性の実労働時間は短縮傾向にある。にもかかわらず、夜間就業が拡大しているのは、始業時刻が遅くなっていることによると考えることができる。実際、図6－9の朝の時間帯をみると八時と九時の行動者率は低下している。

このように、朝の就業が減り、夜間就業が増えるという形で、女性の就業時間帯は変化している。この結果は、過去数十年に起きた社会の変化を思い起こせば当然だろう。例えば、小売店や飲食店といった、一般消費者を顧客とする店舗の閉店時

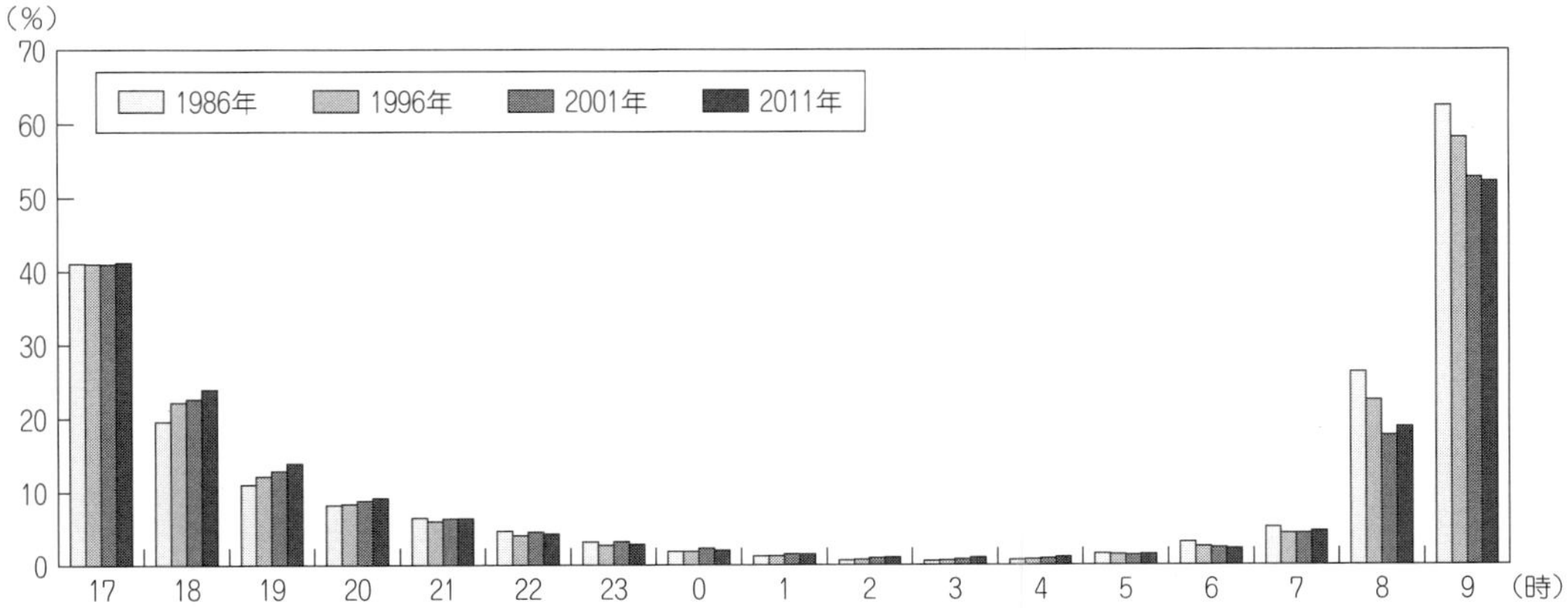

図6－9　平日の時間帯別仕事行動者率（女性）

注：1986年と1996年は各時刻の00－30分の行動者率，2001年と2011年は毎時00－15分の行動者率。
出所：『社会生活基本調査』（総務省）有業者対象。

刻が遅くなっていることはよく知られている。そうした店舗で販売員や店員として女性が夜も働いていること、その中にパートタイマーも少なからずいるという光景は、とくに都市部においては日常的に見慣れたものになっている。

労働政策研究・研修機構（二〇一二）は、こうした就業時間帯の変化が、仕事と家庭の両立にマイナスの影響を及ぼす可能性を指摘する。その分析結果によれば、残業を含まない所定の終業時刻が午後六時（一八時）以降の女性は、第一子出産後に復職してから少しずつ退職していく傾向がある。その理由として、労働時間と保育時間のバッティング、つまり保育所の迎えに間に合わないことをあげる。

保育政策の本来の目的は児童福祉であり、母親の就業支援とは区別される。しかし、仕事と育児の両立支援が少子化対策の重要課題となってからは、育児期の女性の就業支援の文脈で、保育サービスの拡充も進められてきた。そうした政策的な背景と夜間就業の拡大が重なって、今日では夜間保育・延長保育を実施する保育所も増えている。厚生労働省の『平成一八年社会福祉施設調査』（二〇〇六年）によれば、閉所時刻を一九時より後に設定する保育所は全国の一六・一％であり、その比率は上昇傾向にある。それでも夜間保育が不足していることから、就業継続を断念する母親が少なからずいることを、労働政策研究・研修機構（二〇一二）の分析結果は示唆している。

同様の課題は介護サービスについても指摘することができる。二〇〇六年施行の改正介護保険法から、地域密着型サービスの一つとして夜間対応型訪問介護が新設されている。通所介護施設（いわゆるデイサービス）の開所時間については、利用者の家族である介護者の始業・終業時刻に必ずしも対応していないことがとくに問題とされてきた。三菱UFJリサーチ&コンサルティングが二〇一一年に全国の通所介護業所を対象に行った『デイサービスにおけるサービス提供実態に関する調査』によれば、夜間の時間延長サービスを提供している事業所の平均終了時刻は一八時三七分である。だが、この時間延長サービスがある事業所は約三割にとどまる。時間延長を実施していない理由の三分の一は「利用者のニーズがない」というものだが、「職員のシフト体制を組むことが難しい」「送迎に対応するのが難しい」の合計も四割程度ある。ニーズはあっても対応できていない状況がうかがえる。だが、二〇一二年からは通所介護事業所の最長サービス提供時間が「六時間以上八時間未満」から「七時間以上九時間未満」に、延長加算を含めると最長一〇時間から一二時間までに拡大された。保育と同様、介護においても今後は夜間サービスの拡大が進む可能性は高い。

しかし、そうして夜間の育児・介護サービスを拡大し続けることが好ましいといえるか否かは議論の余地がある。夜間サービスの拡大は、さらなる夜間就業の拡大につながる可能性がある。夜間にサービスを提供する保育士・介護士は、当然のことながら夜間就業をすることになる。利用者も、サービスの拡大を機に、それまで控えていた夜間就業をするようになる可能性がある。だが、保育に関していえば、子どもの生活時間が夜型になることを好ましくないと感じる親は少なくないだろう。そのように感じる女性は、やはり就業を断念することになるのではないだろうか。つまり、夜間サービスの拡大によって、皮肉にも仕事と家庭生活の両立はますます難しくなるということが懸念される。

（2）男性の就業時間帯

夜間保育拡大とは別の選択肢として、労働政策研究・研修機構（二〇一二）は、保育所の送迎分担、とくに夫が保育所に迎えに行くことの重要性を指摘している。育児期の女性の終業時刻が遅いとき、かつて保育所の迎えに行っていたのは同居親であった。近年は親との同居率が低下傾向にあるものの、近居の親がその役割を担うようになっている。だが、夫が送迎している割合も同じくらい高いことを労働政策研究・研修機構（二〇一二）は報告し、この流れを拡大することは、女性の仕事と育児の両立にプラスであるという。

そのためにも、やはり男性の働き方の見直しが必要である。図6－10をみよう。先の図6－9と同じデータを男性について集計した結果である。男性では女性にも増して夜間就業が拡大している。女性の場合は、一八時から二〇時の時間帯で仕事行動者率が上昇していた。男性はずっと遅い深夜〇時を過ぎた時間帯でも行動者率の上昇がみられる。松田（二〇〇二）は、男性の育児にマイナスの影響を及ぼす帰宅時間帯は二一時以降という分析結果を示し、その理由を子どもが就寝しているからだという。平日は子どもの寝顔しかみることができないという父親は今日も珍しくない。労働時間の長さもさることながら、子どもの生活リズムと乖離した働き方を改めることが重要であるといえよう。

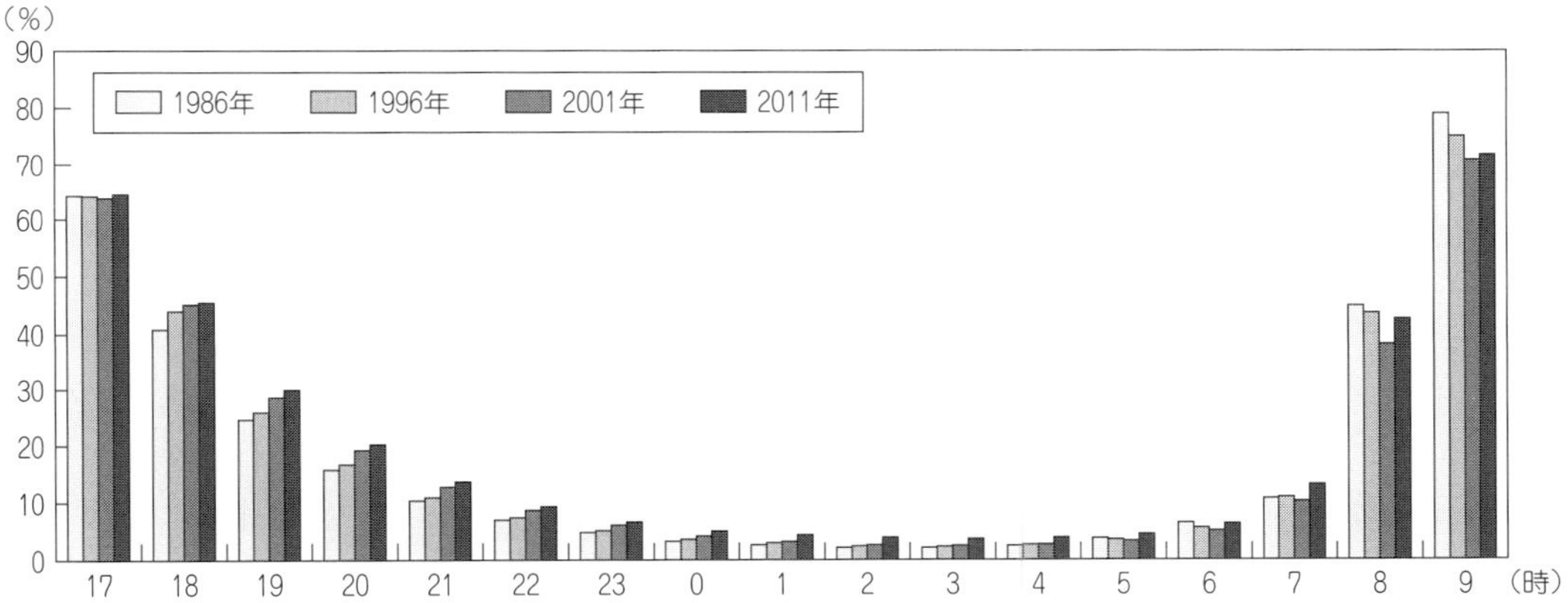

図6－10　平日の時間帯別仕事行動者率（男性）

注：1986年と1996年は各時刻の00－30分の行動者率，2001年と2011年は毎時00－15分の行動者率。
出所：総務省『社会生活基本調査』有業者対象。

5 これからの働き方と家庭生活

仕事と家庭生活の両立をはかる労働者にとって、労働時間はその可否を左右する重要な要因である。こうした問題意識に基づいて、育児・介護のために労働時間を短くすることができる制度がつくられている。日本の労働者全体をみても、総実労働時間は減少傾向にある。しかし、このことをもって日本が仕事と家庭生活を両立しやすい社会に向かっているというのは早計である。

第一の理由は、労働時間の短縮傾向が偏っていることである。女性の労働時間は短くなっているが、男性の労働時間はそれほど短くなっていない。その理由として、女性に占めるパートタイム労働者比率の高さを指摘することができる。労働時間が全体として短縮している大きな要因はパートタイム労働者の増加による。その一方でフルタイム労働者の労働時間は景気の影響を除けばほとんど変化していない。

もう一つは、労働時間が長いといえなくても、夜間就業の拡大によって家庭生活との両立が難しくなっていることである。実労働時間は短縮傾向にある女性においても夜間就業は増えており、反対に朝の就業は減っている。こうした夜型の就業が家庭生活との両立を難しくしているのである。こうした変化に対応して、保育サービスや介護サービスにおいても、夜間のサービスが拡大しつつある。

　そうすることが家庭生活にとって望ましいといえるか否かは議論の余地がある。しかしだからといって、企業の夜間営業を大幅に抑制することは難しいだろう。事業を営む経営者だけでなく、消費者として便益を享受する立場からも反対が起きる可能性がある。夜間営業が雇用を生み出している面もある。夜間就業を全面的に肯定するのでも、全面的に否定するのでもなく、上手に付き合っていくことが重要であろう。例えば、週五日の出勤日のうち二日は妻が早く帰宅するが別の二日は夫が早く帰宅し、もう一日は夜間の保育サービスを利用する。このようなやり繰りをすれば、夫も妻も夜間に就業することができ、子どもと過ごす時間も確保できるだろう。そうして就業も家庭生活も可能にする働き方を構築することが、これからの課題である。

【参考文献】

池田心豪（二〇一〇）「介護期の退職と介護休業――連続休暇の必要性と退職の規定要因」『日本労働研究雑誌』第五九七号、八八―一〇三頁。

今田幸子（一九九六）「女子労働と就業継続」『日本労働研究雑誌』第四三三号、三七―四八頁。

小倉一哉（二〇〇七）『エンドレス・ワーカーズ――働きすぎ日本人の実像』日本経済新聞出版社。

佐藤博樹・武石恵美子（二〇一〇）『職場のワーク・ライフ・バランス』日経文庫。

津止正敏・斎藤真緒（二〇〇七）『男性介護者白書――家族介護者支援への提言』かもがわ出版。

永井暁子（二〇〇一）「夫の育児遂行の要因」岩井紀子編『現代日本の夫婦関係』文部科学研究費基盤研究（A）家族についての全国調査（NFR98）報告書No.二―三、日本家族社会学会全国家族調査（NFR）研究会、一八五―一九五頁。

長松奈美江（二〇一一）「長時間労働をもたらす「不平等」な条件」佐藤嘉倫・尾嶋史明編『現代の階層構造一　格差と多様性』東京大学出版会、九七―一一一頁。

間宏（一九九六）『経済大国を作り上げた思想――高度経済成長期の労働エートス』文眞堂。

前田信彦（二〇〇〇）『仕事と家庭生活の調和――日本・オランダ・アメリカの国際比較』日本労働研究機構。

前田信彦（二〇〇二）「男性の労働時間と家庭生活」石原邦雄編『家族と職業――競合と調整』ミネルヴァ書房、一五八―一八一頁。

松田茂樹（二〇〇二）「父親の育児参加促進策の方向性」国立社会保障・人口問題研究所編『少子社会の子育て支援』東京大学出版会、三一三―三三〇頁。

山口一男（二〇〇九）『ワーク・ライフ・バランス――実証と政策提言』日本経済新聞出版社。

労働政策研究・研修機構（二〇〇六）『介護休業制度の利用拡大に向けて――「介護休業制度の利用状況等に関する研究」報告書』労働政策研究報告書No.七三。

労働政策研究・研修機構（二〇一一）『出産・育児と就業継続――労働力の流動化と夜型社会への対応を』労働政策研究報告書No.一五〇。

第7章 労災補償と健康保険と「過労死・過労自殺」

笠木映里

労働者が傷病に罹患し、あるいは死亡した時、労働者や遺族にはいかなる補償・社会保障給付・賠償が行われるのだろうか。日本法の下では、当該傷病が業務上の傷病と評価されるか、私傷病と評価されるかにより適用される制度が大きく異なっている。本章では、これらの補償等の全体像を概観したうえで、業務上の疾病にかかわる問題の中でも現代においてきわめて重要な問題である過労死・過労自殺を取りあげ、とくに労災保険制度との関係で提起されている理論的な問題に注目して検討を加える。

1 労働者の傷病に対して行われうる社会保障・補償・賠償

(1) 本章の対象と構成

労働者が傷病に罹患したり、あるいは死亡すると、労働者（労働者死亡の場合には遺族。以下、労働者等という）には、医学的治療の必要や、労働能力の低下による収入の喪失、扶養者の死亡による扶養の喪失等が生じる。このような場合に、現行法上、労働者等に対していかなる給付・補償・賠償が行われうるのだろうか。また、当該傷病・死亡が業務に関連して生じている場合に、使用者に生じうる法的責任はいかなるものか。本章では、労働者の傷病罹患ないし死亡時に労働者等に行われうる給付・補償・賠償の全体像を概観し、現代的課題の検討を試みる。まず前半部分で、労働者の傷病には私傷病と業務上の傷病があることを区別したうえで（↓本節【私傷病と業務上の傷病】）、まず、私傷病にかかる社会保障給付を概観する（第2節）。次に、労働者の傷病が業務上の傷病と評価される場合の労災補償（第3節）、及び業務に関連して生じる傷病について使用者が負いうる民事法上の責任を概観する（第4節）。第5節では、業務に関連して生じる疾病・死亡の中で、社会的にも法的にも重要な問題を含む「過労死・過労自殺」の問題を取りあげて、この問題をめぐる各種の論点を検討することを通じて、とくに労災保険制度との関係でこれらの問題が提起する課題を指摘する。

（2）私傷病と業務上の傷病

上述の通り、労働者が傷病に罹患した場合、治療のために医療機関を受診する必要がある。また、就労能力が低下して賃金水準が低下したり、一時的な休職を余儀なくされることがある。さらに、傷病が重大なものである場合、心身に障害が残る場合もあり、長期にわたって労働能力が低下した状態となるため、仕事を辞めざるを得なくなることや、長期的に所得水準が従来よりも低いものにとどまることがある。さらに、労働者が死亡した場合には、当該労働者に扶養されていた遺族は、扶養者を失うことになる。

日本法は、これらの場合に労働者等が得ることのできる社会保障給付・補償給付等について、労働者の罹患した傷病（以下、とくに限定しない限りその結果としての障害・死亡も含むものとする）が、業務が原因で生じたもの（いわゆる業務上の傷病）か、あるいは、仕事とは無関係に私生活上発生したもの（いわゆる私傷病）か、によって大きく異なる対応をとっている。

まず、労働者の傷病が私傷病と評価される場合には、各種の社会保険給付によって、傷病により生じるニーズがカバーされる。これらの給付としては、労働者以外の者と共通のものに加え、労働者特有のものも存在する（→第2節「労働者の私傷病に対する社会保障給付」）。

他方、労働者の傷病が業務上の傷病と評価される場合、いわゆる労働災害の補償に関する特別な制度が存在する（→第3節「労災補償」）。

なお、社会保障・労災補償制度の枠外に存在する労働者等の損害塡補の手段として、使用者は、業務上の傷病、及び労災補償との関係では業務上の傷病といえないものの、業務と「関連して」生じたといえる傷病について、労働者等に対して民事法上の損害賠償義務を負うことがある（→第4節「使用者の安全配慮義務」）。

2 労働者の私傷病に対する社会保障給付

（1）健康保険法の適用

労働者の私傷病については、原則として、被用者を対象とする医療保険制度である健康保険制度による給付が行われる（健康保険法（以下、健保法）三条一項）。健保法一条は、同法による給付の対象を「労働者の業務外の事由による疾病、負傷若しくは死亡」等と定め、第3節で扱う労災保険給付との役割分担を明確にしている。

健康保険は、まず、現物給付の医療である療養の給付を提供する。その給付範囲・水準は、労働者以外の者が受ける医療保険給付と、一部の例外を除いてほぼ同じものである（療養の給付の内容につき、健保法六三条一号、国民健康保険法（以下、国保法）三六条等参照。一部負担金につき、健保七四条、国保四二条参照）。

また、健保法が労働者を対象とする法であることを前提として、同法は、療養のために業務に服することができない場合について、傷病手当金の支給を予定している（健保法五二条二号、九九条）。これは、被用者にあたらない者が加入する国民健康保険制度においては任意給付とされている給付類型である（国保法五八条二項）。健康保険制度による傷病手当金は、原則として、就労不能状態となった日から数えて四日目より支給され、同一の傷病に基づく就労不能については支給開始から一年六カ月を限度に支給される。支給額は標準報酬日額の三分の二である（標準報酬日額とは、直前三カ月間に受けた賃金に基づいて決定される標準報酬月額を、労働日数で割った額である）。[1]

(2) 私傷病・業務上の傷病にかかわらず行われる年金給付

労働者は、原則として、あらゆる国民を対象とする国民年金制度と、被用者を対象とする厚生年金制度の、二つの年金制度に加入している（公務員等の特別な制度や、厚生年金制度の適用除外となる労働者も存在するが、ここでは省略する）。これらの年金給付は、私傷病・業務上の傷病を区別しない。そのため、労働者が傷病により障害のある状態となると、その原因が私傷病か業務上の傷病かにかかわらず、一定の要件の下で、障害基礎年金（国民年金法三〇条以下）及び障害厚生年金（厚生年金保険法四七条以下）が支給される（障害等級によっては障害厚生年金のみが支給される）。また、労働者が死亡した場合には、同じく私傷病・業務上の傷病の区別にかかわらず、一定の要件の下で、当該労働者により扶養されていた被扶養家族に対して遺族基礎年金（国民年金法三七条以下）及び遺族厚生年金（厚生年金保険法五八条以下）が支給される。

3 労災補償

(1) 労災補償の考え方

労働者が、業務が原因で傷病に罹患し、あるいは死亡した場合（以下、このような場面を労働災害、または略して労災という）、上記のような私傷病の場合とは大きく異なる考慮が行われる。傷病の原因が業務にあるのならば、使用者が何らかの形で責任を負うべきであり、通常の社会保険とは異なる制度が必要と考えられるためである。このような考え方に基づいて、労災については特別な補償の仕組みが用意されている。

労災について、労働者等に生じた損害の塡補のあり方を私法の一般法たる民法の世界で考えれば、まず、労働者等が自らに生じた損害について、使用者の民事法上の責任を追求し、損害の塡補・回復を求めること（損害賠償責任の追及）があり得よう（民法七〇九条等→第4節参照）。しかしながら、民事法の根本原則である過失責任主義[2]の下では、損害賠償責任の追及に際して、労働者等が、使用者の過失（注意義務違反）の存在を主張立証しなければならない。また、労災によって発生した損害を具体的に主張立証する必要もある。さらに、損害を発生させたのが同僚被用者のような第三者である場合には、当該第三者の行為が使用者に帰責されることを裏づける事情（具体的には、当該第三者の行為が業務と関連して行われたこと）についても主張立証が必要である。そして、こうした事情の主張立証はしばしば、労働者にとってきわめて困難なものとなり得る。さらに、そもそも、使用者に過失がなくとも、業務は労働者にとっての危険をはらむものであり、このような業務に内在する危険が現実化した際には、業務から利益を得る使用者が何らかの責任を負うことが望ましいと考えられる。

このような考慮に基づいて構築されてきた制度が、労働基準法（以下、労基法という）上の使用者の労災補償責任（法第八章）、及び労働者災害補償保険法上の労働者災害補償保険制度（以下、労災保険法、労災保険制度という）による労災補償である。

これらの労災補償制度における基本的な考え方は、労働者を使用して利益をあげている使用者は、原則として、自らの過失の有無にかかわらず労働災害により労働者に生じた損害を塡補・補償する責任を負うのであり、上記のような主張立証の困難性のために被災労働者の救済が妨げられてはならないというものである。そのため、労災補償制度においては、使用者の過失の有無を問わず（無過失責任原則）、原則として労働災害の発生のみを要件として補償が行われ、かつ、実際の損害額の立証なしに、事前に予定された内容の補償が行われる。

(2) 使用者の無過失責任と責任保険としての労災保険制度

労基法第八章は、労働者が業務上負傷し、または疾病にかかった場合に、使用者が、過失の有無を問わず各種の補償を行う義務を定めている（法七五条―八二条）。ただし、これらの使用者の責任は、当該災害補償の事由について労災保険法による労災補償が行われる場合、その限りで縮減する（労災保険法八四条）。

業務上の傷病について給付を行う労災保険制度は、もともとは、この労基法第八章が定める使用者の無過失の労災補償責任を前提として、使用者の補償責任にかかる責任保険として創設されたものである。使用者に補償責任を負わせたとしても、使用者が資力をもたない場合には結局労働者が十分な補償を受けられない可能性があるため、このような制度は労働者保護のために重要な意味をもつ。同制度は、政府が保険者となる公営保険であり、ごく一部の例外を除き、労働者を使用するあらゆる事業が適用事業とされる。そして、労災保険給付が業務上の傷病を対象とすることを前提として、この保険は使用者が支払った保険料（のみ）を財源として運営され、保険料率は、業務の危険性を反映して業種ごとに定められている。このような保険の制度設計は、各種の業務がそれぞれに一定程度定型化することの可能なリスクを内包しており、そのリスクが、使用者の過失の有無とはある程度独立して、一定の確率で偶発的に発生しうるものであることを前提としている。

ただし、一定規模以上の事業については、過去三年間の業務災害による保険給付の額に応じて保険料率を増減させる、いわゆる「メリット制」が採用されている。この制度を通じて、使用者に、労災予防への取組みに対するインセンティブを与えることが目指されている。このように、労災保険は、基本的に使用者の過失とは無関係の給付を行うものの、使用者の努力による労災発生回避の可能性も認めている。

上記の通り、労災保険による給付が行われると使用者の労基法上の責任は縮減する。また、労災保険制度は、第二次世界大戦後に創設されてから、給付内容・水準を徐々に充実させ、労基法上の使用者の責任を超える内容・水準の給付を行っている。その結果、今日における労災補償の中心は労災保険法による保険給付であるため、以下では主としてこの労災保険制度を検討対象とする。

(3) 労災保険給付

労災保険制度は、業務上の傷病（業務災害）に関する給付として、⑴傷病の療養のために必要な現物の療養等が支給される療養補償給付、⑵休業第4日目以降について支給される休業補償給付、⑶労働者の身体に障害が残った場合に支給される障害補償給付（年金又は一時金）、⑷労働者が死亡した場合にその労働者によって生計を維持していた配偶者等に対して支給される遺族補償給付（年金又は一時金）、⑸葬祭料、⑹療養開始後一年六カ月を経過しても傷病が治癒しない場合に支給される傷病補償年金、⑺労働者が自宅等で介護を受ける場合に支給される介護補償給付、の七種を予定している（労災保険法一二条の八第一項、一三条以下）。なお、労災保険制度は、業務災害以外にも通勤時に発生した傷病（通勤災害）にかかる給付も行うが、本章では検討を省略する。

(4) 労災保険と社会保険

これらの給付のうち主要なものについて、私傷病に関する健康保険給付等（→第2節）と比較してみよう。まず、⑴労災保険による療養補償給付においては、健康保険法上要求される受診時の一部負担金（健保法七四条一項）が要求されない。また、⑵休業補償給付の額は、労働者の平均賃金[3]の六〇%に相当する額であるが、これに加えて社会復帰促進等事業（労災保険法二九条一項参照）により支給される特別支給金が支給され（平均賃金の二〇%相当）、結果として、平均賃金の八〇%が保障され、健保法による傷病手当金（標準報酬日額の六〇%）と比べて高い水準となっている。さらに、健保法上の傷病手当金は一年六カ月が経過すると打ち切られるが、労災保険による休業補償給付は、一年六カ月を超えても就労不能状態にある場合には、傷病補償年金に切り替えられ、要件を満たす限り支給される（なお、労災保険による給付には、労働者の賃金額が二〇%以上変動した時に給付額も変動させるスライド制も存在している）。また、就労不能となってからはじめの三日間について給付が行われないのは労災保険も健康保険も同様であるが、業務上の傷病については、労基法上の使用者の労災補償責任が休業の初日から発生し、使用者によって、賃金の六割が補償される（労基法七六条一項）。

また、年金給付に目を向ければ、同じ事由により社会保険制度から支給される障害・遺族年金と、労災保険法上の休業補償給付・各種年金給付は、併給が可能である（額について調整（減額）の規定が存在する。法一四条二項、別表第一、同法施行令二条ほか）。

以上の検討からは、傷病が業務上の傷病と評価されるか、私傷病と評価されるかによって、労働者等が受けられる給付の水準に大きな違いが生じること、より具体的には、業務上の傷病について私傷病よりも明らかに有利な給付が行われることがわかる（この違いが、社会保険の給付水準の据え置き・後退という事情を背景として一九九〇年代末—二〇〇〇年代初頭にかけて拡大してきたことについては、岩村（二〇〇〇：二七頁—）を参照）。このことは、それぞれの制度の趣旨・目的・財源等が違っていることから正当化されうるが、業務上の傷病と私傷病の区別は必ずしも容易でないこともある。そして、このような給付水準の相違は、業務上疾病としての性格の評価が難しい傷病についても、出来る限り広く労災保険給付の対象としようとする議論の実質的な背景となっている（→第5節）。

4　使用者の安全配慮義務

(1) 民事法上の損害賠償請求

上述の通り、労災補償の重要な意義は、業務に内在するリスクを定型化し、過失や現実に発生した損害の大きさと無関係の給付を提供することで、一般民事法上の責任追及をめぐる労働者の立証の負担を軽減・緩和するところにあった。他方で、まさにそのような制度の意義ゆえに、この制度は、労働者が実際に被った損害を事後的に評価し、それをすべて塡補するものではない。また、労災保険給付の要件を満たさない、すなわち、労災保険制度との関係では業務上の傷病といえない傷病であっても、使用者に対する民事法上の損害賠償請求が可能な場面も想定し得る。したがって、労働者には、業務と関連して生じた損害について、労災保険給付を受けると受けないとにかかわらず、使用者に対して一般民事法上の損害賠償請求を行う可能性がひらかれている（訴訟上のこのような請求を一般に「労災民訴」と呼ぶ）。

なお、このように労災保険給付と民事法上の損害賠償請求の両方の請求を許す立場を、「併存主義」と呼ぶ。諸外国の中には、労災補償を受けられる労働者には民事法上の損害賠償請求を原則として許容しない制度や、労働者にいずれかの請求を選択させる制度も存在する。

（2）安全配慮義務

労働者が使用者に対して損害賠償請求を行う際の法的根拠としては、まず不法行為責任が存在する（民法七〇九条、七一五条、七一七条など）。

また、裁判所は、一九八〇年代以降、「雇傭契約は、労働者の労務提供と使用者の報酬支払をその基本内容とする双務有償契約であるが、通常の場合、労働者は、使用者の指定した場所に配置され、使用者の供給する設備、器具等を用いて労務の提供を行うものであるから、使用者は、右の報酬支払義務にとどまらず、労働者が労務提供のために設置する場所、設備もしくは器具等を使用し又は使用者の指示のもとに労務を提供する過程において、労働者の生命及び身体等を危険から保護するよう配慮すべき義務（以下『安全配慮義務』という。）を負っている」（川義事件―最三小判昭五九・四・一〇民集三八巻六号頁）として、労働契約に付随する義務としての安全配慮義務が使用者に課されることを認める判例法理を構築してきた。これを受けて、二〇〇八年に施行された労働契約法の五条は、「労働者がその生命、身体等の安全を確保しつつ労働することができるよう、必要な配慮」をする使用者の義務を明文で規定しており、労働者は、この「安全配慮義務」の不履行について使用者の債務不履行責任（民法四一五条）を追及し、損害賠償を請求することもできる。判例によれば、安全配慮義務の具体的内容は「労働者の職種、労務内容、労務提供場所等安全配慮義務が問題となる当該具体的状況等によって異なる」（前掲・昭和五九年最判）。

安全配慮義務法理は、当初、不法行為による損害賠償請求権の短期時効（加害者及び損害を知った時から三年）を克服するための手段として注目されたものであり（債務不履行構成の場合、損害賠償請求権の時効は権利が行使できる時から一〇年。民法一六六条一項、一六七条一項）、この点は現在もなお、不法行為・債務不履行の二つの法律構成の重要な相異点といえる。他方、二つの法律構成には、他にも、立証責任、過失相殺や慰謝料等に関連して民法典上いくつかの相異が存在するが、法規定の類推適用等により両者は接近する傾向にあり、これらの点において二つの法律構成には大きな違いはないと考えられつつある。このことも背景となって、今日、労災民訴においては、不法行為・債務不履行の両構成による訴えが選択的併合の形で提起されることが少なくない。

（3）相当因果関係

労災民訴においては、不法行為ないし安全配慮義務違反と労働者の傷病との間に相当因果関係が存在することが必要となる。この要件に関する議論は、業務上傷病と私傷病との区別の問題と、完全には一致しないものの類似の問題といえ、事案によってはその判断はきわめて困難である。

5 過労による労働者の傷病・死亡：労働者の脳・心臓疾患と精神障害をめぐる問題

（1）減らない「カローシ」と増える労働者の自殺

「カローシ」という言葉が、日本ではもちろん、「Karoshi」として海外でも用いられるようになってから二〇年以上が経つ。この間、とくに長時間労働との関係で雇用慣行を変容させるための様々な試みがなされてきたものの、今日においても、過労（本章では、長時間労働に限られない、労働者の心身にとって過重な負担を内包する業務と定義する）が原因で死に追い込まれる労働者は跡を絶たない。労災認定がなされたものだけを数えても、平成二四年度に過労が原因で死亡あるいは自殺（未遂を含む）したと認定された労働者は二〇〇人以上に及ぶ（厚生労働省「平成二四年度　脳・心臓疾患および精神障害などの労災補償状況まとめ」による）。とくに、近年の傾向としては、職場のストレスで精神疾患・精神障害を発症し、自殺に至る労働者の数が増えていることが注目される（いわゆる過労自殺）。長引く不況と雇用の不安定化を背景として、労働者は常に強いプレッシャーを抱えながら働くことを余儀なくされており、また、違法な労働環境も受け容れざるを得ない立場にあることも多い。職場の雰囲気や同僚間の人間関係もストレスの多いものとなりがちである。このような状況において、単純な長時間労働に限られない複合的な要因が労働者の心身の健康を害するという点が（業務量を変えずに労働時間が減らされ、結果として長時間労働は克服されたものの労働密度が著しく増大する場合も想定できる）、近年の過重労働の問題の特徴であるといえる。

（2）脳・心臓疾患と精神障害

一般に「過労死」とは、業務上の疲労の蓄積による脳・心臓疾患（脳梗塞や心筋梗塞）によって引き起こされる死亡をいう（ただし、過労は多様な疾病の原因となりうるため、理論的には、過労死につながる疾病は脳・心臓疾患に限られない）。また、「過労自殺」については、さしあたり、業務により疲労が回復されない状態が続き、これに、仕事上の他の要因、仕事以外の外部要因、本人の要因などが加わることにより、鬱病などの精神疾患にかかり自殺に至ること、と定義できよう（過労自殺の定義については、厚生労働省の提供するメンタル・ヘルスポータルサイト「こころの耳」を参照した）。以下では、労働者死亡の場合に限定せず、過労によって生じる上記の疾病（脳・心臓疾患及び精神障害）の発症にも対象を広げて（以下、脳・心臓疾患とする場合にはこれらの疾病による死亡を、精神障害とする場合にはこれを原因とする自殺を含むものとする）、とくに労災保険制度との関係で、論点を指摘する。

もともと、第二次大戦後に創設された労災保険制度は、炭鉱業や製造業等、（当時）定型的に災害発生の頻度が高い、あるいは有害性の高い業務に従事する労働者が多数であることを前提に、これらの定型化しうるリスクを想定して構築されてきた。これに対して、近年問題となっている脳・心臓疾患や精神障害は、産業構造の変化（とくにサービス業・ホワイトカラーの増加）、人口構造の変化等を受けて、従来と異なる性格の労災として重要性を増してきたものであり（これらの問題が相対的な重要性を増した原因としては、製造業等における安全性の向上も存在するだろう）、制度創設時の労災保険制度が予定していなかった種類の疾病ともいえる（岩村（二〇〇〇：三三頁―））。

（3）労災保険給付：業務上疾病の業務起因性

すでに述べた通り、労災保険給付を受けるためには、当該傷病が業務上のものと認められる必要がある（いわゆる「業務起因性」の必要性）。

業務上発生する「負傷」については、ほとんどの場合、事故等の特別な出来事が特定可能で、業務との関連性が比較的容易に判断できる。他方、「疾病」については、そのような特別な出来事がない場合がほとんどであり（「非災害性」）、業務との関係について医学的な知見が必要とされるなど、業務上の疾病か否かを判断するのが困難となることが多い。そこで、法は、医学的知見により業務上の有害因子との因果関係が確立していると考えられる疾病を、特別な出来事が原因となっている災害性の疾病も含めて列挙し、これらの疾病について業務起因性を推定する規定をおいている（労基法七五条二項、労基法施行規則三五条、別表一の二）。この別表に掲げられた業務を行っていた労働者が、当該業務に併記されている疾病に罹患した場合には、業務起因性の不存在が立証されない限り、業務起因性が認められる。

（4）脳・心臓疾患、精神障害と業務起因性

脳・心臓疾患、精神障害との関連では、上記労基則別表一の二の八号が、「長期間にわたる長時間の業務その他血管病変等を著しく増悪させる業務」による「脳出血、くも膜下出血、脳梗塞、高血圧性脳症、心筋梗塞、狭心症、心停止（心臓性突然死を含む。）若しくは解離性大動脈瘤又はこれらの疾病に付随する疾病」につき、同九号が「人の生命にかかわる事故への遭遇その他心理的に過度の負担を与える事象を伴う業務」による「精神及び行動の障害又はこれに付随する疾病」につき、業務起因性が推定される旨を定めている。

これらの規定は、二〇一〇年の労基則改正により新たに加えられたものである。改正前は、脳・心臓疾患や精神障害を直接に対象とする推定規定はおかれていなかったが、別表九号（当時。現在の一一号）の「その他業務に起因することの明らかな疾病」という一般規定の解釈として、これらの疾病の業務起因性が議論され、厚生労働省の発する認定基準等によって、業務起因性が認められるべき場面が実務上画されてきた。そして、上記の別表の新しい規程の文言は、「長期間にわたる長時間の業務」「心理的に過度の負担」など、具体的な内容が一義的に定められないようなものとなっており、これらの文言の解釈にあたっては、依然として、従来通り厚生労働省の認定基準等を参照する必要がある。以下、脳・心臓疾患と精神障害とに分けて、詳細に検討する。

（5）脳・心臓疾患の業務起因性

被災害性の疾病の業務起因性の問題の中で、従来最も活発な議論の対象になってきたのが、脳・心臓疾患である。その理由は、これらの疾病の性格に起因する以下のような理論的な困難さにある。すなわち、これらの疾病は通常、本人が有している動脈硬化等の基礎疾患が、日常生活上の要因、加齢、業務等の様々な要因によって悪化し発症に至るものであって、これらの多数の発症因子の中で、業務の負担をいかに評価するべきかが明らかでない。とくに、労働者の疾病が、長期的な業務の負担による疲労の蓄積から発生したと思われるような場合には、業務の負担が労働者の心身の健康状態に及ぼす影響の評価はより複雑なものとなるし、比較すべき他の発症因子も一層多様になるので、業務起因性の評価は全体としてより困難となる。

厚生労働省は、このような判断の困難性に対応するために、確立した医学的知見に加えて判例・裁判例の動向も踏まえながら、脳・心臓疾患について詳細な実務上の判断基準を構築してきた（「脳血管疾患及び虚血性心疾患等（負傷に起因するものを除く。）の認定基準について」（平成一三年一二月一二日基発第一〇六三号））。現在の基準によると、⑴発症直前から前日までの間に異常な出来事に遭遇したこと、⑵発症に近接した時期（おおむね一週間）においてとくに過重な業務に従事したこと、⑶発症前の長期間（おおむね六カ月間）にわたって著しい疲労の蓄積をもたらすとくに過重な業務に就労したこと、のいずれかの「過重負荷」を受けたことにより発症した脳・心臓疾患は、業務上の疾病と扱われる。⑶の長期にわたる疲労の蓄積については、さらに、労働時間の長さに応じた評価の基準等が示されている。基準によれば、⑴発症前一カ月―六カ月にわたって一カ月あたりの時間

外労働が四五時間を超えて長くなるほど関連性が徐々に強まり、(2)発症前一カ月間に一〇〇時間を超えて、あるいは発症前二カ月―六カ月にわたって一カ月あたり八〇時間を超えて時間外労働をしている場合には関連性が強いと認められる。(1)の基準は「関連性が徐々に強まる」という相対的なものであるが、(2)の基準は、この値を超えていれば基本的に業務起因性が認められるものとして位置づけられており、発症前一カ月の一〇〇時間、ないし二―六カ月前の八〇時間は、長期的な疲労の蓄積が原因で発生する脳・心臓疾患の業務起因性判断の一つの重要なメルクマールとして機能する（後述する比較対象労働者の問題も、この基準を超えて働く労働者との関係では問題とならない）。

(6) 精神障害及び過労自殺の業務起因性

続いて、脳・心臓疾患に比べてより新しい問題といえる精神障害・自殺の業務起因性に議論を進めよう。精神障害及びその結果引き起こされる自殺についても、その業務起因性の評価には様々な困難が伴い、その問題状況は脳・心臓疾患の場面と類似している部分もある。まず、精神障害を引き起こす、あるいは悪化させるストレス要因が、労働者の日常生活・私生活の中に無数に存在し、それらの中で、業務がどの程度の重要性を有していたかを評価することがきわめて難しい。これは、脳・心臓疾患の場面でも、日常生活上の要因との関係で問題となった点である。また、労働者のストレスに対する脆弱性は個人ごとに大きく異なっており、その評価も複雑である。これは、脳・心臓疾患の場面における労働者のもつ基礎疾患の位置づけに類似する問題ともいえるが、精神疾患については依然として医学的知見の蓄積も少なく、個人差もより大きいと思われ、判断はより難しくなる（→本節【誰を基準に業務の過重性を判断するか】）。脳・心臓疾患の業務上認定にかかる問題がより先鋭化して表れるのが、精神障害の業務上認定の問題といえよう。

厚生労働省は、この分野についても、詳細な認定基準を定め、脳・心臓疾患に関するものと同様に、医学的知見の発展や判例・裁判例の展開も踏まえ、度重なる修正を加えてきた（「心理的負荷による精神障害の認定基準について」（平成二三年一二月二六日基発一二二六第一号））。

認定基準では、業務による心理的負荷の強度の評価の対象を原則として精神障害発症前の六カ月間としたうえで、心理的負荷の原因となった出来事及びその出来事後の状況が持続する程度について総合的に検討する必要があるとして、別表1「職場における心理的負荷評価表」を定め、仕事の失敗や仕事の量・質、対人関係のトラブル等、職場における出来事についてその平均的な心理的負荷の強度を三段階で評価するとともに、個別事案ごとの事情により心理的負荷の強度を修正すべき場合についての具体例や、心理的負荷の総合評価の視点等を列挙している。他方、私生活上の出来事についても同様に心理的負荷の強度を評価する別表2を定め、さらに、考慮すべき個体側要因としては、既往歴、アルコール依存等の例をあげている。精神障害・自殺の業務起因性は、実務上、これらの要素の総合考慮によって行われることになる。総合考慮に際しては、業務による心理的負荷が強いと判断される場合、私生活上心理的負荷をもたらす出来事や個体側の要因が存在するとしても、これらの心理的負荷や個体側要因によって発病したことが医学的に明らかである場合を除いて、原則として業務起因性が認められる。

(7) 自殺の業務起因性

過労自殺に特有の問題として、故意に引き起こされた結果について給付を行わないとしている労災保険法一二条の二の二第一項にあたらないかという問題もある。この規定の趣旨は、労働者の故意が介在する場合、業務と労働災害との間の因果関係がカテゴリカルに切断され、業務起因性が否定されると考えられるため、そのような場合には給付を行わないとするものと理解できる。もっとも、精神障害には症状として強い自殺念慮が伴うことがしばしばであり、自殺は精神障害が悪化したことの帰結にすぎず、通常の故意行為のような意志は介在しないと考えるのが自然であって、このような自殺を故意による死亡と評価すべきではない。一九九九年には、この問題に関する通達（平成一一年九月一四日基発第五四四号・第五四五号）により、業務が原因で精神障害を発症しその結果自殺をはかった者について、原則として業務起因性を認める扱いが採用されている。

（8）労災認定を争う訴訟

上記の通り、脳・心臓疾患及び精神障害・自殺の労災認定については、実務上様々な認定基準・通達が示されており、処分が一貫性のあるものとなることが目指されているが、これらの処分を争う訴訟も多数提起されている。このとき、認定基準等はいずれも、裁判所を拘束しない行政規則であるから、裁判所は、これらの行政規則に拘束されずに、事案の特殊性にも配慮しながら、自ら労基則別表1の2の解釈を行って業務起因性を判断することができる（このことは、過労死・過労自殺のみならず、労災認定にかかるあらゆる行政規則に基本的に妥当する）。裁判所は、多くの場合に、行政庁の作成した認定基準等が基本的に妥当なものであるとしてこれを一応基礎としつつ、事案の特殊性に応じて適宜基準を逸脱する形で、判断を加えている。例えば精神障害については、おおむね認定基準を前提とした判断を行った判決として豊田労基署長（トヨタ自動車）事件―名古屋高判平一五・七・八労判八五六号一四頁がある一方、自殺に関する上記の平成一一年通達がおそらくは想定していないとも思われる事案で、精神障害に罹患していた労働者の過剰服薬による死亡について、「精神障害の症状としての睡眠障害や希死念慮等に苦しみながら、その影響下において薬物依存傾向を示すようになり、過量服薬の結果、死亡するに至った経緯」に着目して業務起因性を認めた裁判例として、国・川崎北労基署長（富士通ソーシアルサイエンスラボラトリ）事件（東京地判平二三・三・二五労判一〇三二号六五頁）、精神障害にかかる認定基準（及びその前身となった指針）は、当該労働者が置かれた具体的な立場や状況等を十分斟酌して適正に心理的負荷の強度を評価するに足りるだけの明確な基準としては十分といえず、業務起因性を判断するための一つの参考資料にとどまると述べる最近の裁判例として、国・鳥取労基署長（富国生命・いじめ）事件（平成二四・七・六労判一〇五八号三九頁）がある。

このように、認定基準等に即した労災認定実務と、当該労災認定について提起された取消訴訟における裁判所の判断とは必ずしも一致するわけではないことには注意する必要がある。同時に、労災認定の基準は、医学的知見のみならず従来の判例・裁判例の蓄積も踏まえたものとなっており、裁判所が特別な理由なしに基準とまったく異なる独自の基準を立て判断を行うことも希である。

（9）業務の過重性評価の重要性

上記のような実務上の認定基準の内容に共通する傾向は、多様なファクターがもたらす脳・心臓疾患や精神障害について、労働者が従事した業務の過重性の評価を中心に業務起因性の存否を判断するというものであろう。すなわち、脳・心臓疾患については、端的に長時間労働等による業務の過重性のみを評価する基準となっており、基礎疾患の重篤性や個人の生活習慣等が業務と直接に比較考量されることは原則として予定されていない（過重性評価自体の基準・比較対象の問題については次項）。また、精神障害については、私生活上の出来事や個体側の要因が総合考慮の対象とされるものの、上述の通り、業務による心理的負荷が「強」と評価される場合には、他の出来事や要因があっても基本的には業務起因性を肯定する立場がとられている。判例も、基礎疾患を有していた労働者が過重な業務負担によりくも膜下出血を発症したという事案について、継続的な過重業務を認定したうえで、「……右疾患が……自然の経過によって……一過性の血圧上昇があれば直ちに破裂を来す程度にまで増悪していたと」はみられないこと、「他に確たる増悪原因が見いだせない」ことから（傍点筆者）当該労働者の発症したくも膜下出血の業務起因性を肯定しており（横浜南労基署長（東京海上横浜支店）事件―最一小判平一二・七・一七労判七八五号六頁）、過重業務の存在が認められる場合には、当該過剰業務と基礎疾患や他の増悪原因との相対的関係（いずれが有力か、結果の発生に対して、どちらがどの程度寄与したか）を重視しない立場を採用していると考えるべきである。

(10) 誰を基準に過重性を評価するのか

　このように、業務起因性の判断にあたっては、しばしば、業務の過重性評価が結論を分けることになると思われる。このような判断手法は、多様なファクターの総合考慮がもたらす判断の複雑さをある程度回避することを可能にし、判断基準を客観化するとともに、何が危険な業務かを明らかにし、当該危険な業務から労働者を守り労災の発生を予防するべきという観点からも、基本的に妥当なものと思われる。とくに、長時間労働に関する上記の基準は、この値を超える時間外労働が基本的に労働者の健康にとって危険なものであることを端的に明示するという点で（法律上、時間外労働につき強行的な上限規制が存在しない日本においては特に）重要な意味をもつだろう。

　もっとも、業務の過重性評価については、なお残る困難な問題が存在する。それは、上記の長時間労働のような絶対的な基準が存在しない場合、あるいは長時間労働がこれらの基準に満たない場合に、業務の過重性を、誰を基準に評価するかという問題である。客観的にみて同内容・同程度の負荷の業務であっても、労働者の心身の脆弱性の程度次第で、当該業務が過重と評価されるか否かが変わってくるためである。この問題は、脳・心臓疾患については、基礎疾患の重篤性の問題として（基礎疾患が重篤であると、わずかな業務の負担でも過重なものとなって脳・心臓疾患を引き起こしうる）、精神障害については、ストレスに対する脆弱性に個人差があるという問題として論じられており（いわゆる「ストレス―脆弱性理論」）、行政規則・裁判例・学説が問題状況や事案ごとに異なる立場をとり、議論は錯綜する状況にある。

(11) 認定基準の立場

　脳・心臓疾患に関する認定基準は、業務の過重性について、業務量、業務内容、作業環境等を考慮し、同僚労働者または同種労働者（同僚等）にとっても、とくに過重な身体的・精神的負荷と認められるか否かという観点から、客観的かつ総合的に判断するものとし、さらに、ここでいう同僚等とは、当該労働者と同程度の年齢、経験等を有する健康な状態にある者のほか、基礎疾患を有していたとしても日常業務を支障なく遂行できる者をいうとする。また、精神障害に関する判断指針は、業務による心理的負荷の判断においては「同種の労働者」（職種、職場における立場や職責、年齢、経験等が類似する者）が一般的にどう受け止めるか」という観点から、客観的に検討されなければならないとしている。このように、認定基準のレベルでは、脳・心臓疾患に関する基準では業務の過重性の評価の際に、基礎疾患という労働者側の事情も一定程度考慮されるのに対して、精神障害の場合には、同種労働者として客観化された労働者を基準とした評価が貫徹されていることがわかる（なお、上述の通り、脳・心臓疾患については、定量的な基準を超える場合には、比較対象労働者の問題とは無関係に、業務起因性が肯定される構造となっている）。

(12) 裁判例の立場

他方、この点に関する裁判例の立場はきわめて多様なものとなっているが、大まかにいって、脳・心臓疾患、精神障害のいずれについても、(1)精神障害に関する判断指針と同様に同種労働者等の基準を用いて、労働者の個体側要因を考慮せずに客観的に判断する判決、(2)脳・心臓疾患の認定基準と近い立場で、同種労働者・平均的労働者等を基準としつつも、何らかの脆弱性を有しているが通常の勤務が可能である者をも比較対象に含むとするもの、(3)同種労働者の中で最も脆弱である者まで比較対象とすることによって、当該労働者に限りなく近い労働者を想定して業務の過重性を判断するもの、に分けられると思われる（精神障害に関してより緻密な整理をするものとして、水町（二〇一〇：一二五））。また、一部の裁判例と学説は、業務の過重性を被災労働者本人を基準に判断する、(4)いわゆる本人基準説を採用する。

(13) 業務に内在する危険

労災保険の考え方として、各種の業務が一定程度定型化可能なリスクを包含しているという前提が存在すること（→第3節【使用者の無過失責任と責任保険としての労災保険制度】）、また、そのような前提も踏まえて、保険料は使用者のみが負担していることを考えれば、業務の危険性（過労死・過労自殺においていうところの業務の過重性）は、本来、労働者の個体としての特性とは独立したものとして、当該業務を行うことが想定されている労働者一般を基準に評価されることが望ましいといえよう。少なくとも、本人基準説については、この説をとると、結果として本人が疾病を発症している場合には常に業務が過重であったと判断されることになりかねず、上記のような労災保険制度の趣旨に反しうる。労災保険の対象を無限定に広げ、私傷病との境界が曖昧になれば、使用者のみが保険料負担を行うという労災保険制度の重要な原則も揺るがされかねない（岩村（二〇〇〇：三九）、保原（二〇〇〇：七三、七四））。

他方で、第3節【労災保険と社会保険】で検討した通り、労災保険給付は私傷病に比して労働者に手厚い保護を与えるものであるため、労働者保護の観点からして、業務と何らかの関連性を有して生じた傷病であれば、できるだけ広く労災保険給付の対象とすべきとも考えられる。また、そもそも現代の労働者にとって業務に内在する危険が、従来のような定型化されやすい災害性の危険や有毒物質による危険等よりも、心身に及ぼす影響が個人や状況により多様となりうる、疲労・ストレスによる危険へと性格を変容させつつあると考えられるのであれば、そのような働き方の変化に応じた形で労災保険法を解釈すべきとも思われる。このように、過労死・過労自殺の問題は、現代において労働者の抱えるリスクの個別化・多様化という流れと、労災保険制度のもつリスクの定型化という性格を、いかに調整するかという理論的な問題を提起しているのである。

(14) 障害者雇用と業務に内在する危険

業務に内在する危険をいかに評価するべきかという問題の延長線上にある応用問題として、障害者について業務の過重性をどのように判断するべきかという問題が、近年一つの裁判例により提起されている（国・豊橋労基署長（マツヤデンキ）事件（名古屋高判平二二・四・一六労判一〇〇六号五頁。本件の評釈として、笠木 二〇一二）。

この事件では、身体障害者等級三級に該当する心臓機能障害を有し慢性心不全の状態にあった労働者が、致死性不整脈症による心停止で死亡し、当該死亡が過重な業務により発生したものとして労災保険法上の遺族給付等の受給権を発生させるかが問題となった。被災労働者の本件災害直前の時間外労働は一カ月間で合計三三時間で、脳・心臓疾患の判断基準からみて時間外労働が長時間にわたるとはいいがたく、他に特段の過重な業務も存在しない。したがって、判断基準に即して判断すれば、業務の過重性が認められない事案として業務起因性が否定され、労災保険給付が不支給とされることになると思われる。もっとも、本件の特殊性は、不整脈症との関係で基礎疾患にあたる慢性心不全が、障害認定の対象となっており、労働者が障害者枠で採用されたという点にある。判決は、「少なくとも、身体障害者であることを前提として業務に従事させた場合に……障害とされている基礎疾患が悪化して災害が発生した場合には……業務起因性の判断基準は、当該労働者が基準となる」と述べて、労働者が障害者枠で採用され、業務に従事させられたことを理由として、業務過重性の判断にあたり労働者本人を基準とするべきと述べた（本件第一審（名古屋地判平二〇・三・二六労経速一七二五号一一頁）も、結論としては業務の過重性を否定するものの、本人基準説を採用していた）。結果として、同判決は、長時間とはいえないものであっても時間外労働自体が被災労働者にとっては過重なものであったとして、業務起因性を肯定している。

一般論として、本人基準説には上述の通り重要な問題があり、また少なくとも通説とはいえない状況であったと思われるが、本件については、別の考慮要素が存在する。すなわち、仕事との関係で何らかの脆弱性を有する労働者を、この点を前提として法が積極的に雇用へと誘導している以上、そのような脆弱な労働者をも前提とした労災補償制度が予定されるべきではないかという問題である。障害者については、近年ではアクティベーションやノーマライゼーションのかけ声の下で、積極的に雇用へと向かわせる政策の傾向が確立されつつある。そのような中で、本件のように、障害が、業務の危険性を直接に増大させるような性格のものである場合、障害をもつ労働者にとって過重な業務が行われた場合には、それを過重なものと評価し、適切な補償を行うことが一貫した立場であるとも思われる。他方で、この議論は本人基準説に対する批判を覆すものではなく、同説がはらむ理論的問題は残る。また、雇用政策の観点からみても、労災認定により使用者の払う保険料額が引きあげられるメリット制の存在は、使用者に、障害をもつ労働者の雇用を回避させる方向の影響を及ぼし、就労促進政策の効果自体が減殺されてしまいかねない。このように、多様な労働者を労働市場に向かわせようとする大きな流れの中で、労災保険制度に提起される理論的問題はより複雑化する（障害者雇用と安全衛生・労災補償について、小畑 二〇一三）。

(15) 労災民訴による救済

第4節で述べた通り、労災保険給付が支給されるか否かにかかわらず、労働者本人ないし遺族は、使用者の不法行為責任ないし安全配慮義務違反による債務不履行責任を追及して、損害賠償を求めることができる。上記の通り、脳・心臓疾患、精神障害については、業務起因性の認定が困難であるために、業務との関連性が一定程度認められるような場合でも業務起因性が否定されることもありうる。このとき、労災民訴による救済が当事者にとって重要な意味をもつことになる。民事法上の責任は、責任追及される行為以外に結果の発生に大きく貢献した要素がある場合にも肯定されることがありうるためである。

　他方で、民事訴訟による使用者の責任追及においては、使用者の側に故意・過失が必要であり、故意・過失による行為と、発生した損害との間に相当因果関係が必要である。このとき、特定の危険・有害な業務を行わせたことが問題となっているのではない脳・心臓疾患、精神障害の場面においては、使用者のどのような行為を不法行為ないし安全配慮義務違反の行為と考えることができるのか、また、それらの行為と、労働者の疾病あるいは死亡との間に、相当因果関係が存在し、結果として生じた損害を使用者に帰責することができるのか、が問題となる。そして、労働者の脆弱性や私生活上の出来事、労働者の基礎疾患が、これらの論点に関する議論に及ぼす影響はきわめて複雑なものとなりうる。最高裁判所は、几帳面で「うつ病親和的」性格であったとされる労働者について、恒常的に著しく長時間にわたり業務に従事していること及びその健康状態が悪化していることを認識しながら、その負担を軽減させるための措置をとらなかったことにつき使用者に過失があるとして、使用者の不法行為責任を認め損害賠償を命じた原審判決を支持している（電通事件・最二小判平一二・三・二四民集五四巻三号一一五五頁）。

　他方、労災民訴においては、不法行為構成であれ、債務不履行構成であれ、損害賠償請求が認められる場合でも、労働者側にも損害の発生または拡大に寄与した被害者の性格等の心因的要因を一定の限度でしんしゃくし、損害賠償額を割合的に減額することが可能である（過失相殺規定の類推適用：民法七二二条二項）。このことは、「支給か、不支給か」の二者択一の解決しかありえない労災保険制度とは異なり、柔軟な解決を可能にする要素といえよう。ただし、上記の電通事件最高裁判決は、労働者の性格が「同種の業務に従事する労働者の個性の多様さとして通常想定される範囲」を「外れるものでない場合」にはその「性格及びこれに基づく業務遂行の態様等を、心因的要因としてしんしゃくすることはできない」と述べており、損害賠償額の減額の有無ないし程度を判断するにあたりいかなる労働者側の事情を考慮することができるかという問題は残ることになる（電通事件判決を参照する近年の判決として、ニコンほか事件（東京高判平二一・四・二八労判九九〇号五〇頁）がある）。

6　労災保険制度の現代的課題

（1）現代的な労働者のリスクと労災保険制度

　第5節で検討してきた通り、脳・心臓疾患、精神障害（過労死・過労自殺）の問題は、法的には、とくに労災保険制度との関係で新しい問題を含むものといえる。とりわけ、労働者が職場で感じるストレスについて、これを定型的に評価し、保険の技術を用いてカバーすることはきわめて困難であり、この点で、精神障害・過労自殺の問題は、労働時間数などによって一定程度定型化が可能な長時間労働に比してさらに困難な理論的問題を含んでいるといえよう。また、障害者雇用をめぐる今日的な問題も注目されるべきである。

　繰り返しになるが、労働者の抱えるリスクが個別化・多様化する一方で、労災保険制度の構造は業務の抱えるリスクの定型化を柱としたものとなっている。確かに、少なくとも業務と一定の関連性がある疾病・死亡については労働者が通常の社会保険よりも有利な給付を受給できるよう、労災保険給付の対象を広く捉えるべきとの考え方も大いに理解できる。しかしながら、業務上の傷病と私傷病との境界が曖昧になると、上述の通り使用者による保険料負担の理論的基盤が揺らぐことに加え、そもそも何故労災について私傷病よりも有利な給付を行うのかという点に疑問が生じてくる。この点を踏まえれば、むしろ労災保険制度の理論的な限界を意識したうえで、労災保険によっては理論的にカバーしきれないものの業務に関連する傷病について、何らかの別の補償枠組みを用意すること（例えば障害者雇用について）、あるいは、逆に私傷病について労働者が受けられる補償（例えば休業補償について）を充実させる必要性はないかという点についても検討を行う必要があるように思われる（但し筆者は、障害のある労働者にかんするものも含め、現行の労災保険制度でカバーされるべき脳・心臓疾患、精神疾患が存在することを否定するものではない）。立証責任の緩和等により民事法上の責任追及をより容易にすることも一つの途であるが、予見の困難な事案において使用者の責任をあまりにも厳格に追求することにも疑問が残り、労災保険・社会保険の側での制度的な対応が望まれる。

（2）これからの課題

最後に過労死、過労自殺ないし脳・心臓疾患、精神障害との関係で、今後重要な問題となりうる論点を三点あげておこう。

まず、問題意識としてはすでに新しいものではなくなりつつあるが、労働者のプライバシーと使用者の労災予防の努力との衝突という問題がある。上記の通り、脳・心臓疾患、精神障害との関係では、労災保険制度において、労働者の個別的事情をより広く考慮に入れる考え方が有力になりつつある。また、民事訴訟においては、安全配慮義務法理などを通じて使用者に、労働者の安全・健康を守る積極的な義務が課されており、結果として、使用者は、労働者の健康状態を日頃から把握しておく必要が強まっている。他方で、現代社会においては、個人のプライバシーを保護すべきとの考え方が強くなっており、労働の場でもそれは同様である。とくに、健康状態、疾病にかかる情報はプライバシーにかかる情報の中でも核となる部分といえ、中でも、精神障害などの場合には社会の偏見等の問題もあってとくに配慮が必要な類型の情報といえる。

二つめの問題は、労働市場の流動化・非正規雇用の労働者の増加の流れの中で、複数の仕事を掛け持ちする複数就業者（いわゆるマルチジョブホルダー）の長時間労働についてどのように考えるべきかという問題である。労働時間規制との関係では、異なる事業場間の労働時間を通算する旨を定める労基法三八条一項が、使用者が異なる場合にも適用されるものと実務上解釈されているようであるが、実効性のない規制であるとの批判もある。むしろ複数就業が雇用の機会の拡大として促進すべきものとされる中で、このような通算規定は撤廃すべきとの論調も見られる（島田 二〇〇六）。今後、労災保険制度、ないし使用者の安全配慮義務との関係で、こうした複数就業をどのように位置づけるかが重要な論点となることが予想される。労災保険制度との関係では、使用者が異なっていても、全体として労働時間が長時間となっていれば業務起因性が認められて然るべきと思われるが、実務上の扱いは必ずしも明らかでない（参照、東京地判平二四・一・一九労経速二一四二号二一頁、東京高判平二四・八・八判例集未登載。なお、本件にみられるように、労災との関係では兼業労働者の場合の保険給付の水準も重要な論点である。笠木（二〇一三b）参照）。また、安全配慮義務との関係では、他の使用者との関係で労働時間を調整する義務を使用者が負うとは必ずしも思われず、特別な事情のない限り使用者の責任追及は困難といわざるをえない。兼業労働者の長時間労働による疲労の蓄積への対応としては、まったく異なる何らかの別の仕組みが必要となる可能性もある。

　最後に、三つ目の問題は、本章のテーマから少し逸脱するが、とりわけ精神障害との関係での、予防施策の重要性である。本章で扱ったような補償・賠償という観点からの議論は、従来、日本において過労死・過労自殺を考える際の中心的な関心となってきた。また、補償・賠償に関する議論の発展は、長時間労働との関係ではある程度、予防の側面にも貢献してきたと考えられる（例えば八〇時間・一〇〇時間等の業務起因性の認定基準→第5節（5）参照）。しかしながら、精神障害のようにリスクの要因が長時間労働に限られないきわめて多様な職場環境に及ぶものについては、こうした議論は具体的な予防施策を導くには不十分である（笠木 二〇一三a）。メンタルヘルスについては今後、上記のような特殊性を意識的に前提としたうえで、労使対話の重要性にも配慮した予防のためのスキームが構築されることが望ましい（参照、小畑 二〇一三）。

【注】

（1）標準報酬月額：給付額等の算定の基礎となる被保険者の報酬額で、四七の等級が存在する（健保法四〇条）。被保険者の報酬がどのグループに属するかによって当該被保険者の給付額の算定基礎が決定される。

（2）過失責任主義：私人は、自らの故意・過失による行為が招いた結果についてのみ責任を負うという原則。近代市民社会において私人の自由な取引活動を支える根本原則である。

（3）平均賃金：労災給付の対象となる傷病発生日以前の三カ月間にその労働者に対し支払われた賃金の総額を、その期間の総日数で除した金額をいう（下限の定めがある。以上、法一二条一項）。

【参考文献】


岩村正彦（二〇〇〇）「労災保険政策の課題」日本労働法学会編『二一世紀の労働法（七）』有斐閣、一九頁。

岩村正彦（二〇〇三）「災害補償」東京大学労働法研究会『注釈労働基準法（下巻）』有斐閣、八四七頁。

大内伸哉（二〇一一）『君は雇用社会を生き延びられるか——職場のうつ・過労・パワハラ問題に労働法が答える』明石書店。

小畑史子（二〇一三）「障害者の労働安全衛生と労災補償」荒木尚志・岩村正彦・山川隆一編『菅野和夫先生古稀記念論集　労働法学の展望』有斐閣、三三五頁。

小畑史子（二〇一三）「精神的不調に陥っていると見られる労働者に対する使用者の対応——近時の最高裁判決と法と行政」日本労働研究雑誌六三五号、五九頁。

笠木映里（二〇一二）「判批」『ジュリスト』一四四二号、有斐閣、一〇九頁。

笠木映里（二〇一三a）「労働者の精神的健康の保護——安全衛生問題の射程の拡大と従業員代表の役割に関する一試論」荒木尚志・岩村正彦・山川隆一編・前掲書、三五五頁。

笠木映里（二〇一三b）「判批」『ジュリスト』一四五五号、有斐閣、一二四頁。

川人博（一九九八）『過労自殺』岩波書店。

川人博（二〇〇六）『過労自殺と企業の責任』旬報社。

島田陽一（二〇〇六）「労働時間の通算規定をめぐる課題——増加する複数就業者」『世界の労働』五六巻六号、三〇頁。

外井浩志（二〇一二）『職場の労災・精神疾患　補償・賠償の実務』中央経済社。

保原喜志夫・西村健一郎・山口浩一郎編著（一九九八）『労災保険・安全衛生のすべて』有斐閣。

保原喜志夫（二〇〇〇）「労災認定の課題」日本労働法学会編『二一世紀の労働法（七）』有斐閣、六一頁。

水町勇一郎（二〇一〇）「判批」『ジュリスト』一四一三号、有斐閣、一二三頁。

山川隆一（二〇一二）「労働災害訴訟における安全配慮義務をめぐる要件事実」『慶應法学』一九号、二六八頁。

第8章

年功賃金をめぐる言説と児童手当制度

北　明美

戦前における賃金の家族手当は戦時中の賃金統制を通して全国的に確立したが、同時期の人口政策確立要綱はそれを超える家族手当制度の創設も展望していた。戦後の年功序列賃金体系をめぐる諸言説と児童手当の制度化構想においては、それ以前の時代との連続性とそこからの離脱の試みが交錯している。また「生活給」思想・「世帯賃金」理念と同一価値労働同一賃金原則・児童手当との関係は整理されないまま、戦時中と同様に児童手当を出産奨励策と混同させたうえでその効果を問題とする言説や、社会保険としての制度化のみを本筋とみなし、無拠出でかつ普遍主義的な社会手当を認めようとしない政策によって、この制度に対する廃止圧力が世論を支配し所得制限が強化される構造がつくり出されてきた。

1　皇国賃金観と「人口政策確立要綱」への展開

(1) 戦前戦中における賃金の家族手当の展開

賃金の家族手当の本格的な普及はヨーロッパ諸国では第一次世界大戦を契機としていたが、日本では同時期の先行例があったとはいえ、その拡大は一九三〇年代の後半になってからであった。この段階における賃金の家族手当は扶養家族をもつ労働者に優先的に賃金配分を行うことで、物価騰貴と熟練工不足がもたらす全般的な賃金上昇圧力を回避し、同時にこうした時期に醸成されやすい「労働不安」を防止しようとする企業の賃金・雇用管理策としての性格が強かった。

そのためヨーロッパ諸国においては、こうした家族手当は、本来の賃金引きあげを妨げるだけでなく同一価値労働同一賃金原則にも反するという労働組合側からの反対があった。また、第一次世界大戦後の不況のもとでは企業にとってもすでにその利点は失われていたため、賃金の家族手当は次第に消滅していく傾向がみられた。その意味では第二次大戦後に現れた各国の児童手当制度は、賃金の家族手当の衰退後に、それとは異なる機能をもつ社会保障制度の一つとして独立に要求され、成立・発展したものであった。

　他方、その中でもフランス、ベルギー等では、個々の企業ではなく企業が共同で設立した家族手当平衡金庫が家族手当を支給する形態が発展し、それをさらに国家が立法化しただけでなく被用者家庭以外にも拡張することによって、これらを社会手当化するという別の道をたどった。

　ところが、これに対し戦時期の日本は、以上のどちらとも異なる独自の方向に突き進むことになる。すなわち第一次賃金統制令（一九三九年三月）と一九四〇年二月の閣議決定、及び第二次賃金統制令（一九四〇年一〇月）等によって、平均賃金水準の公定を通して規制される賃金支払総額の範囲内で、性別と年齢・経験年数等の基準に基づいて支給される基本給を、やはり行政が定める範囲内で、扶養家族数に対応して支払われる賃金の家族手当等が補完するという賃金体系が普及させられていった（孫田 一九八三：六四；上村 一九六四：三〇―三二）。

　日本においては賃金の家族手当は消滅することも社会手当化することもなく、むしろ個別企業内の賃金体系の一部として固定化される国家政策がとられたのであった。

　しかも、こうした賃金体系は産業報国運動とも結びついて「皇国賃金観の名のもとに」日本の国体にふさわしい賃金制度として美化されるようになった（孫田 一九九七a：七）。「労働と賃銀を直接結びつけるやうな制度」「年令や家族扶養率に関係なく仕事量の大小によって支払はれる仕組」は自由主義的、個人主義的な西欧の精神の産物であり、「家族制度の美俗を維持擁護するに役立たず、反って破壊する」ものとして批判された。そして、日本では「賃銀と生活との結びつき」の「制度化」こそを目指さなければならないと主張されたのである。

　これはまた、国民は皇国に対する勤労奉仕として労働に従事し、国と企業は労働者とその家族の庇護者たらんと努めるという「勤労新体制」の提唱とも結びついた。賃金の家族手当はまさにこうした皇国勤労観を体現する賃金形態の一つでもあった（法政大学大原社会問題研究所 一九六四：一〇七―一〇八。『大阪毎日新聞』一九四三年一月二四日付）。

（2）「家族負担調整金庫」

　もっともすでに当時の日本においても、ドイツやフランスでは賃金の家族手当を「均衡資金（ママ）制度」のもとに移すことによって、企業が扶養家族の多い労働者を忌避する傾向を防いでいるという紹介はなされていた（『東京朝日新聞』一九四〇年八月二〇日付）。また一九三九―四一年の間、厚生省人口問題研究所に在籍した北岡寿逸も、一九四〇年のその論文で、当時のＩＬＯの調査研究等をもとにヨーロッパ諸国の家族手当制度の形成史を解説し、さらに日本においても来るべき戦後不況時には企業が賃金の家族手当を廃止しようとする可能性があるから、国が企業に「平均金庫」を創設させるか、この手当を社会保険化することが望ましいのではないかといった検討を行っている（北岡 一九四〇a：七三―七四）。

　さらに、「多産家庭保護」対策として「児数に応じ、一定期間補助的給付」を行う「哺育保険法」を提案する著作も出現していた（石田 一九四〇：八一―八二）。

一九四一年一月二二日に閣議決定された「人口政策確立要綱」においてはこのような社会「保険」化のアイディアの一つの集大成をみることができる。すなわち、この要綱は、「東亜共栄圏」の発展のため「人口ノ急激ニシテ且ツ永続的ナル発展増殖ト其ノ資質ノ飛躍的ナル向上」を目指して、「一夫婦ノ出生数平均五児ニ達スルコト」を国の目標に掲げたものとして知られているが、その「出生増加ノ方策」として、「扶養費ノ負担軽減ヲ目的トスル家族手当制度」の制定や、そのための「家族負担調整金庫制度（仮称）」の創設が謳われていたのである。

この「人口政策確立要綱」においてはさらに「女子ノ被傭者トシテノ就業ニ就キテハ二十歳ヲ超ユル者ノ就業ヲ可成抑制スル方針ヲ採ル」ことや「避妊、堕胎等ノ人為的産児制限ヲ禁止防遏スル」こと、また「資質増強ノ方策」として、「優生思想ノ普及ヲ図リ、国民優生法ノ強化徹底ヲ期スルコト」等も列挙されていた（厚生省人口局 一九四一＝二〇〇二：一九二―一九八。北 二〇一〇：二七七―二八〇）。

このように「家族負担調整金庫」から支給される「家族手当制度」を国家的な出産奨励策として位置づけ、並行して人工妊娠中絶の制限を行おうとする政策には、フランスの一九三九年の「家族法典」の影響をみることができるが、上述の北岡はやはり一九四〇年の段階でこの家族法典についても紹介・解説を行っていた（北岡：一九四〇b：二八―四七）。

もっとも北岡は前掲の自身の論文では家族手当制度の出産奨励効果よりは賃金節約効果のほうを強調している。後述するように、北岡はそれから四半世紀以上を過ぎた時、児童手当の制度化に反対する意見を新聞に投稿しているが、その理由もまたこの点に関わっていた。だが、それについて述べる前に、以下ではこうした戦時中における日本の「家族手当制度」構想が、敗戦直後の時期にどのように受け継がれ、また変化したのかをみておかなければならない。

2　戦後の児童手当構想における「保険方式」への固執と所得制限の必然化

（1）友納武人「家族手当保険制度要綱案」

前節でみた人口政策確立要綱の「家族負担調整金庫制度」はどこまで具体的に構想されていたのであろうか。その内容を知る手掛かりは、友納武人厚生事務官が一九四五年九月に発表した「社会保険部門における戦後対策」『社会保険時報』（第一九巻第九号）に見出すことができる（社会保障研究所 一九七五a：三七七―三八〇）。

もともとこの論文は、戦時中の一九四四年に広瀬久忠厚生大臣の指示により着手した研究の成果をまとめたものだった（近藤 二〇〇六：一三四―一三五）。そのタイトル通り、それは社会保険の各部門についての戦後構想であり、その一つとして「家族手当保険制度要綱案」が掲げられているのである。

その被保険者は「帝国臣民」のうち一八歳以上の被用者と官公吏であり、彼らと事業主からともに徴収される保険料に国庫負担を加えて、そこから家族手当が支給される。支給事由は妻、一四歳以下の子ども（在学中は一八歳以下）、一四歳以下の弟妹と六〇歳以上の直系尊属等を扶養していることである。そして自営業者等については、より後の時期に国民健康保険組合内で同様の制度を実施するという構想であった。

その趣旨や提案理由として、「我国伝統の家族制度を保護し人口資源の培養を画り併せて勤労者の家族生活に依る物質的不安を解消する」や「長期戦に対する人的給源を確保する要」等があげられているのは時代を感じさせるが、もう一つ特徴的なのはフランスの家族手当制度にはない被用者の保険料負担を想定していることで、その点ではファシズム期のイタリア・スペインの家族手当制度に類似した構想とみることができる。

さらに、こうした保険料負担によって「多子家族者の経済生活を確保し独身者等の浪費収入を吸収するの要あること」があげられていることは、こうした構想が、労働基準より性別・年齢基準を重視する賃金体系によって、女性や若年者から中高年齢男性に賃金再配分を行おうとした戦時中の政策と同様の発想に立っていたことをも示唆しているのである。

（2）「社会保険制度調査会」

翌一九四六年七月三一日には、政府によって設置された「社会保険制度調査会」の下で、末高信、近藤文二といった社会政策学者等による「社会保障研究会」が「社会保障案」をまとめている（社会保障研究所 一九七五a：一五八―一五九）。

同案においても「家族手当制度」の構想が含まれているが、それらの目的としてはさすがに「生存権の確認、換言すれば最低生活の保障」が掲げられていること、また、家族手当の支給事由についても「妻、小児の全部（義務教育終了迄）」の扶養に限定し、その理由として「我国の民主化のため」「其の他の家族に認めざること」と述べられていること等は、新しい時代の到来を感じさせる。

だが、ここでも友納論文同様、受給権者として想定されているのは夫・父親であることは明らかであろう。

注目されるのは、費用は「原則としては全額国庫」としてイギリスの家族手当制度と同様の税方式がここで初めて提言されていることである。だがすぐそのあとでは、「醵出式とすれば」、被用者と雇主の双方から保険料を徴収し、また自営業者及び「妻」以外の無職者からも同様に保険料を徴収して、どちらについてもそれを国庫負担で補完するというように、友納案と同様の構想の方がより詳細に提示されていた。

ここからも予測されるように、一九四七年一〇月九日に社会保険制度調査会が最終的に提出した「社会保障制度要綱」は後者の「醵出式」を中心としており、しかもそれまでの二案にはなかった所得制限の導入を想定したものであった。このことの意味は重要である（社会保障研究所 一九七五a：一六五―一六七）。

この答申は日本で初めて児童手当制度の創設を公式に提言したものとして位置づけられており、生活窮乏の原因の一つとして「育児」をあげたうえで、これに対応するため「児童手当金」を支給するとしたこと、また医療保険、失業手当、老齢年金等を六段階にわけて順次実施するとしたうえで、「児童手当金」の実施を最後の段階においたことは比較的よく知られている。

だが、ここで注意しておきたいのは、実はこの答申においても第一段階で児童手当を部分的に実施する構想だったということである。すなわち、この第一段階における「児童手当金」は全額国庫負担によって実施されるが、それは「生計調査」を伴い低所得家庭のみを対象にした制度とすることになっていた。そしてその際には「被用者の家族手当保険制度の速やかな実施が必要である」とも提言されている。

つまり第一段階の所得制限つきの「児童手当金」は早晩非被用者家庭に限定されるようになり、それとは別に被用者家庭を対象とする「家族手当保険制度」を設けて、こちらの方は「生計調査」なしに「家族手当」を支給するようもっていく計画だったのである。この「家族手当保険制度」の具体的な設計は明記されていないが、上述の友納案や「社会保障案」の「醵出式」と同様、雇用主だけでなく被用者からの保険料徴収が想定されていたと思われる。

したがって最後の第六段階における「児童手当金」の実施とは、日本経済が回復し非被用者からもそのための保険料を徴収することが可能になった時点で初めて、非被用者家庭にも所得制限なく「児童手当金」を支給するという段階のことを意味する。

このように、所得制限のない普遍主義の児童手当を実施するには、国民の保険料負担を前提条件とし、無拠出で全額国庫負担ないし公費負担の制度で実施する限りは、所得制限を課す選別主義的な制度とするという発想は、その後の答申や政府の政策にも延々と受け継がれていくのである。

(3) 戦前・戦後を貫く社会保険中心主義の帰結

もっとも一九六〇年代に入ってからは、フランスの家族手当制度等を念頭に、使用者拠出は本来賃金として支払われるべきものが原資であり、事実上被用者が負担していることになるという論拠のもとに、被用者に別途拠出させることなく普遍主義的に児童手当を実施すべきだとする主張も影響力をもっていた。

一九七〇年九月一六日付の児童手当審議会答申「児童手当制度の大綱について」が、非被用者家庭には公費及び非被用者自身の拠出負担に基づき、被用者家庭には国庫と雇用主の拠出負担に基づいて、つまり被用者自身は無拠出のまま、どちらの家庭に対しても所得制限なく児童手当を支給するという構想を示したのも、他の事情は別とすればそうした論理にも依拠していた。

だがこの答申にもかかわらず、翌一九七一年にようやく成立した日本の児童手当制度は非被用者家庭だけでなく被用者家庭についても所得制限を課す制度となった。これは戦後間もない時期の社会保険制度調査会等の構想とも前年の児童手当審議会の答申とも逆の結論となったかのようにみえる。

しかし、実際には非被用者に拠出させるという構想が与党の自民党社会部会世話人会によってまず退けられ、公費負担のみとなったことにより、まず非被用者家庭について所得制限を適用する発想が復活した。次に被用者もまた自己拠出がない点では同じであるという理由のもとに被用者家庭にも所得制限が及ぶことになったのである（北 二〇〇八：一七二―一七四）。その意味では日本の児童手当制度の所得制限は、すでに述べたように国民の拠出負担・保険料徴収を伴わない限り普遍主義的な制度を認めないという戦前・戦後を貫く社会保険中心主義の帰結であった。

それから約四〇年後の二〇一〇年、「子ども手当」の名のもとに、国民の拠出負担を伴わず、しかも所得制限のない普遍主義的な児童手当制度が初めて登場した。だが、それもわずか二年ほどで「児童手当」の名に戻り、所得制限復活とその強化に向かって追い立てられ、さらに制度そのものの廃止され主張されている。いわば日本の児童手当制度は、従来型の社会保障思想の根強さと、その社会保険中心主義さえ突き崩そうとする新自由主義の浸透に双方から挟撃され、押しつぶされようとしているといってよいであろう。

3　児童手当構想と「生活給」思想

(1) 米国社会保障調査団「社会保障制度への勧告」と賃金の家族手当

以下では再び一九四〇年代後半の時期に焦点を戻そう。前節でみたとおり一九四七年の社会保険制度調査会の答申は、その拠出主義への固執において日本の社会保障政策の基本的特徴を先取りするものであったが、実際には当時の政府はこの答申を時期尚早としてほとんどすべてを黙殺したといわれている。

他方、翌一九四八年七月一三日に連合軍最高司令部から日本政府にわたされた米国社会保障調査団「社会保障制度への勧告」は、この社会保険制度調査会の答申に注目し、中でも第一段階における「児童手当金」が前述のように所得制限を前提としていることを強く批判して、それに代わる注目すべき提案を行った。

すなわち同勧告は「かかる手当を資力考査の上で支払う」よりは、むしろ賃金の家族手当を「給與から除外し、政府が同一基準による家族手當支給の責任を負ふ可き事を提議する」、またそのための拠出金は「雇主側のみから徴収」すべきであると主張したのである（社会保障研究所 一九七五a：三〇、六六―六七）。

同時に、同勧告はこれまで家族手当として支払ってきた賃金の原資を今後は社会保障としての家族手当制度のために拠出するだけなのであるから、「全体としては雇主に取っては確かに負担を増さない」ことを強調した。ただし、「扶養家族のない青年を雇傭している産業とか、或いは被傭者の一人あたり扶養家族数が比較的少ない場合」には、当該企業の負担は以前より増加する。しかし、その裏面として「被傭者の一人当たり扶養家族数が比較的に多い産業」では負担はより軽くなるから、雇用主全体としては相殺されて「負担を増さない」ということである。

実は社会保険制度調査会の答申もこのような賃金の再配分として「被用者の家族手当保険制度」を提言していたのであるが、違いは米国社会保障調査団の勧告がこのように被用者自身の拠出負担を明確に否定した点にあった（社会保障研究所 一九七五a：六六―六七）。

他方で、当時の労働運動は社会保障の財源は資本家及び国家の負担によるべきであるということをスローガンとしていたが、にもかかわらず、こうした米国社会保障調査団の勧告は彼らの歓迎するところとはならなかった。というのも、この勧告が前提とする賃金の家族手当の廃止やそれによる雇主の保険料負担の軽減は、労働運動の側にとっては受け入れがたい提案だったからである。

事実、当時官公労働者の給与について審議していた「臨時給与委員会」が同年二月と三月に発表した二つの報告書には、「いわゆる生活給」と「家族給」に対する強い批判が含まれていたが、当時の労働組合は「同一労働同一賃金の名のもとに」「職階給をおしつけんとするもの」としてこれに激しく反発していた（法政大学大原社会問題研究所 一九五一：一七八―一七九）。

政府や財界の賃金政策に対する反対が、労働運動の側からの同一価値労働同一賃金原則の対置ではなく、既存の賃金の家族手当と年齢給の擁護に向かってしまうという構図がこの時すでに始まりつつあったのである。

もっとも日本政府は上記の米国社会保障調査団の勧告についてもやはり黙殺同然で、この勧告から取り入れられた唯一の提言は「社会保障制度審議会」の設置だけだったといわれている。そして、翌一九四九年五月に発足した社会保障制度審議会のヒアリングに対し、日本経営者団体連盟（日経連）はまさに賃金の家族手当の「社会保障への肩代わり」を要求として伝えた。これに対し労働組合の側は、「労働者の負担による肩代わり反対」と「児童手当については社会事業でやること」という意見であり、日本労働組合総同盟（総同盟）は「家族手当はイギリス式を参照すべし」と要望し、産別会議もまた一般に社会保障の「財源については高度累進課税で積極的には全額資本家および国家負担」を要求したのである（近藤・吉田 一九五〇：八〇、一五二）。

児童手当は「社会事業で」、「イギリス式を」という組合側の意見は、米国社会保障調査団の勧告が想定するような賃金の家族手当を財源の原資とする制度化ではなく、それとは独立に制度を設置できる全額国庫負担の税方式に彼らが傾いていたことを示している。そのためか、社会保障制度審議会が一九五〇年六月三〇日付でまとめた「社会保障制度研究試案要項」は、「児童手当制度を国家保障として行うか又は保険的方法で行うかは十分検討する必要がある」と一応両論併記の体裁をとることになった。

　だが、実際には政府とその諮問機関の研究者の多くは、それまでと同様に「保険的方法」のみを現実的とみなしていたと思われる。そして、彼らの意図がどうであろうと、この「保険的方法」への固執は、労働運動が政府の児童手当構想に反対するようにわざわざ仕向けるようなものであった。とはいえ、次にみるように、この対立は戦後の労働組合の賃金思想が自ら招きよせたものでもあったのである。

（2）戦後における賃金の家族手当の復活

　敗戦後の激しいインフレーションの中で日本の労働組合は当初賃金の大幅増額を求めたが、一九四六年二月の金融緊急措置令によって現金での給与支払いは新円で月五〇〇円、預金引き出しは世帯主三〇〇円、家族一人につき一〇〇円までと定められたこともあり、賃金の何倍増といったそれまでの要求方式は次第に困難となってきた。以後、労働組合の賃上げ要求は家族手当の増額を中心とするようになり、この時期には賃金の圧倒的部分を家族手当が占めるという変則的な事態が出現するに至る。

　戦時中の賃金統制策の下で家族手当は低く抑えられる基本給とは別枠で支給を認められる賃金部分となったが、戦後の労働運動はそれと同様の事態を自らの手で再現したのである。

　同年一一月三〇日、日本電気産業労働組合協議会（電産協）が中央労働委員会の調停により獲得した賃金体系が、いわゆる「電産型賃金」としてその後の賃金要求方式に大きな影響を与えたことはよく知られている。

　年齢別最低保障に支えられた本人給と賃金の家族手当を中心とする電産型賃金は、こうした賃金配分で各自の生存をはかるしかないほど極度の低賃金が蔓延した時代の産物であり、また、このような時代には職種別賃金格差の余地も小さいことから必然化した賃金体系であった（孫田 二〇〇三：二〇）。とはいえ、電産型賃金は賃金の家族手当を拡大したというより、むしろそれを基準賃金の二割程度に限定することによって、基本給を賃金の中心に据え直すという意味をもったものでもあった（吉村 一九六五：五四）。

　しかし、年齢基準に基づく本人給と、扶養家族数を基準とする賃金の家族手当との組み合わせを「生活保障給」ないし「生活給」と名づける賃金思想は、「賃銀と生活との結びつき」を強調し、それを美化した戦時中の賃金体系の戦後的な労働組合版でもあったともいえる。第一次世界大戦後のフランス等の労働運動は家族手当を社会保障として純化させることで、それに対する権利性を確立し、同時に賃金交渉の領域では同一価値労働同一賃金原則を守ろうとした。これに対し日本の労働組合は電産型賃金の崩壊ののちも、また、経済成長の時代を迎え賃金に占める家族手当の比率がさらに低下していく中でも、賃金の家族手当をその形態のまま個別企業の中で維持しようとし続けたのである。

4　男女同一賃金原則と「生活給」思想

（1）年齢・家族数基準の「客観性」の怪しさ

　だが、「電産型賃金」が登場してまもない一九四七年三月に日本を視察した世界労働組合連盟（世界労連）代表の報告書は、賃金の「家族手当の性質や価値」はそもそも「決定し得ない」ものであると述べ、家族扶養の負担に対する手当は賃金から「切り離すべき」であると批判していた。

この報告書はまた、「仕事の質や量に」基づかず、年齢や勤続年限、子どもの数に関わらせて賃金支払がなされることは、「雇主の意志のままに誤用され、差別待遇され得る道」であるとも警告している。実は、その前年に日本を視察した米国労働諮問委員会も同様の批判を行っており、前節の米国社会保障調査団の勧告もそれを受けてなされたものだったのである（渡辺 一九九八：二七六―二七七）。

遠藤公嗣はこれらの批判や提言が当時の「労働組合にふかく受け止められたようには思われない」と述べ、それは「労働組合に厳しい勧告、というよりも批判だったからであろう」と述べている（遠藤 二〇〇四：四八―五一）。企業別組合の枠を破ることに失敗した日本の労働組合にとって熟練度の社会的な格づけに基づく同一価値労働同一賃金原則の確立はあまりに困難な課題であり、企業の査定の恣意性に対抗できる客観的な基準として思いつくのは、賃金統制下ですでに経験した年齢や扶養家族数という基準しかなかったということであろうか。

だが、この客観性は外観にすぎず、賃金の家族手当額と本人給への額の配分は恣意的なものである。この問題について、前述の「臨時給与委員会」の政府側委員であった今井一男大蔵省給与局長は、のちの一九六七年に次のように解説している。なお今井は一九六四年に中央児童福祉審議会児童手当特別部会の部会長として「児童手当制度について」を答申したほか、児童手当懇談会による一九六八年の答申「児童手当制度に関する報告」の起草委員の一人となった人物でもある。

その今井はまず「年齢給ないし年功序列型賃金の背後には、かくれた家族手当の思想がひそんでいる」と指摘する。その思想とは「多子による最低の生活費の増加は、生活給理論の中心として、これを賃金の中にふくませるという考え方」であるが、今井によればこれはまったく「不親切な生活保障論」である。

第一にこうした賃金は年齢別に平均世帯人員数とそれに対応する家計費を計算し、そこから任意の金額を家族手当として取り出し、残余を年齢給として均したものである。

したがってこの平均にぴったり合致する人員数の世帯以外は、こうして得られる年齢給と実際の家計費は一致しない。それを人員数に応じて増える家族手当でいくぶん調整してもなお、扶養家族の「多い者は損し、少い者は得をする」という事態が必ず生じる構造となっている。

第二に、この時、家族手当に向けられる賃金額をあまりに高くすれば、その恩恵がない若年労働者等が「第一におさまらない」。そこで、昇給にまわす原資を確保するために、賃金の家族手当は常に家計費の何分の一かに抑えておかなければならない。

第三に今井によれば、女子のほうが平均的な結婚年齢が早いのであるから、女子に適用される年齢給は同年齢の男子に適用される年齢給を上回らなければならないはずだが、男子の結婚年齢を基準を女子にも適用してこの問題には「頬冠り」している。

第四にこれらの問題を別としても、各人の実際の生計費の上昇はもともと年齢の上昇に正確に比例しない。一つ年を重ねたからといって、それに正確に比例して自動的に生計費が増えるわけでないからである。しかし、査定にかかわらず毎年少しでも昇給させるには、本人給を年齢と結びつけておくことが「好都合」である。このように、そこには労働者間、及び労使間の「好い加減な妥協」があるだけだと今井は指摘したのである（今

井 一九六七a：一九二、一九六；今井 一九六七b：一二）。

（2）男女同一賃金原則問題

さらに前述の米国労働諮問委員会や世界労連代表の報告書は、こうした日本的な賃金基準が男女賃金格差の最大の原因であるとして、男女間に限らず男性間女性間も含め広く同一価値労働同一賃金原則を賃金決定の基準としなければならないと強調していた。にもかかわらず一九四七年四月に公布された労働基準法（労基法）に「男女同一価値労働同一賃金の原則」がそのまま盛り込まれなかったのは、とりあえず現状追認の方針がとられたからである。

日本の賃金は「生活賃金形態」であるから、「勢ひ男の方は家族の生活を含めて家族手当」を配分される。「けれども、家族手当だけが家族をカヴァーしてゐるかといふと、さうではなくして」「やはり親爺の方の」賃金の全体が家族の扶養を想定して決められている。したがって、男女同一価値労働同一賃金の原則を「あまりやかましく言はれると困る」というのが、当時の日本政府の姿勢であった。

さらにまた、当時の公聴会等では、使用者側は「同一価値労働」という用語ではなく、「能力に応じて賃金を支払うべきであって男又は女なるが故に賃金に差をつけてはならない」という文言に修正することを提案しており、他方、労働組合側は、「家族手当・物価手当」は男女同一賃金原則からは「除外して考えたい」等と主張していた（渡辺編著 一九九八：一二〇、五六六）。

こうして当初の文案（第五次案で初出）にあった「同一価値労働」という語は消え、労基法の第四条は「女性であることを理由として、賃金について」男性と差別してはならないという規定となった。同時に、使用者側の意見に沿って家族手当等は割増賃金の計算からのぞくという規定が追加されている（渡辺編著 一九九六：一〇六―一〇七。渡辺編著 一九九八：一〇五、五四四）。

一九五〇年に山川菊栄労働省婦人少年局長が召集した中央婦人問題会議労働委員会においても、宮島久義労働基準局給与課長は、同一労働をしている男女に賃金格差があったとしても、その企業が女性であることを直接の基準としたことが明らかでない限り「法律の上では違反扱いにできない」と、この条文の限界を説明している。宮島はさらに賃金の家族手当は実際上「女子労働者にはほとんど支給されてない」として、この賃金形態が採用されている限り「不当に低い賃金が女子に与えられる」結果になるという問題も強調していた（労働省婦人少年局 一九五一：五六―五七、八七―八八）。

この委員会では労働経済学者の氏原正治郎も同様に、労基法を前提に男女同一賃金を追及するとすれば、性別を明示した賃金規則の撤廃や、賃金規則を実質的に性別に運用する慣行をなくすことによって「少なくとも、従来各企業の内部において存在していた男女の差別待遇を排除」していくことしか残っていないだろうと述べている。

これは要するに、労働組合が主張する生活給であれ企業への貢献度が重視される年功賃金であれ、それらを変えるのではなく、むしろそのまま男女まったく同じように企業内で適用させていくということである。

ただし、そのような男女一律の適用を行おうとすればするほど生じてくる種々の軋轢に対応する中で、使用者や労働組合も従来の組織や政策を変えざるを得なくなり、次第に本来の同一価値労働同一賃金原則の実現に向かっていくであろうというのが当時の氏原の展望であった（労働省婦人少年局 一九五一：六六）。

この当時は、女性にも年齢給が適用されるようになったことで男女賃金格差が縮小する傾向も観察されていた。だが、その後も年齢上昇と勤続によって賃金が上がり続ける女性労働者が出現し出した時、まず現れた「軋轢」と「対応」は、同じ企業・職場の男性労働者の不満とこうした女性の雇用そのものを回避する企業行動、女性の昇給の頭打ち、定年の男女差別、女性職の非正規職への切り替え、後の時代には男女のコース別管理という新たな雇用差別であった。

　これに対して一九六〇年代の後半以降、女性労働者の側は、こうした雇用上の男女差別を告発するとともに、男女別賃金表の撤廃や男性にのみ家族手当を支給する規則・慣行の撤廃を求めて運動を起こしていく。それはまさに労基法第四条の限界の範囲内で既存の賃金制度を同一企業内の女性に対して男性と同様に適用させようとする運動にほかならなかった。

　「国連婦人年をきっかけとして行動を起こす女たちの会」が、家族手当は「賃金ではなく社会保障で」と明確に主張したのは、労基法成立から三〇年を経た一九七七年のことであった。だが、それでもなお彼女らの求める賃金の一般原則は、「一つは同一年齢同一賃金」、「二つは同一価値労働同一賃金」と二つの間で揺れ動いていた（行動する会記録集編集委員会編 一九九九：一〇六―一〇八）。氏原の展望に反して、従来の「生活給」の考え方に男女同一賃金をそのまま接ぎ木しようとする発想は、その後も長く払拭されなかったのである。

5 児童手当構想と最低賃金制度

(1) 同一価値労働同一賃金原則における「生活賃金」基準と日本の「生活給」思想

　もっとも同一価値労働同一賃金原則においても、生活と賃金を結びつける「生活賃金」の理念が欠落しているのではない。この原則における「生活賃金」と日本の年功賃金における「生活給」との違いは、生活と賃金の結びつけ方それ自体にある。この点についても氏原は前述の委員会で次のように解説していた。

　第一に「生活賃金」の理念は、日本の「生活給」のように「年齢の高い者にはたくさん払え」「あるいは子供の多い者にはたくさん払えということでは絶対にない」。氏原によれば、それは誰であれ、また単純労働者であっても少なくともその労働者自身ともう一人の人間の生活が確保できる賃金水準のことである。そして、これはある個人の実際の扶養家族数とは関わりなく適用されなければならない（労働省婦人少年局 一九五一：七二）。

　したがって第二に、この生活賃金と個々の労働者世帯の実際に必要な生計費とは一致しないことになるが、それは「貯蓄による所得の時間的再配分」か、社会保障としての家族手当等の「社会的追加によって調整される」。

　そして第三に、この「生活賃金」と「調整」を基盤として、労働の熟練度に応じた同一価値労働同一賃金原則を貫徹させる中で「女子の賃金を男子の賃金の水準まで引き上げようという要求」が男女同一価値労働同一賃金原則にほかならないと氏原は述べたのである（労働省婦人少年局 一九五一：六一―六二、六四）。

　これに対しては前述の宮島も、「賃金から、この家族手当制度を切り離して、措置して行かなければならぬ」「そのことも決して非常な困難を伴うものではないと私は考えております」「最低賃金の制度及び家族手当制度」ができれば、「あとは比較的容易に賃金を労働の質及び量に即して払って行く方法が採用しうる」等と応じていた（労働省婦人少年局 一九五一：八八―八九）。

　最低賃金制度と児童手当制度を基盤にして男女

同一価値労働同一賃金原則を実現していくという展望がこの時点ですでに語られていたといってよいだろう。だが、この展望は後述のように一九六〇年代半ば以降、労働経済学者の竹中恵美子がたびたびこれを提起したことを除いてはほとんど忘れ去られるか、無視されていた。その理由の一つは宮島の予想とは反対に、この構想には「非常な困難」が待ち受けていたことにある。

　実は氏原・宮島等がこのように論じる少し前から、前述の社会保障制度審議会もまた児童手当と最低賃金制度とを関係づける勧告を準備していた。同審議会はまず一九四九年一一月一四日に「社会保障制度確立のための覚書」を公表して、老齢、失業、疾病等に対する社会保障を段階的に整備し、その後に「家族の扶養及び教育の責任並びに最低賃金制との関連を勘案し」て、「家族手当」制度の創設を検討するよう求めた。さらに翌一九五〇年六月三〇日においても、前述の「社会保障制度研究試案要項」を示して、「児童手当は、最低賃金制との関係をも考慮し、標準児童数以上の児童を有する家庭の児童について考慮する」、国家経済と賃金水準の回復及び「最低賃金制の確立と並行して」実施すること等を繰り返し提言していたのである（社会保障研究所 一九七五a：一七一、一八二）。

　ところが、一九五〇年一〇月一六日付の社会保障制度審議会「社会保障制度に関する勧告」においては、これらの児童手当への言及は最終的にすべて削除されてしまった。社会政策学者の近藤文二によれば、それはGHQの圧力によるもので、司令部は日本政府に「社会保障制度審議会第一次報告批判」を示して、児童手当は人口政策の手段にすぎないと批判し、その創設に反対したのだという（近藤 一九七二：一四―一五）。当時は人口過剰問題が叫ばれており、人工妊娠中絶の要件を緩和する優生保護法改正がその前年に行われたばかりであった。

　すでにみたように戦時中の「人口政策確立要綱」においては確かに「家族手当制度」の創設が「人口増強政策」の一つに入れられていた。その意味では戦後の児童手当創設構想はいわば過去の構想のとばっちりを受けたことになる。実は同審議会もまた「社会保障制度研究試案要項」の段階ですでに、「人口政策との関連をも考慮し、最小限度の必要を補充しうる限度において考慮すべきである」と述べる等、腰の引けた態度を示していたのであるが、それでもなお児童手当への言及は最終的に削除をやむなくされたのであった（社会保障研究所 一九七五a：一八二）。

　ここには日本政府自身の意向もからんでいた節があるが、いずれにせよ事実としてその後は、一九六〇年八月四日に中央児童福祉審議会が「児童福祉行政の刷新強化に関する意見」を出す時まで、児童手当の制度化計画はまったく一〇年間動きをとめてしまうことになる。

（2）児童手当の支給対象範囲と賃金水準の問題

　ここでは人口政策との関連の問題は別として、前述の「社会保障制度研究試案要項」（以下、「試案要綱」）が、児童手当は「標準児童数以上の児童を有する家庭」に対して、賃金水準の回復及び最低賃金制の確立と「並行して」実施すると述べたことの意味を改めて検討しておかなければならない。

　というのも、それ以前の審議会等の構想においてはこのような記述はみられず、第一子からの支給が想定されていたからである。「社会保障制度研究試案要項」における支給対象児童のこのような限定は何を意味していたのであろうか。

　先にもふれた近藤文二は、「社会保障制度研究試案要項」の主要執筆者であった。ここではその近藤が次のような説を展開していたことに注目しておきたい（近藤 一九六四：三―四）。

「西洋社会では、通常、賃金の額は本人と妻と子供」を「養うに足るもの」と考えられている。そこでイギリスでは「子供が一人しかいない家庭では通常の賃金で夫婦と子供一人の生活ができる筈だから児童手当を出す必要はない」ということから、「ベヴァリッジは第二子から支給するような制度を提案」した。「もっともベルギーやイタリアの場合には、第一子から手当が支給されている」が、「ベルギーの場合は第一子の手当額は低い。そしてこれらはすべて賃金との関係できめられている」と考えるべきだというのである。

これは一九六〇年代半ばの記述であり、その後イギリスの児童手当は第一子にも拡大された。それはともかくとして、近藤が「標準児童数以上の児童を有する家庭」に支給すると「試案要綱」に書いた時に念頭にあったのも、当時のイギリスの児童手当や現在もなお第二子からの支給を基本とするフランス等の家族手当制度だったに違いない。

ところで、第一子への支給を除外する理由の一つとして確かにベヴァリッジは上記のことをあげた。しかし、だからといって、近藤のように、そこから通常の賃金に含まれるべき「『家族』の大きさをどのように把えるかによって」児童手当の支給対象児童の範囲が「自からきまってくる」とまで一般化して定式化するのは飛躍であろう。

この定式化と「最低賃金制との関係をも考慮し、標準児童数以上の児童を有する家庭の児童について」児童手当を制度化するという「試案要項」の記述は、オーストラリアのニューサウスウェルズ州における一九二〇年代の論争を想起させる。そこでは児童手当の創設や支給範囲の拡大と、最低賃金水準の引き下げとをセットで行おうとしたり、その逆に後者の引きあげを理由に前者の支給範囲を縮小させようとしたりする主張や決定がなされていた。

児童手当制度と最低賃金制度という異なる二つの制度がこのように直接的に結びつけられてしまったために両者は対抗関係におかれ、互いに発展を阻害し合うという無用の混乱が生じることになったのである（北 一九九九：三四―三七）。

現実には、標準賃金や最低賃金の設定の際に想定される家族の標準規模が縮小しても賃金水準が上がることはありうるし、その逆もある。また児童手当の支給対象児童の範囲の拡大と賃金水準の上昇が同時に生じることもある。さらに児童手当制度を確立した諸国においては、その額は対象児童の生活費の三分の一から二分の一程度に収まる傾向があると指摘されているように、もともと児童手当は児童の生活費のすべてをカバーするものではないし、それを目指しているわけでもない（児童手当懇談会 一九六八＝二〇〇七：三一九）。

要するに児童手当と賃金はそれぞれの内的論理によって独自の展開をするのであって、両者の関係は間接的なものにすぎず、一方が他方を限界づけるというようなものではない。にもかかわらず、児童手当の額や支給対象の範囲と、基準的な賃金において想定される扶養家族数とが直接的な逆比例関係にあるかのように想定して論じるのはドグマというほかはないであろう。

だが、後述のように戦後の日本においては、最低賃金制と児童手当制度、あるいは「世帯賃金」と児童手当制度の関係を近藤のように描き出す言説がその後も長く続いた。これに加え、前述の米国社会保障調査団の提言や一九六〇年代の政府諮問機関の諸答申が賃金の家族手当の原資を事業主拠出金に繰り入れ、それによって児童手当を制度化するという構想だったことも、児童手当と賃金の対抗関係をいっそう強く印象づけることになったのである。

6 一九六〇年代の政府の児童手当構想と労働運動サイドの警戒

（1）総評の家族手当制度要求への反応

一九六〇年代の日本労働組合総評議会（総評）は社会保障としての家族手当制度の獲得をスローガンに掲げ、「主たる生計維持者」としての男性労働者に対し、妻を含んだすべての扶養家族についてこの手当を支給する制度の創設を要求していた。

だが、総評社会保障部の内藤武男によればこの要求に対する組合員の反応は鈍く、むしろ「家族の扶養費は本来、賃金の中に含まれるべき」であり、このような制度をつくらずとも「大巾賃上げの要求」で十分だという意見、さらには「社会保障としての家族手当を要求すると、現行の手当をけずられ、実質的には賃下げになる危険が強くなるから困る、という消極的な」反応が少なくなかったという。

また、「妻および第一子ないし第二子は当然基本賃金で保障すべきで、家族手当法は第二子ないし第三子からに限定すべきだという、諸外国からの例示による意見も強い」という問題もあった（内藤 一九六一：二二―二三。内藤 一九六三：一〇―一四。内藤 一九六五：二二―二三）。

これらに対して内藤は、日本の慢性的な低賃金状態の下では第一子からの支給が必要であると説明し、賃金の家族手当についてはその基本給への繰り入れと大幅な賃上げを同時に要求しつつ、さらに最低賃金制の確立を家族手当法制定要求と結合しなければならないと呼びかけている。だが、その間にも内藤は、日本では「賃金闘争そのものが、長い間の年功序列、企業依存のワクから脱けだせない弱さ」があり、「最低賃金制、家族手当制の必要さが切実な要求になり得なかった」という現実を慨嘆せざるを得なかった（内藤 一九六三：一〇）。

実際、一九五九年にようやく成立した最低賃金法（以下、最賃法）は業者間協定を中心としたものにすぎず、労働運動サイドはこれをエセ最賃法と批判したものの、一九六四年の対政府交渉の時期を除けば本格的な最賃法を求める運動は常に低調であった。さらにその後は、周知のように高度経済成長下の若年労働力不足による初任給の上昇の結果、若年労働者の賃金は中小企業においても最賃法のレベルを上回るものとなった。こうして同法の直接の影響を受けるのは、主に中高年女性を中心とするパートタイマー等の非正規労働者のみという状況が生まれるにつれて、労働組合はますますこの運動への意欲を失っていったのである（春闘共闘委員会 一九六六：一五―一六）。

「既得権」となった賃金の家族手当への執着や、世帯主の大幅賃上げがあればよしとする企業別組合の「世帯賃金」理念に結びついた男性労働者中心主義が、児童手当制度と最低賃金制度のどちらに対しても無関心という傾向をもたらしたといってよいであろう。こうした状況の下では「最低賃金制の確立と並行して」児童手当を制度化するという前述の「試案要項」の構想も、両者の本格的な確立をともに遅らせる結果にしかならなかったのである。

（2）政府の児童手当構想

一九六〇年に一〇年ぶりに復活した政府サイドの児童手当構想は、「年功序列型賃金制度の是正」と「職務給への移行」や労働力の流動化を児童手当によって「促進する」、あるいは「職務給・職能給の導入」によって児童手当の必要性が高まるということを想定したものであった。また米国社会保障調査団の勧告と同様に、賃金の家族手当を原資の一部に繰り入れる事業主拠出金の創設も計画されていた（「所得倍増計画」一二月二七日閣議決定。中央児童福祉審議会児童手当特別部会「児童手当制度について」一九六四年一〇月五日。児童手当懇談会「児童手当制度に関する報告」一九六八年一二月二〇日等）。

このような賃金政策との接合は企業側に拠出金負担を受け入れさせるためのアピール策でもあったが、労働運動の側にとっては最初から受け入れがたい条件をつきつけられたようなものだった。すでに一九五〇年代の末から労働組合側は、「資本家が職務給や職種別賃金を導入し、全体として賃金を引き下げ、ことに中高年労働者の賃金を引き下げようとすることには反対しなければならない」と呼びかけていたからである（日本労働組合総評議会　一九七四、七八一―七八二）。

しかも、当時の審議会等の提言では、賃金の家族手当の解消にとどまらず被用者拠出の導入も示唆されていた。ここには「年功序列型によって、児童の少ない労働者は相対的に高過ぎる賃金を得ている」から、被用者の本人拠出で「これを再分配する」ことが年功賃金の是正促進策になるという前述の今井の主張（今井　一九六七b：一五）と、さらに雇主、労働者、政府の三者負担による「労働者家族所得保険」を一九二〇年代から提唱してきた近藤文二のアイディア等が反映されているが、これもまた当然労働組合側の反発を呼ぶことになった。

そのうえ、政府のアピールは秋波を送った企業に対しても功を奏さなかった。財界が職務給導入や職能給への移行を試行錯誤する中で到達した結論は、こうした移行に有益なのは児童手当ではなく賃金の家族手当のほうだということだったからである（北　二〇一〇：二六四―二七五）。

もともと賃金の家族手当は基本給抑制や時間外手当等の節約手段となる。また、自動昇給を査定昇給に換え、さらに職務給要素や職能給要素を加えていく際にも、賃金の家族手当を残すか増額しておけば、あたかもそれが防波堤になるかのような安心感を与えることにより、労働者の抵抗を和らげる緩衝材として機能することを、企業も労働組合もよく知っていたのであった（孫田　一九九七b：一〇二）。

（3）制度要求への躊躇

それでも一九六七年に入る頃からは、男性比率が高い企業や産業を中心に賃金の家族手当が廃止され始め、しかもそれにかわる基本給の引きあげはないという事例も報告されるようになったため、政府の児童手当構想に対する労働組合側からの反感と警戒心はいっそう強くなっていった。

プロレイバーの研究者たちがこの問題をどのように受けとめていたか、当時のある討議記録をもとにまとめれば以下のようになる（「共同討議・最低賃金闘争の課題と展望」『賃金と社会保障』第四二四号、一九六七年六月：九―一三）。

第一に、現在の資本主義諸国では「女房の生活費を最賃額でまかなえるところは現実にはなくなっている」以上、これまでのように五人家族の標準生計費を最低賃金の基準に据えるという要求はもはや非現実的であると考えなければならない。

第二に、このように最低賃金が単身者水準に近いならば、「児童手当とか法的家族手当」との関係では配偶者手当も含む「法的家族手当」制のほうを要求する必要が出てくる。だが、他方、最低賃金について、理論的にはともかく要求として「配偶者を除いて単身者のそれで」いくとしてよいか、疑問がある。

第三に、そのうえ「法的家族手当」等を要求すれば、「へたをすると」賃金の「家族手当が剥奪され」る恐れがあり、また「年功賃金の職務給化」や「過剰人口圧を高めるために中高年層の流動化」といった「合理化政策に、非常に利用されやすい」。

そこで、児童手当・法的家族手当の制度化の要求については当面「躊躇」せざるをえず、最賃制闘争が成果をあげる中で、これらについても要求を検討してゆくという「段階的」な運動に「した方がよい」というのが、彼らのひとまずの結論であった。

もっともこの討議記録の掲載時には、編集部の追記によって「最賃制確立闘争はこの段階で社会保障闘争、とりわけ家族手当法制定要求との結合をさらに強める必要があります」と、事実上の修正がほどこされた。数々の答申や諮問機関の報告にもかかわらず政府が児童手当創設に消極的な姿勢であることや、当時の大蔵省サイドと財界の否定的な反応がこの頃からたびたび報道されるようになってきたからである。

7　児童手当の制度化と「生活給」思想の復活

（1）賃金の家族手当の拡大

こうして一九六七年の半ば頃からは政府サイドと攻守ところを変えるように、労働運動の側に児童手当要求運動の必要性を認める動きが生まれつつあった。

とくに一九六九年には春闘共闘委員会・中央社会保障推進協議会の第七回社会保障討論集会が採択した「当面の要求」や総評・中立労働組合連絡会議（中立労連）による「当面する一五大要求」の中に国と資本家の負担による児童手当法の制定があげられ、さらに第三七回総評臨時大会に提出された「児童手当制度創設に関する要求要綱」においては、「これまでの運動方針では『家族手当法の制定』を提出し、要求活動を展開してきたが、それを実現するために、当面、われわれは児童手当制度の創設を要求して闘う」と位置づけられ、賃金の家族手当についても子どもに関する部分は基本給繰り入れの要求を行う等の方針が示された。

同時期の全日本労働総同盟（同盟）も児童手当の創設・制定促進を決議している。とくに当時副会長だった天池清次は児童手当審議会の進行に協力的で、一時は児童手当の制度化とひきかえに、基本給繰り入れ等がなくとも賃金の家族手当の「返上」を行うという方針を示したほどであった。

いずれにせよ児童手当の財源に被用者拠出を導入しようとするもくろみが阻止されたのは、天池に加え総評の岩井章事務局長、のちには肥川治一郎社会保障対策部長も児童手当審議会に加わったことの成果であった。だが、これが唯一の成果だったともいえる。

というのも第一子・第二子に各月額三〇〇〇円、第三子四〇〇〇円、第四子以降五〇〇〇円等といった労働組合側の要求に対し、実際に成立した児童手当は前述のように所得制限があり、かつ一世帯の中に一八歳未満の児童が三人以上いる場合に限定したうえで、その上から三番目以降の子どもについてのみ月額三〇〇〇円を支給するという期待外れの制度だったからである。

にもかかわらず日経連は早速児童手当の支給対象となる子どもについて賃金の家族手当を打ち切る方針を発表したため、再び労働組合側の反発は高まった。こうした中で同盟もまた、以前はこのような劣悪な内容の児童手当は想定しておらず前提条件が変わったとして、家族手当の打ち切り・減額などの経営側提案は一切受け入れない方針に転換した（『週刊労働ニュース』一九七二年二月二八日号）。

一般に労働側の対応の選択肢としては、第三子以降の賃金の家族手当を基本的に維持する、その原資を本給に繰り入れる、配偶者・第一子・第二子についての家族手当の増額等にまわすという三つがありえたが、結局三番目をとるところが多かった可能性がある。というのも、一九七〇年代前半の五年間に最も額の伸びが大きかったのは賃金の住宅手当と家族手当だったからである。

　その理由について総評内では、「年令や勤続を要素とした属人給の割合が減少」したことと、賃上げの一律定額配分が続き年齢別賃金格差が縮小したために、それを「穴うめ」し、「カバーする形で」「世帯主である男子労働者」の生計費増と「中高年令賃金の頭打ち」等にこれらの手当で対処する傾向が労使とも強くなったことがあげられている。また、職務給より職能給志向が強くなったことも中高年男性労働者へのこうした対処に関係していたという（『総評調査月報』一九七五年一二月：三九―四〇、四七―四八）。

（2）「生活給」・「世帯賃金」志向の再燃と児童手当要求の放棄

　労基法草案が準備されていた段階では、労働組合側が、同一価値労働同一賃金原則の下で年齢差別も禁止すべきだと主張したこともあった（渡辺編著 一九九八：一二〇、五六六）。また、その後も、家族手当や住宅手当等の「生活補助的手当」は若年労働者と中高年労働者間の「団結確保上問題」があり、時間外割り増しや退職金の計算等にも入らない労働者にとって不利な賃金・雇用管理手段だということはつとに指摘されていた。

　また「フランスの労働者の年令でみた賃金カーブは日本より寝ているが、児童手当を加えた所得カーブは日本の年令による賃金カーブとほぼ重なる。いわゆる西欧型熟練度別賃金も……このような装置とセット」になっていることも認識されていた（『総評調査月報』一九七五年一二月：四〇、四八）。

　特徴的なのは、そこから賃金の家族手当の克服や児童手当の拡充に方針が向かうのではなく、「世帯賃金をどうやって確立させてゆくか」という課題設定の下に、年功賃金を年齢・扶養家族数基準の「生活給」に純化して維持するという発想が常に強かったことであった。

　当時の労働運動のリーダーたちは、年功賃金から経営管理的側面を排除した「生活給体系の確保」は「これからも必要」であり、「勤続はプレミアム」程度として、「主として年齢階層でもって表示された生計費曲線に応じた賃金カーブ」を「長期にわたって」「温存していい」と宣言していた。

　さらに例えば「二五歳労働者といえば、生計の要素と一人前の熟練労働者であるという二つの要素がからみ合って設定……それでいい」と語る一方、「児童手当」については「企業外で」「そういういわば所得再分配方式で」賃金を「補う」よりは、むしろ賃金体系の中で「家族手当・住宅手当、そういうものははっきりと確立していかなきゃならん」と述べている（『週刊労働ニュース』一九七一年一月一一日号）。

　要するに、ここでは実質的に児童手当を無視した「世帯賃金」、同一価値労働同一賃金原則を事実上放棄した「生活給」という目標が積極的に選択されており、しかも一人前労働者の標準賃金に年齢・扶養家族数といった要素をもちこむことの恣意性・似非客観性については、前述の今井が批判したようにみてみないふりをしているのである（北 二〇一〇：二九五）。

　賃金の家族手当を再確立するというこの宣言は、経済学者の青木茂が税の「扶養控除を実態に即したものに改善、家族手当を生計費の実際の線まで引き上げれば、児童手当を創設する必要はない」、養育費は労働力の再生産原価として賃金に含まれるべきだとコメントしたことを想起させる（『読売新聞』一九六九年一月一七日）。

　仮に青木のこの主張どおり賃金の家族手当額を扶養家族の生計費と厳密に一致させるならば、既婚中高年男性の比率が高い企業は他企業より大きく不利になるから、彼らに対する解雇圧力や基本給引き下げの圧力が強くなると同時に、若年労働者と彼らの対立も高まる。そこで労働組合がそれらすべてを抑えこみ基本給の大幅賃上げを獲得していけば問題は解消できるとでも考えたのであろうか。いずれにせよ高度経済成長下の大企業を念頭におく限りは、こうした非現実的な主張もそう突飛にはみえなかったのかもしれない。

とはいえ、これと同様な賃金と社会保障機能の混同は労使双方にみられるものであった。企業側が賃金の家族手当は児童手当拠出金と「二重負担」になると主張したのに対し、労働組合側は社会保障給付と賃金配分を「混同」すべきでないと反論した。だが、自らもまた「社会保障の拡充、福祉の向上は今日の国民的要請」であるから「児童手当の思想に沿う賃金増額こそ必要」、賃金の「家族手当の打ち切りは、これに逆行する」等と主張していたのである（『週刊労働ニュース』一九七二年二月二八日号）。

当時は、賃金の家族手当を拡充していけばそれが児童手当への展開につながるという主張も存在した。だが本来の児童手当は、世帯主の賃金や市場収入から独立に、親の所得・年齢・職業に関わらない社会保障給付によって子育て費用を社会的に下支えし、同時に子ども数の相違による生計費・支出の格差をカバーしようとする制度である。その意味では、世帯主の年齢と扶養家族数に応じた「生活給」を払うことで、ライフサイクルの変動に対応しようとする発想とは対極にあり、まさにこうした世帯賃金思想の克服を迫るものだったのである。

他方で、労働運動の中でも賃金の家族手当は企業の支払い能力に左右されやすく、とくに中小企業では困難があるという指摘や、「また男女差別という観点から」も「総評として社会的に保障を求める立場をはっきりさせるべきだ」という声が女性労働者から出ていた（『総評調査月報』一九七五年一二月：一六）。さらに、労働経済学者の竹中恵美子は当時すでに児童手当を男女同一労働同一賃金実現の「バックグラウンド」の一つにあげている。

竹中はまた一九六〇年代半ばという早い時期に、児童手当を「家族数と賃金のリンクをたち切れる条件」として位置づけていた（竹中　一九六二＝二〇一一：一五四。竹中　一九七二：七七）。労働力価値は本人と家族の再生産費を含むという規定を、賃金の家族手当と安易に結びつける議論が少なくなかった中でのこの指摘は注目されるべきであろう。だが、当時の日本の労働運動は、妻子の扶養と賃金の「リンク」を断ち切るのではなく強めることにあくまで力を注いだのであった。

8　バラマキ論の一系譜と児童手当制度の現段階

戦後も人口問題審議会の委員等を歴任した前述の北岡寿逸は児童手当審議会の提言を次のように批判した（『読売新聞』投書欄　一九七〇年九月二二日）。

「児童手当は……何を目的とするのであろうか。社会保障または賃金の合理化ならば、所得制限なしに高所得者にも支給することは適切ではない」。「出産奨励を目的とするのであるならば、厚生省自ら、あるいはその外郭団体が産児制限につとめ」「優生保護法の乱用」を放置しておきながら「出産奨励としては効果の乏しい児童手当のごときものに国民経済の負担をしいる趣旨を解するに苦しむ」。

厚生省と自民党社会部会世話人会との前述の協議が開始されたのはこの投書の三日後である。すでに述べたように、一九七一年成立の「児童手当法」に児童手当審議会の報告にはなかった所得制限が取り入られたのはこの協議の結果であった。また自民党社会部会はこの前年から人工妊娠中絶の規制強化を政府に求めており、これは一九七二年以降の数次にわたる優生保護法改正案提出につながった（北 二〇一〇：二八七―二九三）。

出産奨励策として役立たない児童手当制度は無駄、所得制限のない支給は不適切というこの主張はその後も「バラマキ」政策批判という形で国民に影響を与えただけでなく、所得制限の強化や、第三子から第二子・第一子への順次の支給対象拡大とひきかえの支給期間短縮、手当額据え置きによる実質価値の低下といったその後の政策の当然の結果として、児童手当に対する国民の支持はいっそう低下していった。

今世紀に入ってからは、この制度を少子化対策と結びつけようとする勢力の登場を背景に支給期間の段階的回復、三歳未満についての手当額の引きあげが行われ、さらにすでに述べたように、民主党政権登場を契機に二〇一〇年、日本で初めて所得制限を廃止し中学卒業まで定額の手当を支給する「子ども手当」の発足へと展開した。だが、これに対するバッシングはすさまじく、二〇一二年度からは児童手当法が新たに復活するに至っている。

この新児童手当は一定所得水準以下の家庭については支給期間・手当額とも「子ども手当」と同様であり、その所得限度を超える家庭に対してもその半額程度の手当が暫定的に支給されているため、かつてのように支給・非支給に家庭を分断する所得制限はまだ実施されていない。しかし二〇一二年冬に政権に復帰した自民党を中心に、この暫定支給の廃止と夫婦所得合算方式導入も視野に入れた所得制限の強化を求める主張が行われており、さらなる後退もありうる。

特徴的なのはこれらの勢力が、高所得者ほどメリットが大きい税の年少扶養控除の復活を声高に叫んでいることである。所得合算方式による所得制限の強化で共稼ぎ家庭への児童手当支給を制限し、他方で所得控除により世帯主の手取り収入を増やすことで家庭の「自助」を補強するという旧来型の政策思想が噴出した形であるが、同時に、厚生労働省と自民・公明・民主党内では介護保険をモデルにした育児保険の創設によって児童手当制度と公的保育の双方をともに解体しようとする新しいタイプの政策も構想されている。だが、いずれはそこに国民の保険料拠出を導入することが目標とされている点では、これも戦時中からひき続く旧来型の発想といえる（北 二〇一二a：三五―四五。北 二〇一二b：四四―五二）。

こうした事態は、保育サービスと児童手当を二者択一の関係におき、共稼ぎを可能にする両立支援策さえあれば社会保障としての現金給付は不要と考えがちな日本のフェミニズム運動の一部の「自助」思想にも支えられているが、そうした無関心はまた、日本の児童手当制度がいまだに受給資格における男性世帯主中心主義を払拭できない一因ともなっている。

だが、子どもとの監護・生計同一関係だけでなく主要な生計維持者であることを重視した受給資格や、国民の無拠出を理由に所得制限にこだわる日本の児童手当政策は、国際的にみて明らかに異様であり、またその異様さは日本における「生活給」思想の特異性と表裏一体のものとなっている。その意味で、こうした発想を転換する普遍主義的かつジェンダー中立的な児童手当制度の確立は、真の「生活賃金」理念と男女同一価値労働同一賃金原則にとって依然として不可欠の課題であり続けているのである。

【参考文献】

石田誠（一九四〇）『人的資源論』秋豊園出版部。
今井一男（一九六七a）「児童手当」大河内一男他編『社会保障と福利厚生　現代労働問題講座第八巻』有斐閣。
今井一男（一九六七b）「児童手当について」『健康保険』第二一巻第一二号。
遠藤公嗣（二〇〇四）「賃金形態論の途絶――小池和男

『賃金の上がり方』論」『大原社会問題研究所雑誌』第五五三号、二〇〇四年一二月。

「関西女の労働問題研究会・竹中恵美子ゼミ編集委員会（二〇〇四）『竹中恵美子が語る労働とジェンダー』ドメス出版。

上村政彦（一九六四）「家族手当法制と賃金――法律論的アプローチ」『健康保険』第一八巻第二号。

北明美（一九九九）「児童手当制度の発展と家族賃金」『女性労働研究』。

北明美（二〇〇八）「日本の児童手当制度とベーシック・インカム――試金石としての児童手当」武川正吾編著『シティズンシップとベーシック・インカムの可能性』法律文化社。

北明美（二〇一〇）「一九六〇年代の児童手当構想と賃金・人口・ジェンダー政策」大門正克他編『高度成長の時代2 過熱と揺らぎ』大月書店。

北明美（二〇一二a）「『子ども手当』とジェンダー」『女性労働研究』第五六号、二〇一二年一月。

北明美（二〇一二b）「『子ども手当』の変質と維持されるジェンダー・バイアス」『女性学』第一九号、二〇一二年三月。

北岡寿逸（一九四〇a）「家族手当制度論」『経済学論集』（上）第一〇巻第二号。

北岡寿逸編（一九四〇b）「仏国家族法典」『人口問題研究』第一巻第一号。

厚生省人口局（二〇〇二）「我国の人口問題と人口政策確立要綱」（一九四一年）編集復刻版『性と生殖の人権問題資料集成』第二二巻。

行動する会記録集編集委員会編（一九九九）『行動する女たちが拓いた道――メキシコからニューヨークへ』未来社。

近藤功（二〇〇六）『児童手当創設日録』講談社出版サービスセンター。

近藤文二・吉田秀夫（一九五〇）『社会保障勧告の成立と解説』社会保障調査会。

近藤文二（一九六四）「児童手当制度の問題点」『大阪市立大学経済学雑誌』五一―六、一九六四年一二月。

近藤文二（一九七二）「日本社会保障史の一節」『週刊社会保障』第二六巻第六六三号、一九七二年四月三日。

児童手当懇談会「児童手当制度に関する報告」（一九六八年）（児童手当制度研究会監修『四訂 児童手当法の解説』中央法規、二〇〇七年所収。

社会保障研究所（一九七五a）『日本社会保障資料Ⅰ』至誠堂。

社会保障研究所（一九七五b）『日本社会保障資料Ⅱ』至誠堂。

児童手当制度研究会（二〇〇四）『児童手当法の解説』中央法規。

春闘共闘委員会（一九六六）『全国一律最賃制闘争』。

竹中恵美子（一九六三）「職務給反対闘争の現状と問題点」竹中恵美子著作集Ⅰ『現代労働市場の理論』明石書店、二〇一二年所収。

竹中恵美子（一九七二）「現代婦人労働の諸問題――雇用・賃金・母性保護を中心に」竹中恵美子編著『現代の婦人問題』創元新書。

竹中恵美子・関西女の労働問題研究会（二〇〇九）『竹中恵美子の女性労働研究50年』ドメス出版。

竹中恵美子著作集Ⅲ『戦間・戦後期の労働市場と女性労働』明石書店、二〇一二年。

竹中恵美子著作集Ⅳ『女性の賃金問題とジェンダー』明石書店、二〇一二年。

内藤武男（一九六一）「家族手当法について」月刊『総評』第五二号、一九六一年八月。

内藤武男（一九六三）「家族手当法制獲得運動の前進のために」『賃金と社会保障』第二九五号、一九六三年一一月。

内藤武男（一九六五）「家族手当法をかちとろう」月刊『総評』第九四号、一九六五年四月。

日本労働組合総評議会（一九七四）『総評二十年史上巻』労働旬報社。

法政大学大原社会問題研究所（一九五一）『日本労働年鑑第二三集』時事通信社。

法政大学大原社会問題研究所（一九六四）『日本労働年鑑 特集版 太平洋戦争下の労働者状態』東洋経済新報社。

濱口桂一郎（二〇〇九）『新しい労働社会』岩波新書。

孫田良平（一九八三）「家族手当――その歴史と環境の変化」『賃金実務』第四八四号、一九八三年五月一五日。

孫田良平（一九九七a）「電産型賃金」『日本労働研究雑誌』第四四三号、一九九七年四月。

孫田良平（一九九七b）「賃金と生涯生活保障――コスト抑制政策としての生活賃金保障」『社会政策叢書第二一集』啓文社、一九九七年一〇月。

孫田良平（二〇〇三）「戦後賃金制度の変遷」『ひろばユニオン』第四九六号、二〇〇三年六月。

吉村励（一九六五）「家族手当と賃金」『労働問題』第八二号、一九六五年三月。

山川菊栄（一九六八）「育児休職と児童手当」『まなぶ』第九四号、一九六八年六月。

労働省婦人少年局（一九五一）（婦人労働資料第六号）『男女同一労働同一賃金について 中央婦人問題会議労働委員会記録 一九五〇年』。

渡辺章編著（一九九六）『労働基準法』［昭和22年］（1）日本立法資料全集51、信山社。

渡辺章編著（一九九八）『労働基準法』［昭和22年］（2）日本立法資料全集52、信山社。

第9章　最低賃金と生活保護と「ベーシック・インカム」

神吉知郁子

人が安心して働くためのセーフティネットとして、日本では最低賃金と各種保険、生活保護が用意されている。今世紀初め頃より、非正規雇用やワーキング・プアが増加していく中で、それらの相互関係に変化が起きてきた。また、福祉国家の行き詰まりやその打開策としてのワークフェア的政策に対するアンチテーゼとして、ベーシック・インカムと呼ばれる無条件給付の構想が提唱されるようになっている。本章では、イギリスとフランスの最低賃金、扶助制度や給付付き税額控除などとの比較を交えて、これらの制度の役割分担や可能性を論じる。

1　最低賃金と生活保護の「断絶」と「接近」

(1) 国家による自由：生存権と労働権

人々が自由で生き生きとした生活を送るためには、誰からも束縛されないだけでなく、何かに支えられていることが不可欠である。そのような考え方に基づいて、日本国憲法は、「国家からの自由」である自由権に続いて、「国家による自由」としての社会権を基本的人権として保障している。社会権の中核をなすのは、「健康で文化的な最低限度の生活」を営む権利を保障する、生存権（憲法二五条）である。すなわち、国家が健康で文化的な生活という最低基盤を保障することで、国民は真に自由を行使することが可能となると考えられているのだ。

日本における社会保障の仕組みは、この社会権の具体化として位置づけられる。現在の社会保険や医療・教育等のサービス給付はニーズやリスクに対応して展開されているため、結果として、より多くの支えを必要とするライフサイクルの前半と後半に集中している（図9－1参照）。そして、その中間にあたる稼働年齢世代は、自らの能力を活用し、働くことによって自らの生活を支えるだけでなく、保険料拠出や納税を通じて、社会に貢献する側にあることが求められる。これは、憲法上、勤労の権利と労働の義務が表裏一体として規定されていることと無関係ではない（憲法二七条一項）。労働の義務は国民に何らかの具体的行動を要求するものではないが、勤労の能力があり、その機会があるのにかかわらず勤労しようとしない者に対しては、生存権や労働権の保障が後退するという限りで法的意味をもつと考えられるからである。

（2）労働者に対する三つの「セーフティネット」

もっとも、働ける世代に対しても、安心して就労を続け、安定した生活を営むために支えは必要である。そのため、主に三種類の制度が設けられている。まずは、就労中の賃金を下支えする、最低賃金制度である。これは、憲法で規定されている勤労条件法定主義（憲法二七条二項）を具体化したものである。次に、疾病、傷害、失業、労働災

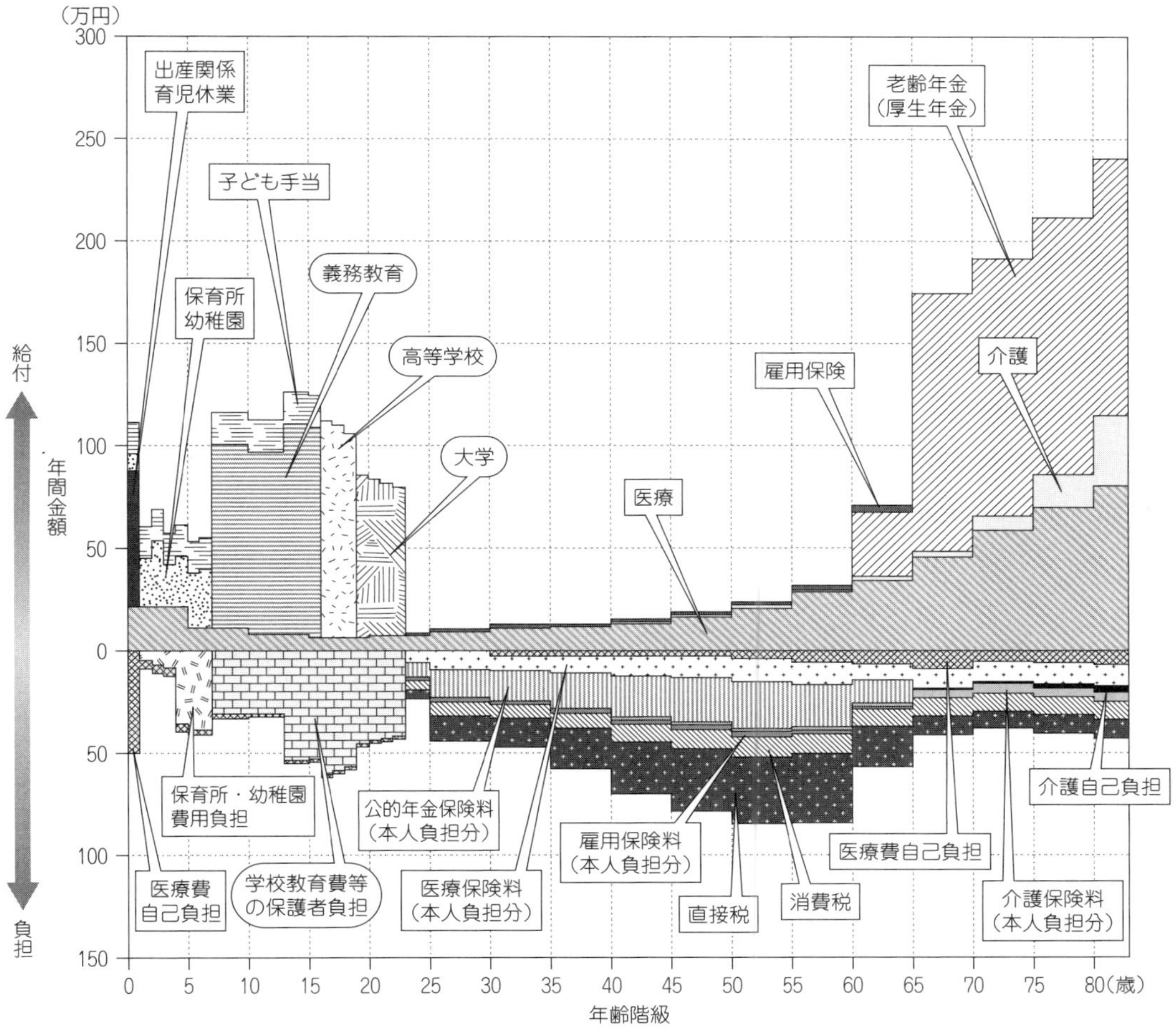

図9－1　ライフサイクルでみた社会保険，保育・教育等サービス給付と負担

注：平成21年度（データがない場合は可能な限り直近）の実績をベースに一人当たりの額を計算している。

出所：厚生労働省「社会保障の現状と課題」第1回政府・与党社会保障改革検討本部（平成22年度10月28日）資料。

害といったリスクが顕在化した場合に対応するための、社会保険制度がある。そして最後に、生存権保障の中核として、全国民に対する最後のセーフティネットたる生活保護制度がある。

失業保険と生活保護の詳細については本書第2章を参照していただくことにして、本章前半では、日本の最低賃金と生活保護の相互関係に焦点をあて、英仏の制度との比較を交えて論じる。そして本章後半では、「ワークフェア」的な考え方のもとに構築されている現行制度と対極に位置する、「ベーシック・インカム」構想について検討する。

（3）「地域別最低賃金」の変容

日本で「最低賃金」といった場合に、中心的な役割を果たしているのが地域別最低賃金である。その沿革を振り返ることで、最低賃金に期待される役割の変容を辿ってみたい。

一九五九年に成立した最低賃金法は、当初は業種別に設定される業者間協定方式の最低賃金を中心としていたが、次第に地域別最低賃金の役割を拡大していく。一九七一年には、労働省（当時）によって地域別最低賃金の拡大が運用方針とされた結果、一九七二年から一九七六年までの間に全都道府県において地域別最低賃金が設定されるに至った。これによって、公労使三者構成の審議会方式で決定される地域別最低賃金が全労働者の賃金を下支えするという状態が出来上がったのである。一九七八年には、全国的な整合性確保のための「目安制度」の運用が開始された。

目安制度とは、中央最低賃金審議会が都道府県を四つのランクに分け、各ランクの地域別最低賃金の上げ幅の目安を提示するものである。目安には法的な拘束力はないものの、実質的には地方最低賃金審議会の決定に大きな影響力を及ぼしている。この目安の審議には、様々な統計資料のうち「賃金改定状況調査第四表」（従業員三〇人未満企業の賃金上昇率）が重要な基準として利用されてきた。実際のところ、地域別最低賃金は、小規模零細企業の賃金上昇率をにらんで、最低賃金審議会での上げ幅をめぐる労使委員の攻防から決定されてきたのである。

二〇〇〇年代に入ると、働く貧困者（ワーキング・プア）の存在が問題視されるようになり、上記の状況が変化しつつある。二〇〇五年には、厚生労働省の研究会が、最低賃金と生活保護支給額との逆転現象を指摘した。これを受けて、二〇〇七年の最低賃金法改正は、地域別最低賃金が全労働者に適用されるべきことを法的義務としてはじめて明確化すると同時に、その考慮要素の一つである「労働者の生計費」に関して、憲法二五条の趣旨を踏まえて、生活保護との整合性を確保すべきことを明文化した。これによって、地域別最低賃金が労働者のセーフティネットとしての役割を期待されることが明らかになった。そして、改正後の最低賃金審議会の審議の主眼は、最低賃金と生活保護費との乖離の解消に移っている。

（4）生活保護の運用の変化

一方、憲法二五条の保障する生存権を具体化した「最後のセーフティネット」たる生活保護は、一般扶助、無差別平等を原則としているため、働く世代であっても生活に困窮する場合は当然保護の対象となりうる。もっとも、稼働能力を適切に活用すべきという補足性の要件や、運用における適正化の要求から、これまでは「高齢者世帯」と「障害者世帯」が被保護世帯の八割以上を占めていた。そして、稼働能力のある世帯は入り口で絞られることによって、きわめて少ない水準にとどまってきた。所得が公的扶助水準を下回る世帯のうち、どれだけの割合が実際に扶助を受けているかを現す捕捉率は、例えばイギリスが約九〇％に近いのに対して、日本のそれは一〇％とも二〇％

ともされ、非常に低い割合だといわれてきたのである。

ところが、「その他世帯」の一類型としてカテゴリー化すらされてこなかった稼働能力のある被保護世帯が、近年急増している。一九九六年には「その他世帯」は約六・七％にすぎなかったが、二〇一二年一二月時点では約一八％にのぼっている。被保護人員も、戦後の混乱期を抜いて約二一六万人を超え、保護費も約三兆七〇〇〇億円規模となった。その拡大は、二〇〇八年秋に始まった不況で失業者自体が急増したことや、同年末の「年越し派遣村」など社会運動の高まりから、本来は生活保護の対象者となりうる稼働能力層を受け入れるようになってきたためとみられる。

このような状況に対して、二〇〇五年以降は、生活保護を利用しやすく、自立しやすい制度へと替えていくべきだという厚生労働省の専門家委員会の提言を受けて、生活保護制度の運用における自立支援の取組みが広まっている。もっとも、これは必ずしも就労支援だけではなく、被保護者が自分の健康・生活管理を行って自立した生活を送るための日常生活自立支援や、社会生活自立支援なども含まれ、福祉事務所においてケースワーカーが個別の状況に応じた支援を提供するものである。

（5）「断絶」からの「接近」

このような最低賃金と生活保護との関係を整理すると、まず両者には、水準と対象という二つのレベルでの断絶があったと言わざるをえない。水準については、憲法二五条の生存権保障の具体化である生活保護は、最低生活費の概念に基づいて制度設計されている。これとは対照的に、地域別最低賃金の決定においては、労働者の生活保障は相対的な考慮要素の一つにすぎず、その水準そのものはほとんど問題とされてこなかった。最低賃金の改定は、「目安」をめぐる労使委員の攻防を経て決定されるものであり、労働者の最低生活にはどれほどの賃金水準が妥当かといった観点は、まったくといっていいほどなかった。

それは、対象者という二つめのレベルの断絶と関係している。最低賃金で働く労働者の多くは「パート」や「アルバイト」といった、非正規であると同時に家計補助的な労働者であり、彼（彼女）らの生活は世帯の稼ぎ主――コアな正社員型労働者――の賃金が維持しているのだと考えられてきた。その想定の限りにおいては、地域別最低賃金は賃金の最低限を画するものではあっても、最低生活を画するものではなかったのである。他方で、生活保護の対象者の中に働く能力のある者は少なく、最低賃金の世界とは事実上の断絶があった。

しかし、非正規労働者の割合が全労働者の三分の一を超え、とくに若年者層に不安定な雇用が広がる中で、その前提が揺らいでいる。非正規型の労働者が世帯を支えるという状況が珍しくなくなってきたことで、地域別最低賃金の水準に「健康で文化的な最低限度の生活」を保障する憲法二五条の趣旨を考慮すべき要請が生じてきたのである。同時に、生活保護の被保護世帯に就労可能な層が増えつつある中、対象者についても重なりが生じている。最低賃金と生活保護が生存権でリンクしたことは、水準と対象者のレベルでの両者の接近を象徴するものであり、日本において労働と社会保障の領域が急速に交錯するようになってきたことを示唆するものである。そして、そのつながりを構築する試みはスタートしたばかりなのである。

（6）最低賃金の限界

このように近年、働く貧困世帯（の生活を支える、地域別最低賃金のセーフティネット的役割に大きな期待が寄せられつつある。もっとも、その期待が実現するには、最低賃金を保証することによって最低生活が保障されうることが前提となる。

しかし、最低賃金の役割を見直させる契機となった、まさに非正規雇用の増加という現象が、同時に最低賃金制度の限界を画するのである。なぜなら、最低賃金は時間単価を定めるものであるため、最低賃金を増額しても十分な労働時間が担保されなければ所得の増加にはつながらないからである。つまり、パートタイム労働者にとっては、フルタイム最低賃金と生活保護費との比較自体が、意味をもたなくなるおそれがある。また契約期間の満了で雇止めとなった有期契約労働者に対しては、最低賃金は支えとして機能しない。さらに、最低賃金は個人の労働の単価であるため、世帯としてのニーズに応えづらいという限界もある。他方で、最低賃金が高くなりすぎると雇用に悪影響を及ぼしかねないという懸念も根強い。

それでは、このような限界を意識したうえで、最低賃金とその他のセーフティネットとの関係はどのようにあるべきだろうか。この問題を考える手がかりとして、イギリスとフランスにおける最低賃金と稼働能力世帯のセーフティネットについて、概観することとしたい（神吉 二〇一一：第三章・第四章）。

2 英仏のワークフェア的セーフティネット

(1) イギリスの最低賃金

イギリスで一九九八年に導入された全国最低賃金制度は、同国で初めてとなる全職域・全国一律の最低賃金制度である。

とはいえ、一九九三年までは、賃金審議会という、労使代表を中心とする委員会が決定する最低賃金制度が存在していた。しかしそれは、低賃金・低組織率産業のみを対象とする限定的な制度であったため、それら産業の交渉力の弱さを反映して実効性も薄かった。そこで、一九九三年当時の保守党政権は、労働者の賃金上昇につながらないばかりか経済に多大な悪影響を及ぼしているとして、賃金審議会制度を廃止したという経緯があった。

しかし、最低賃金制度の空白期には、(1)実質賃金の低下と失業率の上昇、(2)低コスト競争による優良使用者の疲弊、(3)ワーキング・プアに対する社会保障支出の増大といった問題が浮かびあがるようになった。

そのような社会情勢を背景に政権交代で成立したのが、一九九八年制定の全国最低賃金法だったのである。それは、労働党政権の掲げた「福祉から就労へ」という政策の一つに数えられ、以後は、「職場における公正」という「ワークフェア」（または「アクティベーション」）の文脈で語られることになった。

ここでのキーワードとなる「公正」の概念は、先にあげた三つの問題に対応する側面をもつ。すなわち、低賃金問題の改善（労働者にとっての「公正」）、適正な労働条件を維持する優良な使用者の支援（使用者にとっての「公正」）、社会保障費用負担の軽減（納税者にとっての「公正」）である。また、全国最低賃金は妥当な水準であることで真の経済的利益にもなると考えられ、今や労働の領域だけでなく、社会経済政策の一つとして位置づけられている。

全国最低賃金の決定は、低賃金委員会という、政府から独立した三者構成機関が勧告を行い、政府が決定するという方式である。低賃金委員会については、労使同数の定めがなく、当事者の意見は、労使委員からではなく、正式な意見聴取ルートを設けている。出身母体からの影響力は無視できないが、委員間の意見対立は統計資料の詳細な検討で解消されるといわれ、これまではずっと全会一致で改正の勧告が出されている。

全国最低賃金の額の決定には、「イギリス経済およびその競争力に与える影響に配慮……しなければならない」ことが法律上の要請である。実際の審議においては、「雇用」への影響、すなわち最低賃金の増額が雇用創出の妨げとならないことが最重要視されている。注目されるのは、最低賃金が生活を支えるべきといった、生活賃金的な考え方が明確に否定されていることである。その背景には、世帯の可処分所得は家族状況や税制、社会保障制度に左右される部分が大きく、賃金の寄与度はそれほど大きくないという見解が委員の間で共有されていることによる。すなわち、イギリスの全国最低賃金制度は、労働者のセーフティネットとして重要な役割を果たすものとは考えられていない点に特徴がある。

(2) イギリスの給付付き税額控除

では、労働者の生活は何をセーフティネットとして支えられているのだろうか。その重要な役割を担ってきたのが、全国最低賃金制度とセットで導入された、就労税額控除という名称の「給付付き税額控除」制度である。

その前提として、イギリスの生活保護にあたる所得補助制度は、労働能力がない者のみを対象としていることに留意が必要である。労働能力のある者はすべて潜在的な求職者とみなされ、生活に困窮する場合は求職者手当制度によって救済されることになるため、所得補助を受けることはできない。求職者手当には二種類あり、拠出要件を満たさなくても受給できるタイプがある。ただし、この手当を受給するには、積極的な求職活動が要件となる。さらに、働いてはいるが所得の低い世帯に対しては、就労を条件とする所得補完制度がある。それが、就労税額控除なのである。

就労税額控除は、働く低所得世帯に対して就労を条件として給付を行うことで、使用者の労働コスト増加を抑えつつ、しかも就労による収入が増えるほど、世帯の手取りが増えるように制度設計されている。これには、従来の典型的な社会保障給付が逓減給付であることによって、稼働収入の増加が給付の減少を招き、就労するインセンティブを削いでしまう、いわゆる「非就労の罠」を生じさせない意義がある。

具体的にこの制度の対象となるか否かは、就労時間（年齢や養育責任の有無に応じて、週一六時間または三〇時間）と世帯所得で決定される。就労時間を基準とすることで、福祉に頼らず働こうとするインセンティブを確保しようとしている。就労税額控除の給付額は、労働時間や所得、障害の有無と程度、子どもの人数と年齢、育児費用の有無によって決まる。稼働収入が増えると、その約六割分、手取りも増える計算になる。

この制度の導入開始から、約一〇年が経った。就労税額控除の雇用促進効果は、期待されたほどではないものの、低所得世帯への所得補完によって所得格差是正の効果があったといわれている。

イギリスの就労税額控除は、給付付き税額控除制度の成功例として、日本でも導入のモデルとしようとする動きもある。しかし、この制度も問題がないわけではない。一つめの問題は、前年度所得を基準とする前払制度を採用しているため、構造的に過払金と返還請求が発生し、運用の混乱がみられたことである。もう一つのより深刻な問題は、増大を続ける給付が財政を圧迫し続けたことである。二〇一一年度の稼働年齢世帯への所得補完給付の支出は約五〇〇億ポンドであり、就労税額控除の導入後約一〇年で約二・五倍に増えている。日本と同じく巨額の財政赤字に喘ぐイギリスにおいても制度改革は急務とされ、労働党から保守党・自民党連立政権へと政権交替後の二〇一〇年七月、稼働年齢世帯を対象とする所得補完制度の抜本的な改革が打ち出された。それが、「ユニバーサル・クレジット」制度である。

（3）ユニバーサル・クレジットへの統合の動き

二〇一二年三月に成立した福祉改革法の目玉、「ユニバーサル・クレジット」（二〇一三年から段階的施行開始）は、稼働年齢世帯を対象とする所得補完制度のうち、前述の所得補助や求職者手当、就労税額控除制度に加えて低所得者向けの住宅手当など六つの制度を統合し、より就労インセンティブ付与を強化することを目的とする制度である。

ユニバーサル・クレジット制度の核心は、稼働年齢の低所得者を四つのカテゴリー（求職者、病気・障害を理由とする制限就労能力者、育児を理由とする不就労者、重い障害・乳児の育児を理由とする不就労者）に分類し、それぞれに就労や就労努力を所得補完の条件とすることにある。そして、申請者と国務大臣との間で「申請者約束」と呼ばれる書面を交わし、申請者が果たすべき義務を明確にする。そして、申請者約束所定の義務を果たさなかった場合は、状況に応じて支給が停止されることになる。こうして、イギリスの労働者に対するセーフティネットは、就労（努力）を厳しく要求し、その対価として与えられるものだと考えられるようになってきている。

（4）フランスの最低賃金

次に、フランスの法定最低賃金制度である、全職域成長最低賃金をみてみよう。一九五〇年に現在の制度の前身である全職域最低保証賃金が導入された当初から、最低賃金の目的は、労働者の購買力の保証であると規定されている。一九七〇年に現在の制度になった際に、第二の目的として経済成長への参加という目的が付け加わった。これら二つの目的に応じて、最低賃金は物価と平均賃金に自動的にスライドして引きあげられる仕組みになっている。すなわち、全国消費者物価指数が二％以上上昇すると、翌月初日から最低賃金も同率引きあげられる。また、三カ月ごとの調査によって、労働者時間賃金の購買力の値が上昇した場合、少なくともその二分の一は最低賃金も引きあげられるべきことが法律上の要請となっている。政府による裁量的決定も予定されているが、それは上記スライド制による自動的引きあげへの上乗せが認められているにすぎない。

このように、フランスでは伝統的に、最低賃金が労働者の生活保障の役割を果たすべきだと考えられてきた。しかし、フランスにおいても非正規雇用が増加し、また一九七〇年の全職域成長最低賃金の導入の際にはなかった社会保障制度を充実させていく中で、最低賃金の生活保障的側面は次第に薄れつつある。現在は、最低賃金で働く労働者についても、公的扶助制度と給付付き税額控除によって、所得補完がなされているからである。

（5）フランスの活動連帯所得と雇用手当

そこで次に、フランスにおける生活保護と給付付き税額控除をみていきたい。まず、生活保護にあたる活動連帯所得の前身は、一九八八年に導入された、参入最低所得保障という制度である。これは、社会保険を中心とするフランスの社会保障制度の中で、低所得者に対する初めての包括的な公的扶助制度であった。しかし、政府の決定する額と世帯状況による加算から世帯収入を減じるという逓減給付の仕組みが採用されたため、働いた分だけ給付が減らされ、手取りは変わらないということで労働のディスインセンティブ化を招いてしまった。その結果、「貧困の罠」や「非就労の罠」にとらわれ、福祉に依存して抜け出せない者の増加が社会問題化した。そこで近年、福祉受給者を労働の世界に参入させる要請が強まってきたのである。

そのような背景から、二〇〇九年に制度化されたのが活動連帯所得であった。活動連帯所得制度は、受給者と県との間で「相互約束」を締結し、そこで明示された就労（努力）義務を果たさなければ所得補完がなされない仕組みとなっている。例えば、相互約束で特定された条件に合致する就職が斡旋された場合、それを拒否できるのは二回までで、それ以上拒否すると給付は打ち切られる。このように、活動連帯所得では所得保障を積極的な就労（努力）または訓練活動をするための努力の対価として位置づけている。また、稼働収入の六〇％から七〇％を手取りに加算することによって、就労意欲を削がないような制度設計となっている。

これに加えて、給付付き税額控除制度として、二〇〇〇年に導入された雇用手当がある。これは、職業収入が一定の範疇（フルタイム最低賃金の〇・三倍から一・四倍）にある低所得の就労世帯に対して所得を補完する制度である。イギリスの就労税額控除に比べると規模や額は小さいが、就労していないと受給できない給付である点で、所得補完と同時に就労インセンティブを付与する意義を有している。

このように、フランスでも働く世帯に対しても所得補完制度が用意され、それらが最低賃金と一体になって労働者のセーフティネットを構築している。そして、働いた場合の手取りを社会保障給付よりも増やすことで労働のディスインセンティブ化を避け、福祉の受給者を労働市場に参入させるための「ワークフェア」的施策に重点がおかれるようになってきている。

3　「ワークフェア」に対置される「ベーシック・インカム」

(1)「ベーシック・インカム」構想の位置づけ

英仏の検討では、最低賃金を貧困対策から切り離し、社会保障の対象を選別して絞りこんでいくと同時に、労働能力のある受給者については就労を義務づけする政策、いわゆる「ワークフェア」的政策が重視されるようになっている方向性がみられた。労働と福祉の関係に着目すると、「ワークフェア」的施策は、両者を連携させることによって、貧困や失業の罠、社会的排除の問題を解決しようとするものである。

このような方向性の対極に位置するのが、「ベーシック・インカム（BI）」構想である。基礎的所得や最低所得保証などと訳されることもある「ベーシック・インカム」の定義として、BI論の代表的論客であるヴァン・パリースは、(1)その人が進んで働く気がなくとも、(2)その人が裕福であるか貧しいかにかかわりなく、(3)その人が誰と一緒に住んでいようとも、(4)その人がその国のどこに住んでいようとも、社会の完全な成員すべてに対して政府から支払われる所得、と定義している。つまり、資力や就労能力、就労努力の有無を問わず、性別や年齢にも関係なく、市民であることのみによって一定の現金が支給される制度である。

最低賃金が一次分配にコミットする制度であるのに対し、従来型社会保障給付は再分配に、BIはいわば事前分配に関与して適正化をはかろうとする点に違いがある。

また、BIの普遍主義的考え方は、個別のリスクやニーズへの対応に主眼をおいてきた従来の選別主義的社会保障とは、まったく異質なようにもみえる。ただし、福祉と労働の接合によって貧困と社会的排除の問題に対処しようとするのがワークフェア施策だとすると、労働と福祉との関係を切断するという正反対のやり方で、BIもまた同じ問題に対処しようとしているといえる（武川 二〇〇八：四）。このように、「ワークフェア」と「ベーシック・インカム」とは、ポスト福祉国家のあり方を探る試みとして、概念的には両極に対置されるものである。

ＢＩ構想の萌芽は、すでに資本主義社会の成立期にみられる。その後、イギリスにおいて最適課税論を導き出す理念モデルとして用いられ、また、社会的財産をどのように分配するのが適正かという、自由や平等、正義といった政治哲学的理念をめぐる思想的枠組みとして、ヨーロッパから広がっていった。しかし今世紀はじめ頃から、日本におけるＢＩ論壇の主流は「理念としてのＢＩ」から「政策としてのＢＩ」に移行し、具体的な社会政策として提言されるに至っている。

冒頭で論じた、憲法における基本的人権や義務との関係でいえば、労働の義務が国民に具体的な行動を要求するものではない以上、社会権保障のあり方としてＢＩという方法は許容されよう。そこで本章では、最低賃金や生活保護といった具体的な制度との関わりを論じるため、主としてＢＩの制度としてのプラグマティックな側面に着目したい。

（2）ＢＩの利点

ＢＩは誰にでも無条件に給付されるため、その普遍性ゆえにスティグマ（受給者の自尊心の損傷）を回避できるメリットがあるといわれる。また、その簡素性から、所得調査や給付事務に要してきた行政コストを削減することができると考えられている。さらに、個人単位であるために、家族形態に対して中立的であり、しばしば男性稼ぎ主モデルを念頭においてきた世帯単位の伝統的社会保障制度とは異なり、特定の家族形態を奨励することがないといわれる。

さらに、ＢＩによって最低限の所得保障が実現すれば、生活保障のために働く必要がなく、賃金は働くことに対する個人的努力、技能に対する特別報酬へと性格づけられることになり、個人の自主的選択に基づく労働が発展すると考えられる。また、生活のために有償労働に束縛されている多数の人々にとっては、ＢＩは有償労働を相対化する意味をもつとも主張される。

このように、ＢＩは、⑴性別分業に基づく核家族モデルへの束縛からの解放、⑵資力調査に伴うスティグマと「失業・貧困の罠」からの解放と行政費用の節約、⑶労働賃金への依存からの解放、⑷労働の人間化や自主的市民活動の広範な発展に資する社会保障政策構想として、関心を集めている。

（3）ＢＩの種類と射程

もっとも、ＢＩの概念やその射程については、論者によって様々な濃淡がある。児童や高齢者、若年者など、支給対象を限定したうえでの、無拠出制で所得制限のない給付をＢＩの一類型、または過渡的ＢＩとして位置づける論者もいる（田村 二〇一〇：一六一、フィッツパトリック 二〇〇六：四一―四五）。また、アトキンソンは、有償労働に限らず広く社会参加に対して支払われる「参加所得」を提唱しているが、これはより受け容れられやすいように互恵性を取り入れたＢＩの一類型といえる。

しかし、（菊池 二〇一〇：七三）で指摘されるように、対象者を絞る制度はまた別個の政策目的からも正当化され得るものであり、また、無条件給付という条件を外すことはＢＩの名の下に論者による議論のすれ違いを引き起こしかねない。そこで本章では、所得調査を必要とせず、就労義務とも切り離され、稼働能力ある成人も含めまったくの無条件で一律に金銭給付を行うという意味に限定した、いわゆる「フルＢＩ」を念頭におく。

(4) イギリスの「スピーナムランド制度」の経験

現在、BIを恒常的に制度化している国はない。歴史を振り返ったときに唯一、きわめて近い実施例としてあげられるのが、一八世紀後半にイギリスの一地方で実施された、スピーナムランド制度である。

この制度は一律給付ではないものの、BI論者からは、全市民に対して生存可能な所得を保証するBIの先駆的形態であり、「慈悲深い試みを体現していた」ものとして積極的に評価されることがある（フィッツパトリック 二〇〇六：四八）。しかし、この壮大な歴史的実験は、安易な賃金補助制度の典型的失敗と糾弾される側面をもっている。一体、どのような示唆を与える制度だったのだろうか。

スピーナムランド制度が導入された当時のイギリスは、産業革命の陰で、農村共同体の崩壊と都市のスラム化に基づく貧困が社会問題となっていた。貧困者は、全国一万六〇〇〇の教区に設けられた救貧院に収容され、保護を受ける代わりに教区から割り当てられた仕事に就くことを強制された。当時の救貧法が、いわば労働強制原理を基礎としていたからである。一七九五年五月、バークシャー州の治安判事たちがスピーナムランドの宿屋に集まったのは、貧困対策として最低賃金制度を導入すべきかを話し合うためであった。ところが、ここで新たに考え出されたスピーナムランド制度の発想は、労働強制原理とも最低賃金規制とも異質なものであった。彼らは、貧困を解決するには最低賃金制度は適切ではないと判断し、その代わりに、パンの価格に最低所得を連動させ、働いているにもかかわらずその最低所得を下回る世帯には、その差額を支給することに決めた。とくに画期的として注目を浴びたのは、労働能力のある失業者と高齢者・障害者等を区別せず、受給者を救貧院に収容することなく、院外救済として賃金扶助を与えたことであった。

治安刑事たちがなぜ最低賃金制度を採用しなかったのか、その理由についての記録は残されていない。おそらく、そのうちの何人かはアダム・スミスの信奉者であり、思想的に賃金規制に反対したためと考えられている（Deakin 2005：128）。

さて、「人を差別しない慈善心」に基づく救貧制度であるスピーナムランド制度は、時の首相の評価をも得て、イギリス全土に広まっていった。しかし、暫くの間に、当初はまったく思いもよらなかった弊害に直面することとなる。

この制度の直接的な弊害は、賃金が大幅に切り下がったことである。使用者は、いくら賃金を下げても税金で差額が補助されるため、これを単なる賃金補助と受け止めて、賃金は底なしに低下していき、恣意的な解雇が横行した。とはいえ、賃金の不足分が扶助によって補塡されるならば、金銭的な面からは問題はなさそうにみえる。では、税負担に対する不満が問題だったのだろうか。この点、賃金扶助の原資となった救貧税負担は、もっとも高いイングランド南部でも収入の三・三％程度にすぎず、それほど過酷なものではなかったともいわれる。

経済学者のカール・ポラニーによると、問題の根源は「救貧税の負担そのものより、むしろ労働生産性に及ぼす賃金扶助の経済的影響であった」（ポラニー 二〇〇九：一六九）。標準的な賃金があまりにも低くなった結果、労働者がいくら自らの努力によって生計を立てようとしても、賃金だけでは生活できなくなってしまったのである。その結果、労働意欲は阻害され、産業の活力も奪われた。労働生産性が低下したことで、結局、賃金扶助の給付額も引き下げざるを得なくなり、一八三〇年までに給付額は三分の一ほど下がった。ポラニーは、スピーナムランド制度は「人々の人間性を確実に堕落させる手段」であり「社会的破局を引き起こした」と断じ、イギリス国民の間に「どう見ても国民を支えているように見えるシステムが、実のところは彼らから略奪」しており、『生存権』は死に至る病である」という確信を生んだと述べる。

そして、スピーナムランド制度開始から三九年後、イギリス下院の救貧法調査委員会は、貧民と労働者を明確に区別し、貧民の処遇を最下級の労働者の生活水準よりも劣ったものにしなければならないという「劣等処遇原則」を打ち出すまでに至った。そして、この原則を確実に遂行するため、働くことが可能な貧民と家族は労役場に収容し、「怠惰と悪習慣を拒絶するような労働規律の下に服した」うえでの救済に限定されるべきだとし、働ける貧民に対する院外救済を禁止しようとした。これは、無差別救済を掲げたスピーナムランド制度の終焉を告げるものであり、さらに厳格化された救貧法の到来を宣言するものであった。

しかし興味深いのは、この提言を受けて一八三四年に成立した新救貧法の運用では、院外救済は継続され、実際には労働可能な貧民のうち、約八割がしばらくは院外救済を受け続けたことである。それは、労働者の賃金補助という形態の院外救済は、むしろ「救貧費支出を抑制するために好都合な救済方法」だったためである（安保 二〇〇五：六二）。すなわち、貧民を労役場に収容すれば、本人とその家族の生活費を負担しなければならないが、院外救済を与えればその必要はない。したがって、院外救済が経済合理的な救済方法として維持されたことは、現金給付が「手切れ金」として作用する可能性を示した一例であるともいえるのである。

4 「ベーシック・インカム」の実現可能性

(1) 財源と給付水準

さて、制度としてのベーシック・インカムの位置づけや効果は、具体的な財源をどこに求めるか、また給付水準をどの程度に設定するかによってまったく違ってくる。財源を問題視する態度については、お金がかかる話すべてに財源に関する質問がされるわけではないから、財源を問う議論は単なる「恫喝」にすぎず、必要だという合意があれば「他の予算を削ったり、増税したり起債して、それに見合う財源を調達すれば良いだけの話」と主張されることもある（山森 二〇〇九：二二一）。

しかし、BIは、全市民に無条件に一定額を給付するという、シンプルさを本質とする制度である。とすれば、政治哲学的な議論や最適課税を導くための思考枠組みを超えて、政策としてBIの可能性を探るには、その実現可能性――すなわち、制度を語る「意味」――を考えてみなければならない。

まず、日本の二〇一二年の人口は、約一億二七四九万人である。そこで、一人あたり月八万円のBIを給付しようとすると、単純計算で年間約一二二・三兆円がかかることになる。

一方、日本の二〇一一年の純支出（一般会計と特別会計の合計）は約二二〇兆円である。そのうち、年金・医療・介護・失業給付・生活保護等を含めた社会保障関連費は約三四％を占め、約七五兆円である。この時点で、BIが必要とする財政規模が、従来の制度とは桁違いに大きいことがわかる。しかも、二〇一一年度には一般会計の公債依存度は四六・八％にのぼり、公債発行残高は約六六七兆円に達する規模である。これは国民一人あたり約五二一万円の借金となる計算である。このような財政状況に鑑みると、持続可能性という観点から、フルBIの実現はそう簡単ではなさそうである。

もっとも、徴収される者にもBIの給付は返ってくるのだから、増大するのは「見かけ」の歳入・歳出にすぎないという主張もある。しかし、たとえ名目上であれ予算の膨張と高い累進率は負担感につながりうるし、以下で検討するように、実際の負担も重くなるおそれが高い。

また、最低限を給付するからそれ以外のことはしないという、「手切れ金」としてBIが機能する可能性も危惧される（立岩 二〇一〇：二三）。

（2）消費税方式による試算

BIの財源と給付額に関しては、ほとんど具体的な提案はなされていない。その中で、日本におけるBIの実現可能性を消費税方式で試算した提案が注目される（小沢 二〇〇八：一九五）。ここでは、年間総BI支出を約一一五兆円と見積もったうえで、医療・介護等の現物給付部分の社会保険のみを残し、現金給付である約五〇兆円のうち四三・五兆円程度をBIに代替することにすれば、財源の約半分は調達できるという。また、現在の各種所得控除をなくし、総所得額二五七・五兆円に対して四五％の所得税率とすれば、残りの財源も調達できると主張されている。

稼ぎの半分を税金で徴収されるとはいえ、世帯によっては手取りは変わらないか、増える場合さえあるというのが、この主張の妥当性を支える根幹である。例えば、夫婦（片働き、専業主婦）で子ども二人（一人は特定扶養控除対象）、給与収入七〇〇万円の世帯でみてみよう。試算当時の制度下では、七〇〇万円から約七〇万円の社会保険料負担と、約一六・五五万の所得税を引いた六一三・四五万円程度が手元に残ることになる。これに対して、BI導入後は、二八万円の社会保険料（「医療を中心とする現物給付部分の社会保険を引き続いて維持するために」負担する四％）を控除した残りの課税所得に四五％分の税金を減じ、家族四人分のBI三八四万円を足すと、手取りは七五三・六万円となり、むしろ増加するというのである。

この主張に対しては、人数の少ない世帯ほどマイナスが大きくなる事実をどう評価するのかを問わねばならない。しかしより根本的な問題は、稼得収入が大幅に減るとしてもBIで補われることで世帯の手取り総額が変わらなければよい、という考え方にある。これは、自助努力の価値を最小化することを容認する態度ともいい換えることができる。この主張は、社会保険料の扱い等、計算方法それ自体の問題に加えて、以下のような矛盾を内包している。

（3）自助努力の最小化による自己矛盾

まず、所得税への課税を強化する構想は、現在の総所得水準が維持されることを大前提としている。そもそも、手取りが変わらないという主張は、現在働いている人が、BI導入後も従前と同じだけの収入を得ることを前提とした計算であった。

とすれば、BI構想の本旨にのっとり、人々が「生活保障のための賃金」を得るためではなく、個人の自主的選択に基づいた「より人間的な働き方」を求めてパート就労やボランティア活動を積極的に選択するようになれば、個人単位でみても現在の手取り水準は維持できないばかりか、制度の財政的基盤が危うくなるという自己矛盾に陥ることになる。そもそも、現在の物価水準からすれば、月八万円のBIは、少なくとも単身者にとっては生活を営む最低水準とはいい難いであろう。BIが最低水準以下の保障にとどまるとすれば、人々は働かざるを得ず、就労との関係を切り離すことなどできなくなる。

これに対するBI論者からの反論は、以下のようなものである。一定数の人たちは、BIだけでよいと判断して労働市場から退出するか、労働時間を減らすだろう。しかしその結果、仕事に就こうとする人たちは、その仕事を得ることがより容易になる。すると、労働の分配は進む。しかも、労働の供給が減って労働者の退出の可能性が高まると、それでは困る使用者がよりよい労働条件を提示することになり、労働者の交渉力は増し、条件もよくなる。その方が、労働政策による介入より効果的であるというのである。

その可能性は否定できないが、BIの水準や税負担次第ではモラル・ハザードが生じる可能性もある。上記のようなBI試算では、働いて得た収入の約半分が徴収されるにもかかわらず今以上の収入を上げ続ける人が相当数存在することが必須条件となるが、その条件が揃うか否かは「やってみないとわからない」のが現実である（立岩 二〇一〇：九二）。この点、社会保障制度の重要な前提、すなわち「現時点に存在する社会保障制度が、おおむねそのままの状態で将来も存続しているであろうという見通し」（笠木 二〇一一：四六）という観点からは、BIの不確実性は、それ自体が大きなマイナス要因となる。スピーナムランド制度が労働生産性の低下を招き、それがさらに給付の削減を招いたという歴史的事実を、過去の外国の話として簡単に片付けるべきではないだろう。

（4）消費税その他の財源調達方式

上記の所得税方式のほかに、ドイツでは、労働所得に対する課税を廃止する代わりに、消費税を増税する方式も主張されている（ヴェルナー 二〇〇七：三八）。この主張では、消費税の増額は、賃金の大幅な切り下げとセットで提唱され、その代わりに低賃金となったドイツの労働市場に外国資本が流入することで、BIの原資をまかなえると見込んでいる。もっとも、日本の二〇一一年度の消費税収が一〇・二兆円規模にすぎないことに鑑みると、これを何倍にも引きあげ、かつ労働による収入を大幅に切り下げることを容認するような方法は、少なくとも日本では所得税方式よりも実現困難であるといえよう。

その他、トービン税や環境税などを新設することで対応しようという構想もあるが、日本の現況をみる限り、上記二つの方式以上に実現可能性が高いものではない。

なお、BIが所得調査なしの一律給付であるという簡素性から、行政コストが削減されるという主張がなされることは先にみたとおりである。しかし、BIが個々人のニーズの差異に目をつぶった「最低限」を保障し、それ以外の制度はいらないという立場をとるならともかく、そうでない多くのBI論者の立場からは、徴収の場面で資力調査を認めることになり、格別に簡素な手続で済むというわけにはいかないと指摘される（立岩 二〇一〇：九八）。

（5）フリーライダー

BIを制度として考える際には、財源論以外にも多様な反論が出される。ここでは、最も頻出の、「フリーライダー」に関する反論だけみておきたい。これは、BIが無条件の事前分配であるため、誰かが生産のために払った努力に、別の者がただ乗りするのを助長し、経済的な意味での社会の持続可能性に脅威を与えるという批判である。

これに対して、BI論者たちは様々な再反論を展開する。例えば、「ただ乗り」しているようにみえるフリーライダーは、ジョブを巡る競争を控えることで外的資産の最適配分を円滑にしているのであり、その意味で社会的産出に貢献しているのだと反論する。すなわち、シェアの放棄に対する補償としてBIを受けとる権利があるという考え方である。もしくは、BIは個性や社会の多様性についての実験を促しているのであるから、ある程度のフリーライダーの存在は、私たちが受け容れなければならない代償だとして、必要悪として認めるべきだという立場もある。このような立場は平等主義的な互酬性から展開されるのであるが、むしろそれを修正して、フリーライダーは「自由な社会の証し」であり、「宿主が健康であるために必要な存在」として認めようとする、踏み込んだ立場もある（フィッツパトリック 二〇〇六：七八）。いずれも、価値に関する発想の転換によって批判を乗り越えようとするものである。

この点、日本では生活保護の不正受給、すなわち可能な自助努力をせずに（あるいは隠して）扶助を受けとることに対して、犯罪にあたらない場合であっても厳しい目が向けられていることは周知のとおりである。ちなみに、不正受給と認定された件数は、二〇一一年度では全国三万五五六八件である。これは全保護件数の約一・七％にあたる。この数字には、子どものアルバイトの金額の申告漏れなど、必ずしも悪質といえないケースも含まれている。金額でみると一七八億一〇〇〇万円となり、不正受給が全保護費に占める割合は、〇・五％程度となる。発覚していない潜在的な不正受給を考慮したとしても、BIの実現によって発生する可能性が高い「フリーライダー」への給付を大きく上回るとは考えにくい。

生活保護受給者への厳しい目が、自助努力可能なのにそれをしない者――社会からもっぱら受けとる側にいること――への反感からくるものであれば、BIの導入によっても負担する側・される側の区別が不可避である以上、フリーライダーへの寛容さを養うには社会の相当な成熟を要するであろう。

5　ベーシック・インカム構想が最低賃金と生活保護に示唆するもの

（1）普遍的現金給付であることの限界

前節では、ベーシック・インカムの実現可能性について投げかけられる疑問を検討した。以下では、より現行制度との関係にひきつけて、BIが普遍的な現金給付制度として提案されることの問題点を整理したい。

まず、BIの制度設計には、ニーズへの対応やリスクマネジメントという観点はない。そこで、個人は、一定の金銭給付をよりどころとして、自己責任で自律的にニーズやリスクに対応することが必要になる。一人の人間のライフサイクルでみた場合に問題となるのは、これまで人生の前半と後半――自律的に自助努力をすることが困難な年代――に集中していた社会保険やサービス給付（図9-1参照）を、どうするかである。また、一人一人の家族状況、生活環境や健康状態の違いから生ずるニーズに対しても、BIだけでは対応できない。

忘れてはならないのは、最低生活の保障には所得保障だけでは不十分であり、医療・保育・教育・介護等のサービスの保障も必要となることである。BI論者の主張においては、これら現物給付の扱いに関する具体的な主張はあまり見られないが、これら現物給付を現行どおり据えおくとすれば、最低生活に必要な程度のBIの実現には、財源面からの相当な制約がかかる。もし、現行の現物給付を完全になくすとすれば、ニーズやリスクの高い者に対しては、今より厳しい制度となる可能性が高い。他方で、現物給付を縮小したうえでBIと存続させるとすれば、制度の簡素化は犠牲とならざるを得ない。

また、BIは定額給付なので、単身者や子どものいない夫婦、子どもが自立した後の高齢者夫婦など、スケールメリットが享受できない世帯が不利となる側面も見過ごせない。そうなると、家族形態に対して中立的であるはずのBIが、むしろ一定の家族形態を間接的に奨励するという皮肉なことになる。そして、現行の年金も生活保護もすべてBIで代替され、働くことによる自助努力の積み増しも高い税率によって阻まれるとなると、場合によっては現在の社会保障制度よりも格段に厳しい制度となりかねない。

さらに、BIが「純粋な意味での金銭給付にとどまり、ケースワーク等を排除するならば、逆に個人の孤立化を招くとともに、個人の自律性や主体性に過度の負担をかけることになりかねない」とも指摘される（菊池 二〇一〇：七二）。

個人の自由を高めるはずのBIは、むしろ「国家による自由」の範囲の相当な縮小を招くおそれをはらんでいるのである。

（2）日本の問題状況

このように、具体的な制度として考える際には様々な問題が浮かびあがるBI構想であるが、ここで英仏との比較から日本の現状にたちかえって問題状況を再確認してみたい。ヨーロッパで、政治哲学的な理念モデルまたは最適課税論を導く道筋にすぎなかったBIの概念が、あたかも具体的な政策の選択肢の一つであるかのように広がっていった背景には、ワークフェア的政策へのアンチテーゼという意味合いがあった。

例えば、フランスでは稼働能力者の福祉への依存が社会問題化し、前述の参入最低所得や活動連帯所得の制度の展開の中で、ワークフェア的側面が強調されるようになった。ところが、福祉の受給と就労を関連づけたことによって、社会保障を受けるためだけの就労、いわば福祉のための労働がはびこることになった。そういった、ワークフェア的政策の負の側面から、BIはそれに代わりうるものとして支持が広がっていったのである。イギリスにおいても、少なからず同じような状況がみられる。

これに対して、日本では、稼働能力者は長年、生活保護行政から実質的に排除されており、受けられる社会保障は限られていた。そのため、英仏が取り組んできた失業の罠・貧困の罠への対処という問題に、これまでは直面せずに済んできたのである。もっとも、稼働能力のある被保護世帯が増加するとともに、この課題は日本においても喫緊の課題となりつつある。

では、どのような方向性を目指すべきであろうか。BIの問題点や限界を検討してきた限り、純粋なかたちでこれを導入すべきだという考え方はとりにくい。現時点では、BIという思考実験から、その議論に投影されてきた従来の制度及びワークフェア的制度の問題点を把握し、BIが実現しようとする価値をどのように現行制度の修正によって実現するかを探ることが賢明な態度だといえよう。そこで最後に、最低賃金と生活保護とのそれぞれについて、BI構想が示唆する改革の方向性をまとめてみたい。

（3）最低賃金制度への示唆

BIと併存する労働政策の必要性を認めるか否かには、BI論者の中でも立場の違いがある（例えば、ヴァン・パリースはそれらを否定するが、立岩はそのような立場に懐疑的である（立岩 二〇一〇：二九）。

最低賃金制度との関係については、例えば、「ベーシック・インカムは、労働者諸個人に経営者との関係（雇用契約）をより容易に切る実質的な力を与えることによって何よりの『労働者の保護』として機能する」とし、「BI水準が高ければ高いほど各人の個人的交渉力も高まり、同時に社会的な底上げが実現する」として、リバタリアン的立場から最低賃金制度を否定する論者もいる（斎藤 二〇一〇：二七三）。

しかし、歴史的な経験をみていくと、被用者の交渉力についての想定は、実際には逆であった。スピーナムランド制度の失敗、そして賃金審議会の廃止から全国最低賃金と就労税額控除をセットで導入したイギリスの歴史が示唆するのは、最低所得保障を有効に機能させるには、むしろ最低賃金制度をはじめとする労働条件の改善を組み合わせることが必須だということである。フランスでは、最低賃金が所得補完の参照基準として機能しており、最低賃金と社会保障制度は車の両輪のような関係にある。

日本では、生活保護改革との関係で、地域別最低賃金の役割を再考することが必要となろう。上げ幅や生活保護費との乖離の解消だけに目を向けるのではなく、絶対的な水準をどの程度に設定すべきかという観点からデータを収集・分析し、議論することが重要である。そこでは、最低賃金制度のターゲットを明確にし、政策目的を達成するための戦略的な道筋をつけられるか否かが鍵となる。

（4）生活保護制度への示唆

BI構想は、福祉国家の行き詰まりと、それを打開しようとして選択されたワークフェア的政策に対置されるかたちで提唱されてきた。とはいえ、日本では稼働能力のある者は自助努力によって生活を維持することが前提とされ、福祉の支えは非常に手薄であった。唯一のセーフティネットである生活保護は、従来は運用によって稼働能力者を排除してきたが、近年その状況が変わりつつあるのは右にみたとおりである。

もっとも、冒頭で述べたように、憲法二五条はすべての国民に健康で文化的な最低限の生活を保障しており、生活保護は本来のあるべき運用に戻りつつあるといえる。そこで、日本が近い将来直面する課題は、生活保護受給者を就労の世界へとつなげていく際の、自立支援のあり方であろう。

これまでも、BIを実現する一つの方向性として、「家族関連の社会的手当や、勤労所得を前提とした負の所得税、あるいは給付つき税額控除などで、低所得の家計を補完しつつ、就労と家族を支援する公共サービスと連携していくという方向」が提唱されている（宮本 二〇一〇：一九八）。もっとも、新たな制度を導入するのではなく、本来は「国家による自由」の具体化である生活保護制度を、所得保障だけでなくより有効な就労支援を行う枠組みとして改革していくことで、「人々が労働市場や家族からの離脱の自由を確保しつつ、職場や家族を自己実現の場に近づけていくこと」も、十分可能な選択肢であるように思われる。

今後最も困難な問題は、所得保障や支援サービスの提供と就労（努力）の義務づけを、どこまで関連づけるかのバランシングであろう。一九九〇年代から先んじてワークフェア的アクティベーション施策を進めてきたイギリスでは、現在の流れが、スピーナムランド制度の失敗から劣等処遇原則へと大幅に揺り戻った、「救貧法の長い歴史を忠実になぞっている」と警鐘も鳴らされている（Deakin 2005：199）。

自立支援の名の下に、失業や貧困を個人の問題に矮小化して懲罰的に労働の義務づけを課してしまうと、人々は不安定雇用に追い込まれるだけでなく、個人の尊厳も大きく損なわれかねない。就労インセンティブを確保し、制度の基盤を維持しながら、個人の尊厳を保障し、決して劣等処遇の正当化に陥らない適切なバランスを探ること——それが困難ではあっても唯一の道であるとすれば、私たちはその隘路を進んでいくしかないのである。

【参考文献】

安保則夫（二〇〇五）『イギリス労働者の貧困と救済』明石書店。
小沢修司（二〇〇八）「日本におけるベーシック・インカムに至る道」武川正吾編『シティズンシップとベーシック・インカムの可能性』法律文化社。
菊池馨実（二〇一〇）「社会保障法の基本理念としての自由」宮本太郎編『自由への問い二　社会保障』岩波書店、五六—八〇頁。
笠木映里（二〇一一）「現代の労働者と社会保障制度」

『日本労働研究雑誌』第六一二号、四〇―五〇頁。

神吉知郁子（二〇一一）『最低賃金と最低所得保障の法規制』信山社。

斎藤拓（二〇一〇）「政治哲学的理念としてのベーシックインカム」立岩真也・斎藤拓『ベーシック・インカム――分配する最小国家の可能性』青土社。

武川正吾（二〇〇八）「社会政策の二〇世紀から二一世紀へ」武川正吾編『シティズンシップとベーシック・インカムの可能性』法律文化社。

立岩真也・斎藤拓（二〇一〇）『ベーシック・インカム――分配する最小国家の可能性』青土社。

田村哲樹（二〇一〇）「ベーシック・インカム、自由、政治的実現可能性」宮本太郎編『自由への問い二　社会保障』岩波書店、一四六―一七〇頁。

トニー・フィッツパトリック／武川正吾・菊池英明訳（二〇〇六）『自由と保障――ベーシック・インカム論争』勁草書房。

カール・ポラニー／野口建彦・栖原学訳（二〇〇九）『大転換［新訳］』東洋経済新報社。

ゲッツ・W・ヴェルナー／渡辺一男・小沢修司訳（二〇〇七）『ベーシック・インカム』現代書館。

宮本太郎（二〇一〇）「『二つの自由』への福祉国家改革」宮本太郎編『自由への問い二　社会保障』岩波書店、一七一―二〇二頁。

山森亮（二〇〇九）『ベーシック・インカム入門』光文社。

Deakin (2005) 'The Duty to Work' Simon Deakin and Frank Wilkinson, The Law of the Labour Market, Oxford University press, pp. 110-199.

第10章 非正規雇用と社会保険との亀裂

永瀬伸子

非正規雇用者が増大している。また家族の姿も変わってきている。このことは社会保障のあるべき姿、すなわち職の訓練、解雇規制や、社会保険のカバレッジ、さらには財政や将来給付のあるべき姿に大きい影響を与える。グローバル化の進展によるコスト競争の熾烈化、サービス経済の拡大による企業が求める労働時間の多様化により、非典型的雇用（atypical employment）、非正規雇用（non-standard employment）はどの先進諸国でも拡大している。しかし正社員と非正社員の賃金差や待遇差は日本はとくに大きい。それは、従来、正社員の雇用安定を重視する一方で、非正社員は、仕事を従とする者（例えば主婦）の働き方とみなして、十分な社会的保護を与えず、かわりに主婦の地位に社会的保護を与えてきたからである。非正規雇用者を、通常の労働者として位置づけていくためには、「主婦の社会的保護」から「ケア活動への社会的保護」、さらには出産する者が「職業キャリア維持」できるような社会的保護へと、雇用ルールや社会保険のあり方を変えていくことが必要となる。

1 雇用の非正規化の進展

（1）一九九〇年代後半以降の雇用構造の変化と規制緩和

一九九七年—九八年の金融危機以後、企業は雇用構造を大きく変化させ、非正規雇用が大幅に増えた。非正規雇用という働き方が増えはじめたのは一九八〇年代であるが、当時は、その構成員は主に有配偶女性であった。しかし金融危機以降、非正社員の規制緩和がすすむ一方、企業は正社員採用を大きく絞る。

一九九九年に以前は、許可業務としてリストに掲げられた職種のみが派遣労働で雇用可能であったが、これ以降は禁止業務をあげる（ネガティヴ・リスト）形に変わり、派遣を行ってよい業務が大幅に拡大した。リストに掲げられた職種以外は解禁となった。また二〇〇三年には製造業の派遺労働も解禁された。契約社員についても、一年までが法定であったが、労働基準法改正により二〇〇四年四月より三年契約が可能となった。

こうした中で非正規雇用で独立生計を立てる者が増えている。

図10－1は三四歳以下の若年層に着目した学歴別にみた雇用者に占める正社員の割合である。女性は無配偶者に限定して示し、在学者は除いた。これを見ると、自立生計を営む必要がある若年層で、非正規雇用という働き方が実に大きく広がっていることがわかる。

一九八八年当時は、学歴にかかわらず三四歳以下の在学でない男女雇用者の九割以上が「正社員」であった。しかしその後、正社員比率は年々下落していく。二〇〇〇年と比べても、二〇〇八年には、正社員の割合は下落し、三四歳以下の大卒男性の二割弱、高卒男性の二割強が非正社員である。また無配偶の大卒女性の約二五％、そして無配偶の高卒女性に至っては半数弱が非正規社員である。

しかしながら解雇規制、社会保険などについての、雇用者に対する社会的保護は、日本では正社員を想定して作られてきており、非正社員は十分に含められていない。

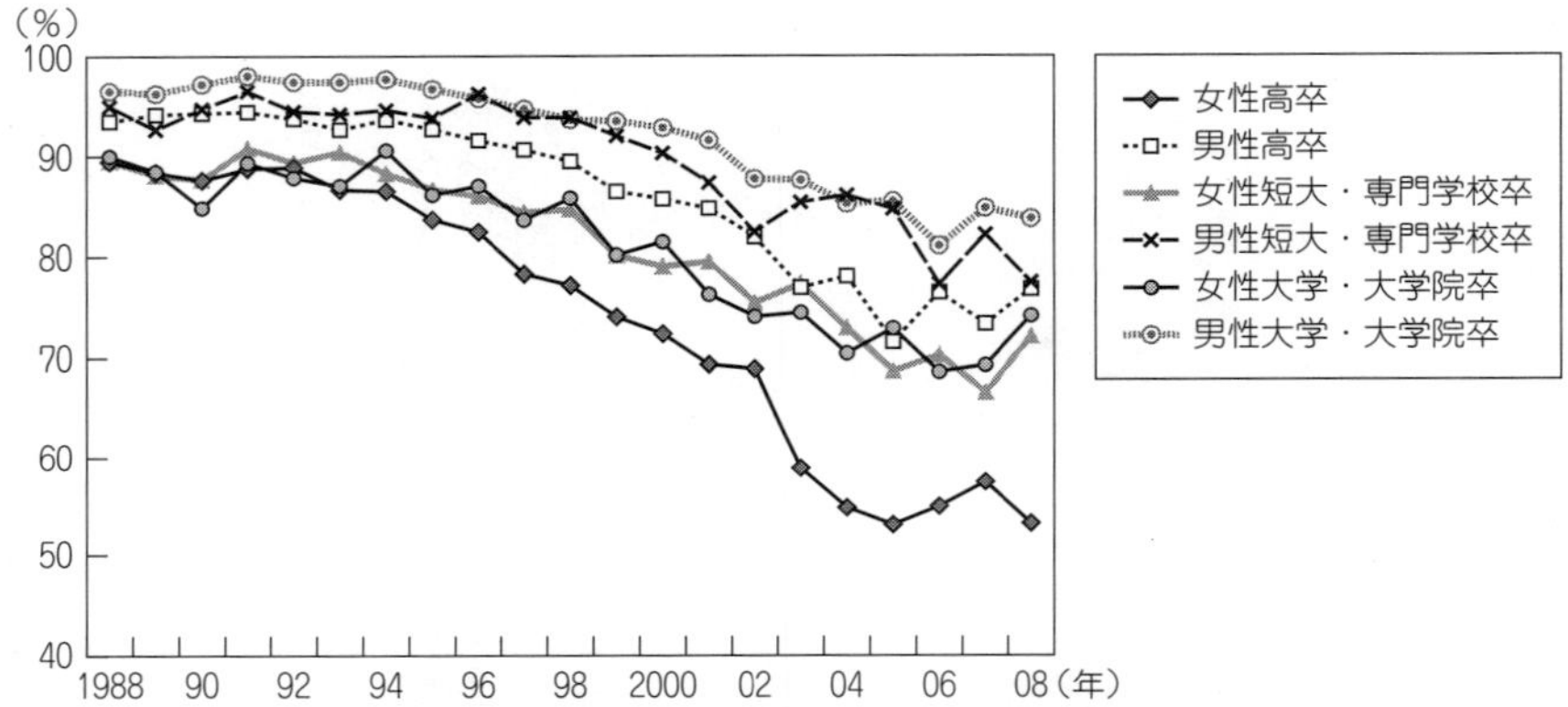

図10－1　34歳以下男女雇用者の学歴別の正社員比率（女性は無配偶限定）

注：女性は無配偶者に限定したのは，日本の社会保険制度は，サラリーマンの妻は夫を通じて社会保険加入できている場合が多いため。

出所：永瀬（2011b）。『労働力特別調査』『労働力調査』各年の特別集計。

しかも、非正規雇用者は、景気要因を考慮したうえで、年々上昇トレンドがあることを、永瀬・水落（二〇一二）は二〇〇二～〇七年の総務省『労働力調査』を用いた分析から示している。この分析は、三四歳以下の者が「非正規雇用・無業に陥る」確率と、いったんそうした「非正規雇用・無業」に陥った者が、その後の半年間に「正規雇用」に抜け出す確率について計量分析を行ったものである。「非正規雇用・無業に陥る」確率は、卒業時の有効求人倍率が低いほど高くなるが、卒業後何年か経過しても卒業時の景気動向の影響が残る長期の影響を与えると示された。また卒業時の有効求人倍率の影響を考慮した後は、最近ほど、若者が非正規や無業になる確率は上昇している。またいったん「非正規雇用・無業」に陥った者が「正社員」の移行に有効なのは何か。学歴が高いこと、年齢が若いことは有意な影響があったが、いったん非正社員・無業に陥った後に、景気がよくなっても、正社員になれる確率が上がらない傾向があった。つまり非正規雇用は、景気回復で問題は解決しない、構造的な雇用形態としてあり続けるとみられる。

（2）非正社員に対する社会的保護

解雇規制、社会保険などについての、雇用者に対する社会的保護は、日本では正社員を想定してつくられてきた。コア労働者である正社員の雇用安定や所得を保障し社会保険加入を勧めたうえで、その妻子は正社員の家族として正社員を通じて保護されるというのがこれまでの日本の年金権や医療保険の給付権の形であった。

非正社員の増加に対応して、労働契約法が改正された。この結果、二〇一三年四月からは、この時から始まる契約以降、有期労働契約が反復更新されて五年を超えたときには、本人が申込めば、雇用の定めのない無期契約に転換できるというルールが新たにできた。制度変更の効果には一定の期待が高まっている。ただし、特段の定めがない場合、職務、賃金、労働時間、勤務地などは直前の雇用契約と同一であって、労働条件が改善することは期待できない。また無期雇用の権利を回避するために、五年に至る前に雇用をうち切ったり、六カ月のクーリング期間のある雇用が増えたりして、非正社員の雇用安定に対しては大きい実効性はないのではとの懸念もある。

2　社会的保護の制度とは

（1）脆弱な人生の時期と社会的保護

社会保障（Social Security）、社会的保護（Social Protection）とは何か。

ライフステージの中で人がもっとも脆弱な時期はいつか、といえば、まずは自ら生計を維持できない幼少期から学齢期であろう。続いて、仕事から引退し、体の不自由も出てくる老齢期だ。さらに出産し子どもをケアしている者が働けない時期、また病気や仕事上の災害で働けないようになったとき、会社の倒産や解雇によって仕事を失ったときなどがあげられる。

多くの国々は、公的な制度として、社会保障を拡充し、その対象者を広げてきた。具体的には、労働時間規制、解雇や採用に際するルールづくりや、公的な年金制度、労働者災害保険制度、医療制度、雇用保険制度等である。これらを総称して、社会保障、あるいは社会的保護と呼ぶ。

（2）国家による社会的保護の歴史

国家による社会的保護の萌芽がみられるのは、産業社会が発展し労働者が生まれる頃である。これが幅広い個人を対象として発展したのは、第二次世界大戦後である。

病気、出産、老後などについて、まずは家族・親族内での助け合いが中心になるだろう。しかし産業化の中で、やがて貧困者に対しては国が救済にかかわるようになり、また職業集団の中での助け合いがされるようになっていった。イギリスにおける一六〇一年のエリザベス救貧法は、救貧税を徴収し、貧民救済にあたる制度としてつくられ、現在の公的扶助（生活保護）の原型として有名である。また産業革命の貧困に陥る労働者に対する保護として、一八三三年にはじめてイギリスで「工場法」が制定される。この後児童や女性の労働を制限し保護をしていく。一八七四年には週五六時間という労働時間規制が制定される。一方、病気やけが、死亡などの場合に助け合う仕組みは、欧州でギルドの職業集団内で小規模にできていった。これを年金や医療を社会保険（一八八一年―）の仕組みとして導入したのは、労働者階級の保護による富国強兵を目指したドイツのビスマルク宰相である。

日本では、一九一一年にはじめての労働者保護法として「工場法」が成立する。その内容は、最低就業年齢が原則一二歳、女子と年少者の最長労働時間が一日一二時間（紡績業では当面一日一四時間労働）と、現在からみると驚くほど低い基準であった。しかしこれとて当時は長い懸案の末にようやく制定されたものだった。当時、社会福祉は、民間の社会事業活動家にゆだねられていた。救護法が制定されたのが一九二九年である。その後、戦時下に不十分とはいえ、一九三八年に国民健康

表10－1　社会的保護に関する主な戦後の制度

1947年	労働基準法制定
	労働者災害補償保険法制定
	失業保険法制定
	国民健康保険法改正
	児童福祉法制定
1950年	（新）生活保護法制定
1954年	（新）厚生年金保険法制定
1961年	国民皆保険（国民年金，国民健康保険）開始
1963年	老人福祉法制定
1974年	雇用保険法制定
1982年	老人保健法制定
1985年	年金制度の抜本改革
1991年	育児休業法制定（1992年実施）
1997年	介護保険法制定（2000年制度施行）
2005年	障害者自立支援法制定

保険法が、また一九四一年に一般労働者を対象としたはじめての労働者年金保険法が制定された。

　日本で社会保障制度が本格的に拡充されていくのは第二次世界大戦後であるが（表10－1）、欧米でも幅広い国民に対して社会保障が充実するのはやはり第二次世界大戦後である。日本で労働基準法が制定されるのは一九四七年であり、一日八時間、週四八時間が定められた。同時に失業保険法や、労働者災害補償保険法もつくられた。また戦後、医療保険や年金保険が拡充されていく。経済発展とともに、社会保障の拡充がすすめられていくが、一九八五年代以降、とくに一九九〇年代後半以降は、少子高齢化見通しの中で、社会保険料の値上げ、給付率の削減という負担の分け合いの時代に入っていく。一方、一九九二年から育児休業法が実施され、二〇〇〇年から介護保険が実施されるという拡充の方向への変化もあった。これらの新しい二つの制度は、家族の変化に対応し、ケア活動を社会保障の中により含めていこうとする変化であった。

3　非正規雇用者に対する社会保障

(1) 正社員中心に形づくられてきた訓練制度、雇用慣行

　戦後の日本的雇用の特徴は、(1)長期雇用（新卒採用とその後の育成）、(2)年功的賃金、(3)企業内組合がその特徴といわれてきた。これは主に大企業での雇用の特徴とはいえ、中小企業でも、海外に比べると相対的に勤続年数は長く雇用が安定していた。非正社員はこうした雇用慣行の対象ではなく、労働組合があったとしてもその一員でない場合が多かった。

　長期雇用者の解雇については、それを制限する判例が高度成長期に出されていき、整理解雇の四要件として知られるようになる。すなわち、整理解雇をするには、(1)経営上の相当性があること（経営上の必要がないのに、勝手に解雇はできない）、(2)また解雇回避のために経営側が相当の努力をしたこと（役員報酬の削減、新規採用の抑制、希望退職者の募集、配置転換、出向等）、(3)解雇する対象者の選定が合理的であること（正社員よりは非正社員の解雇が合理的とされる。一九八〇年代は有配偶女性の解雇が、世帯主男性の解雇より優先されるのが合理的という判例もあった）、(4)手続きの妥当性である。

　このような雇用慣行は、米国のようにemployment at willの原則、すなわち雇用は、使用者と労働者双方の意思に基づき成立しているのであり、その解消、すなわち、離職も解雇も自由に行われてよいという原則とは大きく異なる。

　このように日本は、正社員の解雇に対して抑制的な雇用慣行が形成されていった。これは現実に企業主導の解雇が行われないということを意味するのではないが、経営者の自由意思で解雇が可能という原則に立たないということである。長期雇用が前提とされる中で、企業は、正社員の自社内での育成に取り組み、また育成した正社員の離職

を抑制するような、勤続を評価する賃金や退職金の慣行がつくられていった。またこのような原則だからこそ、先行きの見通しが読めなくなると、企業は正社員の採用について慎重になった。

（2）景気の調整弁としての家計補助的非正社員の拡大

経済には景気変動がつきものである。景気に伴い、労働需要が上がる時期もあれば、下がる時期もある。景気変動に対応するための労働力、調整弁の役割を果たしたのが、一九六〇年代は「臨時工」であり、一九八〇年代以降は、主婦パートであった。「臨時工」については、正社員との差別的待遇が問題にされたが、主婦パートについては、労働者保護の体系に組み込もうとする議論は弱いものであった。

主婦パートについては、「労働者」として保護するよりは、「主婦」として、夫の収入の安定を通じて世帯として保護する方向で、社会的保護が組まれていった。すなわち、主婦パートは、年金や医療などの社会保険に雇用者として加入資格の対象としないが、夫の被扶養者として社会保険に入れていこうという考え方である。一九八〇年代後半以降、「主婦」は日本的雇用の安定性を保持するための補完的な労働力となったともいえる。

このように非正規雇用者は、景気変動に対応して雇用を中断されたり、新たに雇い入れられたりするバッファーとして予定された。だから企業は、パートやアルバイトに対する教育投資にはあまり積極的ではなかった。非正規雇用者は、「労働者」としてのキャリア見通しや、社会的保護を与えられていなかったが、その主な身分は「主婦」であるから問題ないという見方が、一九八〇年代には支配的であったろうと考える。九〇年代初頭には、そうした働き方が「フリーター」という新しい働き方として若年男女に広がりだしたが、当時は若者がそうした働き方を選択しているという側面も少なからずあった。

（3）雇用労働者としての「非正社員」の拡大

しかしながら一九九七〜九八年の金融危機後、企業は、正社員の採用に慎重になり、非正規雇用は急速に、独立生計を営むべき若年男女に広がっていった。学校卒業時に非正社員になることを積極的に選ぶ者が増えた訳ではないのに、結果として非正社員になる者が増えていった。

しかしそうした雇用の大きな変質に対して、社会的保護のあり方、社会保険、採用、訓練、配置、昇進など、雇用慣行がうまく変化していないのが現在の実態である。雇用のルールの転換が何より必要であろう。ここでは社会保険を中心に述べる。

（4）非正規雇用者の社会保険上の地位

日本の社会保障において、社会保険は大きい役割をもつ。具体的には、高齢期に関しては年金保険や介護保険、労働災害に対しては労働災害保険、医療については医療保険、病気による休職については医療保険、失業や育児休職については雇用保険が対応する。社会保険で対応できない部分が、生活保護や社会福祉で対応されてきた。

しかし社会保険の主な対象者は、もともとは正社員であった。非正規雇用者は、当初はそれで生計を維持しなくてはならない雇用者と想定されていなかったから、適用対象外となる場合が多かった。

徐々にその適用対象は広げられたが、とくに扱いが異なるのは、旧厚生省所管の年金保険、健康保険、介護保険である。労働者災害保険（以下、労災保険）では両者の区別はない。雇用保険は、最近になって雇用契約期間が短い雇用者も含めるようになった。

(5) 労災保険と非正規雇用者

労災保険は、パート、アルバイト、臨時雇用など、すべての労働者を適用対象に含めている社会保険である。これは業務災害、つまり仕事上の事故を原因とするけが、障害、病気や死亡（遺族）に対して、医療サービスや金銭給付を行う制度である。

その保険料は事業主負担であり、労災発生の危険が高い業種は高い保険料、低い業種は低い保険料が課されることで、労災リスクを下げようという誘因を事業者に対してもたせる制度にもなっている。

(6) 雇用保険と非正規雇用者

雇用保険は、適用拡大により、非正規雇用者の多くが対象になりつつある。しかし労災保険のようにすべての雇用者が対象となっているわけではない。

二〇〇九年までは、「引き続き一年以上雇用される見込みがある」ことが加入の条件であり、アルバイト等の臨時雇用者の多くは加入していなかった。しかし若年非正規の失業と貧困が問題となり、二〇〇九年四月からは引き続き六カ月以上に、さらに二〇一〇年からは引き続き三一日以上が適用対象となり、条件のうえでは多くの短期雇用者も雇用保険の加入要件を満たすようになった。現在では、

(1) 引き続き三一日以上（二〇一〇年四月）勤務する見込みがあること
(2) 所定労働時間が週二〇時間以上であるということ

が適用対象の条件である。

ただし適用を広げたから若年非正規の雇用不安リスクが解決されたとはいえない。

雇用保険の目的として、以下がある。

(1) 労働者が失業した場合に、保険金を給付し、生活の安定をはかる（現在の日本では、加入期間、会社都合の失業かどうか、その場合は年齢区分、これらに応じて最高一年まで求職者給付が出される）

また、(2)、(3)のように早期の再就職促進、雇用機会の創出、失業の防止、労働者の能力開発も目的である。

(2) 労働者の能力向上（スキルアップ、技術習得機会の提供）
(3) 雇用を維持、拡大、創出するような事業主への奨励金の給付
(4) 育児理由で、収入が落ちる雇用者の継続就労支援のための手当ての給付

若年の非正規雇用者にとって、一番重要なのは、安定した仕事に就くことであり、将来につながる職業訓練の機会を得ることである。(1)の目的に沿って失業給付を受けられれば、生活の助けにはなるが、しかし手当目的で安易な離職が起きれば（モラルハザードと呼ばれる）、仕事経験が減り、長期的な職業能力はむしろ下がってしまう。日本の雇用保険制度は、自己都合退職の場合も、一定期間待てば失業給付を受けることができるから、モラルハザードが起きる可能性はある。

若年非正規雇用拡大の中で、新たに強く求められるようになったのが、(2)の目的である訓練機能の拡充である。これまで日本の訓練は、企業主導で行われてきたのであり、外部の訓練機関は十分に発達していない。また訓練を受けた雇用者が企業で活用される道筋も十分にはつくられていない。また訓練を受けた者が、中途採用者として企業に採用されるべく、その入口を拡大することも求められている。

近年、親の雇用の不安定化とともに、経済理由で子どもの進学が阻害されている。雇用保険の加入期間が一定以上の若年層に対して、雇用保険が、上級学校に行く費用の一部を補助する支援の仕組

みを新たにつくる検討もする必要があろう。

最後に(4)の育児休業給付である。出産、育児休業取得後、引き続き一年以上雇用される見込みが現在の適用の条件である。その結果、非正規社員の多くが適用対象からはずれている。非正規雇用者の方がむしろ家計の経済が不安定な者が多い。育児休業給付を受ける適用対象者を非正規に広げる改革は早期に必要であろう。例えばイギリスの制度は、育児休業をとったかどうかにかかわらず、出産後、収入が大きく下がった者に対して雇用保険から、また雇用保険の適用条件を満たさない場合は税金から、一定期間手当を出す制度を拡充している。このような方向への拡充が考えうる。

（7）年金保険：自営業のための保険が非正規雇用者に適用

労働保険に比べて、年金保険や医療保険、介護保険については、非正規雇用者は適用対象外になっている場合が多い。なぜそうした事情が起きるのだろうか。以下では年金保険を例に述べる。

日本の社会保険制度の欧米と比べて異なる特徴は、自営業のためにつくられた年金制度と、雇用者のためにつくられた年金制度が、（その後統合されつつも、もとの特徴を残しつつ）制度の柱となっていることである。これは医療保険や介護保険も同様である。

日本は戦後、社会保険を拡充した時期に、世帯の半数は自営世帯であったという歴史がある。自営業のための社会保障制度をつくることが、日本の社会保険制度拡充に不可欠だった。一九六一年には、国民年金、国民健康保険として、自営業のための社会保険がつくられた。自営業者のための年金制度は、発展途上国においてどうしても必要な制度である。

しかしその後、非正規雇用者が増えていったのだが、問題は、彼らが雇用者の中の制度ではなく、自営業の制度に加入を義務づけられてしまったことだ。それは当初は、非正規雇用者は「例外的」な雇用者と位置づけられていたためとみられる。

年金制度を例にとると、自営業のための制度は、一九六一年につくられた国民年金保険制度である。これは、(1)保険料は収入の多寡によらず一定、(2)給付も現役時代の収入の多寡によらず一定、(3)給付水準も全般に低いものであり、農家や商店などが主な対象であった。(1)、(2)は負担能力の点からも、高齢期の生活保障の点からも望ましいとはいえない。しかし、自営業の所得捕捉が難しいこと、また自営業に定年はなく高齢期でも働けることから(1)、(2)、(3)は妥当とされていた。

一方、雇用者に対する社会保険制度は、(1)保険料は自己負担だけでなく、事業主負担が課せられる、(2)保険料は賃金比例である、(3)年金給付は保険料に比例して増える部分と、保険料の多寡によらず加入年数に比例する「連帯」部分（つまり賃金が低い者も高い者も同一の給付をされるという助け合いの部分）からなる特徴を備えていた。

雇用者に対する社会保険は、負担能力や高齢期の生活保障の点でより望ましい性格を備えている。

だから高度成長期の社会保険の一つの目標は、厚生年金適用対象者を増やしていくことであった。経済成長の中で徐々に厚生年金保険の適用拡大がすすんでいった。一九八〇年代半ばまでは、小規模事業所は厚生年金の加入義務からはずされていた。当時の新聞折り込みちらしの正社員募集の際の一つの謳い文句は「厚生年金保険あり」だった。それだけ厚生年金制度がない事業所もあった。今日でも、違法に厚生年金に加入していない事業者はあり、その滞納が問題となっている。しかし原則として法人はすべて加入義務があり、個人事業主は、労働者五人以上は加入義務がある。[1]

ところが、非正社員については、同じ事業所の通常の雇用者と比べて、四分の三以上の労働時間働いている者でなければ、その事業所の厚生年金保険に加入させる義務はないと通達された。

パート労働者の厚生年金加入の適用拡大が、年金改正案に何度か浮上したが、二〇一二年の改正案で、ようやく「従業員五〇一人以上の企業に勤務する年収九四万円以上の雇用者の年金加入をすすめる（二〇一六年より）」という限定的な適用拡大が通ったにとどまっている。

制度改正がなかなか進まないのは、企業がコスト増に反対しているだけではない。労働者側の希望が盛りあがっていないからである。それは女性に対する現状の社会的保護の制度と、非正規雇用者の社会保険加入とに、大きい矛盾があるためである。

（8）現在の年金制度

現在の日本の年金制度は、図10－2のとおりである。サラリーマンは「第二号被保険者」と呼ばれ、雇用者のための年金に加入している。負担は給与比例であり、また労働者だけでなく、事業主も同額負担する。一方年金給付は賃金に比例する部分（図の報酬比例部分）が基礎年金に加えて給付される。それ以外の国民年金加入者（自営業主、家族従業者、非正規雇用者、失業者、学生など）は第一号被保険者と呼ばれ、四〇年加入して、基礎年金満額をもらえるが、報酬比例部分はない。一方、サラリーマンの被扶養配偶者として、サラリーマンの年金制度の中で基礎年金権を付与される者は「第三号被保険者」と呼ばれる。第三号被保険者は、サラリーマングループの中で、（低収入があるとしても年金保険料をとらないという点で）無収入のサラリーマンとして位置づけられている者といってよい。サラリーマングループの「連帯」に入れてもらうための条件は、配偶者がサラリーマングループであること、本人年収が一三〇万円未満であることだ。この場合に、サラリーマングループ全体が人数分の社会保険料を負担し、一階部分の年金権を付与する。この第三号被保険者は、二〇—五九歳女性の約三分の一を占めている。

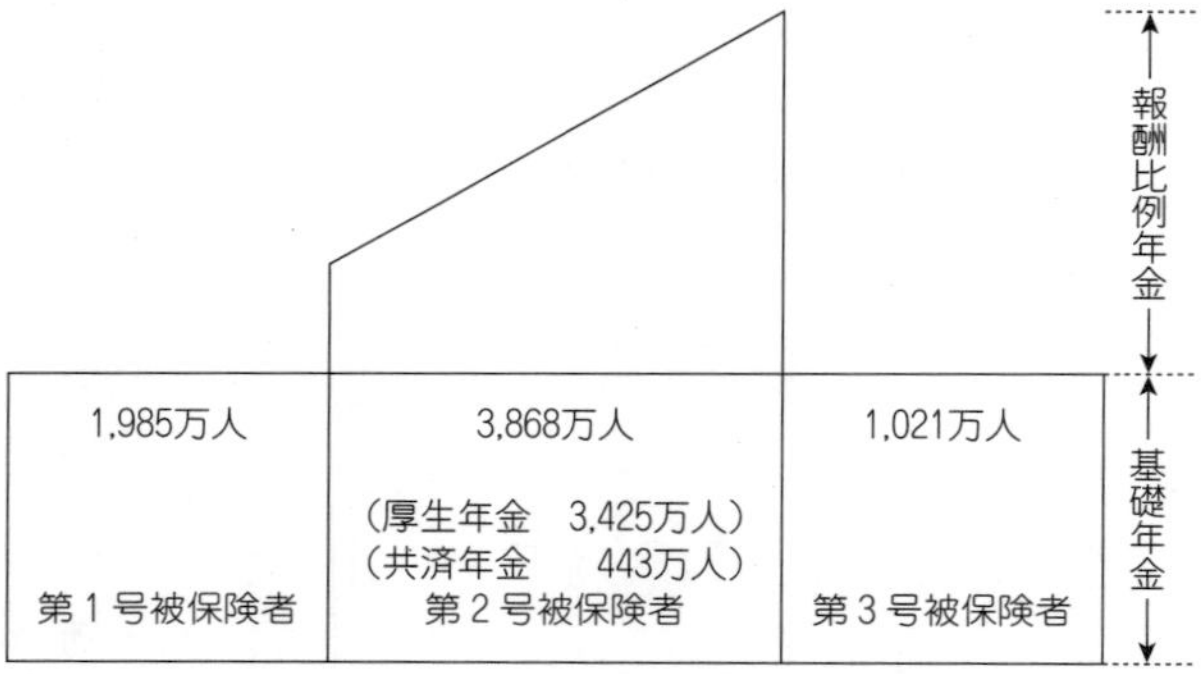

図10－2　公的年金加入の状況（2010年３月末）

出所：厚生労働省。

（9）現役男女の年金保険加入の状況

二〇—五九歳の男女の年金の加入状況は、現実にどのようになっているのか、二〇〇九年「国民生活基礎調査」からみてみよう。図10－3は男性、図10－4は女性である。

まず男女ともに正社員の九五％は、第二号被保険者、つまり事業主が保険料を半額負担する年金制度に加入し、自分の賃金に比例して年金水準が決まるという報酬比例年金をもっている（正社員は男性の六割、女性の三割弱を占めている）。派遣社員、契約社員、嘱託社員などの場合は、第二号被保険者の割合が四人に三人である。これらの働き方はフルタイム雇用者が多く、その結果、雇用者の保険加入が多いのだろう。なお派遣・契約・嘱託等は、雇用男性の三％、女性の六％と雇用に占める割合は低い。

雇用者で大きい割合を占めるのがパート・アル

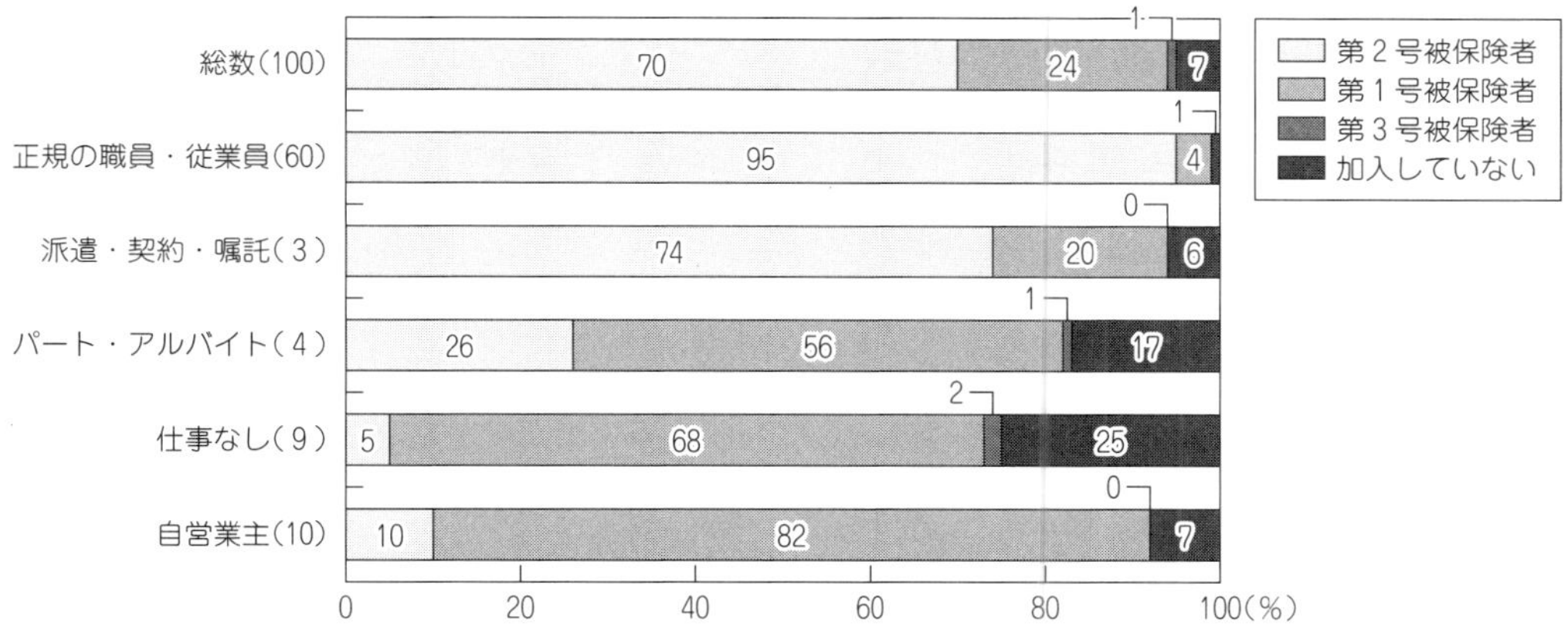

図10-3　男性（20－59歳）の年金保険の加入状況

出所：厚生労働省「国民生活基礎調査」(2009年)。

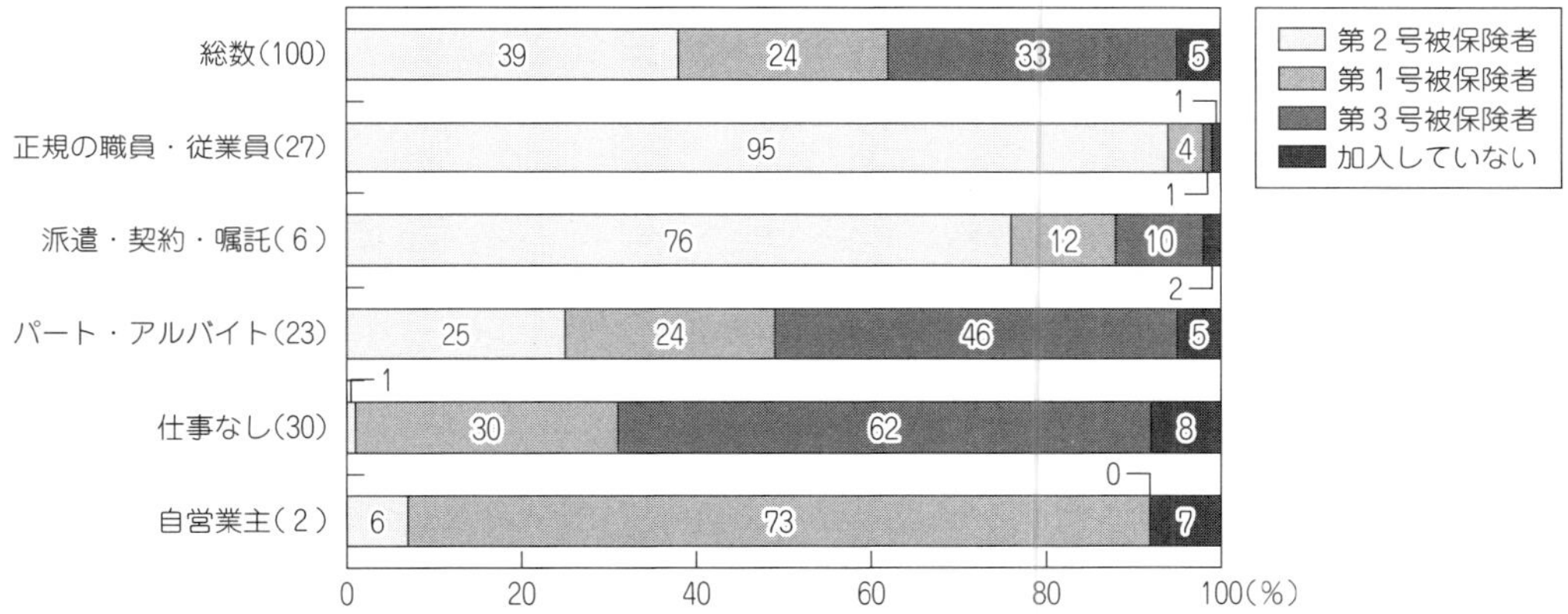

図10-4　女性（20－59歳）の年金保険の加入状況

出所：図10-3に同じ。

バイトである。二〇—五九歳をみると、男は四%にとどまるが、女性では二三%を占める。そして男女ともに、パート・アルバイトで第二号被保険者である者（事業主負担のある年金制度加入者）は四人に一人にとどまる。男性は半数強が第一号被保険者であり、二割弱は年金に加入していない。女性は、半数弱が第三号被保険者であり、四人に一人が第一号被保険者である。

一方、仕事がない者はどうか。こうした者は、二〇—五九歳の男性で九%、女性で三〇%を構成する。仕事がない男性の四人に一人は年金に加入していない。女性の場合、第三号被保険者制度でカバーされている者が六割おり、無業の女性の年金権拡充に大きい役割を果たしている。

(10) 現在の高齢者の年金水準と年金以外を含めた収入水準

次に、高齢夫婦が、結果としてどれだけ公的年金を得られているかをみてみよう。その水準を見たものが図10-5である。夫婦で年金額が、二〇〇万円以上である者が六割を占める。三〇〇—五〇〇万円も三世帯に一世帯を占め、高い水準の公的年金をもらっている。

年金以外の収入を含めたものが図10-6である。

図10-6のとおり、半数以上の高齢夫婦が年収三〇〇万円以上を得ている。日本は持ち家比率が高く、子どもの教育もほぼ終わっていることを考えれば、比較的豊かな老後生活を送れている高齢夫婦は多いとみてよい。なお図10-5のとおり年金のみでみれば、世帯の年金額が一五〇万円未満の世帯が二割いる。しかし就業収入を含めるとそうした者は一割に減少する。つまり高齢夫婦世帯は、比較的安定して暮らしているといってよい。

では単身世帯はどうか。図10-7は単身男女世帯の年金受給額であり、図10-8は、就業収入を含めた高齢単身高齢者世帯の男女別にみた年収である。

図10-8のとおり、就業収入等を含めて、年収が一〇〇万円未満の男性単身は、その一五%だが、女性の場合、三人に一人に達している。単身女性の多くはやりくりに厳しいと想像される。年金水準を見ると、単身女性は五〇万円未満が四人に一人、五〇―一〇〇万円が三人に一人である。

なぜ単身女性の年金が低いのだろうか。現在の単身高齢女性は夫と死別した自営世帯の妻がまだ

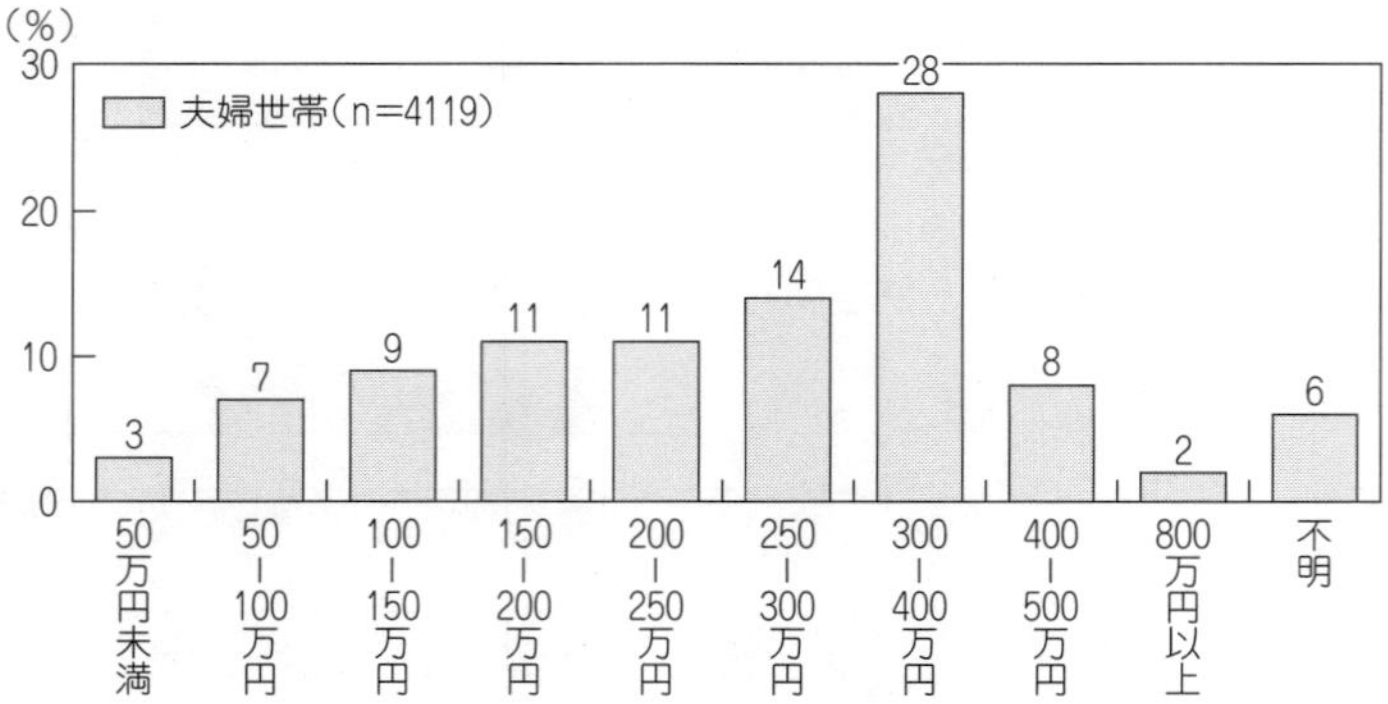

図10-5　高齢夫婦世帯の年金受給額

出所：厚生労働省年金局「年金制度基礎調査」(2007年)。

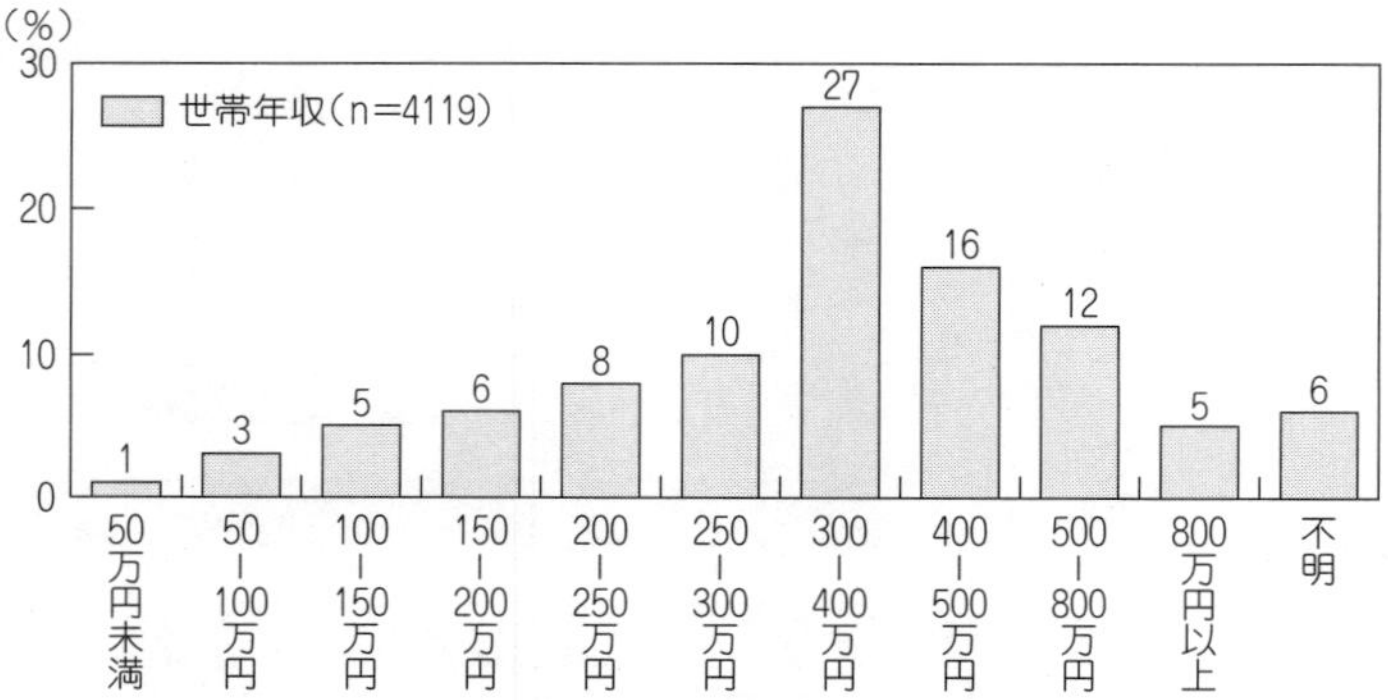

図10-6　高齢夫婦世帯の年金以外の収入を含めた年収

出所：厚生労働省年金局「公的年金基礎調査」(2007年)。

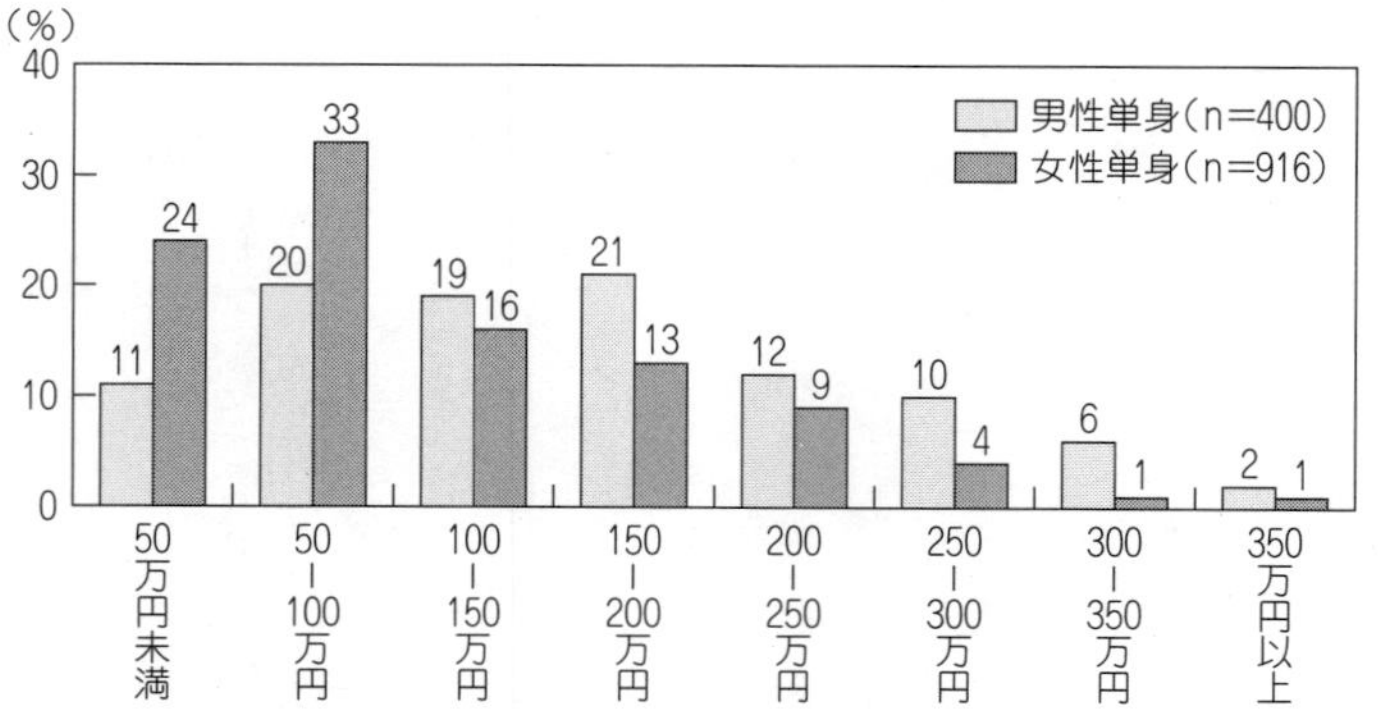

図10-7　単身世帯の年金受給額

出所：厚生労働省年金局「公的年金基礎調査」(2009年)。

多く含まれている。自営世帯の場合、自分の国民年金の加入実績からのみの年金となる。一九六一年の制度開始以後しばらく加入していなかった（結果として年金が満額でない）者も多く、さらに高齢の者ほど、六五歳まで待たずに六〇歳から早めに年金をもらい、その結果として生涯の年金額が下がってしまった者も少なくない。

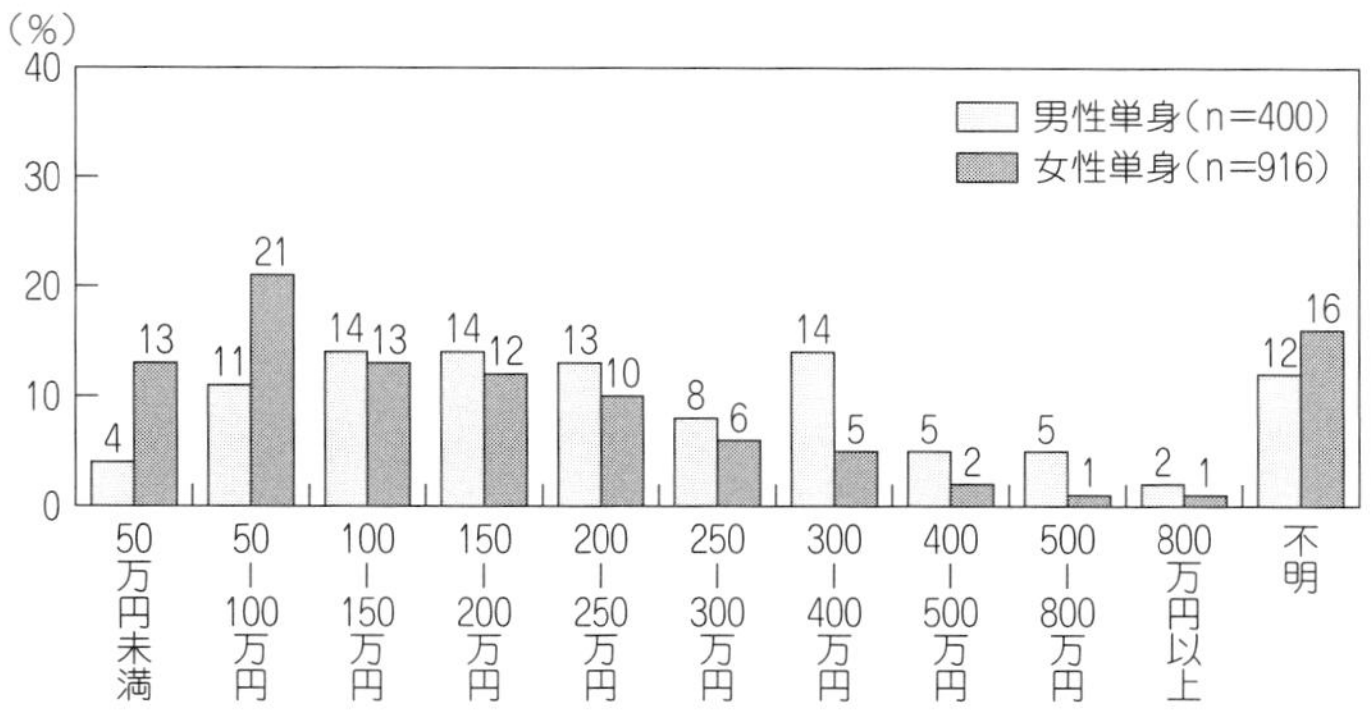

図10－8　高齢単身世帯の就業収入を含む年収額

出所：厚生労働省年金局「公的年金基礎調査」(2007年)。

なお団塊の世代となると、夫が長期間厚生年金に加入しており、その遺族年金を受ける女性が増えるので、夫と死別した高齢女性の年金水準はやや上がると考えられる。一方、生涯シングル女性も増えているが、女性の賃金は男性よりも低く、さらに厚生年金非加入の非正社員として働く者も多いため、生涯シングル女性の低年金は世代が下がっても構造的に続くと予想できる。

最後に図10－9は、六五歳以上の世帯人員の年金給付額の分布を男女や世帯によらず、個人単位で示したものである。四〇―一〇〇万円前後に年間公的年金給付額の一つのピークがある。自営業主、家族従業者、サラリーマンの妻、厚生年金期間が短い雇用者などがこの区分に入る。また二〇〇―三〇〇万円前後にも公的年金給付額のピークがある。これは長期に正社員雇用された者の公的年金である。この中間に入るのは、厚生年金期間が短め（あるいは賃金が低め）の雇用労働者である。

まとめれば、単身に限れば図10－8のように全般に年金水準は低いが、夫婦世帯の夫婦合計の年金を見れば図10－5のようにかなり潤沢というのが現在の公的年金給付の姿である。一方で、「受給なし」が六五歳以上の個人の一二％いることも事実である。無年金者は女性が多い。こうした者は子との同居によって生計を維持している場合が多い。永瀬伸子・村尾祐美子は、総務省『全国消費実態調査』一九九四年、一九九七年を特別集計し、高齢夫婦で暮らしている世帯の年金水準はかなり高いこと、子と同居している高齢女性にもっとも無年金の者が多いことを示している（永瀬・村尾（二〇〇五））。

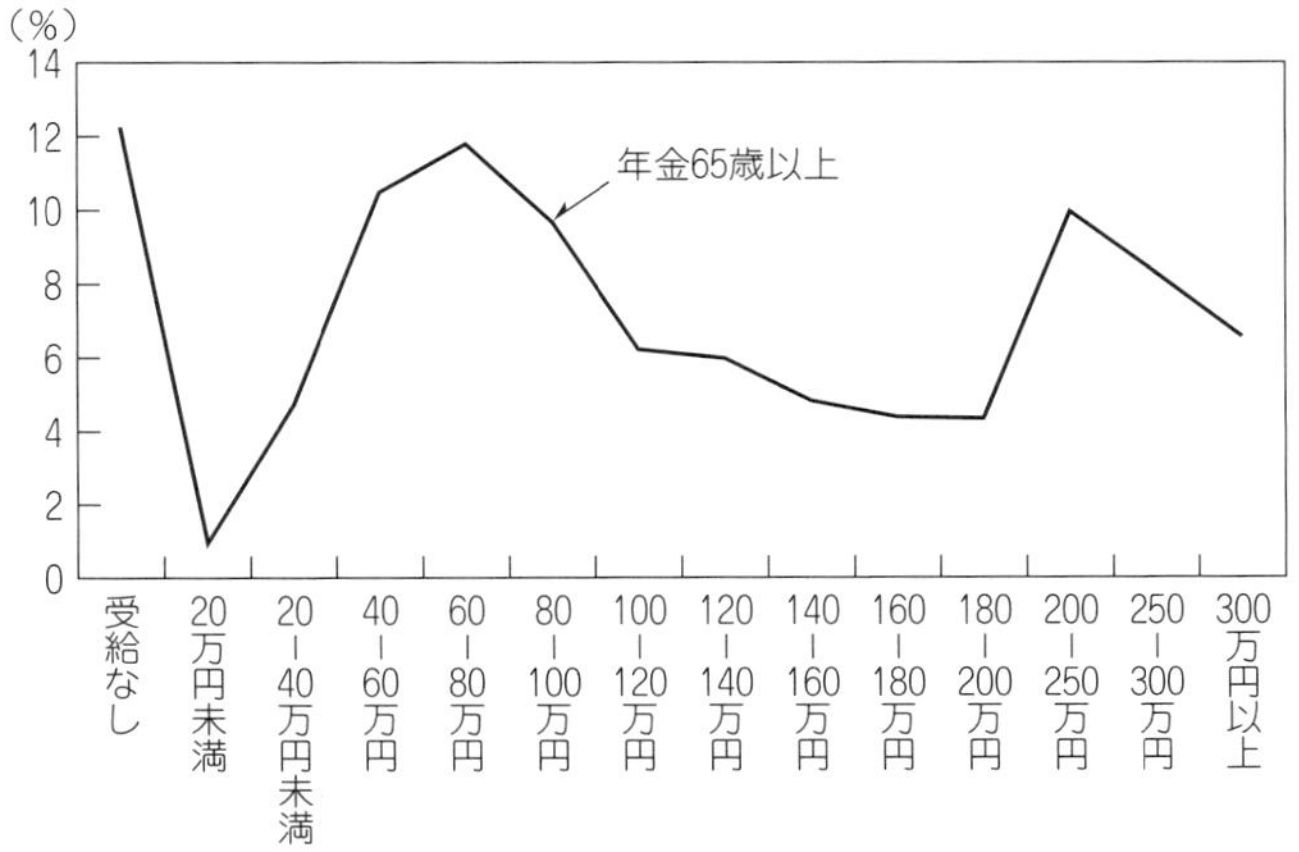

図10－9　65歳以上世帯人員の年金給付額の分布

出所：厚生労働省「国民生活基礎調査」(2009年)。

4　非正規雇用者と女性の位置づけの相克

非正規雇用者の厚生年金加入がなかなかすすまない背景には、事業主が加入に後ろ向きであるだけでなく、加入を望む雇用者が必ずしも多くないことがある。この問題を解決するには、社会保険における女性の位置づけを大きく見直すことが必要である。

(1) 第三号被保険者は収入ゼロのサラリーマン、非正規雇用者は自営業主という位置づけ

改めて第三号被保険者制度を個人への給付という視点から説明すれば、この制度はサラリーマンの被扶養配偶者を「収入ゼロのサラリーマン」と位置づける制度であるという整理ができる。もともと厚生年金の給付の設計は、二つの部分からなっていた。再分配部分、すなわち所得の高低にかかわらず、加入年数に応じて年金が増えるという「定額部分」と、支払った年金保険料の額に応じて高い年金給付を得られるという「報酬比例部分」である。一九八五年改正で創設された第三号被保険者制度は、扶養される主婦を、低収入で働く雇用者よりも一層貧しい「収入ゼロのサラリーマン」とみなしたうえで、年金保険料をとらずに満額の再分配部分を与えることを約束した制度といえる。

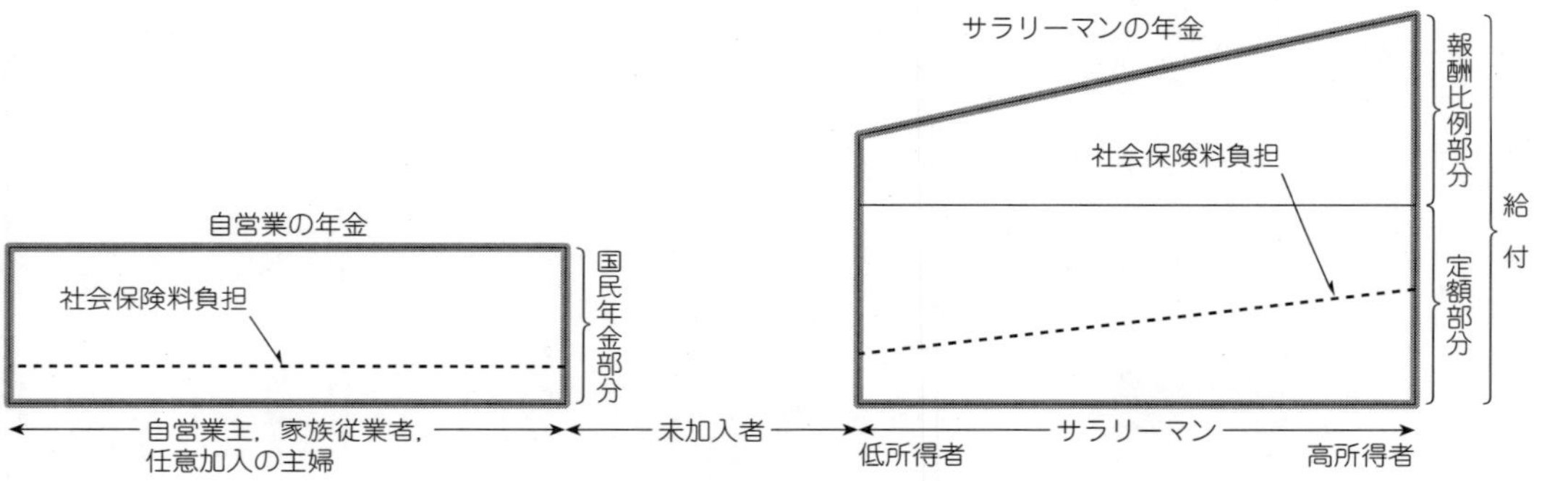

図10－10　1985年以前の年金制度

この点は、あまり説明がないので以下で少し詳しく紹介しよう。

一九八五年の年金大改正以前の分立した年金制度を概念的に簡略に示したものが図10－10である（実際は雇用者の制度はより細かく分かれていた）。横軸は、加入対象者を示している。高さは、加入対象者の（就業可能期間を通じて年金に加入していた場合の）概念的な年金額を示している。図10－10の右側の台形は、サラリーマンの年金を示している。右にいくほど高い給料を得るサラリーマンとして描いた。給付は、二つの部分からなり、支払う年金保険料に依存せず、働いている年数が同じであれば同じ年金額を得られるというサラリーマン同士の助け合い部分である「定額部分」（図では土台の長方形で示している）と、保険料に比例して給付が増える「報酬比例部分」（長方形の上に乗った台形）とからなる。一方、改正前の自営業の年金、「国民年金」は、年金水準はサラリーマンよりも低く、年金保険料も給付額も所得に比例せずに定額であるので、図10－10の左側の長方形として示した。自営業主は、妻も個人で年金保険料を支払

い、個人で加入することが義務づけられていた。一方サラリーマンについては、（配偶者加算という扶養される妻へ少額の加算があるとともに）そもそもの年金水準が夫婦二人分に足りる水準とされ、妻の年金加入は義務づけられていなかったから未加入者もいた。しかし妻は任意で国民年金に加入することもできた。

点線は、概念的な社会保険料負担である。給付に対する社会保険料負担は世代によって大きく異なるものの、期待される生涯の給付に比べて生涯の負担は、古い世代ほど軽い。そこで、自営業の年金保険料負担は年金給付よりもかなり低い点線として示した。またサラリーマンは、負担も所得比例であるため、右上がりの点線として図示してある。サラリーマンについても、自営業と同様、年金保険料は古い世代ほど給付に比べて負担は低く設定されていた。そのため年金保険料は給与比例であったが、高収入のサラリーマンほど、むしろ受けとる年金が支払う額以上に高かったとも指摘されている（高山 一九九二）。

図10-11は、一九八五年の大改革以後、現在につながる年金制度である。大改正の一つの目的は年金水準の「適正化」である。サラリーマンの「定額部分」は、自営業の「国民年金（あるいは基

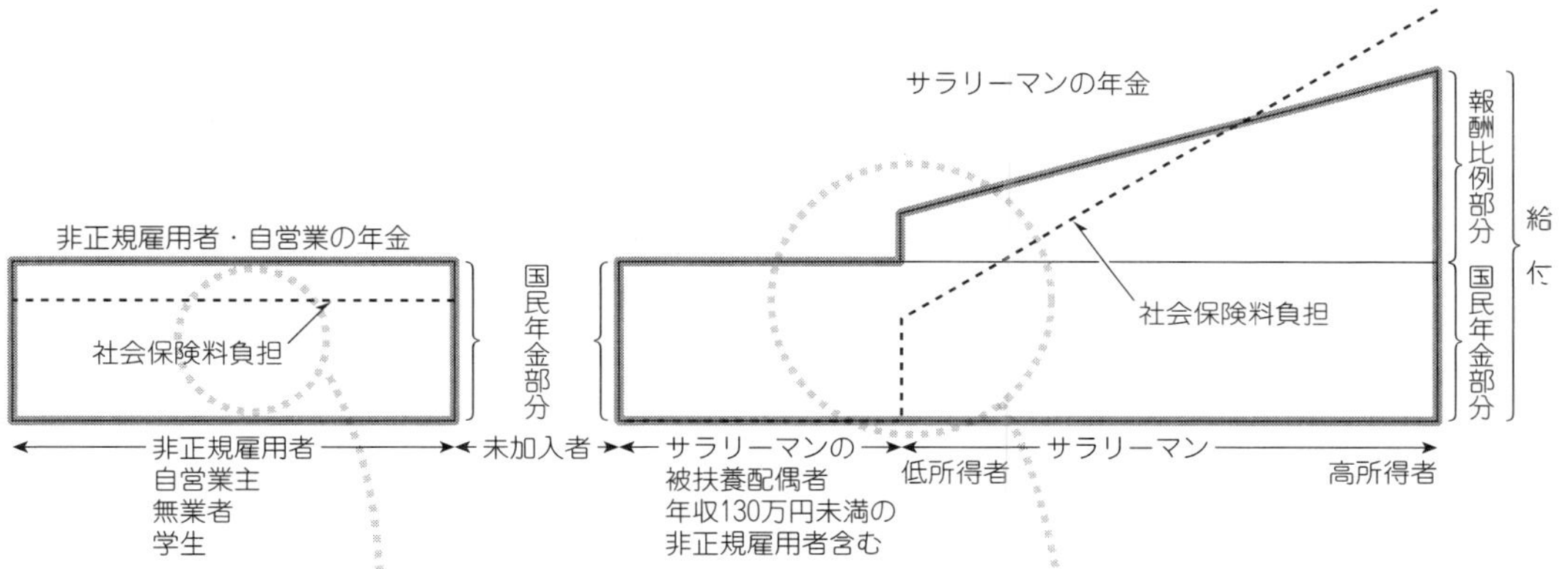

図10－11　現在の年金制度

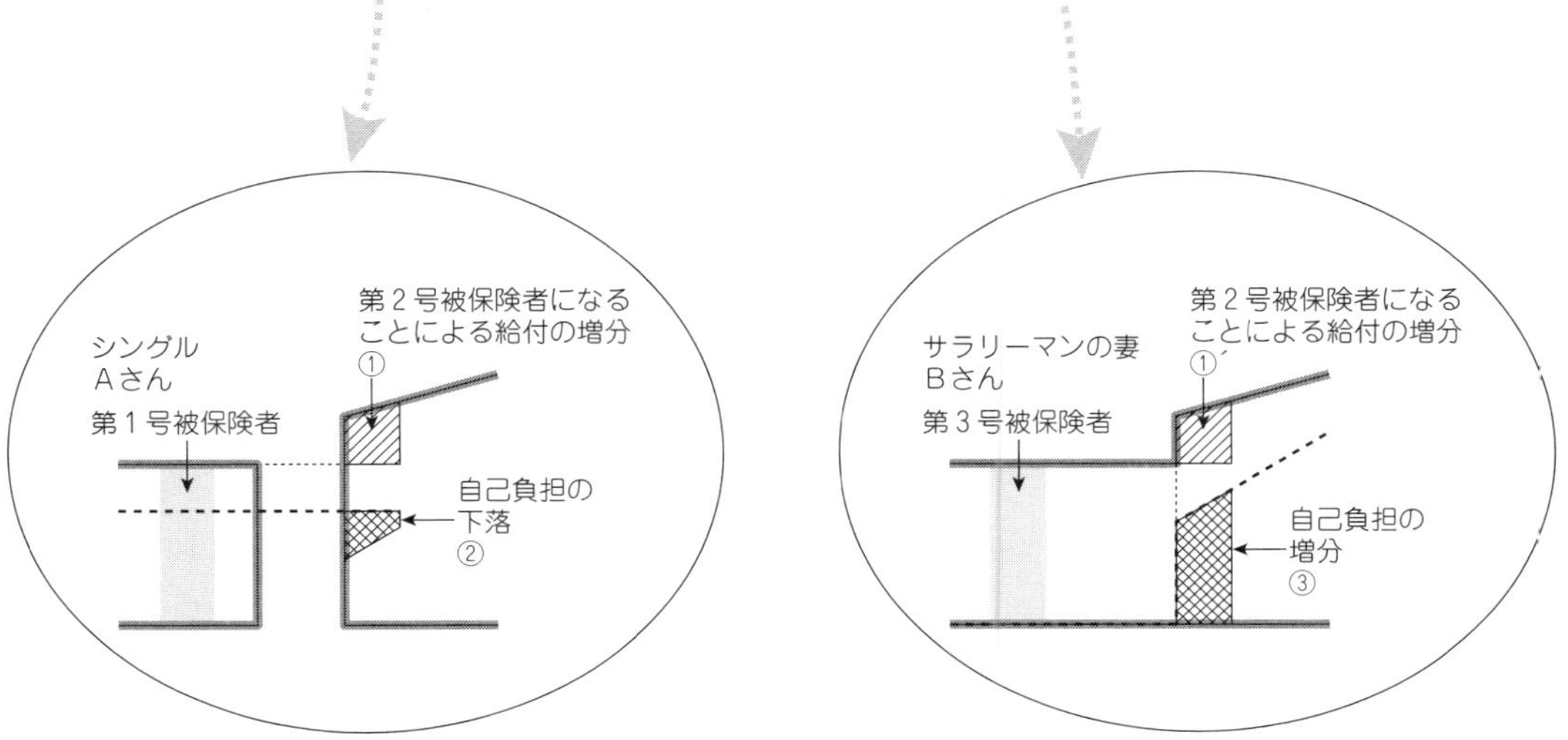

図10－12　非正規雇用者（シングル，主婦パート）の年金加入の損得論

礎年金とも呼ばれる）」と同じ水準にまで、つまり「国民年金」と同額になるまで下げることがスケジュール化された。また報酬比例部分に対する給付乗率も、一九八五年当時の10／1000から7.5／1000（現在は7.125／1000）に下げられ、一年間の加入あたりの給付権も引き下げられた。ただし新たに「扶養される配偶者」に対しては「年収ゼロのサラリーマン」として位置づけ、扶養される配偶者に独自の年金権を与えるという「第三号被保険者制度」が創設された。年収ゼロだから社会保険料はゼロ、だから給付も報酬比例部分はゼロだが、定額部分（再分配部分）は加入年数に応じて、サラリーマンと等しくもらえるというものだ。

改革によって、個人でみると、サラリーマンの「定額部分」は下がったのだが、もし「被扶養配偶者」がいれば、配偶者は負担ゼロで再分配を受けられるため、世帯（夫婦）でみれば世帯の年金は下がらないことが約束された。しかし被扶養配偶者がいないシングルや共働き世帯では、改革スケジュールがすすむとともに、給付は徐々に大きく下がっていった。

この間、非正規雇用が増えていく。短時間の非正規雇用者は、サラリーマンの制度に入れないこととしたが、その多くは主婦であったから、夫を通じて、収入ゼロのサラリーマンという第三号被保険者の身分を得ていた。

この新しい制度のもとの社会保険料負担を点線で概念的に入れた。負担水準は全体に上がっていった。国民年金の給付の半分に税金が入るようになったものの、高齢者が増える後世代ほど社会保険料は上がっていくから実質の生涯負担は後世代ほど生涯給付額に近づいている。またサラリーマンについては、低所得者層は、生涯負担に比べて生涯給付が高いだろうが、高所得層では、負担は給付を下回るようになり、さらに後世代ほど負担が大きく増えていく。加えて被扶養配偶者がいないサラリーマンは、同じ年金保険料負担でも給付は大きく下がった。

（2）非正規雇用者の年金加入はなぜすすまないのか

非正規雇用者は、雇用者である。だから年金保険料が年収に比例し、事業主負担もあるサラリーマンの年金制度に入れるのが本来もっとも社会的保護のルールとしては妥当である。サラリーマンの年金制度である厚生年金に入れれば、低収入者として高めの再分配を受けられる。しかしながら、非正規社員の加入意欲そのものがあまり高くない。それはこれまで述べたように過半数の非正規雇用者が、年収ゼロのサラリーマンというすでに再配分上有利な身分（第三号被保険者）をもっているからである。

図10-12で説明しよう。シングルのAさん、サラリーマンの妻のBさん、それぞれが非正規雇用だったとしよう。シングルのAさん（図左側の円）は、第一号被保険者の身分を脱して厚生年金に加入することができれば、給付は図の斜線部分（報酬比例部分の①）だけ増え、さらに年金保険料の自己負担分もわずかに下がり（クロス斜線部分②）、より有利となる。これはサラリーマングループの再分配の仕組みに加入できるためである。

しかしサラリーマンの妻のBさん（図右側の円）については、厚生年金に加入すれば、Aさん同様に給付は斜線部分（報酬比例部分①）だけ増える。しかしこれまでゼロだった年金保険料が賦課されるようになるため、負担はクロス斜線部分③だけ増える。すでに最大の再分配を受け取っているため、むしろ不利となったと感じる者も多いであろう。

また詳しくは説明しないが、遺族年金の制度が、妻の年金加入に不利な設計になっていることも妻の厚生年金加入を抑制する。すなわち、夫の死後は、夫の遺族厚生年金と妻自身の厚生年金とを選ばないとならない構造が強いため、女性の多数が自分の年金（つまり増えた②部分）を放棄せざるを得ない。このために、非正規雇用者の中で大きい割合を占める主婦の多くが、厚生年金加入に消極的なのである。

（3）非正規雇用の社会保険加入と第三号被保険者恩典の矛盾の問題：再考

近年では、第三号被保険者の多くが、非正規雇用者として働くようになった。厚生労働省「公的年金加入状況等調査」によれば、一九九五年には、第三号被保険者のうち非正規雇用者は二七・三％であり、無業者が六八・五％であった。それが二〇〇四年になると、非正規雇用者は四〇・八％に増加し、無業者は五三・四％に減少している。

しかしこの層の多くは、年収一三〇万円以下で働いている。JILPT「短時間労働者実態調査」（二〇一〇年）によると、短時間労働者のうち、二五％が就業調整をしていると回答し、また四割は調整する年収額に達していないと回答している。つまり短時間雇用者の六五％は、年収一〇〇―一三〇万円程度で働いているということになる。就業調整をしている理由をみると、四八％が税金を払わないですむように、三七％が、健康保険、厚生年金等の保険料を自分で払わないで済むようにと回答している。短時間雇用者の四割は、年収が一〇〇万円に達せず、また家庭の事情や自身の能力によって、これ以上賃金を得られる状況になっても、四人に一人は税金や社会保険の負担をしないで済むように、労働時間を短くするよう調整しているということになる。

税金や社会保険料の賦課を回避するために、短時間労働者の四人に一人が労働時間を調整していることは、非正規雇用の労働市場の賃金水準に大きい影響を与えている。税制や社会保険の壁があることで、女性が就業を抑制し、低賃金に甘んじることが、パート市場の賃金水準に悪影響を与えているのである。

第三号被保険者制度が、女性の年金権を拡充する役割を果たしてきた一方で、第三号被保険者制度の一三〇万円の壁は中年女性の賃金水準に悪影響を与えてきた。しかし簡単に第三号被保険者制度を変えられないのには、年金財政上の理由もある。

基礎年金は完全な賦課方式である。すなわち、毎年高齢者に配っている年金給付の半額は国庫負担（税金）であるが、残りの半額は、第一号・第二号・第三号被保険者の人数分だけ、各保険が負担している。第一号から第三号までを足すと、約六九〇〇万人であるが、そのうち、第二号の人数比率は五六％である。しかし第二号の保険料から、第三号の人数分も基礎年金勘定に拠出する制度になっているために、サラリーマンの年金制度は、社会保険の拠出分のうち七一％を負担してくれているのである。

この方式は、個人レベルでみれば、なぜ同じようなパート収入があっても、夫がサラリーマンであれば、保険料納付なしで済むが、シングルであれば、第一号被保険者の保険料を払わないとならないのか、不公平であるという考えに結びつく。しかしながら、現在の高齢者に基礎年金を配るという視点からみれば、第一号は未納が多く、年金の徴収が難しいのに対して、第三号は、基礎年金保険料を安定して負担するという点で、高齢者に年金を配るための財源としては優等生なのである。

（4）医療保険と介護保険

医療保険と介護保険も基本的には年金保険と同じ構造をもっている。日本の医療保険は、大変アクセスがよい。医療を受けた場合の医療費の自己負担は原則三割である。通常の非正規雇用者は、働いている企業の通常の労働者の四分の三の労働時間を超えない労働者であれば、サラリーマンの制度ではなく、自営業の制度の中に入らなくてはならない。これは年金制度と同じである。一方、非正規雇用であっても、被扶養の配偶者の身分があれば、サラリーマンの制度に入れ、社会保険料は負担しないでよい。これも年金制度と同じである。介護保険は、現役世代については、医療保険と同時に徴収されるので、同じ構造があることになる。

5 日本の福祉国家論へのジェンダー視点

ここまでで、非正規雇用者の社会保険加入と、被扶養配偶者の社会保険加入のシステムが複雑に絡み合い、問題を難しくしていることを示した。このような相克はどこの国にもあるのだろうか。女性の就業や家族形成の変化は、どの先進国でも起きており、多くの国にとって、社会的保護をどう対応させていくのかということについての挑戦となった。この点は日本と共通する。ただし正社員と非正規との格差が現在もこれほど大きいのは日本の特徴といえるかもしれない。それは長期雇用の礼賛とこれを支える制度、主婦としての女性への保護が日本で最も堅固だったからである。

(1) 資本主義経済における福祉国家の三類型論

先進国における福祉国家類型の比較として、Esping-Andersen（1990）の興味深い研究がある。

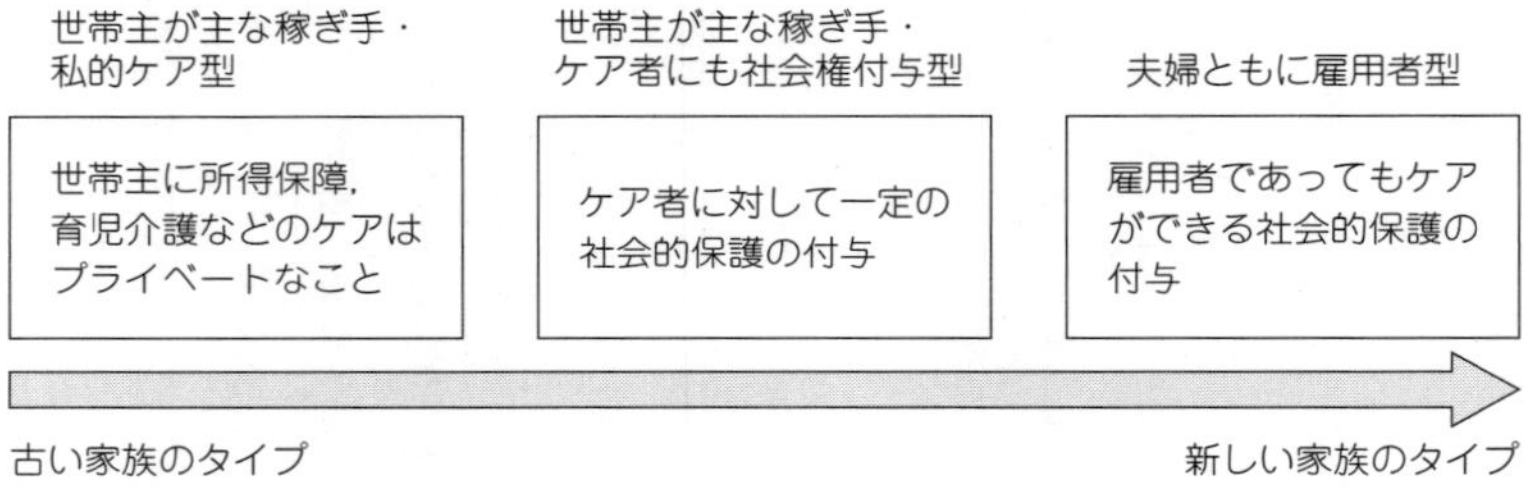

図10－13　ケア活動の社会的保護に関するジェンダー分析

福祉国家のメニューは、どの国でも一貫して拡充していくだろうという見方（Wilensky 1975）があったが、Esping-Andersen は、福祉国家は、いくつかのタイプがあり、同じ道を歩んではいないとした。タイプの一つは、米国や英国に代表されるもので、政府は最低限の安全ネットを張る役割にとどまり、多くを市場経済に任せている。解雇規制は弱く、転職、再就職などが活発である。また公的保障の水準は低く、民間経済が大きい役割を果たしている。もう一つのタイプは、北欧諸国に代表されるグループである。国民負担（税金と社会保険が国民所得に占める割合）はもっとも高いが、市民に平等で厚い社会保障を与える。三つ目のグループは、独仏など欧州大陸諸国の国々である。歴史的に職域別に社会保険が発達したことから、職業履歴に応じた保護が与えられる。解雇規制は強く、家族を重視する考え方も強い。

(2) 福祉国家のジェンダー分析

この三類型について、Sainsbury（1999）は、女性をどう社会的保護の中で位置づけるか、という点では、大陸型として同じ区分に入れられているドイツとフランスはまったく異なると批判した。女性を社会保護の中でどう位置づけるかという新たな視点で福祉国家の類型化をするべきというのである。

どの国でも家族や親族が、子の養育や老後、病気のリスクに対応する組織であり、主に女性が担ってきた。しかし、仕事をもつ妻が増え、離婚が増え、シングルマザーが増えていく中で、ケア活動を担う者への社会的保護は形を変えていった。その発展は国ごとに異なっている。

Sainsbury（1999）を参考にすれば、図10-13となる。もっとも古いタイプの社会保障は、「世帯主が主な稼ぎ手・私的ケア型」である。つまり稼ぎ手は世帯主であり、老齢や病気によってその稼ぎが失われないよう社会的保護の制度をつくる。妻は世帯主を通じて私的に保護される存在である。年金でいえば、年金権は、主な稼ぎ手に与えられるが妻にはない。つまり女性は離婚すれば無年金になる。また有配偶女性は就業しないものと想定される。一九八五年以前の日本の年金制度や雇用のルールはまさにこれにあたるだろう。

次のタイプは、「世帯主が主な稼ぎ手・ケア者にも社会権付与型」である。これはケア者は無業になると想定されるが、社会が認めるような活動であれば、社会権を付与するものである。ケアの結果収入が下がる者には社会手当を付与する。またケアによる無業期間は、老後の年金にも反映させる。例えばドイツでは、子が三歳までのケア者については、雇用者の平均賃金を得たと想定して、税金から年金保険料を支払い年金権を与える。出産、子育てというのは、社会的な活動として、社会的に認めるべきだという考え方が背景にあり、ドイツの場合は、平均的な労働者と同じだけの活動とみなすべき、という考えがある。

最後のタイプは、「夫婦ともに雇用者型」である。夫婦が雇用者であっても、再生産活動は社会の維持のために必要である。だから、雇用者という身分を失わないで出産や育児、高齢者ケアなどが行えるように社会的保護を整備する点がこの類型の特徴である。雇用者がケアもできるような育児休業制度や保育環境等を普遍的に整備する。スウェーデンがその例としてあげられている。

（3）日本の福祉のジェンダー分析類型上の位置

現在の日本はどこの類型に入るだろうか。日本でも育児休業制度はあるが、出産する女性の二割程度しかこの制度を利用できていない。これは普通の雇用者が、育児休業をとることを前提としたように、働き方の改革が行われていないからである。育児休業の権利は出産前正社員である者に限定されがちである。結婚や出産により無業になる者も多く、また非正規雇用者の多数は育児休業制度の権利をもたない。

また出産した世帯に対する児童手当は拡大しつつあるが、額はまだ欧州諸国と比べると低い。

年金でいえば第三号被保険者制度は、夫の収入を通じて妻に個人の年金権を与えるものであるが、夫が非正規雇用や自営業ならばその権利はないから中途半端である。

二〇〇〇年から介護保険制度が導入されている点で高齢者ケアの社会化に積極的にもみえる。ただし介護保険の社会保険料の払い方は年金の第三号被保険者制度と同じ方式である。日本は「世帯主が主な稼ぎ手・私的ケア型」から「世帯主が主な稼ぎ手・ケア者にも社会権付与型」に移行しつつも、まだ一番古い社会保障のタイプに片足が乗っている状況といえそうだ。

6　社会的保護はどうあるべきか：制度がもつべき再分配性と社会保険料納付への対価性

（1）社会保険料納付と「連帯」としての再分配

これまでの日本の年金保険や医療保険、介護保険は、コアとなる雇用者を社会保険でカバーし、その妻や子はコア労働者を通じてカバーされるという形であった。このことにより、低収入や無収入の妻や子どもも医療の現物給付を受けることができた。この仕組みに対する支持者は少なからずいる。というのは、有配偶女性の多くが結局のところ低収入者だからだ。

　しかしながら、この仕組みには様々な矛盾が出ている。

(1) コア労働者という仕組みに入れない若年男女が大幅に増加している。

(2) 無配偶者が増加している。若い層で婚姻が遅れているというだけでなく、従来であれば、当然、世帯主の配偶者として社会的保護にカバーされてきたのではないかと思われる四〇―五九歳層でも増えている。国勢調査二〇一〇年によれば、この年齢層の五人に一人の女性が無配偶である。これは生涯シングルの増加と離婚の増加が主因である。

(3) 有配偶女性の就業率は上昇している。しかし社会保険上は雇用者の身分をもたないことが有利なことが、就業調整という行動を起こしており、パートの低賃金の一つの原因ともなっている。

(4) 高齢者人口割合の上昇が見込まれ、また介護は介護保険という保険料と税金負担のもとで行われる設計ができている現在にあって、妻を生涯扶養される存在として位置づけることができるほど労働力に余裕がなく、また国民負担に余裕がない。

　現在、非正規雇用者の多くが、雇用の安定性、昇進、昇格、賞与、退職金など、日本的な雇用慣行からはずれている。またその少なからぬ割合は、自営業を想定した保険料徴収、給付のシステムとしての年金・医療・介護保険制度に入らざるを得ないでいる。一方で、非正規雇用者が、サラリーマンの妻であれば、社会保険料を払わないことを目的に、年収一三〇万円で就業調整をしている。そしてそのような就業調整が、非正規雇用者の年収を一三〇万円程度を一つのターゲットとする年収に抑えてしまっている。

　非正規雇用に対する社会的保護が薄く、一方で、正社員に対する社会的保護は手厚い。その中で、相対的に割安な非正規雇用者が増加する傾向は止まらない。円高による卸売価格の低下というだけでなく、正規から非正規への雇用者の振り替えによる賃金の低下が、日本のデフレスパイラルに拍車をかけているものとみられる。

　このような矛盾はどのように解決するべきだろうか。

(2) 非正規雇用者を雇用者の保護の中に入れる

では非正規雇用の拡大に対応して、雇用者の社会保険制度はどのように改正すべきか。日本固有の現役世代の問題として重要な点をいくつかあげる。

(1) 日本では、正社員を中心として社会的保護が形づくられ、非正社員は、主婦の身分の者も含まれているため、非正社員への保護が明確に形づくられてこなかった。

(2) しかしシングルの非正社員、無配偶の男女が増え、正社員とその扶養者という基準では社会的保護の対象に入らない者が大幅に増えている。

(3) 非正社員についても、昇進・昇格のルール、労働組合の加入など、正社員と原則連続的に考えていくべきである。

(4) 社会保険については、正社員、非正社員として分けずに、すべての雇用者に社会保険料を賦課するべきである。

(5) 一方で、育児や介護などのケアをしている者については、その社会保険料は、サラリーマンの配偶者、ひとり親世帯、自営業主の配偶者等にかかわらず、税金で負担し、年金権や他の社会的保護の権利を与えるべきである。

(6) 正規・非正規雇用者を問わず子育てを可能にする社会保障制度の構築が必要である。

（3）働くことの保護とケア活動の保護へ

これまでの日本のルールは、世帯主と主婦の一体化、夫婦世帯の優遇、主婦の雇用を従とした位置づけである。日本の「モデル年金」は「男性が平均賃金で四〇年間加入し、妻は無業の専業主婦」である。このような「モデル」で、二〇〇九年の財政検証は、二〇五〇年の現役男子の手取り収入を予想したうえで、得られた「モデル年金」が現役男子手取り収入の五割かどうかを賃金の伸びや利回りを想定して検証した。

しかし二〇五〇年には六五歳以上が人口の四割を占めるというのに、それでもなお、「男性と無業の妻」をモデルとすることは難しい。夫婦ともに働くことを当然とした制度のあり方、また低収入でも子育てができる社会を考えるのが妥当である。また高齢者も、働ける者は生涯働くことを奨励する構造を考えることが必要だろう。しかしその方向へ基礎年金の改革案や、第三号被保険者制度改革の議論、低賃金の雇用者の年金権の議論はまだほとんどされていない。(2)

非正規雇用の待遇改善は、日本社会の中で男性世帯主だけが働き続ける構造から、働ける者が誰も働き、一方で、育児等のケアは社会が金銭的負担をし、また時間も与えるという方向への改革なしには達成不可能であり、大きく形を変えていくことが必要であろう。

【注】

(1) 個人事業主は以下の場合は、労働者数によらず任意加入である。土地の耕作、植物の栽培、伐採などの農林業、動物の飼育、水産動植物の採捕・養殖などの畜産・養蚕・水産業、理容・美容業、映画の製作・映写・演劇などの興行業、旅館・料理店・飲食店・接客業・娯楽場の事業、社会保険労務士・弁護士・公認会計士などの事業。

(2) 厚生労働省の年金改革案は、第三号被保険者の対象者を徐々に削減していくことを目指している。しかし女性が結婚や出産によって第二号被保険者からはずれやすい雇用実態があり、その後は第三号被保険者制度にとどまることが社会保険料納付上、有利である状況があれば、有配偶女性の一定年収までの自主的な就業調整は続くであろう。また第三号被保険者問題は夫との年金分割で解決しようという案も厚生労働省は出していたが、このことは現在の年金給付構造を何ら変えないものであり、何ら解決にはならない。また第三号披保険者制度を明示的に分析する論文も多くはない。例えば高山（二〇〇〇）は、消費税を財源とすべきことを論じる一方で、第三号被保険者制度については、現在の制度を、夫が年収六〇〇万円で妻が年収ゼロ円の場合も、夫と妻それぞれが三〇〇万円ずつの年収の場合も、保険料納付も、老後の年金も、同じとなる制度として公平なものと解説している（ただし遺族年金は明らかに専業主婦世帯が優遇されており、修正すべきともしている）。しかし現役時代についても、時間あたり賃金に対する保険料負担や、給付という点からは、明らかに後者の方が負担が重く給付は少ない。この点が見過ごされている。また雇用者の再分配部分が基礎年金となってしまったために、低賃金シングル雇用者の低年金問題も見過ごされている。

【参考文献】

稲垣誠一（二〇一一）「新聞各社の年金制度改革案の政策シミュレーション——年金制度改革案の政策評価と修正の提案」『一橋大学経済研究所世代間問題研究機構ディスカッションペーパー』第五一九号。

椋野美智子・田中耕太郎（二〇一一）『はじめての社会保障』第九版、有斐閣選書。

駒村康平編著（二〇〇九）『年金を選択する——参加インセンティブから考える』慶應義塾大学出版会。

高山憲之（一九九二）『年金改革の構想—大改革への最終提言』日本経済新聞社。

高山憲之（二〇〇〇）『年金の教室』PHP新書。

高山憲之（二〇一〇）「消費税財源の社会保障年金——新たな提案」『年金と子ども手当』岩波書店。

永瀬伸子（二〇一一a）「第三号被保険者の見直しを」『週刊社会保障』第六五巻第二六五八号、四四—四九頁。

永瀬伸子（二〇一一b）「若年非正規雇用の現状と年金を含めた社会的保護のあり方」『年金と経済』三〇巻二〇号、一〇—二二頁。

永瀬伸子・水落正明（二〇一一）「若者層は経済回復期に安定雇用に移行できたのか——前職およびジョブズカフェ利用の影響」『生活社会科学研究』第一八号、二七—四五頁。

永瀬伸子・村尾祐美子（二〇〇五）「社会保障や税制等は、家族・家族形成に影響を与えるか——日本の社会的保護の仕組みが持つ特定タイプの家族へのバイア

ス」『季刊社会保障研究』第四一 第二号 一三七―一四九。
久本憲夫（二〇〇三）『正社員ルネサンス――多様な雇用から多様な正社員へ』中公新書。
Esping-Andersen, G.(1990), *The Three Worlds of Welfare Capitalism*, Cambridge, Oxford, Oxford University Press.
Gornick, J. C., Meyers, M. K. and Ross, K. E. (1997) "Supporting the Employment of Mothers: Policy Variation Across Fourteen Welfare States," *Journal of European Social Policy*, 7(1) : pp. 45-70.
Sainsbury, D. (1999) "Gender and Social-Democratic Welfare States", in Sainsbury, D. eds., *Gender and Welfare State Regimes*, Oxford, Oxford University Press.
Wilensky, H. L. (1975) *The Welfare States and Equity*, Berkeley, CA, University California Press.

第11章 医療従事者の長時間労働

中島　勧

近年、医師不足を原因とした地域医療体制の破綻が各地で起きている。ここで医師不足と呼んでいるのは、文字通りに医師が純粋に足りないというだけではなく、医師の分布に偏りがあることに起因して、医師が極端に不足している地域や診療科が生じていることを指すことが多い。ほんの数年前までは医師過剰といわれていたにもかかわらず、急激に医師不足が論じられるようになってきた背景としては、労働条件の格差に起因して地域や診療科間の偏在が拡大してきたこと、医師の長時間労働から生じた労災事故の発生、医師・患者の関係の変化に起因する紛争の増加等があげられている。本章では医師が長時間労働を余儀なくされている現状の医療体制を振り返り、その解決策について検討を行う。

1 医療従事者の労働事情

「医者の不養生」という言葉がある。その意味は、「医師が自分のことを省みずに患者の治療に打ち込んでいる」という肯定的なものではなく、「正しいとわかっていながら、実行が伴わないこと」という否定的な意味が含まれている。医療従事者の労働事情を考えてみると、この言葉の意味が、医療従事者にとっても、そして医療と労働問題をともに所管する厚生労働省にとっても、異なる意味としてではあるものの、非常によくあてはまっていると感じられる。世間では常識とされている労働者の権利が医療界では顧みられていない場面が多く、それが医療体制の破たんにつながっているにもかかわらず、一向に抜本的な解決策が講じられていないのである。

（1）医療従事者の労働形態

医療従事者の大部分は国家資格としての医療資格を有しており、代表的な資格として、医師・看護師・薬剤師・各種技師（放射線技師、理学療法士など）などがあげられる。医療従事者の労働形態は、職種に応じて以下に示す三種類に分類できる。

まず医師は、多くの場合交代勤務になっておらず、日勤帯のみの勤務とされており、夜間や土休日等の時間外の業務を担う者として、当直医制度が採られている。当直医とは、本来は医療法第一六条「医業を行う病院の管理者は、病院に医師を宿直させなければならない」に基づいて、二〇床以上の入院床をもつ「病院」に配置することが義務づけられているものである。しかしこの「当直医」という制度は、労働基準法第四一条「労働時間、休憩及び休日に関する規定は、次の各号の一に該当する労働者については適用しない。一．（略）、二．事業の種類にかかわらず監督若しくは管理の地位にある者又は機密の事務を取り扱う者、三．監視又は断続的労働に従事する者で、使用者が行政官庁の許可を受けたもの」の三で規定された宿日直制度を指しているとされており、その時間は勤務時間に含まれない。

平均的な医師は、当直という言葉が法的に何を意味するのかを正確には理解しておらず、慣行的に夜間診療と同義に捉えていることが多い。当直の際に、救急外来診療などの業務が夜通し行われるような施設も珍しくないが、制度的には勤務時間に含まれないことから、そのような施設でも翌日は通常業務に従事していることが多い。したがって、日勤として八時間働いた後に仮眠も含めて一六時間の当直勤務を行い、さらに八時間の勤務を行う、つまり三二時間の連続勤務となることが多いことになる。この制度によって、勤務する医師の少ない医療現場であっても、週一六八時間のうち、通常の勤務時間四〇時間を除く一二八時間に対して、労働時間とみなさずに医師を配置することが可能とされてきた。

次いで看護師については、従来から三K職場などと呼ばれることが多く、世間一般では労働条件が過酷な職場としてみられていることが多い。そして、その勤務状況がマスコミで報道される場合には、「夜勤を含む不規則な勤務形態が採られており、夜勤中の業務が日勤帯に比べて著しく少人数で行われていて、過酷な勤務状況である」などと描かれることが多い。この内容は、確かに間違ってはいないが、夜勤は労働基準法に規定された週四〇時間労働の時間内に含まれているため、時間外労働は引継ぎ前の準備や看護記録が時間内に作成できなかった場合の残業が中心であり、制度上は法定労働時間を大きく逸脱しない場合が多い。医師の当直のように、明らかに勤務時間外といえる時間に、通常業務が常態的に行われることはない。

労働問題に関する意識が医師と看護師で大幅に異なるが、それは指示を出す者と受ける者という立場の違いだけでなく、教育内容の差による可能性がある。医師は医学部での教育として、診療に関わる内容以外を学ぶ機会はほとんどないことに比べて、看護師は一般的な看護師養成課程において、看護管理学という領域で労働基準法を中心とした人事労務管理も学ぶことになっている（上泉 二〇〇六：九七―九九）。現場の管理者である看護師長に就任する際に業務の中心となるのは、患者に対して看護を提供することというよりも、スタッフとして働く看護師に対する管理であり、医師が診療科の長である部長や医長などといった地位に就く場合に、診療業務の中心となって働く責任者として扱われることと大きく異なっている。

このことからも、医師と看護師の労務管理に関する理解の程度に差が出ている可能性がある。

医師・看護師以外の職種については、大部分の医療機関において、日勤帯の勤務が原則とされているが、施設によっては、当直勤務やオンコール体制が組まれている場合もある。具体的にいえば、薬剤師、放射線技師、臨床検査技師、臨床工学技士等と数多くの医療職が医療機関で働いているが、看護師と比べて診療報酬上の人数の基準が明らかにされていない職種が大部分であるため、医療機関ごとの職種単位でみれば少人数である場合が多く、労働時間は施設ごとに大きく異なる。

（2）医療機関での医師の立場

医療法第一〇条において、「病院又は診療所の開設者は、その病院又は診療所が医業をなすものである場合は臨床研修等修了医師に、歯科医業をなすものである場合は臨床研修等修了歯科医師に、これを管理させなければならない」と規定されている。つまり病院や医院の院長は医師でなくてはならないと法で規定されているため、業務上の指示を出す者と指示を受ける者という指示系統上の上下関係も相俟って、他の医療職と医師（または歯科医師、以下略）の立場が大きく異なるものになっている。つまり、医師は管理者として他の医療職を使用する側、それ以外の医療職は使用される側に属するという雰囲気が長い間続いてきた。さらにわが国の医療を主として担ってきたのは国公立病院を中心とする公的病院ではなく、医療法人に代表される私立病院であったことも、医師は経営管理する側に属するという状態が当然とみなされる原因になっていた可能性が高い（島崎 二〇一一：三四）。

それに呼応するように、以前から医師たちの間では、自らが管理者として扱われるものと信じられてきた。そのため、たとえ自分は病院管理者や経営者ではない場合であっても、前記の労働基準法第四一条で「事業の種類にかかわらず監督若しくは管理の地位にある者」として、「労働時間、休憩及び休日に関する規定」が適用されないと信じられていた。そして医師の間だけでなく、医師以外の医療職、患者、さらに医療行政、労働行政担当者、税務担当者など多くの人々の間で、同様の理解に基づくかのように運用されてきた。医師が名実ともにそのように扱われていると感じられていた時代は、地位やそれに見合った待遇が保障されていることが多く、労働条件に不満をもつ者の存在は明るみに出にくかった。以前から公的な病院では看護師・各種技師・事務職等が加盟する労働組合が結成されていることが珍しくないが、そのような場合であっても、医師だけは加盟していないことが多かった。医師の労働条件の悪化が指摘されにくかったのは、医師が自らを労働者と思わないこともあって、労働組合加盟率が低かったことも一つの原因となっている可能性がある。

なお、医師の労働条件の改善を目指して、二〇〇九年に個人加盟性の医師の労働組合である全国医師ユニオンが結成されたが（岡村 二〇〇九：四一―五七）、ホームページに会員数は明記されておらず、現時点では医師全体の労働問題の改善につながる目立った成果はあがっていないようである。

2　医師の労働問題

（1）医療崩壊という現象

昨今医療政策上の問題として、医療崩壊という現象が取りあげられることが多くなっている。医療崩壊とは、二〇〇六年に『医療崩壊――「立ち去り型サボタージュ」とは何か』（小松 二〇〇六）が出版されてから広く使われるようになった言葉であり、主に病院に勤務する医師が連鎖的に退職したことをきっかけとして、ある地域の医療体制が維持できなくなる現象を指している。原因としては、若手医師がきつい医療現場を避けるようになったためとか、医療訴訟が増えているからとか、医療事故を原因として逮捕された医師がいたためなどといわれている。

これらの点が大きな原因になっていることは確かである。二〇〇四年四月から、新たに医師免許を取得した医師に二年間の初期臨床研修が義務づけられた結果、労働条件が悪いとされる大学病院の研修を避け、市中病院で研修を受ける者が一貫して増加し続けている。また、医療訴訟の新規受理件数は二〇〇四年に年間一〇〇〇件を超え、右肩上がりの増加傾向であった。さらに二〇〇四年一二月に福島県立大野病院で帝王切開術を受けていた産婦が死亡した事件に対して、二〇〇六年二月に主治医が逮捕され、翌月に起訴されたこと（二年後に無罪判決）が、産婦人科医師の地域偏在のきっかけになったことは確かである。

しかし崩壊しているといわれる医療機関や診療科をみると、上記の原因以上に、時間外診療体制の運営が不適切であること、具体的には当直制度により維持されていることの方が大きな原因になっているようにもみえる。前記の大野病院の場合でも、二四時間いつでも帝王切開を含めた緊急手術が必要になりうる産婦人科という部署が、「一人医長」と呼ばれる常勤医師一人で運営する体制であった。同病院での医師の逮捕以後、常勤医師一人で産婦人科が運営されてきた全国の施設から、複数勤務のできる施設へ医師が移動し、多くの地域から産科が消えたことは記憶に新しい。これは結果としては医療崩壊のようにみえるが、実は一人医長という体制に問題があることが明らかになり、それを解消するために集約化が行われたと考えることもできる。

そもそも二四時間体制が必要とされる医療現場が、わずか一名の医師により運営できていたことは、常識的には考えにくい。しかしこれを可能にしてきたのが、常態化していた長時間労働の許容と、それを助長する当直制度である。

（2）当直制度の実態

当直とは労働基準法では「宿日直」と呼ばれている。一般的に宿直という言葉で想起されるのは、「非常事態に備えて、職場に泊まって手持ち無沙汰に時間を過ごす役回り」であり、日直は休日日中の当直に相当するものである。労働基準法の宿日直に相当するのはおおむねこのような業務である。正確にいえば、労働者が通常の勤務終了後、引き続き翌日の所定始業時刻まで、事業場内の定時的巡視、文書及び電話等の収受、非常事態の発生に備えて勤務するものであり、勤務時間中に相当の睡眠時間が設定され、常態としてほとんど労働する必要のない勤務を指している。回数も宿直が週に一回まで、日直が月に一回までと制限があるため、宿日直合わせて一カ月に五―六回以下でなくてはならない。

それでは医療の世界ではどうなっているかといえば、「宿日直」すなわち「当直」は、通常の勤務時間終了後から朝の始業時までに生じるすべての業務を担当している。もちろん通常の勤務が免除されることはありえないため、当直を担当する日には、朝の勤務開始から翌日の勤務時間終了までの最低三二時間が勤務時間ということになる。さらに日中の通常業務に加えて、勤務時間外には救急外来の診療も含まれていることが多い。時間外に受診する患者は、診療を担当する医師にとって普段の様子がわからないばかりか、状態が不安定な場合が多い。さらに他の診療科や検査部門など診療体制が限定されていることもあり、診療を担当する医師にとっては肉体的にも心理的にも大変な負担になる。当直の時間帯に、本来は勤務時間として扱われるべき診療業務が行われているのみならず、一カ月間の当直回数の法律上の制限が有名無実化している医療機関も少なくない。医療機関に勤務する医師が少ない場合はいうに及ばず、全体の医師数は十分足りていたとしても、他の診療科の医師では対処困難な業務の多い産婦人科や小児科などにおいては、当該診療科の医師数が十分にいない限り当直体制を組むことはできない。しかし周辺に同様な医療機関がない場合には、夜間の診療体制をつくらざるを得ず、例えば常勤医三名であれば、月に一〇回ずつというような当直回数が当然のこととされている場合が多いのである。

実際、テレビや新聞などの報道で当直医という言葉が出てくる際は、その業務は夜間診療という意味で用いられている場合が多く、さらには医師の間でも同様な認識が一般的である。その証拠として、非常勤医師の求人広告には、常勤医・非常勤医・当直医などといった分類がされており、当直医募集の内容としては「救急外来五―一〇名、救急車二―三台、病棟管理」というようなものが多くみられる。これは内容からは明らかに「夜勤医師」の募集であり、当直医募集とすることは用語のうえで不適切である。また常勤医募集の場合でも、百歩譲って民間病院ではやむを得ないとしても、公立病院常勤医の募集においてでさえ、当直回数が月に一〇回以上あることが明示されている場合がある。法律上の問題があることが認識されているのなら、そのような求人はできないはずであり、求人する医療機関側も、される側の医師にも、その違法性が認識されていないと考えざるを得ないのである。以前はテレビや新聞の報道でも、当直医が夜遅くまで通常業務を続けながら救急外来の患者を診察して朝を迎えたとか、家に帰った途端に呼び出されて朝日を見ながら家に帰ったなどというものをみることができたが、とくに問題視されていなかった。最近はそのような報道もみられなくなったが、それはそのような事例がなくなったためではなく、報道されることで労働基準監督署の調査を誘発し、宿日直許可を取り消されることを恐れている可能性の方が高い。

（3）当直制の法律上の扱い

しかしたとえ勤務時間外であっても、勤務先の医療機関で患者に緊急事態が起きた場合には、法的にも職業倫理的にも、医師が対応することは当然のことである。そこでたとえ勤務時間外とされている当直中であっても、やむを得ず勤務を要した場合には、労働基準法第三七条（時間外、休日及び深夜の割増賃金）を適用することにより、業務遂行が許容されている。しかし実際には、時間外診療が行われた場合でも、時間外手当が適切に支払われないことが少なくない。表11-1は、是正勧告を受けたと新聞報道された国立大学病院、公立病院に交付された是正勧告書を開示請求により入手して、労働基準法のどの条項に違反したか解析したものである（江原 二〇〇九：一二六九）。そのすべての施設において、第三七条違反が指摘されていた。このような不当な扱いが横行している理由の一つとして、当直中の時間外勤務が常態化していることを医療機関が認めると、労働基準法第四一条で定められた「監視又は断続的労働に従事する者で、使用者が行政官庁の許可を受けたもの」に該当しなくなり、宿日直許可が取り消される可能性があることがあげられる。この点について厚生労働省は、「医療機関における休日及び夜間勤務の適正化の当面の対応について（基監発第一二二八〇〇一号、二〇〇二年一一月二八日）」の別紙一「宿日直勤務に係る許可基準（抄）」において、「宿直のために泊り込む医師、看護師等の数を宿直の際に担当する患者数との関係あるいは当該病院等に夜間来院する急病患者の発生率との関係等から見て、上記の如き昼間と同態様の労働に

表11－1　是正勧告書で指摘された労働基準法違反

条 項				15条	24条	32条	34条	35条	37条	89条	108条	109条
病院名	地 方	開設者	交 付	労働条件の明示	賃金の支払い	労働時間	休 憩	休 日	時間外，休日及び深夜の割増賃金	就業規則の作成及び届出の義務	賃金台帳	記録の保存
A	関東	県	H12.3.10			×			×			
B	近畿	市	H15.7.30			×			×			
C	九州・沖縄	学	H16.7.30			×						
D	中部	学	H16.9.14			×			×			
E	九州・沖縄	学	H17.4.20						×		×	
F	九州・沖縄	学	H17.11.30						×			
G	中部	県	H17.12.2			×	×		×			
H	中国	市	H18.1.20	×		×			×	×		
C	九州・沖縄	学	H18.3.6			×			×			
I	中部	学	H19.4.24						×			
I	中部	学	H19.4.25			×						
J	中部	県	H19.5.22						×			
K	九州・沖縄	県	H19.5.28			×			×		×	
L	東北	市	H19.5.29		×	×	×		×		×	
M	関東	学	H19.12.12						×			×
N	中国	県	H20.2.12	×		×	×	×	×			
O	中国	学	H20.2.14			×	×		×			
P	近畿	県	H20.4.18			×			×			
Q	中部	県	H20.4.25	×		×			×			
違反件数				3	1	14	4	1	17	1	3	1

注：17施設19件，開設者は，学：国立大学法人，県：都道府県，市：市町村を表す。
出所：江原（2009：1269)。

従事することが常態であるようなものについては、宿直の許可を与える限りではない」としている。つまり、宿日直の許可を受けている医療機関で、当直医が勤務時間内と同様に救急患者の診察を行っていることが明らかになれば、宿日直の許可を取り消されるということである。宿日直許可が取り消された医療機関が、時間外の救急患者へ対応するためには、時間外割増賃金を支払うか、交代勤務で対応する必要が生じてしまうが、それを通常の医療機関で実施可能であろうか。

(4) 医師と病院間の三六協定

時間外割増賃金を支払うことで時間外の診療に対応するためには、労使間で三六協定が締結されている必要がある。三六協定とは、残業や休日等に時間外労働を行わせる際の労使間の協定として、労働基準法第三六条で定められたものである。三六協定が締結されていなければ、使用者は残業や休日労働を行わせることは一切できない。しかし労働者としての意識のない医師と、その医師が管理者を務める病院の間で、そのような取り決めが締結されているか否かには疑問が残る。そこで労働基準監督署による宿日直許可と、医療機関と医師の間での三六協定の締結状況について、筆者も所属している生存科学研究所医療政策研究班（代表、神谷恵子弁護士）が全国の各地方から一道八県を選び、情報公開請求が可能な市町村立病院について、三六協定の有無と断続的宿日直許可の有無を二〇一一年に調査した結果を以下に示す。表11－2で示されたように、三六協定のない病院が三割近くあり、宿日直許可を確認できない病院が約八割あった。逆に救急病院として当直制度を用いる場合に必須の、三六協定と宿日直許可の両者があることが確認できたのは、わずか一二％弱にすぎなかった。

　三六協定のない病院では宿日直許可の有無によらず、時間外勤務が不可能であるため、時間外に発生するすべての業務が交代勤務で行われなくてはならない。今回調査を行った病院の大部分が二次救急または救急告示病院であることを考慮すれば、救急医療対策事業実施要綱（医発第六九二号一九七七年七月六日）が第二次救急医療体制について規定した「病院の診療体制は、通常の当直体制の外に重症救急患者の受け入れに対応できる医師等医療従事者を確保するものとする」を満たすために、病棟の管理のための当直医に加えて、救急患者の診療のために交代勤務の医師を置かなくてはならないことになる。しかし病院のホームページ（求人条件）などで確認できた範囲内では、当直（宿日直）による時間外診療が実施されている病院が大部分であった。

　また宿日直許可がないことについて、二〇一〇年一二月一四日に答申された「特定病院が北見労働基準監督署長に届出した断続的な宿直又は日直勤務許可申請書等の不開示決定（不存在）に関する件」によれば、病院が労働基準監督署長に提出した許可申請書は、保存期間が過ぎれば廃棄されており、その許可書は病院に交付する際に写しをとられていないとのことであり、情報公開請求で確認できなかったことが許可のないことに直結するわけではない。しかし許可を出した労働基準監督署と病院が、許可書またはその写しを保管しておらず、許可の有無を証明できない場合には、労働者保護の観点から考えて、許可そのものを無効とするべきではないのだろうか。さらに本研究での調査対象病院のうち、約八〇％において宿日直許可申請が確認できなかったことが、すべて同様の事情によるとも考えにくい。仮に宿日直の許可が下りていない病院があるとすれば、時間外診療がすべて残業または交代勤務で実施されなくてはならないが、そのような病院が多数あるとは考えにくい。許可を得ないで宿日直が置かれている病院においては、当初から断続的宿日直の許可要件が満たされていない可能性もあり、労働基準法違反である可能性が高いことになる。

表11－2　自治体病院（１道８県147病院）の勤務医師の36協定および宿日直届出に関する調査結果

	地方都道府県	調査対象病院	36協定なし	宿日直許可なし	両者あり
北海道	北海道（一部）	28	9（不明３）	27	1
東北地方	秋田県	10	5（不明１）	4（不明１）	2
関東地方	埼玉県	11	6	10	1
中部地方	愛知県	26（不明３）	7	20	2
北信越地方	石川県	16	6	10	4
関西地方	兵庫県	26	0（不明14）	22	3
中国地方	広島県	14	4	10	2
四国地方	徳島県	2	0	0	2
九州地方	熊本県	14	2	14	0
	計	147	39（26.5%）	117（79.6%）	17（11.6%）

注：2011年，生存科学研究所医療政策研究班の調査結果。

（5）特別条項による長時間労働

調査の結果、三六協定が締結されていた八七病院のうち二〇カ所においては、特別条項により所定労働時間を大幅に超えた延長時間を定めることができることになっていた。特別条項付き協定とは、限度時間を超えて労働時間を延長しなければならない「特別の事情」が生じたときに、一定期間として協定されている期間ごとに、労使当事者間において定める手続を経て、限度時間を超える一定の時間まで労働時間を延長することができる旨を定めた協定である。今回の調査結果では、この制度を用いて「一週間四〇時間を年二六回まで延長可」「一ヶ月一〇〇時間を年一〇回まで、年間九六〇時間まで延長可」「一ヶ月一二〇時間を年間六回まで、年間九九〇時間まで延長可」等といった、きわめて長時間の延長を認めた特別条項が労働基準監督署に届け出られている例が多数みられた。本来、労働基準監督署長は、限度基準に適合しない時間外労働協定の届出がされた場合に、その是正を求めるなど、労使当事者に対し、必要な助言及び指導を行うことができることとされている。つまり上記のような長時間の延長であっても、労働基準監督署長の助言及び指導の結果認められていることになるのである。しかも、きわめて長時間の延長を可能とした特別条項は、労働基準監督署の監査を受けた施設に集中してみられている。通常なら監査によって短くなるはずの例外的時間外労働が、逆に長くなっているとすれば、労働基準監督署長はどのような指導を行っているのかについて疑問が残る。

さらに、労働基準監督署を所管する厚生労働省が定めている「脳血管疾患及び虚血性心疾患等の認定基準」（基発一〇六三号二〇〇一年一二月一二日）によれば、「発症前一カ月間におおむね一〇〇時間又は発症前二か月間ないし六か月間にわたって、一か月あたりおおむね八〇時間を超える時間外労働が認められる場合は業務と発症との関連性が強いと評価」している。仮に特別条項が付されていたとしても、この基準を超えるような時間外診療は、医師の健康を損ねるのみならず、医師の疲労から判断力や技術などの医療の質の低下を来たし、医療を受ける患者にその被害が及ぶ可能性がある。これが労働基準監督署長による指導を受けた結果だとすれば、医師については労災基準を超える時間外労働が認められていることになる。

なお、特別条項の有無にかかわらず、今回調査を行ったうちの四施設では、一日当たり一五時間までの延長が可能とされており、休憩時間を入れれば二四時間連続勤務が公然と認められていることになる。

また交代勤務制を採用するためには、医師一人で週に四〇時間労働が可能であり、一週間は一六八時間であることから、常時一名の医師を配置するためだけで四・二名、すなわち五名の医師が必要になる。この増分の四名が交替勤務のためだけに新たに必要になるのである。当直制で時間外診療を行っている施設が、日中の体制を変えずに交代勤務制を導入するためには、現状でも医師の必要数が充足されていない施設が多いにもかかわらず、医師一名を配置するごとに四名の増員が必要ということである。

つまり現実的には、宿日直許可を利用せずに当直体制を維持することは、医師が十分に確保できているごく限られた施設を除き不可能ということである。しかし医師が十分に確保できないほとんどの施設においては、地域医療体制の維持のために、やむを得ず現場の不満に目をつぶって宿日直制度を維持しようとしていると考えられる。

この調査結果から、時間外診療が当直医により維持される状態をやむを得ず放置してきた厚生労働省が、医療機関において労働基準法違反が常態化していることを認識した場合に、急場しのぎとして医師の健康を損ねる危険性の高い長時間労働を許容してきたことがわかる。

3　労働問題の原因

（1）医師過剰から医師不足へ

長時間労働をなくすためには、適正な医師数の確保が必要になるため、以下では医師の需給について述べる。

医師の需給についてのこれまでの経緯を辿れば、一九七〇年に、最小限必要な医師数を人口一〇万対一五〇人とし、一九七三年から「無医大県解消構想」いわゆる「一県一医科大学」設置が推進され、一九八一年には医学部の入学定員は八三六〇人となった。その結果「人口一〇万対一五〇人」の医師数の目標は一九八三年に達成されたため、再度将来の医師需給に関する検討が行われ、「昭和一〇〇（平成三七）年には全医師の一割程度が過剰となる」との将来推計がなされた。その結果、一九九三年に医学部入学定員は七七二五人に削減され、以後最近まで変化していなかった。一九九八年に介護保険制度が創設された際に、再度医師の需給の検討を行った結果においても、「地域的にみて医師の配置に不均衡がみられるものの、現在の医師数の状況は全体としては未だ過剰な事態には至っていないが、診療所医師数の増加がある程度続いた後は医師の過剰問題がより一層顕在化し始める」とされていた。

しかし二〇〇〇年以降、新聞報道で医師不足が取りあげられた件数が増加し、特定の地域や診療科について医師不足を指摘する声が強まった。そこで新たに「医師の需給に関する検討会」が開催され、二〇〇六年七月に報告書が提出された（医師の需要に関する検討会 二〇〇六：一五―一六）。

同報告書では休憩や研究については勤務に含めるべきではないと判断しており、それを前提に試算を行った結果、二〇〇四年において、医療施設に従事する医師数が二五・七万人（病院勤務医一六・四万人、診療所勤務医九・三万人）であるのに対し、医療施設に従事する必要医師数は二六・六万人と推計している。つまり九〇〇〇人が不足しているという結果である。この程度の人数であれば、年間三〇〇〇―四〇〇〇人の医師が増加しているという現状から、三年間程度で必要数が充足されるとみなせることになる。

（2）医師の長時間労働

しかし同報告書には、院内の滞在時間を勤務時間とした場合の推計も記されており、病院に勤務する医師は報告時点で一六・四万人であり、平均滞在時間を四八時間にまで短縮するために現在勤務する医師数の三分の一に相当する五・五万人が不足している、と結論づけられている。労働時間とは、使用者の指揮命令下に置かれている時間を指しているが、医師の場合は、休憩時間であっても自由に業務から離れることはできないことから、勤務時間に含めることが妥当である。また研究は通常、業務のために行うものであり、医療機関以外の通常の業種であれば勤務時間に含められている。したがって、医師の必要数は院内の滞在時間を基にして算定されることが実情に見合っていることになり、その前提であれば病院においては大幅に医師が不足していることになる。

二〇〇八年に入院時医学管理加算等の届け出をしている地域中核病院を対象に、厚生労働省が行った「病院勤務医の負担軽減の実態調査」において、一週間の勤務時間は医師責任者（平均五一・六歳）で五八・〇時間、その他の医師（平均四〇・一歳）で六一・三時間であった。つまり地域中核病院においては、管理的業務を行う医師責任者さえも一カ月あたり（三〇日換算、以下同）約八〇時間、その他の医師は一カ月あたり約九四時間の時間外労働をしていることになる（平成二〇年度診療報酬改定結果検証部会 二〇〇九：九〇—九一）。

この結果は、厚生労働省が定めている「脳血管疾患及び虚血性心疾患等の認定基準」が、「発症前二か月間ないし六か月間にわたって、一か月あたりおおむね八〇時間を超える時間外労働が認められる場合は業務と発症との関連性が強いと評価」していることに照らせば、明らかに健康を害する過重労働ということになる。この勤務時間の数値は平均値であることから、施設や診療科によってはさらに長時間の労働が行われている場合も多いことに注意が必要である。

すでに述べたように、忙しくリスクの高い医療現場から医師が逃げ出す「医療崩壊」と呼ばれる現象が各地で起こり、その原因は主として医師の労働条件の悪化によるものであり、医師不足がその根本的な原因であるとマスコミに報じられることが多くなってきた。医師数を増加するためには、唯一の養成機関である大学医学部の定員を増やす必要がある。前記のように、計算上は明らかに医師数が不足していたこともあり、政府は二〇一〇に、長く医師過剰対策として減員されてきた医学部定員を急激に増加させ、医師数を従来の一・五倍に増やすことを目標とした。

この政策によって医療現場の労働環境が改善し、医師がリスクの高い医療現場に戻ってくるのだろうか。そもそも医療崩壊は医師不足から生じているのだろうか。以下では、医師に特有な労働環境の現状と、今後の見通しについて検討を行う。

4 長時間労働の見通し

(1) 若手医師の勤務時間

すでに取りあげた『医師の需給に関する検討会報告書』から、二〇〇五—〇六年にかけて調査された、病院に勤める医師の平均滞在時間・従業時間・診療時間を抜粋して表11－3に示す。同表から、二〇—四〇代の男性医師、二〇—三〇代の女性医師の院内の平均滞在時間は、週六〇時間を超えており、これらの年代では、平均時間外労働が一カ月あたり八〇時間を超えていることになる。さらに細かくみると、男女ともに年齢が若くなるにしたがい在籍時間・従業時間・勤務時間ともに長くなっていることがわかる。とくに二〇代の一週間の滞在時間は、男性で七四・九時間、女性で六八・八時間であり、一カ月あたりでは男性で一五四時間、女性で一二七時間の時間外労働が行われていることになる。医師になる年齢は、現役入学者であれば二四—二五歳であるため、二〇代の医師とは、初期臨床研修と後期研修と呼ばれる五年目までの期間ということになる。つまり研修を受ける立場の若手医師は、超長時間労働を余儀なくされているということがわかる。

表11－3　病院勤務医の年代ごとの病院への滞在時間・従業時間・診療時間の１週間平均

（時間）

		平均値		
		滞在時間	従業時間	診療時間
男　性	20－	74.9	57.4	51.3
	30－	68.4	52.2	44.5
	40－	64.5	49.6	40.3
	50－	58.7	43.7	31.9
	60－	50.0	35.4	22.6
	70－	41.0	30.1	21.6
	80－	31.4	18.8	14.6
女　性	20－	68.8	52.2	47.8
	30－	61.1	47.8	41.4
	40－	56.7	44.6	37.5
	50－	52.5	41.6	32.4
	60－	46.6	35.3	27.4
	70－	39.5	31.4	22.4

出所：医師の需給に関する検討会『医師の需給に関する検討会報告書』（2006）より。

初期臨床研修が必修化される以前は、医学部を卒業すると同時に専門とする診療科を決め、大学医局へ入局する者が大部分であった。その時代であれば、若手医師と上級医は部活の先輩後輩の関係に近いものがあり、若いうちの修業を経て初めて責任ある立場になれるという感覚を共有することができた。しかし二〇〇四年度から初期臨床研修が必修化され、二年間は将来の専門にすることを希望する診療科や施設と無関係に研修を受けなくてはならなくなった。そのため、研修医にとって初期臨床研修の二年間は、かつて医師が感じていた管理者としての業務ではなく、労働者として「働かされている」と感じる場面が以前より増えた可能性がある。そのためか、初期臨床研修の期間に長時間労働の多い診療科を回ると、将来の専門領域として選ばない傾向が高まっている。

図11－1は、すでに取りあげた「病院勤務医の負担軽減の実態調査」に記された、二〇〇八年の診療科別の一週間の平均実勤務時間である。医師責任者では「救急科」（六二・六時間）が最も長く、次いで「脳神経外科」（六二・三時間）、「産科・産婦人科」（六〇・二時間）、「外科」（六〇・一時間）であった。医師責任者の平均年齢は五一・六歳であるから、これらの診療科を専門とすると、五〇代になってさえ、月に九〇―一〇〇時間もの時間外労働を行わねばならないことになる。また責任者以外の医師では「救急科」（七四・四時間）が最も長く、次いで「外科」（六五・〇時間）、「脳神経外科」と「産科・産婦人科」（ともに六三・九時間）、「小児科」（六三・七時間）、「内科」（六〇・四時間）であった。責任者以外の医師の平均年齢は四〇・一歳であったことから、これらの診療科を専門にすると四〇歳になっても月に九〇―一五〇時間もの時間外労働を行わなければならないことになる。すでに述べたように、年齢が若いほど労働時間が長いという傾向があるとすれば、これらの診療科の二〇代や三〇代の医師は、さらに長時間働いているということになり、若手医師が自らの専門領域として選択しにくい状況が確認できる。

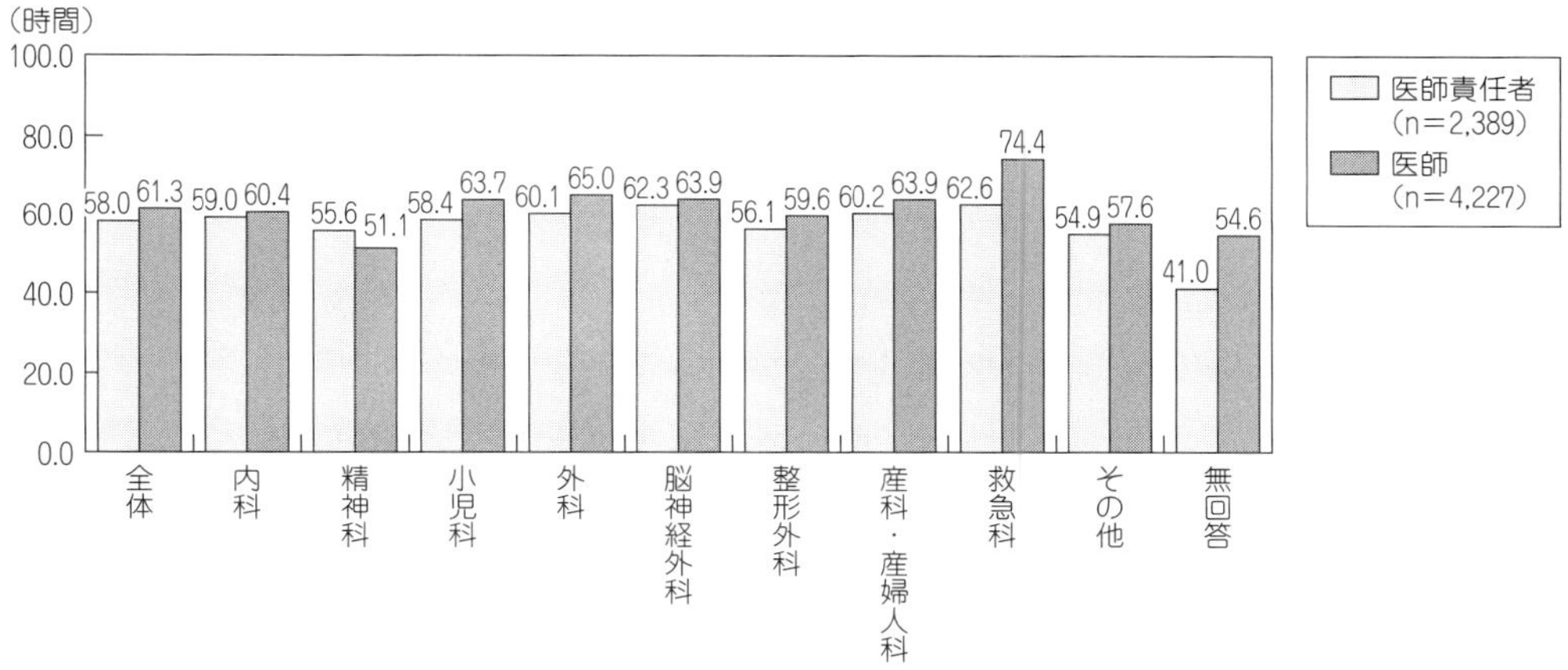

図11－1　診療科別　直近1週間の平均実勤務時間

出所：「病院勤務医の負担軽減の実態調査」より。

（2）医学部定員増加の効果

このような医療現場の状況から判断すれば、医学部定員が増えて医師数が増えたとしても、現時点で超長時間労働が行われている診療科に対しては、若手医師が専門領域として選択しにくい状況は変わらない可能性が高い。この状況を好転させるためには、現在のように自らの専門診療科を自由に決められる自由標榜性は残すとしても、診療科ごとの保険医数に地域ごとに上限を設定したり、診療報酬体系が抜本的に変えられて、長時間労働が行われる診療科にはとくに高い報酬を与えられるようにする等の大幅な変化が必要である。二〇一〇年度及び二〇一二年度の診療報酬改定では、救急や周産期領域及び外科系の診療科に対して、そして急性期病院等に対して大幅な配慮がなされているが、医療現場を見る限り、これらの領域に若手医師が増えたようにもみえず、その程度の変化では焼け石に水である可能性が高い。そして現在の傾向は当分続く可能性が高いと考える。

5 長時間労働の軽減に向けて

(1) 労働時間の定義の見直し

これまで検討されてきた医師数の過不足は、多くの場合、時間外診療を当直医が担当するという現状を許容したうえで、実際に診療を行った時間に基づいて検討されてきた。しかし産婦人科医師の宿日直勤務の時間外手当請求が争われた二〇〇九年奈良地裁判決（事件番号　平成一八年（行ウ）第一六号）において、「宿日直勤務時間中の約四分の一の時間は外来救急患者への処置全般及び入院患者にかかる手術室を利用しての緊急手術等の通常業務に従事していたと推認されること」等から、「原告らのした宿日直業務が常態としてほとんど労働する必要がない勤務であったということはできない」と判断した。さらに宿日直勤務自体が「実際に患者に対応して診療を行っている時間だけではなく、宿日直勤務の開始から終了までの間、奈良病院の指揮命令下にある」ことから、宿日直の勤務時間すべてを労働時間として割増賃金の対象と判断している。

この判断基準が現在全国の病院で行われているすべての宿日直勤務（当直）に該当するとは限らないものの、二次・三次救急病院を中心とした急性期病院の多くで行われている宿日直勤務に対しては、該当している場合が多いと思われる。これまで宿日直として扱われてきた勤務のうち、労働時間に該当するものが少なくないとすれば、これまで引用してきた報告書に書かれた長時間労働を示す勤務時間は、かなりの過小評価になっている可能性が高いことになる。つまり本当は、さらに長時間の労働が行われている可能性が高いのである。「労働時間」の正しい定義なしに、その長短を検討することはほとんど無意味である。「医師不足が長時間労働の原因」という仮定に基づいて医師数の増員を検討するのであれば、まず「労働時間」の正確な定義が必要である。

(2) 管理する側の責務

それと同時に、病院管理者に対しては、長時間労働の原因となってきた宿日直制度の安易な利用をやめて、時間外に行われている業務を見直し、通常業務と宿日直勤務の適切な運用を行うことを徹底する必要がある。日中の業務は暇なのに、時間外診療は忙しいという医療機関は決して珍しくはない。医療は医療従事者のためではなく患者のためにあるのであるから、患者の治療が最も効率よく行えるよう、診療時間その他の体制は適切に改変されるべきであり、そのうえで医療従事者の健康を守り、持続可能な医療提供を目指すのが、病院管理者の務めである。

医師不足が生じている地域や診療科などによっては、労働時間に含まれない宿日直という制度を使うことで、医師が不足している現状に何とか対応せざるを得ないのも現実である。医療従事者が自らの体力を削って長時間労働を行い、医療体制を守るために努力していること自体は、決して批判されるべきことではない。しかし国家の将来の医療体制を決める必要医師数の算定において、宿日直制度の誤った運用の結果、過小評価された時間外労働の時間を用いることは、将来にわたり医師の長時間労働の問題を解決困難にしてしまう。医療と労働の両者に対して責任のある厚生労働省には、医師の宿日直勤務と労働時間の関係を実態に合わせて適切に評価したうえで、長時間労働の実態を把握し、解消してゆく努力が必要である。

【参考文献】


医師の需給に関する検討会（二〇〇六）『医師の需給に関する検討会報告書』厚生労働省医政局医事課、一五—一六頁。

江原朗（二〇〇九）「国立大学病院・公立病院は労働基準監督署からどのような是正勧告を受けたのか」『日本小児科学会雑誌』一一三巻八号、一二六九頁。

岡村親宜（二〇〇九）『医師の働く権利　基礎知識』せせらぎ出版、四一—五七頁。

上泉和子（二〇〇六）『系統看護学講座　看護の統合と実践①看護管理』医学書院、九七—九九頁。

小松秀樹（二〇〇六）『医療崩壊——「立ち去り型サボタージュ」とは何か』朝日新聞社。

島崎謙治（二〇一一）『日本の医療——制度と政策』東京大学出版会、三四頁。

平成二〇年度診療報酬改定結果検証部会（二〇〇九）『病院勤務医の負担軽減の実態調査報告書』厚生労働省保険局医療課、九〇—九一頁。

第12章 外国人「労働者」と外国人「住民」
——日本人は外国人との「共生」を望んでいるか——

橋本由紀

日本では、外国人も、参政権や生活保護等の一部を除き、日本人と同様の行政・福祉サービスを享受する権利をもつ。しかし、日本語や日本の生活ルールの理解が十分でない結果、外国人は、諸権利へのアクセスが困難な現実がある。この隔たりを埋めるには、外国人自身に日本社会への順応を求めるだけではなく、外国人が日本で働き、生活しやすいように手を差し伸べる、日本人の意識や行動も重要である。しかし、本章でみるように、日本人の多くは、外国人との交流や共生を積極的には望んでいない。その背景には、外国人「労働者」が日本人の仕事を奪うことへの懸念以上に、外国人「住民」が、治安の悪化や社会保障負担の増加をもたらすことへの強い不安がある。だが、こうした治安や財政の悪化を裏づける統計や調査研究はほとんどない。日本人が外国人に向ける意識や態度は、確かでない情報を根拠に、幾分かの偏見を伴って形成された可能性がある。

1 捉えどころのない日本人の意識

日本人は、近い将来、日本で働く外国人が増えることを期待しているのか。また、地域の外国人住民との「共生」を望んでいるのか。本章では、一九九〇年代以降に実施された世論調査や地域調査の比較・検討を通じて、外国人に対する日本人の意識のあり様や変化を捉えたい。

日本人が、外国人に抱く意識をみる調査・研究は、外国人労働者や定住外国人が増加した一九九〇年代以降、外国人研究の主題となった。政府の世論調査は一九六一年以来、これまでに六回実施されている。二〇〇〇年代には、外国人との共生を謳う自治体による住民への意識調査も増加した。よって、外国人と働くこと、地域住民としてともに暮らすこと、将来の受け入れ方針についてなど、外国人に対する日本人の意識を聞く調査は、すでに相当数ある。

　他国と同様、日本でも、外国人は、同国籍者が特定地域に集住する傾向があり、外国人住民の出身国構成は、地域差が大きい。そのため、外国人の影響は、地域ごとに固有のものとみなされ、この二〇年間、年代、地域、エスニシティの組合せを変えて、多くの調査・研究が行われてきた。実際、世論調査以外の調査・研究の多くは、特定のエスニシティを念頭に、彼らが集住する地域を対象にしてきた。しかし、得られた成果は、同一エスニシティに関する研究間で、比較・引用されても、対象エスニシティの異なる研究が、相互に参照されることはあまりなかった。例えば、在日韓国・朝鮮人に関する調査は、日系人に関する調査で引用されたり、比較検討されたりすることは稀である。

　こうした経緯から、外国人全体に対する日本人の平均的な意識は、予想以上にみえにくい。世論調査にせよ、集住地域と非集住地域間で、住民の意識差が大きければ、中央（メディアン）に位置する人々は少数で、中央値が国民の意見を代表しない可能性がある。

　そこで、本章では、検討の対象を地域やエスニシティで限定せず、過去の調査結果を広く紹介・比較することで、日本人の意識の分布とその特徴を捉えたい。その意味で本章は、数は多いが、まとまりのなさという点で断片的だった、外国人に対する日本人の意識研究を網羅し、横断的に検討するレビューである。

　主に一九九〇年以降の調査・研究を渉猟し、日本人が外国人に抱く意識について、次のような特徴を見出した。まず、日本人は、外国人「労働者」の直接的な影響（雇用の奪い合いや賃金の低下）よりも、外国人「住民」がもたらす影響（治安の悪化や社会保障負担）への不安が強い。この懸念は根強く、日本人の多くは、外国人との共生や交流を積極的に望んでいない。これらの事実は、将来の両者の「棲み分け」の進展を予測させる。一方で地域の外国人住民比率が増加し、日本人と外国人の協同がなければ双方の社会生活が成立しない状況で、「共存」の状態が生まれた事例もあった。

　しかし、日本人が外国人に抱く否定的な意識は、自身の体験ではなく、正確でない伝聞やステレオタイプに基づいて形成された可能性が高い。半ば偏見に依拠するとはいえ、こうした日本人の意識や態度は、外国の実証研究が報告する特徴とも整合し、日本人がとくに外国人に対して不寛容ということはない。

　第2節では、先行研究の傾向を整理し、本章で外国人を「労働者」と「生活者」に分けて議論する理由を述べる。第3節では、外国人に対する意識調査を、海外の研究結果も含めて紹介し、比較・検討する。第4節は、日本人と外国人の「共生」の可能性を展望し、第5節で、世論の役割と課題を考える。

2　外国人研究の分断

　本章を通じて明らかにしたいのは、特定の外国人グループに対する意識ではなく、その総和として現れる外国人全般に対する日本人の意識である。しかし、これがみえにくいのは、これまでの日本の外国人研究がエスニシティごとに分かれ、相互に参照されてこなかったためと考える。特定のエスニックグループについて議論し、特徴を見出す過程で、各グループの個別性が強調される。その代償が、外国人研究の分断だったと思う。

外国人研究の横断性が乏しい第一の理由は、「オールドカマー」と「ニューカマー」の二分法に求める。日本では、一九八〇年代後半、単純労働者の受け入れをめぐって、「開国・鎖国論争」が起こった。論争以前から日本に住んでいた在日韓国・朝鮮人やインドシナ難民など約八五万人（一九八五年、外国人登録者総数）の外国人は、「オールドカマー」と呼ばれる。彼らの多くは、定住の過程で、日本の教育を受け、日本語や日本の生活習慣を習得し、社会の構成員となっていった。

かたや、一九九〇年代以降に増加した日系人などの外国人は、「ニューカマー」と呼ばれる。彼らの労働や生活は、オールドカマー外国人とは大きく異なっていた。例えば、多くの日系人は、就労目的で日本に移住し、「デカセギ」「工場労働者」「間接雇用」等の労働に関するキーワードで特徴づけられる。また、永住者が大半のオールドカマー外国人とは異なり、日系ブラジル人の約八割が、将来の帰国を望んでいた（小内 二〇〇一b：二九一、梶田・樋口 二〇〇五：二六三）。日系人が集住した自治体や住民も、彼らを一時滞在者と捉える傾向が強かった（駒井 一九九五：二四、樋口 二〇〇五：二九四）。少し遅れて増加した技能実習生も、製造業の業況に応じて増減する一時的外国人労働者とみなされることが多い（上林 二〇〇九：四二）。

新旧に分けた呼称が定着したように、議論や研究も、両者を区別し、国籍や在留資格、職業別に分析されることが多かった。具体的な論点は、在日韓国・朝鮮人の研究では法的地位や民族意識、日系人の研究では間接雇用者としての雇用の不安定性や就学・社会保障問題、技能実習生の研究では中小企業経営や労働法等である。

エスニシティごとに異なるテーマが設定されたことは、定住意思の差、その結果としての職業選択、日本語能力、生活様態の相違など、各グループが抱える問題の多様性を考慮した結果と推測する。この選択によって、エスニシティごとの研究は深化した。だが一方で、検討の対象を一研究一エスニシティに限定したことで、外国人研究は「縦割り」の様相を呈し、複数の対象に跨る横断的な研究の低調を招きはしなかったか。

第二の理由は、外国人の入国時期の分散である。インドシナ難民（一九七〇年代後半）、フィリピン人エンターテイナー（ジャパゆきさん、一九八〇年前後）、日系ブラジル・ペルー人（一九九〇年以降）、技能実習生（一九九〇年代中頃以降）など、各グループが急増した時期はあまり重ならない。入国者の急増期には、彼らを対象とする研究も一気に増えるが、人々の関心の低下とともに、新たに移入したグループの研究が主流となる。こうした関心の一過性や同時代性のなさも、各グループの研究が相互に参照されなかった一因と考える。

しかし、本章のように、外国人全般に対する日本人の意識をみるとき、エスニシティや、「ニューカマー」と「オールドカマー」の区別は、あまり重要ではない。日本人の中には、〇〇人は好ましいが、××人は好ましくないという意識をもつ者もいるだろう。しかし、多くの日本人は、研究上の分類とは無関係に、自身の生活圏や関心の範囲に照らして、外国人全体に対する意識を形成するのではないだろうか。

さらに、調査・研究をまとめる過程で、日本人や政府が、外国人「労働者」と外国人「住民」に対して、異なる意識をもつことがみえてきた。すなわち便益をもたらす（はずの）外国人労働者は、歓迎する。しかし、地域の安全を脅しかねない外国人住民は、招かれざる客という意識である。

以上を踏まえ、本章では、エスニシティではなく、「労働者」と「住民」を分類軸として、外国人に対する日本人の意識を捉えたい。

なお、日本の外国人登録者数は、一九五五年の六四・一万人（総人口に占める割合〇・七一％）から大きく増加し、二〇一一年末現在で約二〇七・八万人（同一・六三％）である。うち、約七割が、定住外国人と推測される[1]。

3　外国人に対する日本人の意識

（1）外国人「労働者」に対する日本人の意識

内閣府（旧総理府）は、一九六一年以降これまでに六回、外国人に関する世論調査を実施している。最近の三回（一九九〇・二〇〇〇・二〇〇四年）の調査では、「外国人労働者問題への関心」があると答えた者は、いずれもほぼ半数で、大きな差はない。総人口や労働力人口に占める割合の低さや、一部地域への集住傾向を考えれば、関心は高いようにもみえる。しかし、国民的議論が喚起されるほどの高さではない。

次に、「単純労働者の入国の賛否」をみると、「一定の条件や制限を付けて認める」という意見が一貫して最も多い（図12－1）。だが、この比率は、徐々に低下し、「認めない現在の方針を続ける」べきという回答が増えている。世論が硬化している。

さらに、前問で単純労働者の「受入れを（一定の条件付きで）認める」と答えた者でも、家族の呼び寄せは、「認めない」（二一・四％）や、「社会保障や教育等の費用を外国人本人が負担する条件で認める」（四三・二％）と考える者が少なくない（二〇〇四年）。

単純労働者の受け入れを認めない最大の理由は、社会生活上の懸念（「治安悪化のおそれ」や「地域社会でのトラブル増加のおそれ」）である（図12－2）。

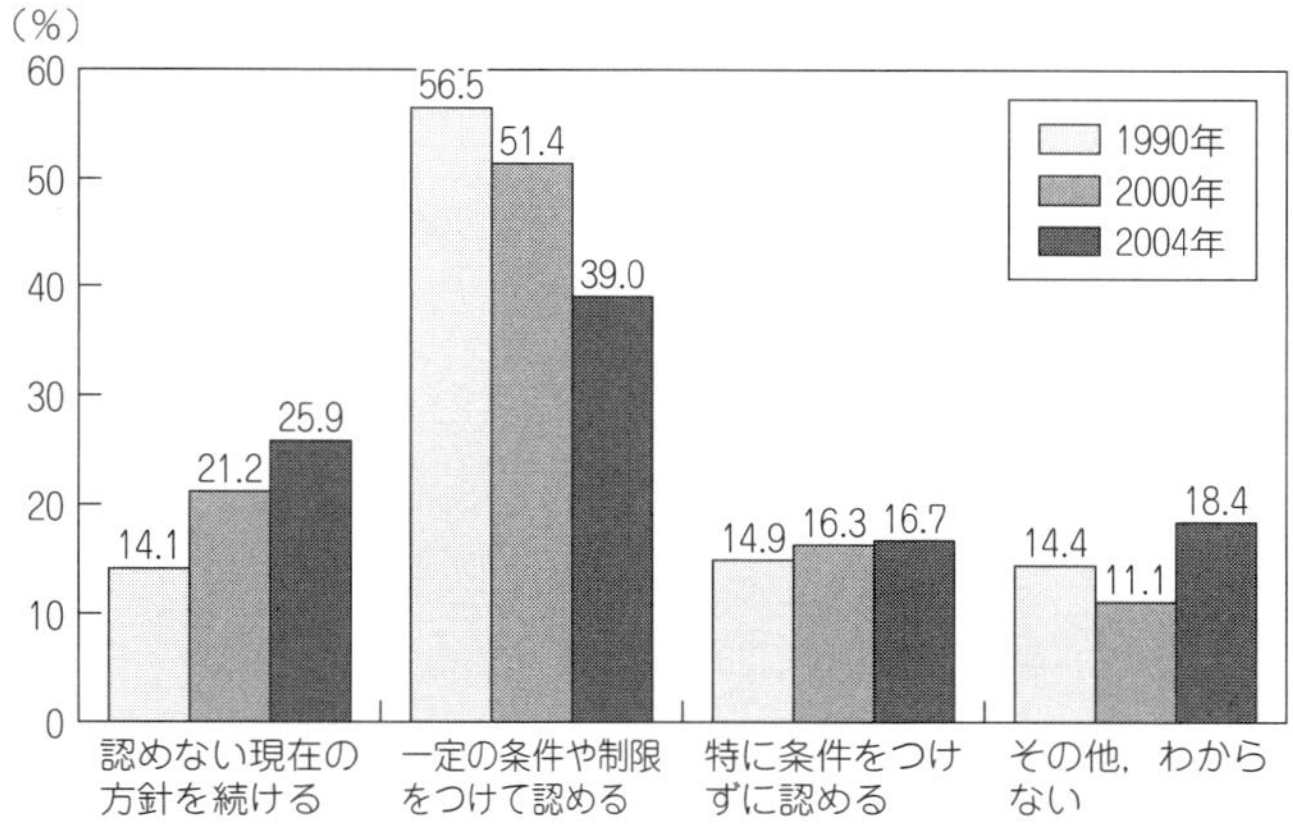

図12－1　単純労働者の入国の賛否

出所：総理府「外国人労働者問題に関する世論調査」（1990年，2000年）。内閣府「外国人労働者の受入れに関する世論調査」（2004年）。

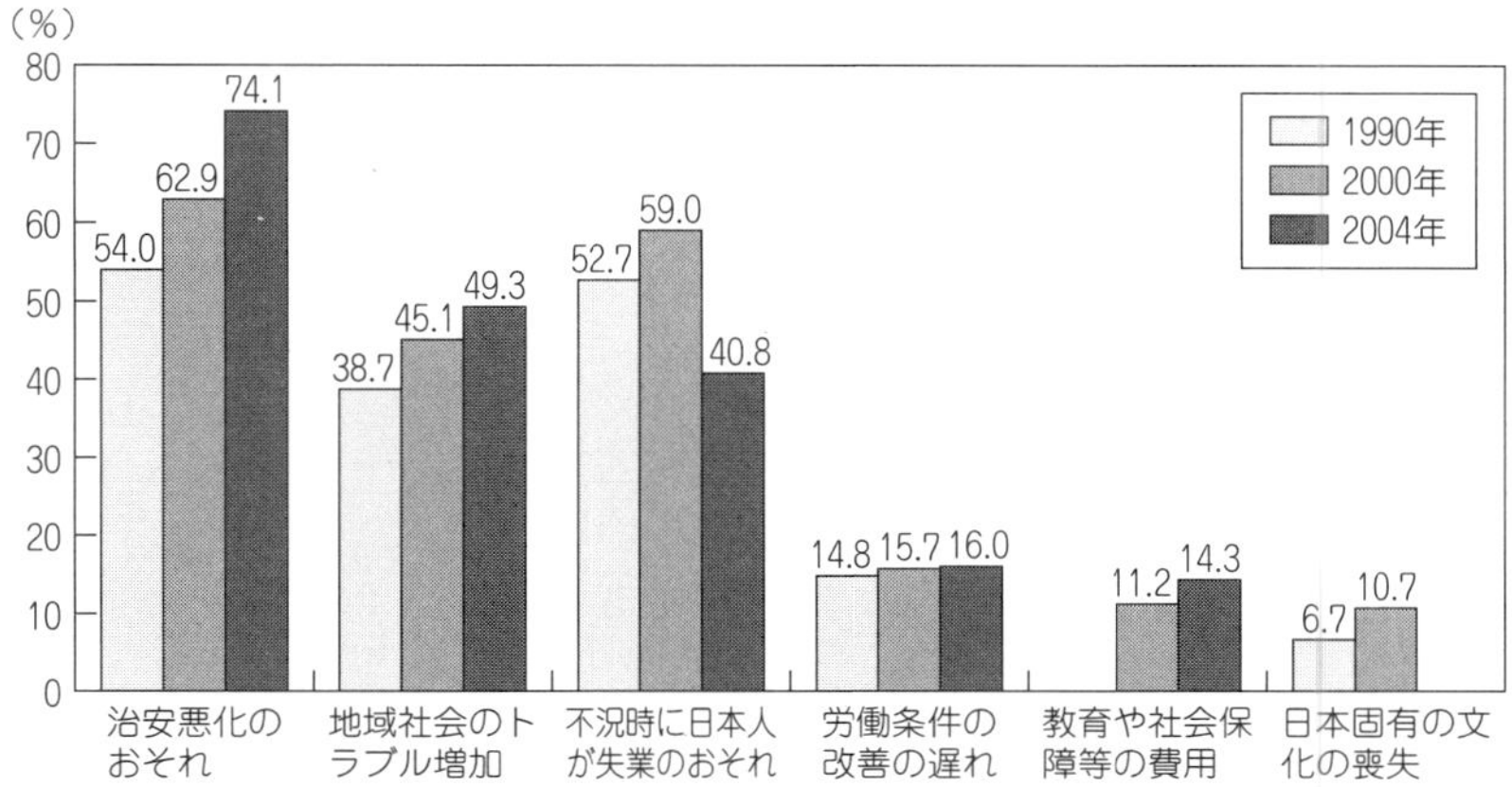

図12－2　単純労働者の就労を認めるべきではない理由（複数回答）

出所：総理府「外国人労働者問題に関する世論調査」（1990年，2000年）。内閣府「外国人労働者の受入れに関する世論調査」（2004年）。

一方で、雇用上の懸念（「不況時の日本人の失業」や「労働条件改善の遅れのおそれ」）は、社会生活上の懸念ほど高くない。

他の調査結果も、世論調査と同様の傾向を示している（田辺 二〇〇八：三〇〇など）。日系ブラジル人が集住する群馬県大泉町で一九九九年に実施された調査（大泉調査）で、外国人居住のデメリットについて、「日本人の仕事が減る」と回答した者は一六・七％だった（佐藤・小内 二〇〇一：三三四）。六年後の調査では、「日本人の仕事が減った」と答えた者は倍増した。それでも、「治安が悪化した」（七八・五％）という回答の約半分である[2]（濱田 二〇〇六b）。

以上の調査結果は、日本人は外国人問題を、自身の雇用を脅かす労働問題ではなく、社会生活に影響を及ぼす生活問題として捉える傾向が強いことを示唆する。

この背景には、上林（二〇一〇：一五二）が言うように、「外国人労働者の導入は労働市場ですでに内国人が参入しない雇用機会を埋めるだけであり、かならずしも内国人の失業をもたらすとは言い切れない」状況がある[3]。さらに、日本人の人口が減った地域で、外国人労働者比率が大きく上昇していたり、外国人労働者が増えた地域で、男性労働者の賃金が上昇していた（中村ほか 二〇〇九：三九）事実も、外国人の増加が労働問題に直結しなかった一因と考える。

こうした外国人（移民）[4]労働者に対する態度は、経済理論上、自国民と移民の技能レベルの関係や、賃金等要素価格への影響次第で変わりうる[5]（Mayda 2006：510）。すなわち、相対的に技能の低い移民労働者の増加は、低技能ジョブの賃金率を下落させるので、低技能自国民は移民の増加を歓迎しない。一方、相対的に希少化し、賃金率が上がる高技能自国民は、低技能移民の流入を歓迎する。つまり、個人の技能レベル（その代理指標である学歴等）次第で、外国人労働者への態度が変わることが予測される。

濱田（二〇一一）は、アンケート（郵送配布・回収の自記式調査）結果を使って、どのような人々が「外国人の増加によって日本人の働き口が奪われる」と思うかを検討している。同調査では、経営・管理者層の二五・一％、ブルーカラー層の四〇・五％が、「仕事が奪われる」と回答した。さらに、個人属性をコントロールしても、ブルーカラー比率が高い地域の住民ほど、外国人の増加が仕事を奪うと考える傾向が強かった。

日本を含む二二カ国のＩＳＳＰ（国際社会調査プログラム）一九九五データを比較分析したMayda（2006）は、相対的に外国人比率の高い仕事に就く者ほど外国人に好意的でないことを実証している。日本の外国人労働者の半数は、生産工程・労務作業者（ブルーカラー労働者）である（四九・七％、二〇〇五年国勢調査）。よって、ブルーカラー層の日本人が、外国人労働者を歓迎しないという濱田（二〇一一）の結果は、国際比較調査結果とも矛盾しない。

とはいえ、現在のところ、日本人と外国人と間で仕事の争奪がみられないとすれば、ブルーカラー層を中心とする外国人労働者への否定的な意識は、外国人労働者の増加に対する懸念と解釈できるかもしれない。

（２）外国人「住民」に対する日本人の意識

世論調査名が「外国人の入国と在留に関する世論調査」（一九八八年）から、「外国人労働者問題に関する世論調査」（一九九〇年）に変わったように、一九九〇年代以降の外国人政策の議論の中心は、「労働者」の受け入れだった。しかし、前節でみたように、日本人は、外国人「労働者」の直接的な影響（雇用の奪い合い、賃金の低下）よりも、治安の悪化や社会保障負担など、外国人「住民」

がもたらす影響への不安が強い。

一九九九年の大泉調査では、外国人が町内に居住するメリット（「国際交流」四九・七%）以上に、デメリットとして、「ごみ捨てや交通ルールの乱れ」（七五・五%）や「治安の悪化」（五六・三%）を選んだ者が多かった（佐藤・小内 二〇〇一：三三二）。ただし、大泉町住民のごみ問題や交通トラブルの認識は、人から伝え聞いたものが多く、「社会問題」として増幅されている可能性がある（濱田 二〇〇六a：三九）。だが、二〇〇五年の調査でも、大泉町の住民は、「治安の悪化」や「ゴミ捨てなどの生活ルールの乱れ」を、一九九九年調査以上に強く感じ、外国人住民に対する否定的な意識がさらに強まっていた（濱田 二〇〇六b）。

同じく大泉町でアンケート調査を行った日本労働研究機構（一九九七）でも、大泉町の住民は、長野県上田市や宮城県古川市の住民より、「（外国人が増加して）住みにくくなった」とより強く感じていた。すなわち、地域の外国人比率に比例して、外国人住民への否定的な意識が強まっていた。

外国人住民へのネガティブな認識を報告する調査分析は他にもある。田辺（二〇〇八：三〇一）や田辺（二〇一一：三八）、鐘ヶ江（二〇〇一：六九）では、年齢が高く、教育年数が少なく、外国人居住比率が高い地域の居住者ほど、地域の外国人増加に反対する傾向を見出している。

こうした、日本人が抱く外国人「住民」への不安の強さや、外国人に否定的な意識をもつ者の特徴は、欧米諸国でも同様に観察される。Scheve and Slaughter（2001）や Mayda（2006）、Facchini and Mayda（2008）は、自国民の移民に対する選好について、経済的要因よりも非経済的要因のほうが、説明力が高いことを実証している。Card, Dustmann and Preston（2012）も、賃金や税負担への影響以上に、近隣住民や職場同僚との関わり方（compositional amenities）のほうが、移民への態度を強く規定すると主張する。そして、compositional amenities に起因する負の外部性が、移民への不寛容につながるという。

米国では、低学歴者や低賃金職種の労働者ほど、移民に対して排他的な傾向が報告されている（Citrin et al. 1997; Scheve and Slaughter 2001）。国際比較調査（ISSP一九九五）でも、高学歴者や外国人と親しい交流がある人々、男性は移民に寛容だが、年配者や地方居住者は不寛容だった（Mayda 2006 : 513）。さらに Facchini and Mayda（2008 : 670）は、一九九五年から二〇〇三年にかけて移民の流入が増えた国や、成長率が減速した国、出生率が低下した国で、移民への感情が悪化したことを明らかにしている。[6] 日本は、三つの条件すべてに該当する。

（3）外国人との「共生」に対する日本人の意識

「多文化共生」[7] は一九九〇年代後半頃から、自治体の外国人住民施策のキーワードとして使われ始めた言葉である。しかし、「多文化共生」に、決まった一つの定義はなく、社会運動組織、NPO、自治体、研究者など、誰がどの文脈で用いるかにより、力点やニュアンスにも違いが見られる（柏崎 二〇一〇：二三七、上野 二〇〇八：二三一）。広く用いられるのは、「国籍や民族などの異なる人々が、互いの文化的ちがいを認め合い、対等な関係を築こうとしながら、地域社会の構成員として共に生きていくこと」という総務省（二〇〇六）の定義だが、この定義には、具体的な施策の明示がない。よって、自治体の多文化共生の取組みは、各々の事情を反映して一様ではない。[8]

結局、どこか要領を得ない感のある「多文化共生」だが、二〇〇〇年代に入り、多文化共生に関する地域住民の意識を把握しようと、自治体や研究者による調査が頻繁に行われるようになった。

表12‐1は、「多文化共生」という言葉の認知

表12－1　多文化共生の認知度

自治体	調査時期	外国人比率（%）	外国人構成比率（%）	「多文化共生」という言葉について（%）			
				知っている	聞いたことはある	知らない	無回答
愛知県豊橋市	2009年6月	3.28	ブラジル (48.7) 韓国・朝鮮 (12.0)	16.3	27.7	56.0	—
東京都足立区	2009年6月	3.37	韓国・朝鮮 (36.2) 中国 (35.0)	8.9	34.4	53.2	3.5
東京都板橋区	2009年11月	1.85	中国 (35.0) 韓国・朝鮮 (18.8)	25.9	33.8	39.0	1.3
広島県安芸高田市	2010年10月	1.49	中国 (36.9) ブラジル (23.5)	21.9	23.4	48.8	5.9

注：外国人比率，外国人構成比率は，2010年国勢調査から計算した。
出所：「平成21年度市民意識調査」（愛知県豊橋市），「足立区多文化共生実態調査」（東京都足立区），「板橋区多文化共生実態調査」（東京都板橋区），「多文化共生アンケート」（広島県安芸高田市）。

に関する、自治体調査の結果である。全国の数ある調査の中から、調査時期が近く、外国人比率と外国人の国籍構成が類似しない四つを選んだ。「多文化共生」という言葉を「知っている」と答えた回答者は、一―二割と総じて低い。外国人比率の高い自治体で認知度が高いこともない。すべての自治体で、ほぼ半数の回答者が、言葉自体を「知らない（聞いたことがない）」と回答し、地域への浸透は弱い。

次いで外国人との共生の実態をみたい。一九九九年と二〇〇五年の大泉調査では、約半数が、外国人住民とは「共生していない」と回答している（佐藤・小内 二〇〇一：三三九、濱田 二〇〇六b：七二）。「共生」の中身に関するコンセンサスもないが、多くの者は、日本人とブラジル人の交流が少ないという理由から、共生が実現していないと判断している（濱田 二〇〇六b：七二）。小内（二〇〇一a：一六二）も大泉町（住民）について、「なごやかな『共生』の雰囲気が漂う街ではなく、急激に増加する外国人居住者を前にとまどう住民たち」をみている。

「共生」への否定的な評価と相まって、地域の外国人の増加を好ましくなく思う者も多い。大泉調査（二〇〇五年）では、今後の外国人の受け入れに関して、四七・四％の回答者が減らすべきと答えている（濱田 二〇〇六b）。この割合は、一九九九年調査と比べて約一〇％高く、外国人世帯比率が二〇％を超える行政区では、過半数を超える。「共生」の先進地域とされた大泉町だが、住民の意識を見る限り、外国人との生活を積極的に肯定する様子はみられない。

鐘ヶ江（二〇〇一：五八）が神奈川県川崎市と三重県鈴鹿市で行った調査では、地域の「外国人労働者の増加を好ましくない」と考える者は、ホワイトカラー外国人の多い川崎市宮前区で一四％、オールドカマー住民の多い川崎区で二一％、日系人の多い鈴鹿市で二五％だった。単純な数値比較はできないが、居住外国人の属性によって、日本人の意識も変わってくる。[9]

また、ISSP一九九五で、日本は、外国人数について、「現状維持を望む」という回答がメディアンだった。しかし、ISSP二〇〇三では、「やや減らすべき」という回答がメディアンに変わった（Facchini and Mayda 2008：663）。この結果も、日本で、外国人との共生を望まない者が増えたことを裏づける。

大槻（二〇一一：八七）は、共生社会の条件として、「権利の対等性」と「相互のコミュニケーシヨン体現」をあげている。だが、相互のコミュニケーションが十分でないことは、次節でみる日本人と外国人との低調な交流実態からも明らかである。「権利の対等性」に関する日本人の意識は、「人権擁護に関する世論調査」結果から捉えたい。

二〇〇七年の同調査で、「日本人と同じように（外国人の）人権を守るべき」と答えた者は、五九・三％だった。[10]「外国人が不利益な取扱いを受けることについての考え方」では、回答者の約三割が「差別だ」と答えたが、「やむを得ない」と考える者は過半数を超えていた。[11]「やむを得ない」という回答割合は、最近の調査ほど高い。

「人権の尊重」と「不利益な扱い」に関する回答を属性別にみると、地域差はないが、若者よりも高齢者、事務職よりも労務職、有職者よりも無業者（主婦と学生は除く）ほど、外国人に対して非寛容だった。前節の外国人住民にネガティブな認識をもつ者の属性と、ほぼ一致している。

永吉（二〇一二）によると、日本人は、外国人の生活保障に関わる権利（「生活保護」）や地方行政に関わる権利（「地方参政権」や「地方公務員」）について、より制限的な態度を示すという。[12]とくに、経済的に安定した層が示す外国人への寛容は、具体的な権利付与の肯定には結びついていない。

ヨーロッパの調査では、「移民に自国民と同様の社会保障の権利を無条件に認めるべき」と考える者は、国ごとに差はあるが、「数年間の（社会保障負担の）拠出後に認めるべき」や「権利は自国民と永住者に制限すべき」と考える者に比べてかなり少ない（OECD 2010 : 134）。自国民やマジョリティ住民が、移民やマイノリティ住民への社会保障支出を支持しない傾向は、米国でも確認されている（Luttmer 2001; Alesina and La Ferrara 2002）。

こうしてみると、外国人の平等な人権の肯定者が六割という日本の世論調査結果は、評価が難しい。人権は認めるが実際の権利付与に対しては、制約すべきと考える者が少なくないからである。それでも、他国との比較で、日本人がとくに外国人に非寛容ということはない。

現状、意識レベルでみた外国人との「共生」は、十分とはいい難い。とくに、集住地域の住民ほど、外国人との共生を志向しない。その一方で、外国人の権利を認めて交流を望む「自立型共生」は、外国人との共生が身近でない地域で、より志向されている（永吉 二〇一一：一一三、中川 二〇一二）。

（4）外国人との交流実態

前節の世論調査では、約六割の日本人が、外国人の人権を守るべきと考えていた。しかし、Glaeser et al.（2000）の実験は、人権尊重の意思表示が、共生の進展に直結するとは限らないことを示唆する。彼らによると、アンケートで示す相手への信頼の意思は、実際の信頼行動には必ずしも反映されない。[13]すなわち、意思よりも過去の行動（経験）が、信頼行動と強く関連し、相手が異人種・異国籍の場合には、信頼行動（利他的行動）も弱まるという。次にみるように、日本人の外国人との交流行動は、非常に低調である。

「外国人労働者問題に関する世論調査」では、「外国人との接触経験」を聞いている（図12-3）。二〇〇〇年調査では、一九九〇年調査よりも、「日常的な付き合い」や「挨拶や話をする」と答えた者の割合は微増した。それでも九割以上の日本人にとって、外国人は「見かける機会がある（が付き合いはない）」か「ほとんど見かけることはない」存在である。

「外国人との友人関係」も同様である。過去三回の「社会意識に関する世論調査」で、「（外国人の）友人がいる」者の割合は、回ごとに増えているが、一割に満たない。それでも、二〇〇〇年調

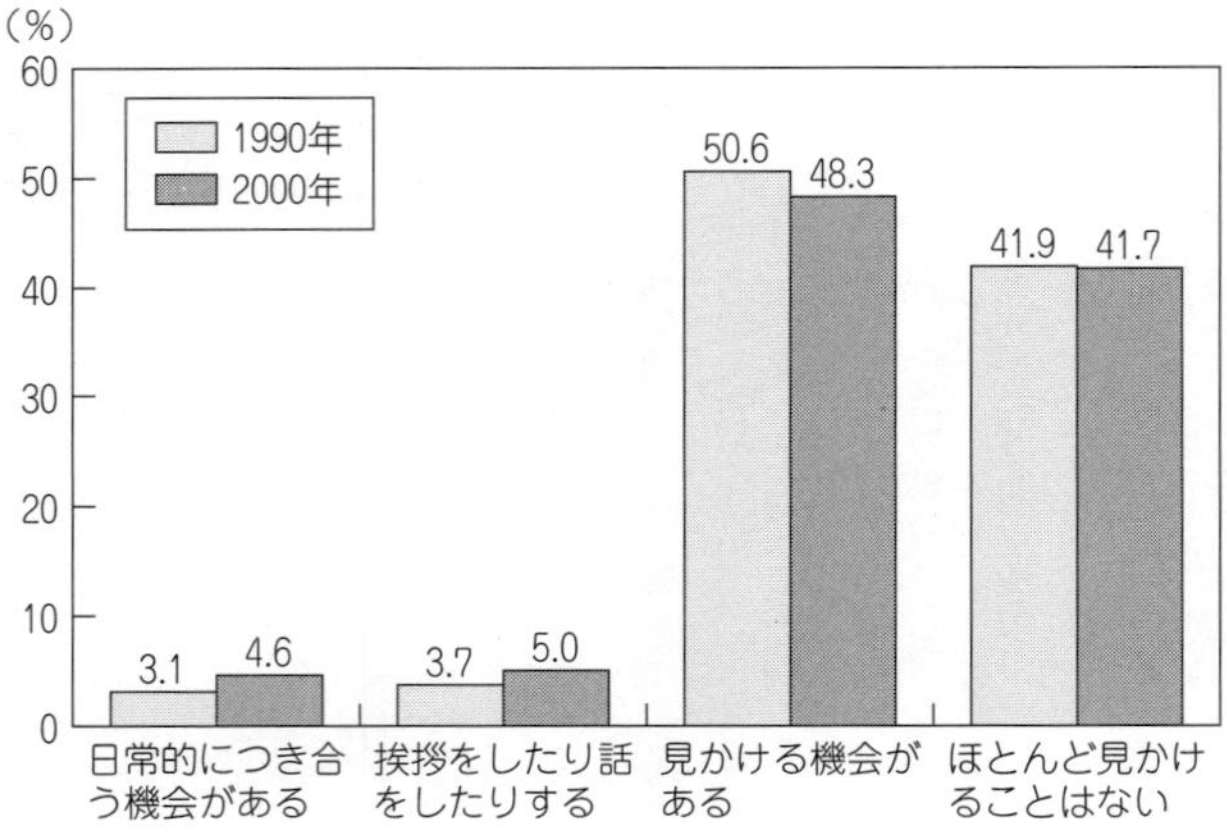

図12－3　外国人との接触経験

出所：総理府「外国人労働者問題に関する世論調査」(1990年，2000年)。

査では、初めて、「友人になりたい」と答えた者が、「友人になりたいとは思わない」者を上回った。

しかし、外国人が集住する大泉町では、世論調査とは様相が異なる。近所の外国人と親しい交流を行う者は少ない（一・五%）が、「世間話やあいさつ程度の交流」があると答えた者は三割を超す。しかし、「外国人との交流が（以前より）進んだとは思わない」と考える者も多く（五四・七%）、今後の交流に関しても否定的に考えている（濱田 二〇〇六a）。

大泉町と並ぶ代表的な日系人集住都市である浜松市でも、ブラジル人住民と日本人住民の社会関係は希薄である。そのため、騒音やごみ問題のように生活習慣の違いに起因する問題が生じても、当事者間での問題解決は困難で、文化摩擦として固定化される傾向が強い（池上 二〇〇二：一六五）。

ベトナム系住民が集住する神戸市長田区で実施された調査（一九九三年）では、回答者の約八割が、ベトナム人の知人や友人は「いない」と答え、ベトナム人の文化的行事やバザーなどへの参加も、九割以上が「ぜんぜんない」（川上 二〇〇一：一九五）。

八〇年前から多くの在日韓国・朝鮮人が住む大阪市生野区の猪飼野・木野地域[14]の日本人住民への面接調査（一九九七—九八年）でも、親しい在日韓国・朝鮮人が近所に一人もいないという者は、猪飼野で七八・八%、木野で八四・九%だった。因みに、近所に親しい日本人がいないと答えた者は、約三割である（稲月 二〇〇二）。両地域について、谷（一九九五：一五三—一五四）は、「地縁・血縁的な結合関係が相互に異質性を排除するメカニズム」の存在を指摘する。

外国人非集住地域の住民の意識は、福島県会津地域を調べた中川（二〇一一）がある。同地域では、互いの家を行き来するような交流がある者は四・三%、そもそも「近所にいない」と答えた者が五五・一%だった。ただし、会津地域では、集住地域でみられた治安や生活環境の悪化が意識されていないためか、外国人の町への影響について否定的な者もほとんどいない。

以上、世論調査と、日系人集住地域（群馬県大泉町、静岡県浜松市）、ベトナム人集住地域（神戸市長田区）、在日韓国・朝鮮人集住地域（大阪市生野区）、外国人非集住地域（福島県会津地域）の調査をみた。実施時期や調査方法も異なるため、単純な比較はできないが、地域の外国人比率を問わず、全体として、日本人住民と外国人住民との交流は活発でない。とくに、全国の自治体中最も外国人比率の高い大泉町の住民にとって、外国人住民との交流は、自発的・積極的なものではなく、単に必要に迫られたから、外国人との接触・交流が行われたという側面は否定できない[15]（濱田 二〇〇六a：五六）。こうした、外国人が「ただ隣に住んでいるだけ」で「接触を避けて没交渉を保持しようとする」状況は、「棲み分け」とも呼ばれる（佐藤・小内 二〇〇一：三三六、駒井 二〇〇六：一三五）。

4 「棲み分け」から「共生」への展望

(1) 日本の理解と結果的共存

第3節でみたように、多くの日本人は、外国人との共生や交流には積極的でない。地域の外国人比率が高いほど、あいさつなどの交流は増えるが、外国人への見方は否定的になる。とくに大泉町では、「共生の町」というスローガンも、住民には実態を伴わないものとして受けとられていた（小内二〇〇一a：一七二）。

過去半世紀の趨勢が続くならば、外国人数や総人口に占める外国人比率は、今後も少しずつ高まるだろう。ただ、現時点で、日本人の多くが、外国人との労働や生活を不安に思う以上、将来的には、「棲み分け」に向かう可能性が高い。その一方で、外国人との交流を経験した者を中心に、大槻（二〇一二）が提案する「権利の対等性」や「相互のコミュニケーション」が体現した共生社会の志向者が増える余地もないわけではない。

では、「棲み分け」ではない均衡に移るためにはどのような条件が必要か。以下ではまず、日本人が外国人（労働者）に何を求めるかをみて、続けて日本人と外国人住民が「共存」する地域の事例を紹介したい。

表12－2は、二〇〇四年と二〇一〇年に実施された二つの世論調査の結果である。表からは日本人は、外国人労働者に対して、職場の同僚（労働者）としての技能よりも、地域の生活者（住民）としての日本語能力や日本の文化・習慣に対する理解等を求めていることがわかる。この中には、日本語能力と日本の習慣の理解を前提に、外国人との交流や共生を肯定する者もいるだろう。一方で、この結果は、外国人住民への「日本人化」の要求と解釈できなくもない。

日本生まれで韓国籍をもつ一八―三〇歳の若者の意識調査では、四分の三以上の回答者が、日本人との付き合いの方が多いと回答した（福岡・金一九九七）。日本語や日本の文化・習慣の理解を求める世論調査結果と、これらを備える在日二世や三世で日本人との交流が進む現実を考えると、確かに日本語と日本人の価値観の理解が、交流機会の増加や「共生」へのフォーカル・ポイントとなるように思われる。

次に紹介するのは、住民が主体的に選択した結果ではないにせよ、「棲み分け」とは異なる「共存」という形で、地域での協同を目指す事例である。

表12－2　外国人労働者に求めること

調査名		日本語能力（%）	日本文化の理解（%）	日本の習慣の理解（%）	専門的な技能・知識（%）	預貯金等の資産（%）
外国人労働者の受入れに関する世論調査（2004年5月）	一番重要と思うものを選択	35.2	32.7		19.7	1.3
労働者の国際移動に関する世論調査（2010年7月）	各項目について「重要である」「どちらかといえば重要」と答えた者の割合	94.2	85.5	88.8	74.3	45.1

出所：内閣府「外国人労働者の受入れに関する世論調査」(2004年)。内閣府「労働者の国際移動に関する世論調査（2010年)。

前節では、在日韓国・朝鮮人を中心に地域の外国人比率が二割を超える大阪市生野区猪飼野・木野地区の調査結果を紹介した。両地区でも外国人住民と日本人住民との交流はあまり活発ではなかった。だが、「在日韓国・朝鮮人が隣近所に住んでいること」に「全く抵抗はない」者の比率は、猪飼野で七四・〇%、木野で六〇・四%とかなり高い。さらに、在日韓国・朝鮮人にも、学校や地域の活動に積極的に関わってほしいと考える日本人住民も少なくない。とくに、猪飼野では、三代以上地域に居住する日本人住民ほど、「結合志向」(在日韓国・朝鮮人との共生意識)を強くもっていた(稲月 二〇〇二)。

この事実に対して、稲月(二〇〇二)は、「自民族集団そのものの存立が他民族との結合を抜きにしては不可能になるような剥奪状況におかれた段階で民族間の共同化への模索が始まる」と、谷(一九九二:二七八)を引用し、「地域内で生きていかざるを得ない人々が、共同化を模索せざるを得ない状況」と、両地区の住民の意識を解釈している。さらに、稲月(二〇〇二)は、外国人比率が相対的に高い猪飼野では、異文化への寛容度も自らの地域の実情・体験・利害などからの個人的な判断に基づくため、学歴や年齢等の属性に共通の傾向が出にくいという。

この「共存」という形の共生は、世論調査や他の地域調査ではみられなかった傾向である。日本人住民と外国人住民が共同しなければ、双方の社会生活が成立しない外国人比率の「閾値」があるのかもしれない。米国のように、移民比率が上昇した地域から自国民が転居する「足による投票」(Borjas 2006)が日本では見られず、「共存」が現出することは非常に興味深い。外国人比率が約一三%(二〇一〇年)の群馬県大泉町でも、日本人住民は、外国人住民に対し、以前よりも行政区活動などへの積極的な参加を求めるようになっている(濱田 二〇〇六a:)。大泉町は、「共存」への接近過程にあるのかもしれない。

結局、日本人住民は、必要に応じて「棲み分け」と「共存」を選択しているように思われる。それでも、「棲み分け」が困難になった段階で「共存」へと移行する事例の存在は、注目に値する。

こうした「やむを得ない関係性」からは、活発な相互の交流は生まれにくいかもしれない。しかし、外国人との交流経験者の多くは、今後も交流の継続意思をもつことが報告されている(佐藤・小内 二〇〇一:三二四)。また、猪飼野・木野地区では、「猪飼野保存会」や「鶴橋若中会」といった土着者集団に加入する者で、在日韓国・朝鮮人と親しい近隣関係をとり結ぶ者が多かった。この事実を発見した稲月(二〇〇二)は、集団への加入は、地域共同体への関心や共同性の度合いを示し、集団への加入者ほど近隣での民族関係量も多くなるのではと推測している。これはPutnam(2000)などの社会関係資本(social capital)の議論にも通じる。

ここでは、外国人や地域との接触経験が乏しい結果、多くの日本人が外国人への不安から「棲み分け」を望む傾向があるとすれば、両者の交流機会を設け、相互の参加を促す地道な活動が、「棲み分け」とは異なる共生に至る鍵ではないかと考え、いくつかの事例を提示した。

(2)「事実」の再検討

第3節では、外国人との労働や生活に消極的な日本人の姿をみた。そして、人々がその理由にあげるいくつかの「おそれ」も紹介した。こうした「おそれ」が、正確でない伝聞やステレオタイプに基づく思い違いとわかれば、外国人との距離も変わるだろうか。

事実に基づかない噂や思い込みによって形成さ

れた世論は、多文化共生を可能にする二つの次元として駒井（二〇〇六：一六五）があげる（外国人への）「寛容性」と「信頼性」を損なわせることもあるだろう。翻って、事実の共有は、信頼に基づく共生社会への端緒ともなりうるのではないか。

以下では、多くの日本人が外国人受け入れの反対理由にあげる「治安の悪化」と「社会的費用の増大」を取りあげ、これらを裏づける証拠がないことを示したい。

①　治安の悪化

図12－2でみたように、単純労働者の受入れを認めない理由として、「治安悪化のおそれ」をあげた回答者は七割を越えていた。果たして、外国人の増加によって日本の治安は悪化したのだろうか。

定住外国人[16]による犯罪には、警察庁の公表統計から把握できる。図12－4は、二〇〇六年から二〇一一年までの定住外国人の刑法犯検挙人員と犯罪率である。比較のため、日本人の犯罪率も掲載した。二本の折れ線グラフより、定住外国人の犯罪率は、日本人よりも二―二・五倍高いことがわかる。しかし、近年の犯罪率は低下傾向で、日本人との差も縮小している。定住外国人の刑法犯検挙人員も、経年的に減少している。ただし犯罪統計には多くの不確定要素（暗数）[17]が存在し（岩男二〇〇七：八）、外国人に限らず犯罪の実態を、正確には把握できない点には、留意が必要である。

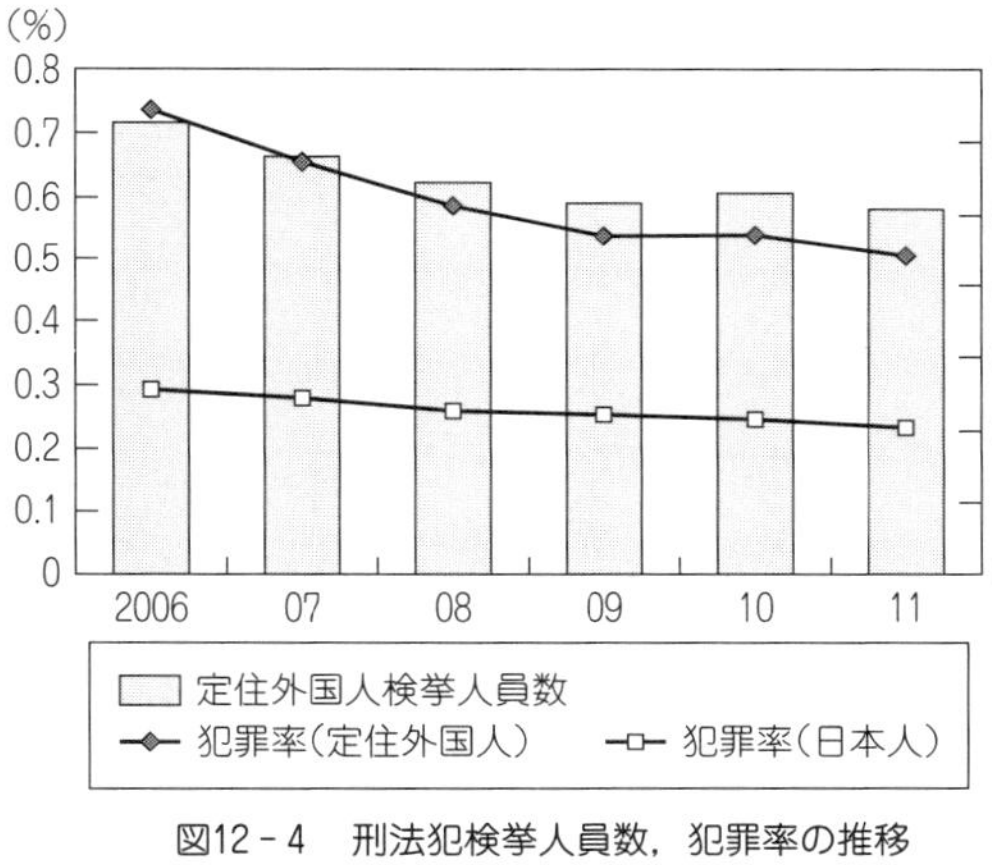

図12－4　刑法犯検挙人員数，犯罪率の推移

出所：「平成23年の犯罪」（警察庁），「人口推計」（総務省統計局），「在留外国人統計」（法務省）。

また日系人が集住する群馬県大泉警察署管内での、刑法犯検挙件数に占める外国人の比率は一五・二％、検挙人員の同比率は一一・〇％で、地域の在住外国人比率とほぼ同じである（一九九五―九九年）。さらに、刑法犯のうち、凶悪犯（殺人・強盗・放火・強姦など）や、粗暴犯（暴行・傷害・脅迫・恐喝など）の検挙件数・人員の外国人比率は、地域の外国人比率よりも低かった（酒井二〇〇一：三二五）。

これらの結果からは、定住外国人の犯罪率が、日本人よりやや高いことはいえるが、近年の「悪化」は証明されない。

そもそも、日本の治安悪化自体に、客観的な事実による裏づけがあるわけではない（浜井二〇〇四）。体感治安の悪化も、特異な凶悪事件ほど繰り返し報道するメディアの影響を大きく受け、犯罪統計にみられる数字の動きとは必ずしも連動していないといわれる（岩男二〇〇七：一四）。そして、岩男（二〇〇七：二一）は、外国人犯罪に対しても、「人々は、わかりやすい原因を求めることで自分の不安感を正当化する傾向があり、外国人犯罪者をスケープゴートにすることで、外国人犯罪が実感以上に不安の原因とされるようになっているのではないか」と指摘する。筆者も同感である。

②　社会的便益を上回る社会的費用

労働省の報告書（外国人労働者が労働面等に及ぼす影響等に関する研究会一九九一：四六）には、「単純労働分野における外国人労働者の受入れは、（中略）長期的には、外国人労働者の定住化の進行に伴い、国民全体がかなりの社会的コストを負担しなければならない」と記されている。つまり政府にとって、外国人の定住化が日本国民の社会的費用負担を増大させることは、議論の前提だった。

　これを裏づける試算結果もある。労働省職業安定局（一九九二：二七）は、「単身出稼ぎ期」は社会的便益が社会的費用の四倍だが、「夫婦家族の定住期」（夫のみ就労）や「子どもが二人の核家族が定住する統合期」には、費用が便益を二―四・七倍上回ると概算した。しかし、この結果は、津崎・倉田（二〇〇二：一〇）が指摘するように推計上の問題も多く、あまり信頼できない。

　一方、外国のより厳密な推計で、移民が負の経済効果を導くという結果は、ほとんどない。米国では、大統領経済諮問委員会が、移民は、自国民との補完関係によって自国民の生産性や所得を上昇させ、米国経済全体に正の便益をもたらしていると報告している（White House 2007）。長期的な財政への影響についても、正の便益を試算している。さらにLee and Miller（2000）も、米国が年一〇万人の移民を現在の構成で受け入れるとき、移民はトータルで税収増に貢献すると推計している[18]。

　英国では内務省が、移民の財政への影響はネットで黒字で、長期的にもこの傾向が続くと予測する（Home Office 2007）。日本総合研究所（二〇一一：三九）の報告書でも、調査した九カ国[19]すべてについて、プラスの経済効果と財政の影響をまとめている。

　外国人の経済的効果や財政への影響は、正確な測定が難しい。とはいえ、便益を上回る費用を試算する国は、日本だけである。無論、日本で他国と同じ効果が観察される保証はない。だが、少なくとも外国人の増加が、社会的費用の負担を増やすという仮説は自明ではないと思われる。

（3）偏見が歪《ゆが》める外国人イメージ

　統計や先行研究をみる限り、外国人の増加に伴う治安の悪化や社会的費用の増大を裏づける証拠は、ほとんどなかった。ゆえに、外国人との接触経験のない多くの日本人が抱く外国人へのイメージは、確かでない情報に基づいて形成され、幾分かの偏見が混在する可能性を否定できない。このような偏見が伝播し、定着する過程で、メディアや「巷の噂」が強い影響力をもつことは、多くの研究でも言及されている（川上 二〇〇二：一九五、濱田 二〇〇六a：三九、岩男 二〇〇七：一四、五十嵐 二〇一〇：四一、OECD 二〇一〇：一一七）。

　残念ではあるが、外国人（移民）に対する偏見は、広く世界中でみられる。Quillian（1995）によると、人種的偏見が強い者は、ブルーカラーや低学歴層、高年齢層に多いという。また、属性を問わず、自身が直接競合する相手に対しても、人々は負の感情やステレオタイプを持ちやすい[20]（self-interest theory）。グループ・レベルでは、マジョリティ・グループがマイノリティ・グループにもつ偏見について、（マジョリティ・グループが）占有してきた特権への脅威と、脅威に対する自衛反応から説明している（group-threat theory）。このグループ・レベルの偏見は、マイノリティ・グループの相対シェアと景気によって規定されるという。

　第3節でみた日本人の特徴――外国人の増加に否定的な人々の属性、外国人集住地域住民の外国人に対するネガティブな意識、治安悪化に対するおそれなどは、キリアンの理論仮説とも矛盾しない。だが、不況期に、マジョリティ・グループが強く抱く脅威だけは、日本人と外国人間で仕事の奪い合いがみられない現時点では、まだ顕在化していないようにみえる。

5 世論の役割と課題

本章では、外国人に対する日本人の意識を明らかにすべく、一九九〇年以降の調査・研究を、地域やエスニシティの別なく、横断的に検討した。そして、日本人住民の外国人住民への関心は、個人属性（性別、年齢、学歴、職業）や地域ごとに差はあるが総じて低く、交流もあまりないことをみた。日本人の多くは、現時点で、外国人との「共生」を望んでいない。一方で、日本人が、他の移民受入国の人々以上に、外国人に対して不寛容で排他的という証拠も見出せなかった。

外国人集住地域では、外国人住民との交流の頻度が非集住地域に比べて高かったが、日本人住民は、必要に応じて「棲み分け」と「共存」を選択しているように思われた。その中で、必要最低限しか接触しない「棲み分け」ではなく、日本人住民と外国人住民の共同が社会生活の基盤となる「共存」が現出した大阪市生野区の事例は、非常に興味深い。

しかし、この二〇年間で外国人に対する意識は硬化している。外国人集住地域の共生に向けた取組みが、他地域で共有されることはあまりなかったが、治安の悪化など、必ずしも事実に基づかない「おそれ」は全国に広まった。結果、外国人の受け入れに否定的な意識をもつ者が徐々に増加した。すなわち、直接外国人との接触や交流経験のない、間接的な情報しかもたない多数の人々が抱くネガティブなイメージの総和が、外国人に対する日本の世論である。

二〇一〇年版 OECD *International Migration Outlook* では、一章を割いて、世論が、移民政策や労働力供給に及ぼす影響を分析している。各国では中位者（メディアン）の意見が世論形成に影響力をもつといわれる。しかし、日本人のメディアン、つまり外国人の受け入れ拡大に否定的な者の意見は、日本の外国人受け入れ政策には反映されてこなかった。繰り返し述べたように、最近の意識調査ほど、外国人に対して否定的な意識をもつ者が増えている。しかし、一九九〇年代以降、外国人への門戸は、多くの日本人の意識とは逆に、徐々に開かれてきた[21]。経営・管理者層が、経済団体などを通じて、外国人労働者の受け入れ規制の緩和を働きかけ、要求を実現させてきたといわれる[22]。

規制が緩和され、労働者として入国した外国人は、稼働地域で住民となる。このとき、地域の日本人住民が、「外国人労働者を受け入れたのは企業や自治体で、自らが望んで彼らを受け入れたわけではない」と考えても不思議ではない。その結果が、地域の外国人住民に対する「招かれざる客」という認識の醸成と推測する。しかし、地域内で、外国人「労働者」の増加が日本人の雇用を減らすことはなかったため、治安の悪化をもたらす（に違いないと日本人住民が思う）外国人「住民」に対して、より否定的な意識が向けられたのではないだろうか。

個人の意識の総和としての世論が、日本でも外国人の受け入れ議論に寄与することは望ましい。だが、その前にすべきは、正確な情報に基づく事実の共有である。「今求められるのは、世論のコンセンサス形成ではなく、移民が経済、社会、文化に及ぼす影響について、人々の知識や理解を高めるための努力である」と述べる OECD（2010：146）にまったく同意する。その結果、「正確な事実、当たり前の事実についての情報が、広く国民の中に流通し、多くの人が多面的で正確な情報の下に、正しい認識をもち、広範な議論の中で、（外国人労働者受け入れの）選択が行われていくことが、どのような道をとるにせよ必要である」（経済企画庁総合計画局 一九八九：一一一）。二〇年以上前の政府報告書の抜粋だが、これに尽きると思う。

第4節でみたように、日本では、事実や厳密な検証に裏づけられないイメージが、外国人に対する否定的な意識の根拠になっている。「正しい認識」をもつための「正確な情報」へのアクセスが容易でないことがその原因であれば、行政が次に何を行うべきかは明らかである。そして、「広範な議論」と「選択」を行うのは、経済団体などの一部の利害関係者ではなく、外国人と職場や生活を共有する当事者である地域住民でなければならない。

【注】

(1) 就労の制限のない「身分又は地位に基づく在留資格」(「永住者」「特別永住者」「日本人の配偶者等」「永住者の配偶者等」「定住者」)をもつ外国人を、定住外国人と定義する。この定義上の定住外国人数は二〇一一年現在、約一三七万人である。

(2) 日本労働研究機構(一九九七)は一九九三年に大泉町で調査を行い、外国人労働者の増加の「地域の賃金や働く条件」や「地域の雇用機会」への影響を聞いている。ともに「かわらないと思う」と答えた者が多い(七六・〇%、六四・九%)が、「悪くなったと思う」という回答が、外国人比率の低い比較地域(長野県上田市、宮城県古川市)よりも顕著に高かった(一四・二%、二四・二%)。鐘ヶ江(二〇〇一:四九)も、神奈川県川崎市と三重県鈴鹿市で調査を行い、地域住民が外国人労働者の増加に対して、「犯罪が増える」「雇用を圧迫する」と考えていると述べるが、比率は明記されていない。

(3) 田辺(二〇〇八:三〇一)も、日本人と外国人の間で結果的な職の「棲み分け」がなされていると指摘し、「職」に関して日本人が排外的でないと述べる。

(4) 本章では、日本の政策や研究への言及は、「外国人」を用いる。外国文献の引用では、immigrantsの対訳として「移民」を用いる。

(5) 低技能移民の仕事は、低技能自国民と代替関係、高技能自国民と補完関係にあること、移民の流入によって各タイプの賃金率が変わることを仮定している。

(6) 同じ調査を分析したOECD(2010:132)も、日本を含む各国で、低学歴者、年配者、失業者が、移民拡大政策を支持しないことを実証している。

(7) 「多文化共生」は、海外から輸入された「多文化主義」という言葉の中の「多文化」と、それ以前から国内に存在していた「共生」という言葉がつなげられて生まれた和製語である(竹沢 二〇一一:三)。

(8) 「外国の文化、生活習慣の理解」「日本語や日本文化の外国人住民への紹介」「地域の外国人住民との交流」は、多くの自治体が実施している。このほか、大泉町の「地区別三者懇談会」や静岡市の「外国人住民懇話会」など、外国人比率の高い自治体を中心に、外国人と日本人住民、行政との直接対話の機会を設け、多文化共生施策に含めるところもある。ただし、いずれの施策も、多文化共生の実現を目指して新たに始めたというより、従来からの外国人関連施策を、多文化共生というスローガンの下に、置き直したという性格が強い。また、中部産業経済局(二〇〇七)では、企業による共生に向けた取組み事例として、日系人労働者の直接雇用や社会保険の完全加入、地元日系人学校への寄付などが紹介されている。

(9) 同じ鐘ヶ江(二〇〇一:三三)の調査で、中国人、フィリピン人、日系南米人との接触度が高い地区ほど、外国人へのマイナス・イメージが強まっていた。米国では、Citrin, Green, Muste and Wong (1997)が、アジアやヒスパニック系移民への反感情が、反移民意識に関連することを明らかにしている。日本について、田辺(二〇一一:三二)は、中近東や中国出身者が増加することへの反対が、排外主義と結びついていることを実証している。

(10) 過去の調査(一九八八・一九九三・一九九七・二〇〇三年)でも、「守るべき」と答えた者の割合はあまり変わらない。

(11) 「やむを得ない」は、「風習や習慣や経済状態が違うのでやむを得ない」(三三・七%)と「日本の事情に慣れるまでトラブルがあっても仕方がない」(二〇・二%)、「外国人だから不利益な取扱いを受けても仕方がない」(三・二%)の合計。

(12) 「地方参政権」は、在日韓国・朝鮮人の求める「共生」の柱である(徐 二〇〇〇:一二)。日本人と外国人の求める「共生」の齟齬の一例といえる。

(13) 稲月(二〇〇二:七〇〇)も、「教育年数の長い人々の『異文化への寛容』という回答は、規範的に『正しい答え(タテマエ)』として選択されているかもしれない」と述べる。これを裏づけるように、ISSP二〇〇三調査で、日本の高学歴者だけが、「移民が経済や文化生活にもたらす正のインパクト」を肯定しなかった(OECD 2010:127)。

(14) 猪飼野地区の在日韓国・朝鮮人比率は四三・五%、木野地区の同比率は二〇・一%(一九九五年国勢調査)。

(15) 米国では人種のダイバーシティが高い地域ほど、マジョリティ住民が社会活動に参加しなくなることが実証されている(Alesina and La Ferrara 2000)。

(16) 短期滞在の在留資格等で来日し、犯行直後に帰国するヒット・アンド・アウェイ型の犯罪者の影響を除く、「定住外国人」の犯罪をみる。「定住外国人」の犯罪は、警察庁が公表する「外国人による犯罪の検挙人員」(全数)から、「来日外国人」による同人員を引いた人数としておよそ把握できる。「来日外国人」は、「我が国に存在する外国人のうち、いわゆる定着居住者(永住者、永住者の配偶者等及び特別永住者)、在日米軍関係者及び在留資格不明者を除いた外国人」(警察庁)である。このため、ここで用いる「定住外国人」には、第2節で定義した「定住外国人」に含まれる「定住者」「日本人の配偶者等」は含まれず、「在日米軍関係者」「在留資格不明者」が含まれる。

(17) 警察等の公的機関に認知されていない犯罪。

(18) 地方財政への影響は、わずかにマイナスの寄与（一％未満）と試算している。米国の移民と財政の関係に関する研究はほかに、Auerbach and Oreopoulos (1999) や Storesletten (2000) があるが、いずれも正の効果を推定している。

(19) オーストラリア、ニュージーランド、米国、ドイツ、英国、フランス、台湾、韓国、シンガポール。

(20) Scheve and Slaughter (2001) は、非労働者（自国民）よりも労働者（自国民）が、移民労働者への好悪を明確に示すことを実証している。

(21) 日系人労働者、技能実習生、IT技術者、看護士・介護福祉士が、その実例である。

(22) 例えば、技能実習制度は、（経済団体幹部が会長や委員を務める）第三次臨時行政改革推進審議会の答申を受けて、創設の検討がはじまった（駒井 一九九三：二九五）。最近では、日本経済団体連合会が、二〇〇六年に組織内に「外国人材受入問題に関する部会」を新設し、外国人材の受け入れ拡大を求めている（明石 二〇一〇：二五六）。米国でも、産業団体の活発なロビー活動によってビザ発行数が増加したこと（Facchini, Mayda and Mishra 2011）や、高学歴グループがロビー活動を活発化させたことで彼らと補完的な低技能グループの移民数が増えていたこと（Facchini and Mayda (2008：689) が明らかにされている。

【参考文献】

明石純一（二〇一〇）『入国管理政策――「一九九〇年体制」の成立と展開』ナカニシヤ出版。

五十嵐泰正（二〇一〇）「『越境する労働』の見取り図」『労働再審②――越境する労働と〈移民〉』大月書店。

池上重弘（二〇〇二）「地域社会の変容とエスニシティ――外国人集住都市・浜松の事例」梶田孝道・宮島喬編『国際化する日本社会』東京大学出版会。

稲月正（二〇〇二）「日本人住民の民族関係意識と民族関係量」谷富夫編『民族関係における結合と分離』ミネルヴァ書房。

岩男壽美子（二〇〇七）『外国人犯罪者――彼らは何を考えているのか』中央公論新社。

上野千鶴子（二〇〇八）「『共生』を考える」崔勝久・加藤千香子編『日本における多文化共生とは何か――在日の経験から』新曜社。

大槻茂実（二〇一一）「共生社会――『自立型共生』の理想と困難」田辺俊介編『外国人へのまなざしと政治意識――社会調査で読み解く日本のナショナリズム』勁草書房。

小内純子（二〇〇一a）「地域生活における外国人とホスト住民」小内透・酒井恵真編『日系ブラジル人の定住化と地域社会――群馬県太田・大泉地区を事例として』御茶の水書房。

小内純子（二〇〇一b）「日系ブラジル人の労働・生活と意識」小内透・酒井恵真編『日系ブラジル人の定住化と地域社会――群馬県太田・大泉地区を事例として』御茶の水書房。

梶田孝道・樋口直人（二〇〇五）「一時滞在と定住神話の交錯」梶田孝道・丹野清人・樋口直人編『顔の見えない定住化――日系ブラジル人と国家・市場・移民ネットワーク』名古屋大学出版会。

柏崎千佳子（二〇一〇）「日本のトランスナショナリズムの位相――〈多文化共生〉言説再考」渡戸一郎・井沢泰樹編『多民族化社会・日本――〈多文化共生〉の社会的リアリティを問い直す』明石書店。

鐘ヶ江晴彦（二〇〇一）「外国人労働者をめぐる住民意識の現状とその規定要因」鐘ヶ江晴彦編『外国人労働者の人権と地域社会――日本の現状と市民の意識・活動』明石書店。

上林千恵子（二〇〇九）「一時的外国人労働者受入れ制度の定着過程――外国人技能実習制度を中心に」『社会志林』五六（一）。

上林千恵子（二〇一〇）「外国人単純労働者の受け入れ方法の検討――日本の技能実習制度と西欧諸国の受け入れ制度との比較から」五十嵐泰正編『労働再審②――越境する労働と〈移民〉』大月書店。

川上郁雄（二〇〇二）「日本の国際化とインドシナ難民――ベトナム系住民の視点を中心に」梶田孝道・宮島喬編『国際化する日本社会』東京大学出版会。

経済企画庁総合計画局（一九八九）『外国人労働者と経済社会の進路』。

駒井洋（一九九三）『外国人労働者定住への道』明石書店。

駒井洋（一九九五）「生活者としての外国人」駒井洋編『定住化する外国人――講座外国人定住問題　第二巻』明石書店。

駒井洋（二〇〇六）『グローバル化時代の日本型多文化共生社会』明石書店。

酒井恵真（二〇〇一）「日系ブラジル人の地域的活動と組織化」小内透・酒井恵真編『日系ブラジル人の定住化と地域社会――群馬県太田・大泉地区を事例として』御茶の水書房。

佐藤政司・小内透（二〇〇一）「外国人住民に対するホスト住民の意識と対応」小内透・酒井恵真編『日系ブラジル人の定住化と地域社会――群馬県太田・大泉地区を事例として』御茶の水書房。

徐龍達（二〇〇〇）「多文化共生社会への展望――定住外国人の市民的権利の獲得と今後の課題」徐龍達・遠山淳・橋内武編『多文化共生社会への展望』日本評論社。

総務省（二〇〇六）『多文化共生の推進に関する研究会報告書』。

竹沢泰子（二〇一一）「移民研究から多文化共生を考える」日本移民学会編『移民研究と多文化共生』御茶の水書房。

田辺俊介（二〇〇八）「『日本人』であるとはいかなることか――ISSP二〇〇三調査に見る日本のナショナル・アイデンティティの現在」南田勝也・辻泉編『文化社会学の視座――のめりこむメディア文化とそこにある日常の文化』ミネルヴァ書房。

田辺俊介（二〇一一）「ナショナリズム――その多元性と多様性」田辺俊介編『外国人へのまなざしと政治意

識——社会調査で読み解く日本のナショナリズム』勁草書房。

谷富夫（一九九二）「エスニック・コミュニティの生態研究」鈴木広編『現代都市を解読する』ミネルヴァ書房。

谷富夫（一九九五）「在日韓国・朝鮮人社会の現在」駒井洋編『定住化する外国人』明石書店。

中部産業経済局（二〇〇七）『東海地域の製造業に働く外国人労働者の実態と共生に向けた取組事例に関する調査報告書』。

津崎克彦・倉田良樹（二〇〇二）「外国人労働者の導入とその社会的コスト——定住ベトナム人を事例とする政策論的考察」Discussion Paper, Center for Intergenerational Studies, Institute of Economic Research, Hitotsubashi University, No. 75.

中川祐治（二〇一一）「福島県会津地域における外国人住民と日本人住民との交流の現状と課題——地域の日本語支援に関連して」『福島大学地域創造』二二（二）。

中村二朗・内藤久裕・神橋龍・川口大司・町北朋洋（二〇〇九）『日本の外国人労働力——経済学からの検証』日本経済新聞出版社。

永吉希久子（二〇一一）「シティズンシップ——誰が、なぜ外国人への権利付与に反対するのか」田辺俊介編『外国人へのまなざしと政治意識——社会調査で読み解く日本のナショナリズム』勁草書房。

日本総合研究所（二〇一一）『高度人材受入れの経済効果及び外国人の社会生活環境に関する調査』。

日本労働研究機構（一九九七）『外国人労働者が就業する地域における住民の意識と実態——群馬県大泉町・長野県上田市・宮城県古川市の地域研究』調査研究報告書No. 九六。

浜井浩一（二〇〇四）「日本の治安悪化神話はいかに作られたか——治安悪化の実態と背景要因（モラル・パニックを超えて）」『犯罪社会学研究』第二九号。

濱田国佑（二〇〇六a）「地域住民の外国人との交流・意識とその変化：群馬県大泉町を事例として——第三章 日本人住民と外国人住民の交流実態とそれに対する意識」『調査と社会理論』研究報告書、二二。

濱田国佑（二〇〇六b）「地域住民の外国人との交流・意識とその変化：群馬県大泉町を事例として——第四章 共生に関する展望と町に対する意識」『調査と社会理論』研究報告書、二二。

濱田国佑（二〇一一）「移民——外国人増加に誰がメリットを感じ、誰がデメリットを感じるのか？」田辺俊介編『外国人へのまなざしと政治意識——社会調査で読み解く日本のナショナリズム』勁草書房。

樋口直人（二〇〇五）「共生から統合へ」梶田孝道・丹野清人・樋口直人編『顔の見えない定住化——日系ブラジル人と国家・市場・移民ネットワーク』名古屋大学出版会。

福岡安則・金明秀（一九九七）『在日韓国人青年の生活と意識』東京大学出版会。

労働省職業安定局（一九九二）『外国人労働者受入れの現状と社会的費用』労務行政研究所。

外国人労働者が労働面等に及ぼす影響等に関する研究会（一九九一）『外国人労働者が労働面等に及ぼす影響等に関する研究会報告書』労働省。

Alesina, Alberto and Eliana La Ferrara (2000) "Participation in Heterogeneous Communities," *The Quarterly Journal of Economics*, 115 (3), 847-904.

Alesina, Alberto and Eliana La Ferrara (2002) "Who Trusts Others?" *Journal of Public Economics*, 85(2), 207-234.

Auerbach, A. J. and P. Oreopoulos (1999) "Analyzing the Fiscal Impact of U.S. Immigration," *American Economic Review*, 89 (2), 176-180.

Borjas, George J. (2006) "Native Internal Migration and the Labor Market Impact of Immigration," *Journal of Human Resources*, 41 (2), 221-258.

Card, David, Christian Dustmann and Ian Preston (2012) "Immigration, Wages, and Compositional Amenities," *Journal of the European Economic Association*, 10 (1), 78-119.

Citrin, Jack, Donald P. Green, Christopher Muste and Cara Wong (1997) "Public Opinion toward Immigration Reform: The Role of Economic Motivations," *Journal of Politics*, 59 (3), 858-881.

Facchini, Giovanni and Anna Maria Mayda(2008) "From Individual Attitudes towards Migrants to Migration Policy Outcomes: Theory and Evidence," *Economic Policy*, 23 (56), 651-713.

Facchini, Giovanni, Anna Maria Mayda and Prachi Mishra (2011) "Do Interest Groups Affect Us Immigration Policy?," *Journal of International Economics*, 85 (1), 114-128.

Glaeser, Edward L., David I. Laibson, José A. Scheinkman and Christine L. Soutter (2000) "Measuring Trust," *Quarterly Journal of Economics*, 115 (3), 811-846.

Home Office (2007) "The Economic and Fiscal Impact of Immigration".

Lee, Ronald and Timothy Miller (2000) "Immigration, Social Security, and Broader Fiscal Impacts," *The American Economic Review*, 90 (2), 350-354.

Luttmer, Erzo F. P. (2001) "Group Loyalty and the Taste for Redistribution," *Journal of Political Economy*, 109 (3), 500-528.

Mayda, Anna Maria (2006) "Who Is against Immigration? A Cross-Country Investigation of Individual Attitudes toward Immigrants," *Review of Economics and Statistics*, 88 (3), 510-530.

OECD (2010) "Public Opinions and Immigration: Individual Attitudes, Interest Groups and the Media," *International Migration Outlook*, pp. 115-156.

Putnam, Robert D. (2000) "Bowling Alone: the Collapse and Revival of American Community," Simon & Schuster Paperbacks（ロバート・D・パットナム／柴内康文訳（二〇〇六）『孤独なボウリング——米国コミュニティの崩壊と再生』柏書房）.

Quillian, Lincoln (1995) "Prejudice as a Response to Perceived Group Threat: Population Composition and Anti-Immigrant and Racial Prejudice in Europe," *American Sociological Review*, 60 (4), 586-611.

Scheve, Kenneth F. and Matthew J. Slaughter (2001)

"Labor Market Competition and Individual Preferences over Immigration Policy," *Review of Economics and Statistics*, 83 (1), 133-145.
Storesletten, Kjetil (2000) "Sustaining Fiscal Policy through Immigration," *Journal of Political Economy*, 108 (2), 300-323.
White House (2007) "Immigration's Economic Impact," http://georgewbush-whitehouse. archives. gov/cea/cea-immigration_062007.html

文献案内

第1章

① 宮寺由佳（二〇一〇）「労働と福祉、その光と影——スウェーデンの貧困をめぐって」安孫子誠男・水島治郎編著『労働　公共性と労働—福祉ネクサス（持続可能な福祉社会へ）【公共性の視座から】三』勁草書房。

社会扶助受給者を「強制や指導で就労に導く」ことを目的としたプログラムをめぐる近年の研究動向を整理し、就労支援の効果、プログラムの実施体制やその内容、受給者の抱える課題について検討している。

② 塩田晃司（二〇一一）「求職者支援制度の創設に向けて～職業訓練の実施等による特定求職者の支援に関する法律案」『立法と調査』参議院事務局企画調整室。

求職者支援制度の立法過程に着眼し、審議会や国会での議論について、公開情報をもとに、時系列で丁寧に追いかけており、本制度が成立した背景の詳細経緯を知ることができる。

③ 社会保障審議会（二〇一三）『社会保障審議会　生活困窮者の生活支援の在り方に関する特別部会報告書』。

生活保護法の改正及び生活困窮者自立支援法案のベースとなった社会保障審議会の議論を整理した報告書。生活困窮者の自立支援に向けた新しい考え方として、「中間的就労」の概念などが提示されている。

④ 埋橋孝文・連合総合生活開発研究所編（二〇一〇）『参加と連帯のセーフティネット——人間らしい品格ある社会への提言』ミネルヴァ書房。

「参加」と「連帯」をキーワードに新しいセーフティネットとして参加保障型社会保険制度を提案している。なお、第7章では、「求職者支援制度」（山脇義光）について、第12章では、「所得保障ととしての生活保護と社会福祉としての生活保護」（宮寺由佳）として、生活保護における就労支援の課題等についても言及している。

第2章

① 石井加代子・黒沢昌子（二〇〇九）「年金制度改正が男性高齢者の労働供給行動に与える影響の分析」『日本労働研究雑誌』No.五八九、四三—六四頁。

本書は、厚生労働省『高年齢者就業実態調査（個人票）』の二〇〇〇年調査および二〇〇四年調査を用い、二〇〇〇年法改正による在職老齢年金制度と九四年法改正による年金支給開始年齢引きあげが、男性高齢者の就業行動に与える効果についての検証を行っている。

② 清家篤・山田篤裕（二〇〇四）『高齢者就業の経済学』日本経済新聞社。

一九九〇年以後の労働経済学の中心的課題は中高年労働者のリスト

ラから高齢者と若年者の就業問題に移ってきた。本書では、日本の高年齢者の就業意欲が高い理由と高年齢者の就業を決定づける要因、及び就業を阻む要因についての分析を行っている。

③ 労働政策研究・研修機構編（二〇一二）『高齢者雇用の現状と課題』労働政策研究・研修機構。

本書は、高齢者の雇用と生活の実態及び企業における雇用管理の取組みと課題を明らかにしたうえで、諸外国の制度を参考にしながら、より長く働き続けられる社会のあり方について検討している。

第3章

① 小杉礼子編著（二〇〇九）『若者の働き方』ミネルヴァ書房。

若者の働き方の実態について、広く論文をおさめている。高卒・大卒就職や海外の動向、フリーター問題まで扱われているので、本書を手がかりに、興味のあるテーマを深めていくことができるだろう。

② 小谷敏・土井隆義・芳賀学・浅野智彦編（二〇一〇）『若者の現在 労働』日本図書センター。

本書も論文集だが、①が手堅い実証分析が中心であるのに対して、「格差社会の現状」「再生産の文化的装置」「もっとスローな社会へ」というテーマに絞って展開されているのが特徴である。本書は『若者の現在』シリーズの一冊であり、他にも『政治』『文化』の巻があるので、あわせて読まれると若者の実態について理解が深まるだろう。

③ ＯＥＣＤ編著（二〇一一）『日本の若者と雇用――ＯＥＣＤ若年者雇用レビュー：日本』明石書店。

日本の若者の学校から職業への移行について考えるとき、合わせ鏡として海外の視点は欠かせない。日本のユニークさは海外から見るとどのように評価されうるのか、また日本の政策はどのように進展してきたのか。複眼的な視点をもつために役立つ内容がおさめられている。

第4章

① 松井亮輔・岩田克彦編（二〇一一）『障害者の福祉的就労の現状と展望――働く権利と機会の拡大に向けて』中央法規出版。

障害者の福祉的就労に焦点を当て、第一編では諸外国の状況を紹介し、第二編において日本における現状と課題を検討する。法的、経済的、国際的観点、あるいは福祉的就労の事業所の事業主の視点等、多岐にわたる観点からの分析が示唆に富む。

② きょうされん編（二〇一二）『障害のある人の仕事とくらし――共同作業所のむこうに』創風社。

福祉的就労の場の一つである「共同作業所」で働く障害のある人々の仕事とくらしの様子を、当事者や職員の目線からえがき出したもの。働いて収入を得ることの重要性は、障害の有無には全く関係がないことが伝わってくる。

③ 植木淳（二〇一一）『障害のある人の権利と法』日本評論社。

アメリカの障害者差別禁止法（ＡＤＡ）を題材に、障害者差別禁止法理について憲法的視点から検討している。雇用面だけでなく、教育や公共サービスにも言及しており、障害者差別禁止法理を網羅的にかつ深く理解するには最適の一冊。

④ 永野仁美（二〇一三）『障害者の雇用と所得保障』信山社。

フランス法を手掛かりに、障害者の所得保障のあり方を雇用の側面と社会保障の側面から検討したもの。フランスと日本の制度が丁寧に説明されているため資料的価値が高く、日仏比較から得られた日本への示唆も興味深い。

第5章

① 佐藤博樹編（二〇〇八）『子育て支援シリーズ　ワーク・ライフ・バランス——仕事と子育ての両立支援』ぎょうせい。

親が働く職場において、子育てを含めたワーク・ライフ・バランス支援に関連した施策がどのように展開されているのか、企業事例も紹介しながら明らかにしている。仕事と子育ての両立支援にとどまらない、職場におけるマネジメントを含めた働き方改革の重要性について理解することができる。

② 汐見稔幸編（二〇〇八）『子育て支援シリーズ　子育て支援の潮流と課題』ぎょうせい。

子育て支援についての取組みの現状や今後の課題について総括されている。子育て支援施策の研究者に加え、行政、地域支援、医療など、現場の視点からの課題提起も行われており、子育て支援の現状について多様な視点を提供してくれる。

③ 武石恵美子編（二〇〇九）『叢書・働くということ　第7巻　女性の働きかた』ミネルヴァ書房。

日本において女性が生き生きと働くためにはどうすればよいのか、という課題について、実証研究をベースにとりまとめられている。働く女性の現状や女性を取り巻く社会構造について、国際比較等もまじえながら議論されており、マクロ・ミクロの視点から理解することができる。

④ 大日向雅美（一九九九）『子育てと出会うとき』ＮＨＫブックス。

乳幼児をもつ専業主婦の子育て負担の現状に迫る。女性は母性があるから女性が子育てをするのが自然だという母性観を問い直し、母親が一人で育児を担うことの厳しい現実を明らかにして、多くの人が子育てに関わることにより、ゆとりのある子育てが可能になることを提言する。

⑤ ＯＥＣＤ／高木郁郎監訳（二〇〇九）『国際比較——仕事と家族生活の両立』明石書店。

ＯＥＣＤでは、仕事と家庭生活の両立支援策は子どもや親の福祉の向上という点で重要な公共政策であるとの認識に立ち、加盟国の状況について国別に詳細な分析を実施してきた。本書は、日本を含む主要国の分析を総合的に取りまとめたもので、各国の親の労働状況、子どもの状況、関連政策などが比較でき、そこから日本の課題を検討する材料が得られる。

⑥ アーリー・ラッセル・ホックシールド／坂口緑・中野聡子・両角道代訳（二〇一二）『タイム・バインド——働く母親のワーク・ライフ・バランス』明石書店。

アメリカの社会学者ホックシールドが、アメリカにおける共働き家庭が直面する現実について、丁寧なインタビュー調査により明らかにした話題作。共働きにおける親子関係について、職場、家庭の両方の課題を浮き彫りにし、仕事と家庭の両立の問題を多角的に捉えている。

第6章

① 間宏（一九九六）『経済大国を作り上げた思想——高度成長期の労働エートス』文眞堂。

日本人はなぜ働きすぎるのか。著者は、経済的豊かさを求める労働者の心性に着目する。企業コミュニティを軸に、日本人の勤勉性が戦後の高度成長期に形成された過程を、様々な角度から分析している。

② 小倉一哉（二〇〇七）『エンドレス・ワーカーズ――働きすぎ日本人の実像』日本経済新聞出版社。

日本人の長時間労働の原因は、働かせる企業にあるのか、働く労働者にあるのか。著者は、どちらにも原因があるという。サービス残業や年休未消化など、長時間労働の様々な側面について、その原因を解き明かしている。

③ 山口一男（二〇〇九）『ワーク・ライフ・バランス――実証と政策提言』日本経済新聞出版社。

少子化、夫婦関係、男女間賃金格差、過剰就業など、現代日本が直面しているワーク・ライフ・バランスの課題を様々に取りあげて、問題の要因を計量分析によって明らかにするとともに、政策提言を行っている。

④ 佐藤博樹・武石恵美子（二〇一〇）『職場のワーク・ライフ・バランス』日経文庫。

時間制約のある社員の増加を背景にワーク・ライフ・バランスの必要性を説くとともに、残業ありきの働き方を見直し、総合的な視点からワーク・ライフ・バランスを実現するための人事労務管理の方法を示している。

⑤ 労働政策研究・研修機構（二〇一二）『出産・育児と就業継続――労働力の流動化と夜型社会への対応を』労働政策研究報告書№一五〇。

育児休業取得率は上昇しているが、出産・育児期の退職状況はほとんど変化していない。その要因として、近年の労働市場の変化と夜間就業拡大の影響を指摘している。同機構のホームページで全文を閲覧することができる。

第7章

① 川人博（一九九八）『過労自殺』岩波書店。

過労死・過労自殺問題への取組みを実務において長年リードしてきた弁護士の著書である。著者が訴訟を通じて関わった具体的な事例を紹介しつつ、過労を生じさせてしまう背景となっている日本の企業組織や社会のあり方を分析する。本書出版後に過労自殺をめぐる問題状況や補償・賠償のあり方が変容していることは踏まえる必要があるが、依然としてこの問題についての必読書である。

② 保原喜志夫・西村健一郎・山口浩一郎編著（一九九八）『労災保険・安全衛生のすべて』有斐閣。

労働安全衛生にかかる各種の規制や、労災保険制度について、法律の基本的な枠組み・通達等の行政基準・判例・裁判例の動向を、七〇のトピックに分けて記述している。技術的なことも含めて労災・安全衛生に関する詳細な専門知識がこのようにコンパクトに、また読みやすくまとめられている本は、管見の限り本書がほぼ唯一といってよいと思われる（ただし出版から少し時間が経っているため、新しい情報は他の文献で補充する必要がある）。

③ 日本労働法学会編（二〇〇〇）『講座　21世紀の労働法　第7巻　健康・安全と家庭生活（第1章から第7章）』有斐閣。

本章でも度々参照した第二章（岩村正彦著）をはじめとして、安全衛生・労災に関して、現代的な論点に配慮した論文が集められており、今日においても理論的に重要と思われる問題提起が数多く見られる。

④ 大内伸哉（二〇一一）『君は雇用社会を生き延びられるか――職場のうつ・過労・パワハラ問題に労働法が答える』明石書店。

過労で配偶者を失った妻の疑問に答えるという形で、過労死・過労自殺に関する補償・賠償の制度から長時間労働やハラスメントを予防するための法令上の措置に至るまで、最新の動向も含めて論点を網羅的に取りあげている。工場等で危険な業務に従事する労働者でなくても、「今日、会社で雇われて働くことそのものが、危険なことなのかもしれない」という本書のプロローグの中の一文は、近年の問題状況を踏まえた重要な指摘といえる。

第8章

① 竹中恵美子（二〇一二）「恐慌と戦争下における労働市場の変貌——戦間期」竹中恵美子著作集第Ⅲ巻『戦間・戦後期の労働市場と女性労働』明石書店。

低賃金を指向する賃金統制のもとで「労働者の生活給思想をテコとする労働力の分割、支配の方法」として「戦時年功賃金制度」が確立されたこと、それは準戦時体制下における不熟練労働者と女性労働者に対するよりシビアな賃金引下げ、さらに日雇い労働市場に政策的に編入された朝鮮人労働者等への民族的差別賃金という何重もの賃労働の階層化を前提として成立したものであったことを明らかにしている。一九六八年初出であるが、今日改めて再読・再評価されるべき価値をもつ。

② 竹中恵美子（二〇一二）「女子労働者と賃金問題」竹中恵美子著作集第Ⅳ巻『女性の賃金問題とジェンダー』明石書店。

初出は一九七七年。当時の「年齢別最低保障賃金要求」の限界を分析し、「住宅保障・老齢保障・児童手当の拡大などの社会保障の充実は、同一労働同一賃金のためのバックグラウンドである」と提起した著者は、二〇一二年のあとがきでは、年功賃金は男性世帯主モデルと結びつくことによって日本の社会保障の発展を遅らせると同時に男女同一価値労働同一賃金の実現を阻む原因ともなったと総括している。半世紀以上にわたって日本的労使関係のジェンダー分析をおこなってきた著者のこの指摘は重くうけとめられなければならない。

③ 孫田良平（一九八三）「家族手当——その歴史と環境の変化」『賃金実務』四八四号。

賃金の家族手当等を「扶養家族」への「生活保障」ととらえる俗説を排し、基本給その他の賃金を相対的に低めるための賃金配分テクニック、労務管理上の政策にすぎないと喝破する。その「男女賃金格差拡大機能」についての指摘は、「名は家族手当でも実は主人手当にすぎない」とした孫田良平「家族手当の歴史－名は実を現わさない〝主人手当〟」『月刊エコノミスト』（一九七一年一一月号）にさかのぼる。

④ ジョナサン・ブラッドショー・所道彦（二〇一二）「子どもの貧困対策と現金給付——イギリスと日本」『季刊・社会保障研究』第四八巻第一号。

イギリスの児童手当の歴史的展開について簡にして要を得た解説がなされている。また、日本では普遍主義的制度に対する無知と誤解が著しいと指摘して、累進課税の仕組みの中で負担を理解すれば、所得制限のない手当を「バラマキ」呼ばわりするのはあたらず、また「子どものために使われるか不明」、「貯蓄に回る」といった非難についても、「現金」のもつ交換性や保存性のメリットを評価しないのは極めて一面的であると批判している。

第9章

① 神吉知郁子（二〇一一）『最低賃金と最低生活保障の法規制』信山社。

これまで労働法的観点からほとんど取りあげられてこなかった最低賃金制度について、生活保護（公的扶助）や失業補償制度、給付付き税額控除との相互関係を横糸に、日英仏の国際比較を縦糸に、その法的位置づけを試みた書。

② 武川正吾編（二〇〇八）『シティズンシップとベーシック・インカムの可能性』法律文化社。

社会学、社会政策学、政治学、法学、公共哲学など多様なバックグラウンドをもつ9名の執筆陣が、日本の現状からみたベーシック・インカムの可能性を探る。巻末の座談会録では、論者による立場の違いの一端を伺うことができる。

③ カール・ポラニー／野口建彦・栖原学訳（二〇〇九）『大転換［新訳］』東洋経済新報社。

原著は、いわずと知れた、市場経済社会の興亡を論じた古典的名著。近年、新自由主義の台頭とそれへの抵抗を背景に、再評価されている。市場経済と社会の関係を考えるための、歴史的な素材と思考枠組みを提供してくれる。

④ 宮本太郎編（二〇一〇）『自由への問い二　社会保障』岩波書店。

セキュリティの構造転換のために、基本理念の丹念な掘り起こしから、二〇世紀型福祉政策の問題状況の把握、そして新たな構想へと論をつなげる書。ライフチャンスと自由の拡大のための社会保障、という視点を提示している。

第10章

① 椋野美智子・田中耕太郎（二〇一三）『はじめての社会保障』有斐閣アルマ、第一〇版。

現在の日本の込みいった社会保障関連の諸制度を、社会保険を中心にわかりやすく解説するテキスト。頻繁に変更される社会保障制度について、ほぼ毎年改訂版が出されアップデートがされている。「はじめての」と題名にあるように説明は親切で読みやすい。著者は二名とも厚生労働省出身の大学教員であり、審議会資料などを読み解く際にも、入口として有効なわかりやすい一冊。

② 年金シニアプラン総合研究機構（二〇一三）『年金と経済』特集　女性の就業・出産と年金　第三一巻四号（二〇一三年一月）。

年四回、年金をテーマに出されている雑誌であるが、第三一巻四号は「女性と年金」がテーマとして取りあげられている。神尾真知子氏によるフランスの解説は日本との対比を含めつつ描かれているためわかりやすい。ドイツの年金は、日本と異なり完全に社会保険料比例の年金権であるが、一九八六年から幼い子供の養育者への配慮がある。森周子氏はこうした配慮が女性の再就職意欲を減退させているとする。「年金」のあり方は、現役時代の就業に大きくかかわる。筆者は、日米の現役時代の女性の働き方の差異を比較する。補論では、日本同様に「配偶者年金」がある米国で、なぜ日本のような「就業調整」が見られないのかは、保険料免除という制度そのものがないこと、低収入者に対する給付が日本より手厚いこと、米国は日本と異なり老後にならないと年金額が確定されず損得がわからないところによると解説している。

③ 小杉礼子・原ひろみ（二〇一一）『非正規雇用のキャリア形成——職業能力評価社会をめざして』勁草書房。

若年非正規雇用者の問題は、社会保険にカバーされていないこともあるが、それ以上に大きいのは、職業能力形成の見通しが立たないということである。本書は、このテーマについて、個人へのアンケートや企業ヒアリング、ジョブ・カード制度についての企業アンケートなどを通じて、有期の実習型訓練が、非正規雇用者の正社員採用に効果を持ったかを検討したものである。わかりやすくはないが、非正規雇用者の能力開発を具体的にどうしたらいいか真面目に探ろうとした最近の研究である。

④『季刊社会保障研究』国立社会保障人口問題研究所。

社会保障に関連する学術論文が掲載されている国立社会保障人口問題研究所発行の季刊雑誌。同研究所のインターネットサイトから、過去の論文はすべてPDFで読むことができる点でアクセスも容易である。年金、介護、医療、子育て等のテーマについて、年四回雑誌刊行がされている。

第11章

①岡村親宜（二〇〇九）『医師の働く権利　基礎知識』せせらぎ出版。

医師が労働組合を結成し、自らの労働者としての権利を啓蒙するために書かれた初めての本である。医師の労働に関する各種の法規や、現実の訴訟事例を取りあげ、法律の条文や判決文を読み慣れない医療従事者にでも容易に理解できるよう、平易な言葉で解説している。労働法の専門家にとっては、医師がどれほど労働法規に無知であるかを知ることができる書ともいえる。

②小松秀樹（二〇〇六）『医療崩壊――「立ち去り型サボタージュ」とは何か』朝日新聞社。

高度先進医療実現の陰で医師たちが感じてきた問題点が、現役外科医の視点で書かれた本。医師法に定められた応招義務の前では、自らを守るためには立ち去る以外に途がないと感じるほどに追い詰められた医師のリアルな苦悩を知ることができる。

③島崎謙治（二〇一一）『日本の医療――制度と政策』東京大学出版会。

わが国の医療が戦前から戦後にかけて発達してきた過程が詳述されており、特に第二次世界大戦前後の医療政策が現在にまで大きく影響していることには驚きを禁じ得ない。私中心の医療機関が多いということの引用で用いた文献であるが、医療制度の様々な改革には、医師の労働問題に直結するような視点がなかったことも読みとることができる。

第12章

①五十嵐泰正編（二〇一〇）『労働再審②――越境する労働と〈移民〉』大月書店。

本章では、日系人労働者、技能実習生、高度人材（留学生）等の個別グループに関する詳細な説明はできなかった。本書は、各グループの外国人をめぐる政策の動向や受け入れ状況、問題を説明するとともに、若年労働や女性労働の論点とも関連づけて議論している。

②明石純一（二〇一〇）『入国管理政策――「一九九〇年体制」の成立と展開』ナカニシヤ出版。

日本の外国人労働者政策を理解するためには、一九九〇年に施行された改正「出入国管理及び難民認定法（入管法）」の歴史的背景と帰結を知ることが不可欠である。本書は、「一九九〇年体制」の成立と展開の解明を主題としつつ、戦前から現代までの入国管理の変遷も通観している。

③中村二朗・内藤久裕・神林龍・川口大司・町北朋洋（二〇〇九）『日本の外国人労働力――経済学からの検証』日本経済新聞出版社。

外国人労働者が日本の労働市場に及ぼす影響について、経済学者が多面的に分析・検討している。外国人雇用企業の日本人新規学卒採用や初任給、外国人集中地域での若年者の職業選択・就業行動への影響等、本書によって初めて明らかされた事実は多い。

④田辺俊介編著（二〇一一）『外国人へのまなざしと政治意識——社会調査で読み解く日本のナショナリズム』勁草書房。

若手社会学者が、ナショナリズム、移民、共生社会等のキーワードごとに、現代日本人々が抱く外国人に対する社会意識を、計量分析手法を用いて明らかにしている。

⑤谷富夫編著（二〇〇二）『民族関係における結合と分離——社会的メカニズムを解明する』ミネルヴァ書房。

本文中で言及した「棲み分け」でない「共生」（＝共存）がいかなる条件下で可能になるかについて、大阪都市圏における在日韓国・朝鮮人社会と日本人社会の民族関係の視点から、事例や理論を通じて捉えようとした大著である。

な 行

は 行

ま 行

や・ら・わ 行

索　引

あ　行

か　行

さ　行

た　行

中島　勧（なかじま・すすむ）**第11章**

1964年　生まれ。
1991年　東京大学医学部医学科卒業，医師国家試験合格。
現　在　東京大学医学部附属病院救命救急センター准教授
主　著　Three-dimensional medical imaging display with computer-generated integral photography. Computerized Medical Imaging and Graphics Volume 25, Issue 3, pp. 235-241, 2001.
『都市部民間二次救急病院の現状と課題』医学のあゆみ 226(9)，708-713，2008年。
『院内事故調査の手引き』（共著）医歯薬出版，2009年。

橋本由紀（はしもと・ゆき）**第12章**

1977年　生まれ。
2011年　東京大学大学院経済学研究科博士課程単位取得退学。
2012年　博士（経済学）東京大学。
現　在　一橋大学経済研究所講師。
主　著「日本におけるブラジル人労働者の雇用と賃金の安定に関する考察――ポルトガル語求人データによる分析」『日本労働研究雑誌』第584号，2009年。
「外国人研修生・技能実習生受入企業の賃金と生産性に関する一考察」『経済分析』内閣府経済社会総合研究所，第185号，2011年。

池田心豪（いけだ・しんごう）**第6章**

1973年　生まれ。
2004年　東京工業大学大学院社会理工学研究科博士後期課程単位取得退学。
現　在　独立行政法人労働政策研究・研修機構副主任研究員。
主　著　「介護期の退職と介護休業——連続休暇の必要性と退職の規定要因」『日本労働研究雑誌』第597号，2010年。
「ワーク・ライフ・バランスに関する社会学的研究とその課題——仕事と家庭生活の両立に関する研究に着目して」『日本労働研究雑誌』第599号，2010年。
「出産退職を抑制する労使コミュニケーション——企業の取組みと労働組合の効果」『大原社会問題研究所雑誌』第655号，2013年。

笠木映里（かさぎ・えり）**第7章**

1980年　生まれ。
2003年　東京大学法学部卒業。
現　在　九州大学法学部准教授。
主　著　『公的医療保険の給付範囲——比較法を手がかりとした基礎的考察』有斐閣，2008年。
『社会保障と私保険——フランスの補足的医療保険』有斐閣，2012年。
『判例労働法入門　第3版』（共著）有斐閣，2012年。

北　明美（きた・あけみ）**第8章**

1954年　生まれ。
1997年　京都大学大学院経済学研究科博士後期課程単位取得退学。
現　在　福井県立大学看護福祉学部教授。
主　著　「日本の児童手当制度とベーシック・インカム試金石としての児童手当」武川正吾編『シティズンシップとベーシック・インカムの可能性』法律文化社，2008年。
「児童手当政策におけるジェンダー」木本喜美子・大森真紀・室住真麻子編『社会政策のなかのジェンダー』明石書店，2010年。
「1960年代の児童手当構想と賃金・人口・ジェンダー政策」大門正克他編『高度成長の時代2 過熱と揺らぎ』大月書店，2010年。
「『子ども手当』の変質と維持されるジェンダー・バイアス」『女性学』Vol. 19，2012年3月。

神吉知郁子（かんき・ちかこ）**第9章**

1977年　生まれ。
2008年　東京大学大学院法学政治学研究科総合法政専攻博士課程単位取得退学。
2011年　博士（法学）東京大学。
現　在　立教大学法学部准教授。
主　著　『個人か集団か？　変わる労働と法』（共著）勁草書房，2006年。
『イギリス労働法の新展開』（共著）成文堂，2010年。
『最低賃金と最低生活保障の法規制』信山社，2011年。

永瀬伸子（ながせ・のぶこ）**第10章**

1959年　生まれ。
1995年　東京大学大学院経済学研究科修了，博士（経済学）。
現　在　お茶の水女子大学大学院人間文化創成科学研究科教授。
主　著　『少子化とエコノミー——パネル調査で描くアジア』作品社，2008年。
「女性の就業，出産と日米の社会保障制度への示唆」『年金と経済』2013年。

執筆者紹介

濱口桂一郎（はまぐち・けいいちろう）
はしがき，総論

奥付編著者紹介参照。

岩名(宮寺)由佳（いわな(みやでら)・ゆか）
第１章

1972年　生まれ。
2001年　日本女子大学大学院人間社会研究科社会福祉学専攻博士課程後期満期退学。
現　在　浦和大学総合福祉学部准教授。
主　著　「労働と福祉，その光と影――スウェーデンの貧困問題をめぐって」安孫子誠男・水島治郎編著『労働〔持続可能な福祉社会へ：公共性の視座から〕』勁草書房，2010年。
「所得保障としての生活保護と社会福祉としての生活保護」埋橋孝文・連合総合生活開発研究所編『参加と連帯のセーフティネット』ミネルヴァ書房，2010年。
「スウェーデンの社会扶助受給者像と今日的課題」埋橋孝文編著『生活保護〔福祉＋α④〕』ミネルヴァ書房，2013年。

金　明中（キム・ミョンジュン）**第２章**

1970年　生まれ。
2008年　慶應義塾大学大学院経済学研究科単位取得退学。
独立行政法人労働政策研究・研修機構アシスタント・フェロー，日本経済研究センター研究員を経て，2008年９月から現職。
現　在　ニッセイ基礎研究所生活研究部研究員。慶應義塾大学産業研究所共同研究員，日本女子大学学術研究員，非常勤講師などを兼任。
主　著　『高齢化と雇用政策―日本』OECD *Ageing and employment policies : Japan*（共訳）明石書店，2005年。
「社会保険料の増加と企業の雇用管理に関する分析」『日本労働研究雑誌』第571号，2008年。
「経済のグローバル化にともなう労働力の非正規化の要因と政府の対応の日韓比較」『日本労働研究雑誌』Vol. 52，特別号，(共著)，2010年。
Machiko Osawa, Myoung Jung Kim, and Jeff Kingston “Precarious work in Japan,” *American Behavioral Scientist*, March 57 (3), 2013.
「韓国における雇用保険制度と失業者支援政策の現状」『海外社会保障研究』第183号，2013年。

堀　有喜衣（ほり・ゆきえ）**第３章**

1972年　生まれ。
2002年　お茶の水女子大学大学院人間文化研究科単位取得退学。
現　在　独立行政法人労働政策研究・研修機構副主任研究員。
主　著　「『日本型』高校就職指導を再考する」『日本労働研究雑誌』第619号，2012年。

長谷川珠子（はせがわ・たまこ）**第４章**

1977年　生まれ。
2005年　東北大学大学院法学研究科博士後期課程修了，博士（法学）。
現　在　福島大学行政政策学類准教授。
主　著　『差別禁止の新展開――ダイヴァーシティの実現を目指して』（共著）日本評論社，2008年。
『障害者の福祉的就労の現状と展望――働く権利と機会の拡大に向けて』（共著）中央法規出版，2011年。
『ふくしま・震災後の生活保障――大学生たちの目で見た現状』（共著）早稲田大学出版部，2013年

武石恵美子（たけいし・えみこ）**第５章**

1960年　生まれ。
2001年　お茶の水女子大学大学院人間文化研究科博士課程修了，博士（社会科学）。
現　在　法政大学キャリアデザイン学部教授。
主　著　『雇用システムと女性のキャリア』勁草書房，2006年。
『職場のワーク・ライフ・バランス』（共著）日本経済新聞社，2010年。
『国際比較の視点から日本のワーク・ライフ・バランスを考える』（編著）ミネルヴァ書房，2012年。

《編著者紹介》

濱口桂一郎（はまぐち・けいいちろう）

1958年　生まれ。

1983年　東京大学法学部卒業，同年労働省入省。

　　　　東京大学客員教授，政策研究大学院大学教授を経て，
現　在　独立行政法人労働政策研究・研修機構労使関係部門統括研究員。

主　著　『EU労働法の形成』日本労働研究機構，1998年。

　　　　『労働法政策』ミネルヴァ書房，2004年。

　　　　『EU労働法政策形成過程の分析(1)(2)』東京大学比較法政国際センター，2005年。

　　　　『新しい労働社会』岩波新書，2009年。

　　　　『日本の雇用と労働法』日経文庫，2011年。

　　　　『日本の雇用修了』労働政策研究・研修機構，2012年。

　　　　『団結と参加』労働政策研究・研修機構，2013年。

　　　　『若者と労働』中公新書ラクレ，2013年。

福祉＋α⑤
福祉と労働・雇用

2013年9月30日　初版第1刷発行　〈検印省略〉

定価はカバーに
表示しています

編著者　濱　口　桂一郎
発行者　杉　田　啓　三
印刷者　中　村　知　史

発行所　株式会社　ミネルヴァ書房
607-8494 京都市山科区日ノ岡堤谷町1
電話代表 (075) 581-5191
振替口座 01020-0-8076

中村印刷・新生製本

ISBN978-4-623-06770-1
Printed in Japan